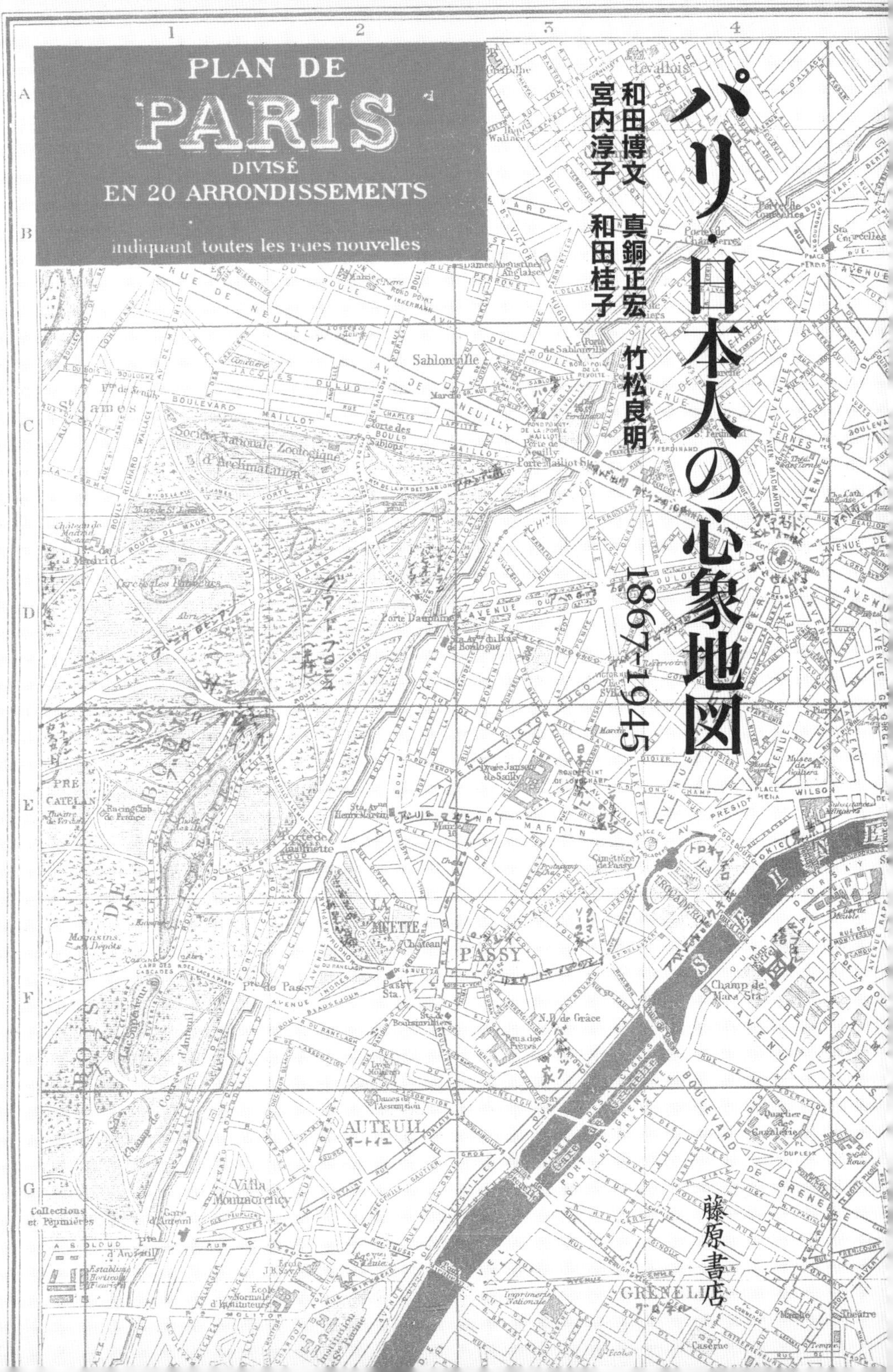

パリ・日本人の心象地図
1867-1945

和田博文 真銅正宏 竹松良明
宮内淳子 和田桂子

藤原書店

パリの日本人社会

1932年にパリの「ときわ」で開かれた、倉田百三『出家とその弟子』仏訳出版記念茶話会の写真（松尾邦之助『巴里物語』論争社、1960年）。前列の右から、牧嗣人、永瀬義郎、高野三三男。前から三列目の左より二人目が岡田八千代。前から四列目の右から三人目が松尾邦之助。最後列の左より四人目が長谷川潔。（本文42頁参照）

「日本人会」に集ったパリ在住の日本人たち（1925年と思われる）。中央に座っているやや黒い眼鏡の人物が石黒敬七、その二人右の横を向いているのが松尾邦之助、その右が西條八十、一番左でタバコをくわえているのが藤田嗣治（藤田嗣治『巴里の横顔』実業之日本社、1929年）。

パリのガイドブック

〈上右〉一九二〇～三〇年代刊行と推定されるルコント社のパリのガイドブック*Plan Commode de Paris*。（本文一二頁参照）

〈上左〉一九二八年に欧州旅行案内社から刊行された、滝本二郎、マダム・ド・ブレスト『欧米漫遊留学案内　欧州の部』。（本文一六頁参照）

〈下〉一九三〇年に出たデパートのボン・マルシェの家計簿。都市のガイドブックとしても機能するように編集されている。（本文一二頁参照）

パリの広告

巴里
御旅館 御料理
ぼたんや

30 Rue Vineuse, Paris, XVI.

電話 Passy 48-82.

電略 Shakuyaku, Paris.

▼花の都を御見物の時は是非お泊り下さい

▼弊館は日本大使館や、陸、海軍事務所に近くパリー第一の住宅地にて交通には至極御便利なる上に非常に閑靜なればむつかしい佛蘭西語の國で旅の御疲れを慰められるには一番良い處で御坐います

▼料理は四季の新しいものを撰んで常に念入に御調料致します

▼當地へ御出掛の時は御知らせ有り次第何時でも御出迎へ致します

R.C. 117.834 Paris

H. Souwa & Co.

(Directeur),

6, Boulevard de Clichy, Paris.

Telephone: Marcadet 13-12.
Cable Address: HIDEZ - PARIS
Codes: A.B.C. 5th Ed. & Bentley's

諏訪旅館

○本館は倫敦、伯林より御來着の Gare du Nord 並に Gare St. Lazare に近く、御一報次第停車場へ御出迎ひ可仕候

○フランス製產品を日本へ輸出の向は萬事當館にて御便宜相計申可く、尚ほ御土産用としてフランス名產葡萄酒は最良種を當館にて釀造家と特約の下に廉價提供仕る可く候

○當「日本人名録」御入用の向は代金郵税共十五フランを添へてお申込み下され度く速時發送仕可候

○案内人御雇入れの節は確實懇切なる者を御紹介可申上候

○當館御到着の上大ホテル其他下宿へ御轉宿御希望の節は萬事御便宜を計ふべく候

○入口は第一階の右に御座候

ホテル インターナショナル

Hotel International

60, AVENUE D'IÉNA,

Champs-Elysées 附近

PARIS.

電話 Passy 58-51

本館は五十餘年以來
日本紳士淑女の
御愛顧を蒙る

位置は靜かな巴里の住宅地、交通便宜、日本大使館の隣りにあり

最新式設備、各室に電話、エレベーター、浴室三十有餘、宿泊料至廉、丁寧親切を旨とす。

英語を解す

日本に五十餘年以來の名聲あり

御土産用

パテーベビー、
ダイヤ、各寶石、時計類

を初め各銀食器、各香水類、手提げ、チクタイ其の他巴里獨特の優美品常にの持荷有之少時間にて全部御間に合ひの便有之尚凡て

市中より割安にて小賣仕候

巴里 **伴野商店小賣部**

(巴里最中心のオペラよりイタリアン大街を東に約三丁の角 パリビルディング)

時間の御節約の爲皆様からの御勸めにより御土産品各種他店より安く販賣致して居りますから御散歩旁是非御光來を御待申上ます

B. BANNO,

Cable Address: ONNAB-PARIS.
Telephones: Gut. 73·44. Louvre 52·15/19.

425, Paris Building, 30, Rue de Grammont,
(15, Bd. des Italiens).

東京店 京橋區出雲町一番地
大阪店 西區靱北通三丁目十二番地

1930年にロンドンの THE EASTERN PRESS, LTD から、ヨーロッパ在留日本人の便宜のために刊行された、『昭和五年度用日本人名録』掲載のパリ関係の広告。（本文39～42頁参照）
〈上右〉諏訪旅館、〈上左〉ぼたんや、〈下右〉伴野商店、〈下左〉ホテル・インターナショナル。

外務省外交史料館の記録から……婚姻届

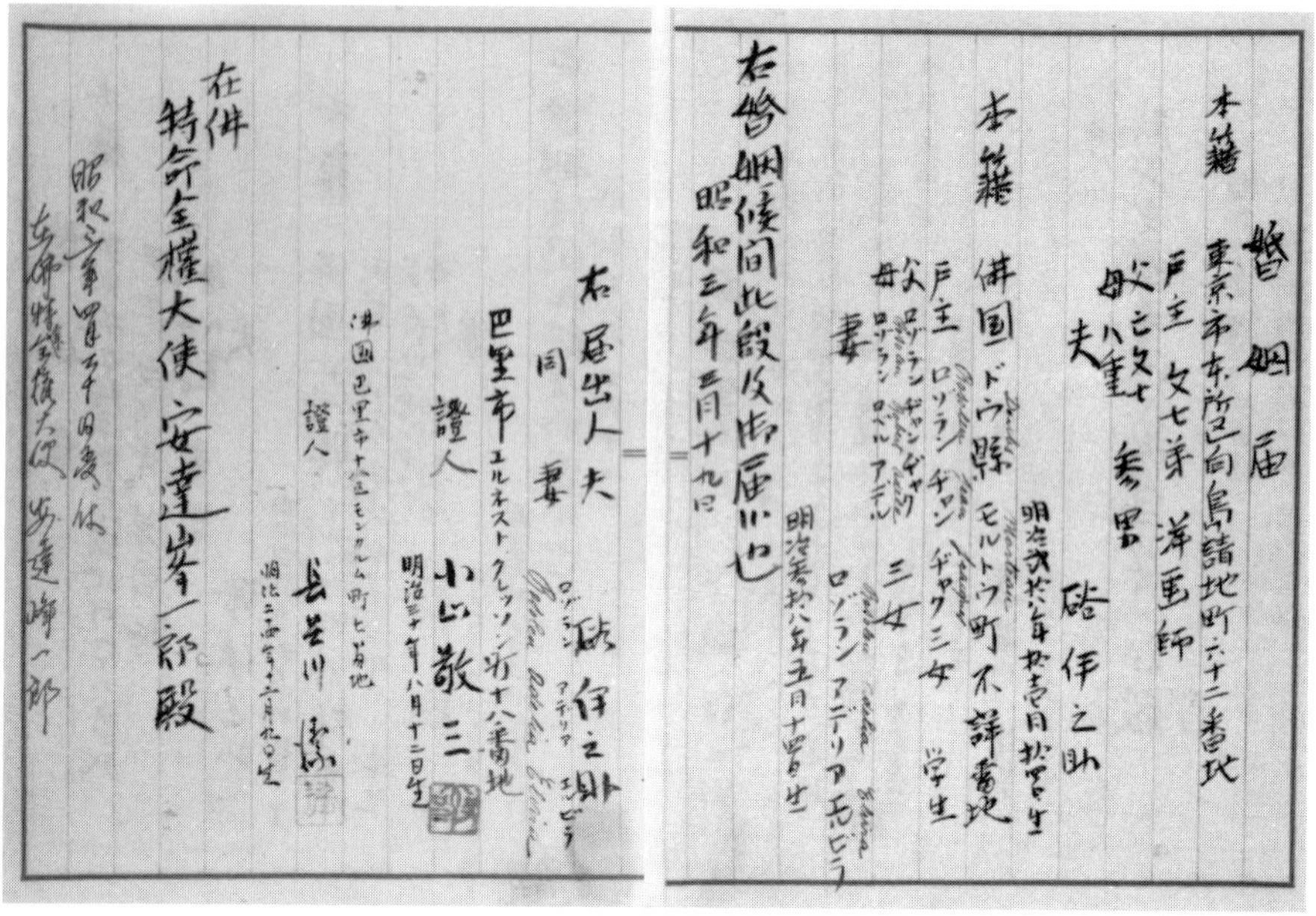

婚姻届
本籍 東京市本所区向島請地町六十二番地
戸主 文七弟 洋画師
父亡 文七
母 八重
夫 参男 硲伊之助 明治弐拾八年拾壱月拾四日生
本籍 仏国ドウ県 モルトウ町不詳番地
戸主 ロゾラン チャン ヂャク三女 学生
父 ロゾラン ヂャン ヂャク
母 ロゾラン ロール アデル
妻 三女 ロゾラン アデリア エルビラ 明治参拾六年五月十四日生
右婚姻候間此段及御届候也
昭和三年三月十九日
右届出人 夫 硲伊之助
同 妻 ロゾラン アデリア エルビラ
巴里市エルネスト クレッソン街十八番地
證人 小山敬三 明治三十年八月十三日生
仏国巴里市十五区モンクルム町七番地
證人 長谷川潔 明治二十四年十二月九日生
在仏
特命全権大使 安達峰一郎殿
昭和三年四月五日受付
在仏特命全権大使 安達峰一郎

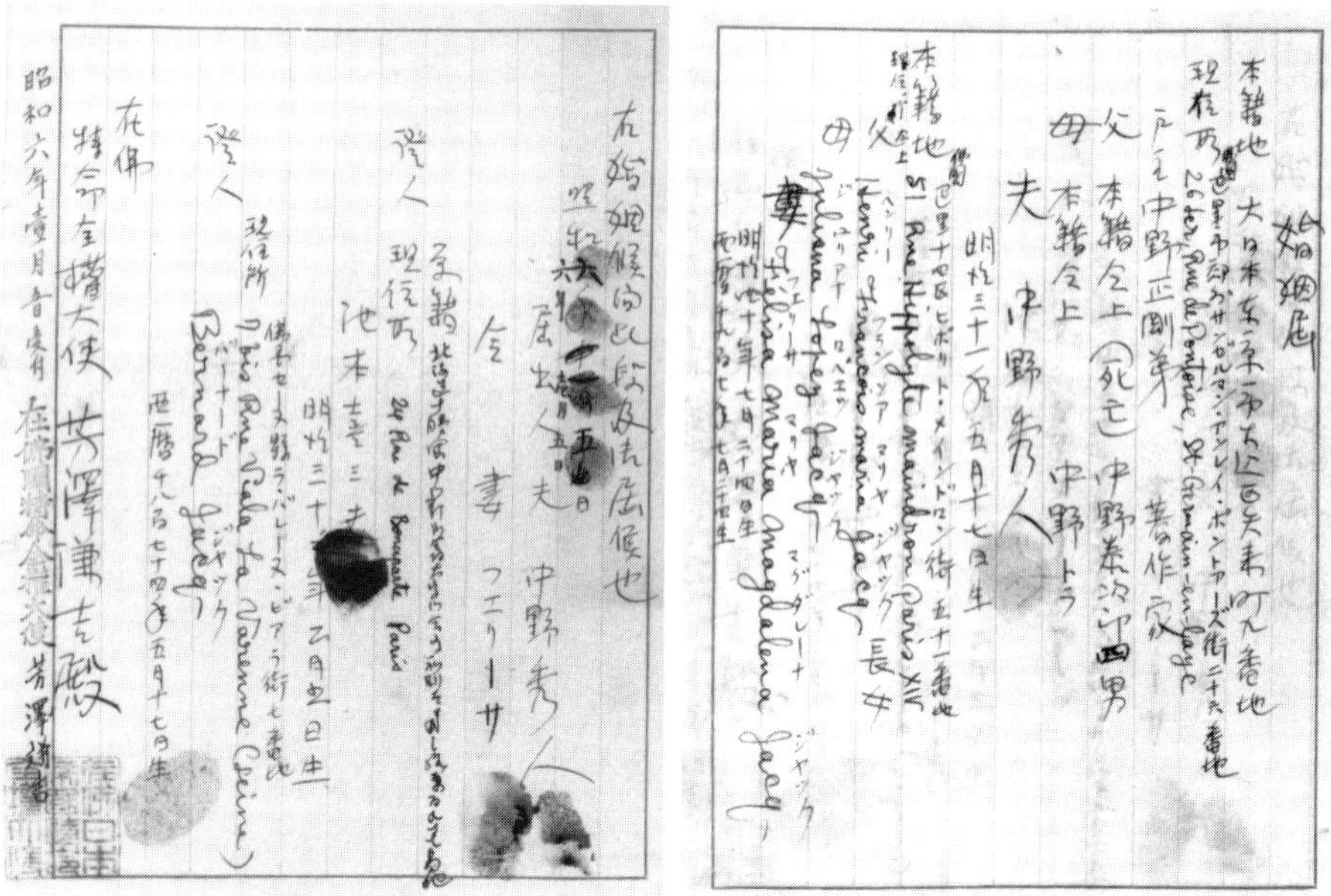

婚姻届
本籍地 大日本東京市大江戸矢来町九番地
戸主 中野正剛弟 著作家
父 本籍全上（死亡） 中野泰次郎 四男
母 本籍全上 中野トラ
夫 中野秀人 明治三十一年五月十七日生
父 Henri François Marie Jacq
母 Juliana Lopez Jacq
妻 長女 Felisa Maria Magdalena Jacq
右婚姻候間此段及御届候也
昭和六年一月五日
届出人 夫 中野秀人
全 妻 フェリーサ
證人
池本喜三夫
證人
Bernard Jacq
在仏
特命全権大使 芳澤謙吉殿
昭和六年壹月五日受付
在仏特命全権大使 芳澤謙吉

パリの日本大使館に提出された婚姻届。〈上〉1928年3月19日の画家・硲伊之助とロゾラン・アデリア・エルビラの婚姻届で、小山敬三と長谷川潔が証人になっている。（本文33頁参照）〈下〉1931年1月5日に、評論家・中野秀人とフェリーサ・マリヤ・マグダレーナ・ジャックが結婚した。秀人の兄の中野正剛は、玄洋社の系譜に連なるアジア主義者の政治家だった。　（外務省外交史料館所蔵）

外務省外交史料館の記録から……出生届

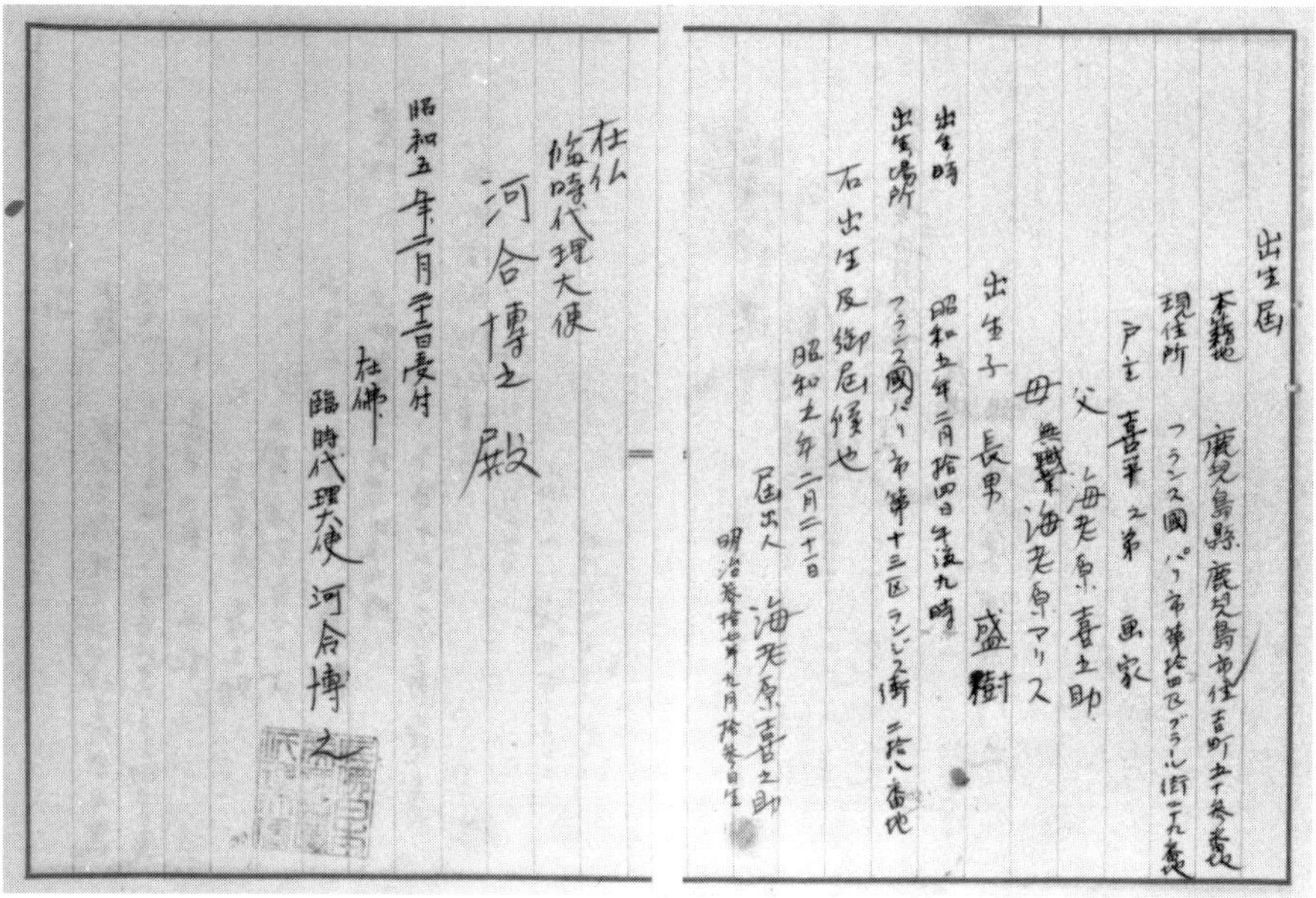

出生届
本籍地 鹿児島縣鹿児島市住吉町五十参番地
現住所 フランス國パリ市第拾四区グラシエール街二十九番
戸主 喜平之弟 画家
父 海老原喜之助
母 無職 海老原マリス
出生子 長男 盛樹
出生時 昭和五年二月拾四日午後九時
出生場所 フランス國パリ市第十三区ランジス街二拾八番地
右出生及御届候也
昭和五年二月二十日
届出人 海老原喜之助
明治参拾七年九月拾参日生
在仏臨時代理大使 河合博之殿
昭和五年二月廿日受付
在佛臨時代理大使 河合博之

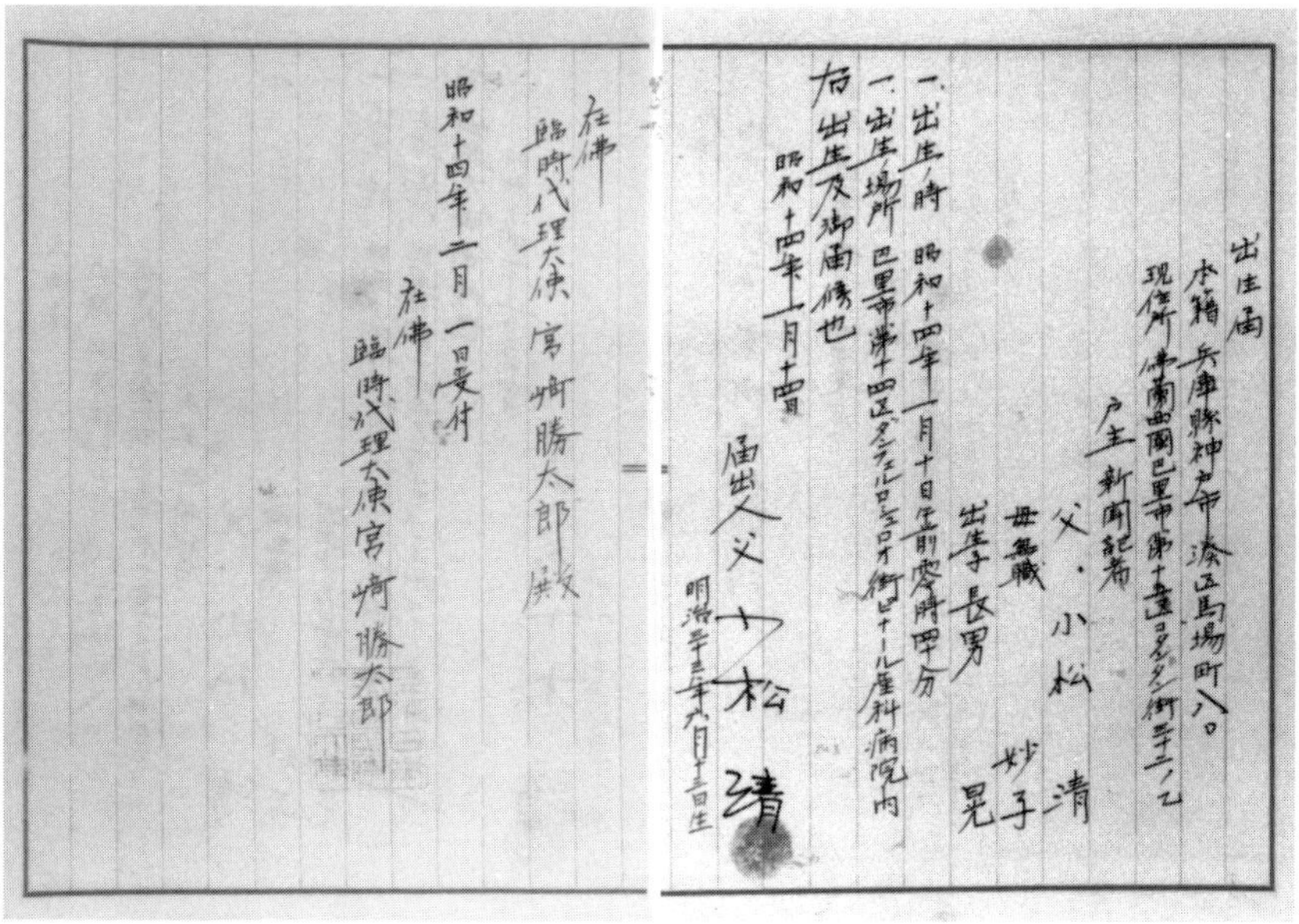

出生届
本籍 兵庫縣神戸市湊区馬場町八〇
現住所 佛蘭西國巴里市第十五区コメダン街三十二ノ乙
戸主 新聞記者
父 小松清
母 無職 妙子
出生子 長男 晃
一、出生ノ時 昭和十四年一月十日午前零時四十分
一、出生ノ場所 巴里市第十四区ダンフェルロシュロオ街ピナール産科病院内
右出生及御届候也
昭和十四年一月十一日
届出人 父 小松清
明治三十三年六月十三日生
在佛臨時代理大使 宮崎勝太郎殿
昭和十四年一月 一日受付
在佛臨時代理大使 宮崎勝太郎

パリの日本大使館に提出された出生届。〈上〉1930年2月14日に画家・海老原喜之助とアリスの長男盛樹が誕生した。（本文33頁参照）〈下〉1939年1月10日にジャーナリスト・小松清と妙子の長男晃が誕生した。（本文299頁参照）
（外務省外交史料館所蔵）

外務省外交史料館の記録から……死亡届

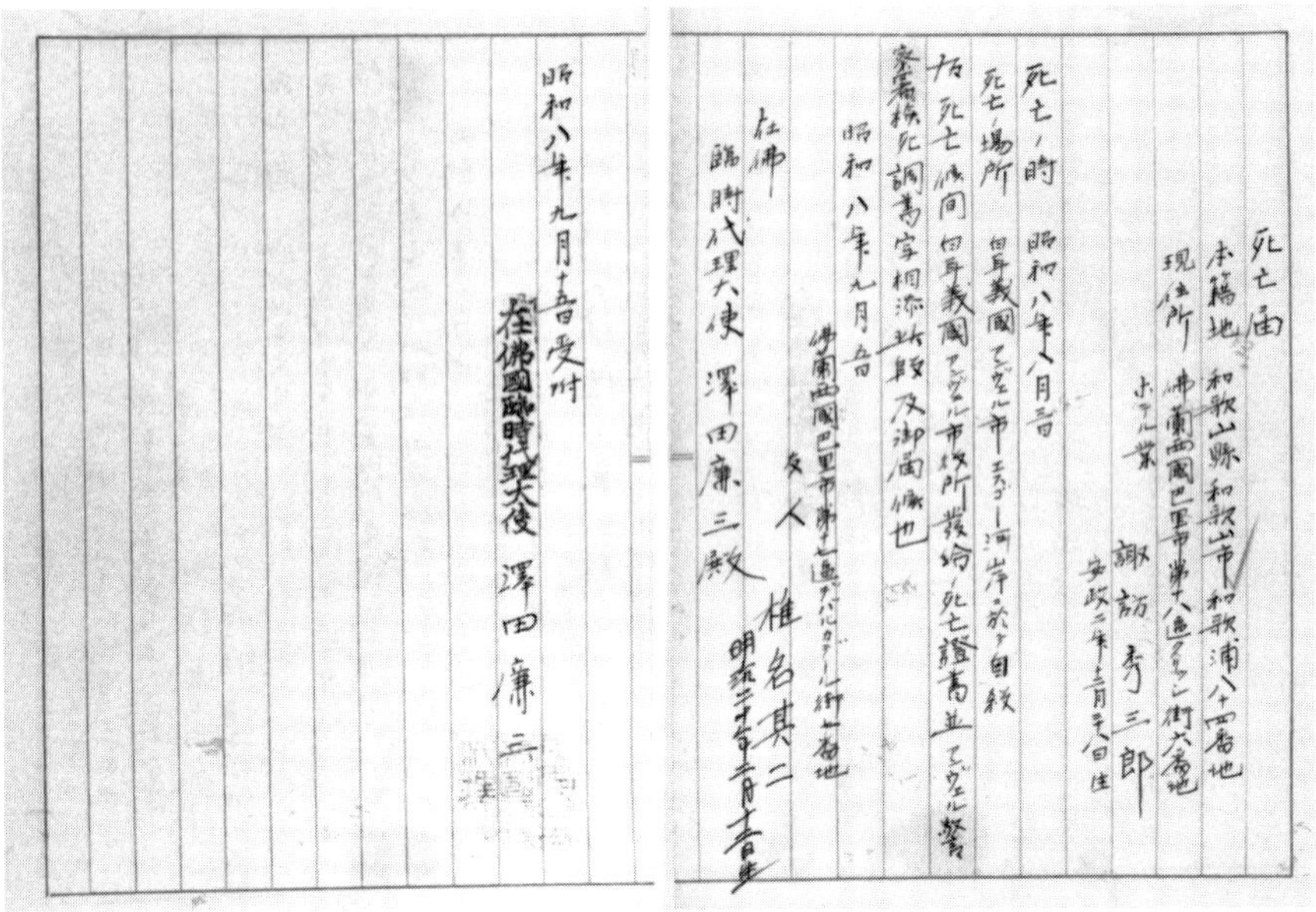

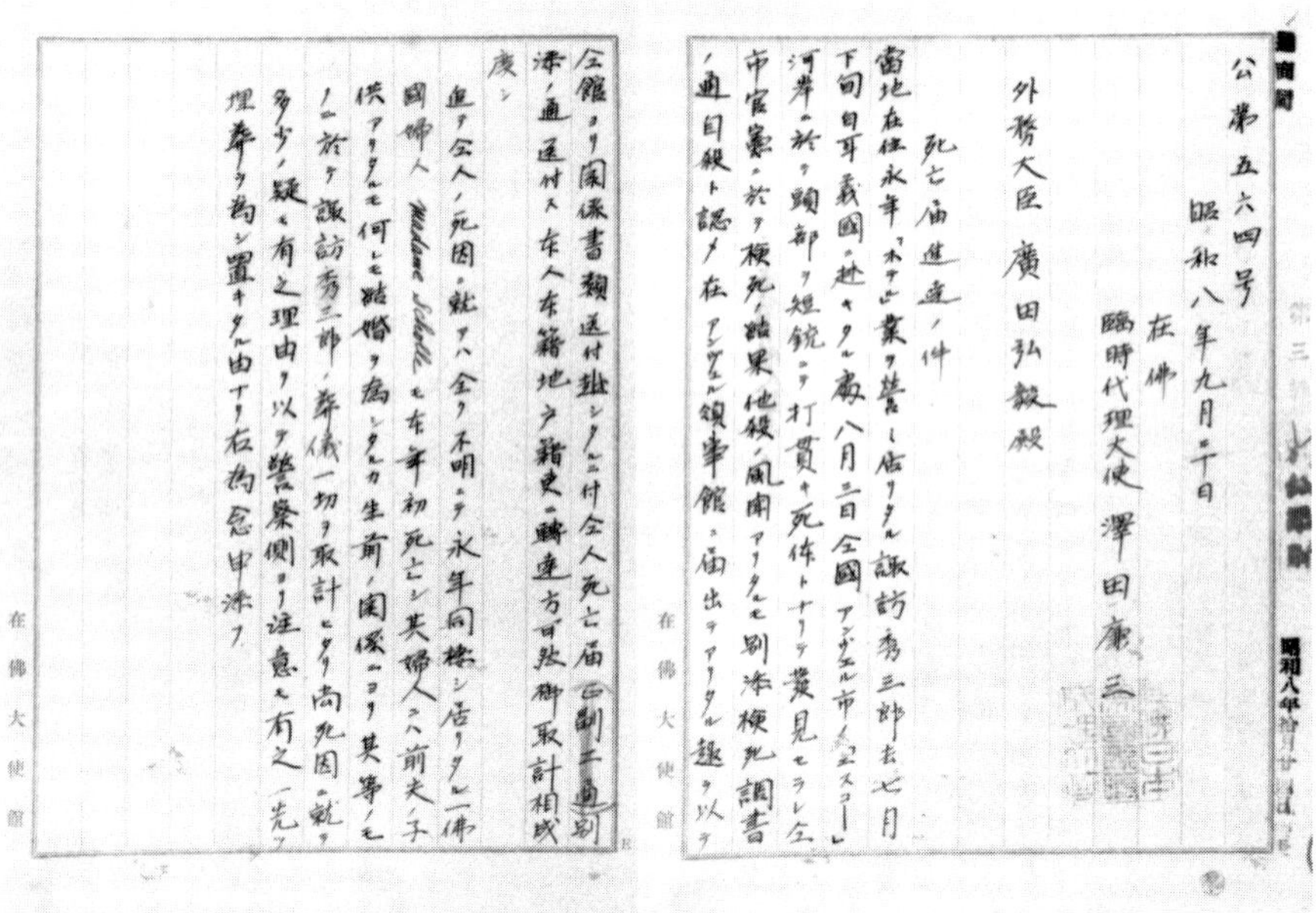

〈上〉1933年8月3日に亡くなった諏訪秀三郎の死亡届は、椎名其二がパリの日本大使館に提出した。諏訪は諏訪旅館（本文186頁参照）の主人だった。〈下〉諏訪の死亡についての公文書で、1933年9月20日付で、澤田廉三フランス大使から広田弘毅外務大臣に送られた。自殺なのか他殺なのか、噂だけが流れた事件について、現地警察の一応の判断が示されている。（外務省外交資料館所蔵）

外務省外交史料館の記録から……死亡届

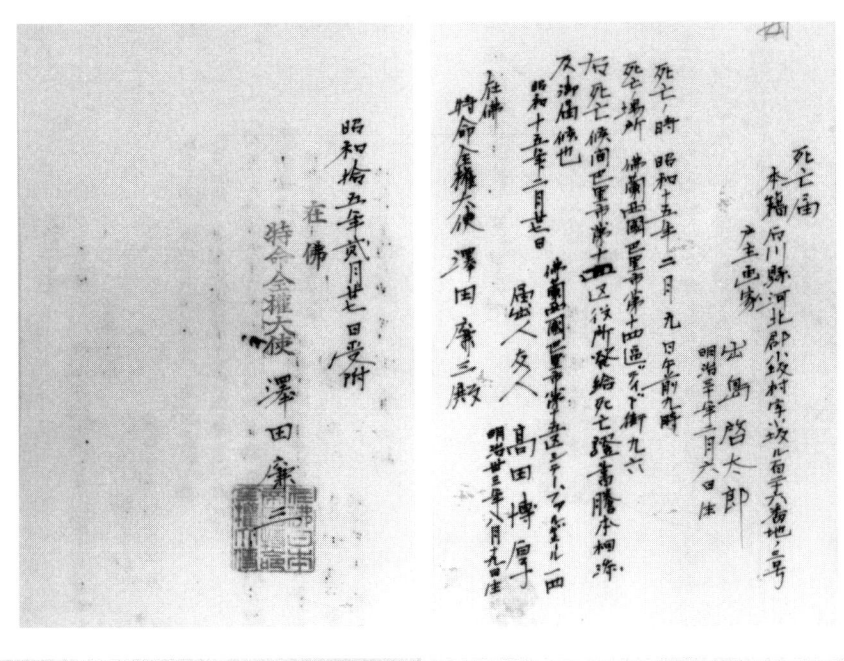

死亡屆
本籍 石川縣河北郡小坂村字小坂ル百廿六番地ノ三号
戸主 画家 出島啓太郎 明治卅年二月六日生
死亡ノ時 昭和十五年二月九日午前九時
死亡ノ場所 佛蘭西國巴里市第十四區テイド街九六
右死亡候間巴里市第十四区役所發給死亡證書謄本相添
及御届候也
昭和十五年二月廿日
佛蘭西國巴里市第十五区 一四
届出人 友人 高田博厚 明治卅三年八月十九日生
在佛 特命全權大使 澤田廉三殿

昭和拾五年貳月廿七日受附
在佛 特命全權大使 澤田廉三

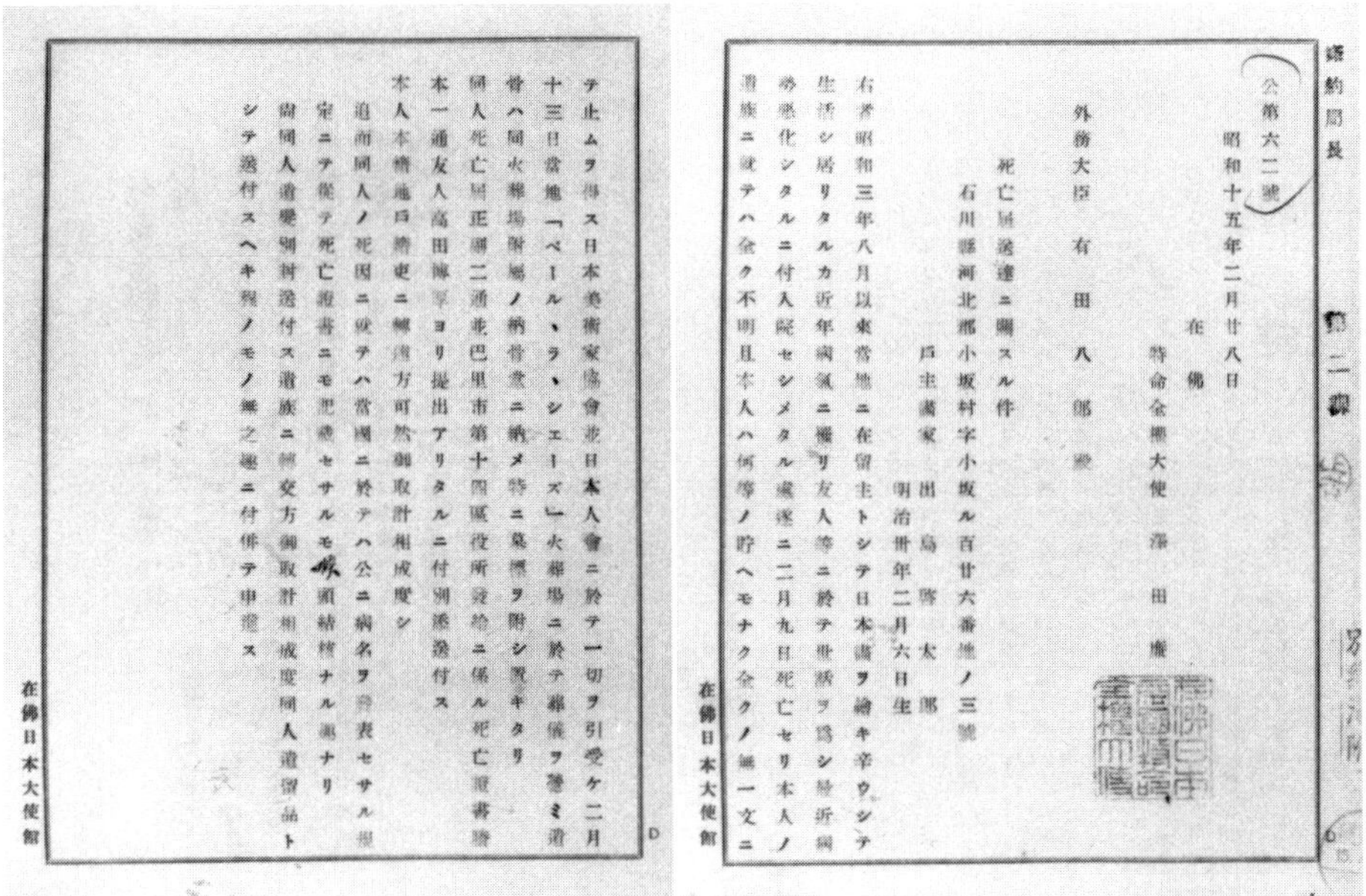

條約局長
第二課
公第六二號
昭和十五年二月廿八日
在佛 特命全權大使 澤田廉
外務大臣 有田八郎殿
死亡屆送達ニ關スル件
石川縣河北郡小坂村字小坂ル百廿六番地ノ三號
戸主畫家 出島啓太郎 明治卅年二月六日生
右者昭和三年八月以來當地ニ在留主トシテ日本畫ヲ繪キ辛ウシテ生活シ居リタルカ近年病氣ニ罹リ友人等ニ於テ世話ヲ爲シ[illegible]折病勢惡化シタルニ付入院セシメタル處遂ニ二月九日死亡セリ本人ノ遺族ニ就テハ全ク不明且本人ハ何等ノ貯ヘモナク全クノ無一文ニテ止ムヲ得ス日本美術家協會並日本人會ニ於テ一切ヲ引受ケ二月十三日當地「ペール、ラ、シエーズ」火葬場ニ於テ葬儀ヲ營ミ遺骨ハ同火葬場附屬ノ納骨堂ニ納メ特ニ墓標ヲ附シ置キタリ
同人死亡屆正副二通並巴里市第十四區役所發給ニ係ル死亡證書謄本一通友人高田博厚ヨリ提出アリタルニ付別添送付ス
本人本籍地戸籍吏ニ轉送方可然御取計相成度シ
追而同人ノ死因ニ就テハ當國ニ於テハ公ニ病名ヲ發表セサル規定ニテ從テ死亡證書ニモ記載セサルモ喉頭結核ナル趣ナリ
尚同人遺愛[illegible]別封送付ス遺族ニ御交方御取計相成度同人遺留品トシテ送付スヘキ程ノモノ無之趣ニ付併テ申進ス
在佛日本大使館

〈上〉画家の出島春光（本名啓太郎）の死亡届は、高田博厚がパリの日本大使館に提出した。今まで不明だった死亡年月日が、1940年2月9日と記載されている。（本文27頁参照）〈下〉出島の死亡についての公文書。1940年2月28日付で、澤田廉三フランス大使から、有田八郎外務大臣に送られた。出島の死に至る経緯や、葬儀の状況などが説明されている。　（外務省外交史料館所蔵）

外務省外交史料館の記録から……死亡届

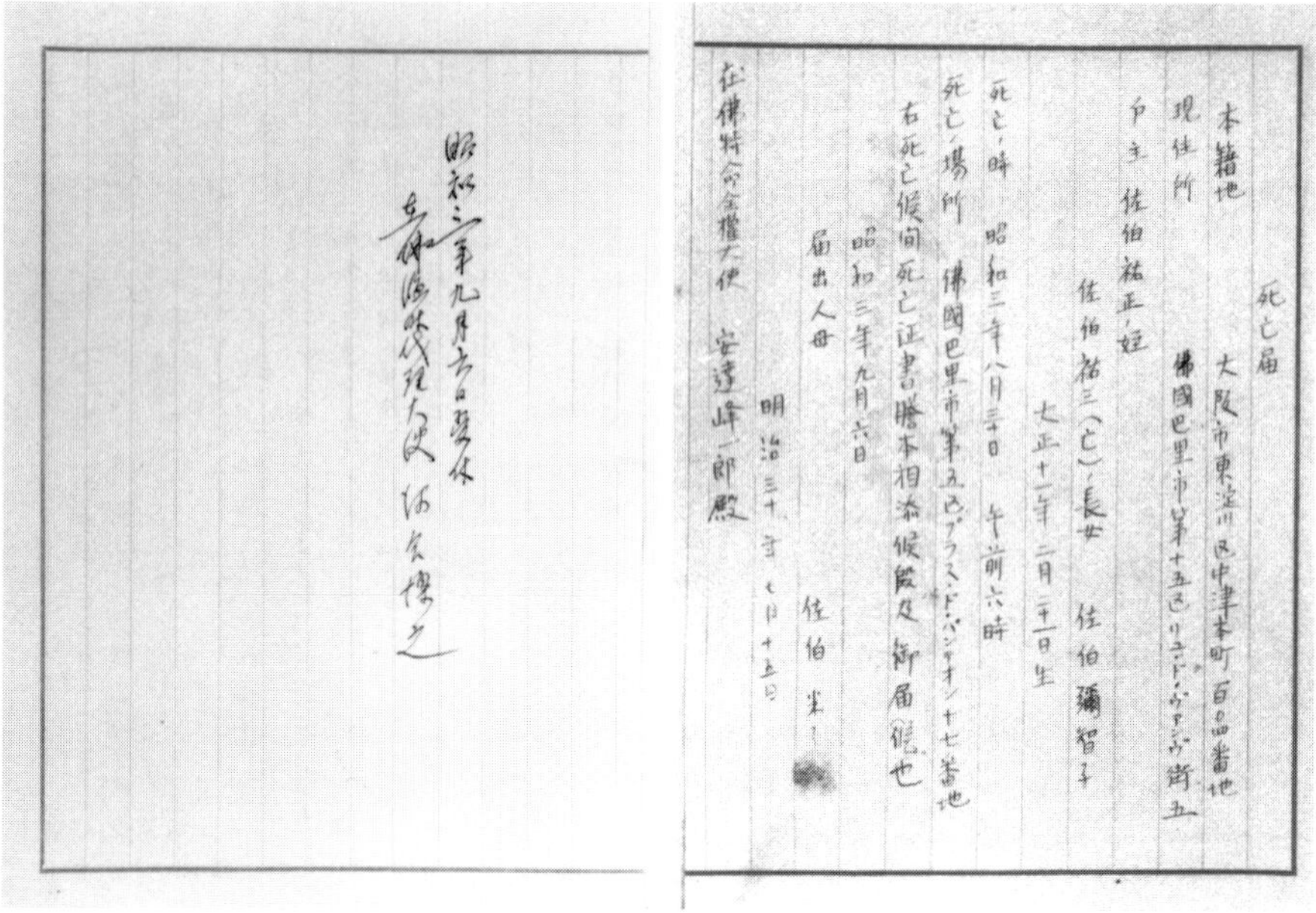

死亡届

本籍地　大阪市東淀川区中津本町百四番地

現住所　佛國巴里市第十五区リュードゥヴァンヴ街五

戸主　佐伯祐正　姪

佐伯祐三（亡）長女　佐伯彌智子

大正十二年二月二十日生

死亡ノ時　昭和三年八月三十日　午前六時

死亡ノ場所　佛國巴里市第五区プラス・ド・パンテオン十七番地

右死亡候間死亡証書謄本相添候此段及御届候也

昭和三年九月六日

届出人　母　明治三十一年七月十五日　佐伯米子

在佛特命全権大使　安達峰一郎殿

昭和三年九月六日受付

在佛臨時代理大使　博之

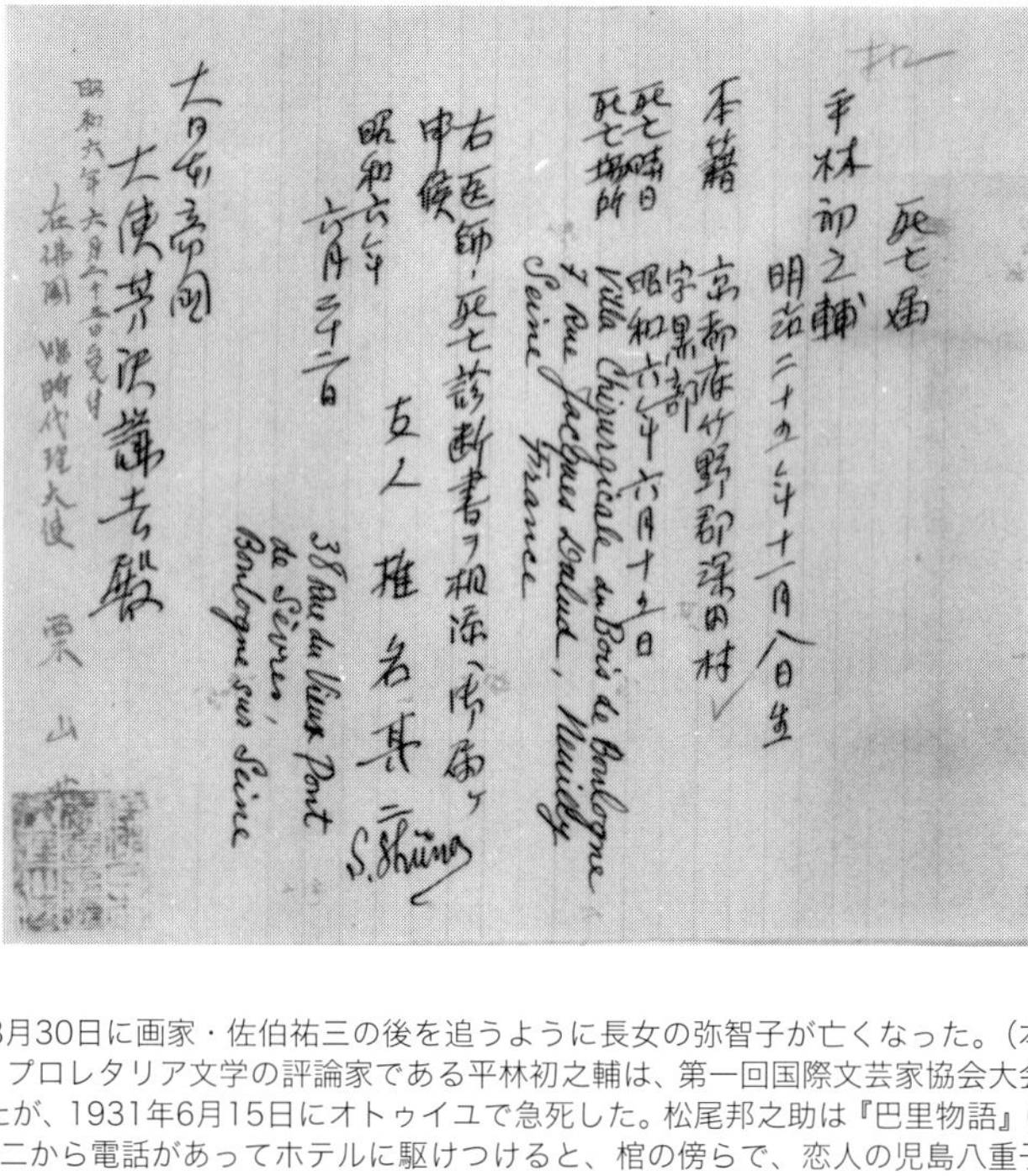

死亡届

平林初之輔　明治二十五年十一月八日生

本籍　京都府竹野郡深田村字黒部

死亡ノ時日　昭和六年六月十五日

死亡ノ場所　Villa Chirurgicale du Bois de Boulogne 7 Rue Jacques Dulud, Neuilly Seine France

右医師ノ死亡診断書ヲ相添此届ケ申候

昭和六年六月二十二日

友人　椎名其二　S. Shiina

38 Rue du Vieux Pont de Sèvres, Boulogne sur Seine

大日本帝国大使芳沢謙吉殿

昭和六年六月二十二日受付

在佛國臨時代理大使　栗山

〈上〉1928年8月30日に画家・佐伯祐三の後を追うように長女の弥智子が亡くなった。（本文289，303頁参照）〈下〉プロレタリア文学の評論家である平林初之輔は、第一回国際文芸家協会大会に出席するためパリに渡ったが、1931年6月15日にオトゥイユで急死した。松尾邦之助は『巴里物語』（論争社、1960年）で、椎名其二から電話があってホテルに駆けつけると、棺の傍らで、恋人の児島八重子が泣き崩れていたと回想している。

（外務省外交史料館所蔵）

パリ・日本人の心象地図　1867-1945

目次

II 日本人のパリ都市空間

1 エッフェル塔とパッシー 103

2 凱旋門からルーヴルへ 133

8 日本館付近とその他の地域 323

〔附〕在パリ日本人年表 1867-1945 341

パリ・日本人の心象地図

1867-1945

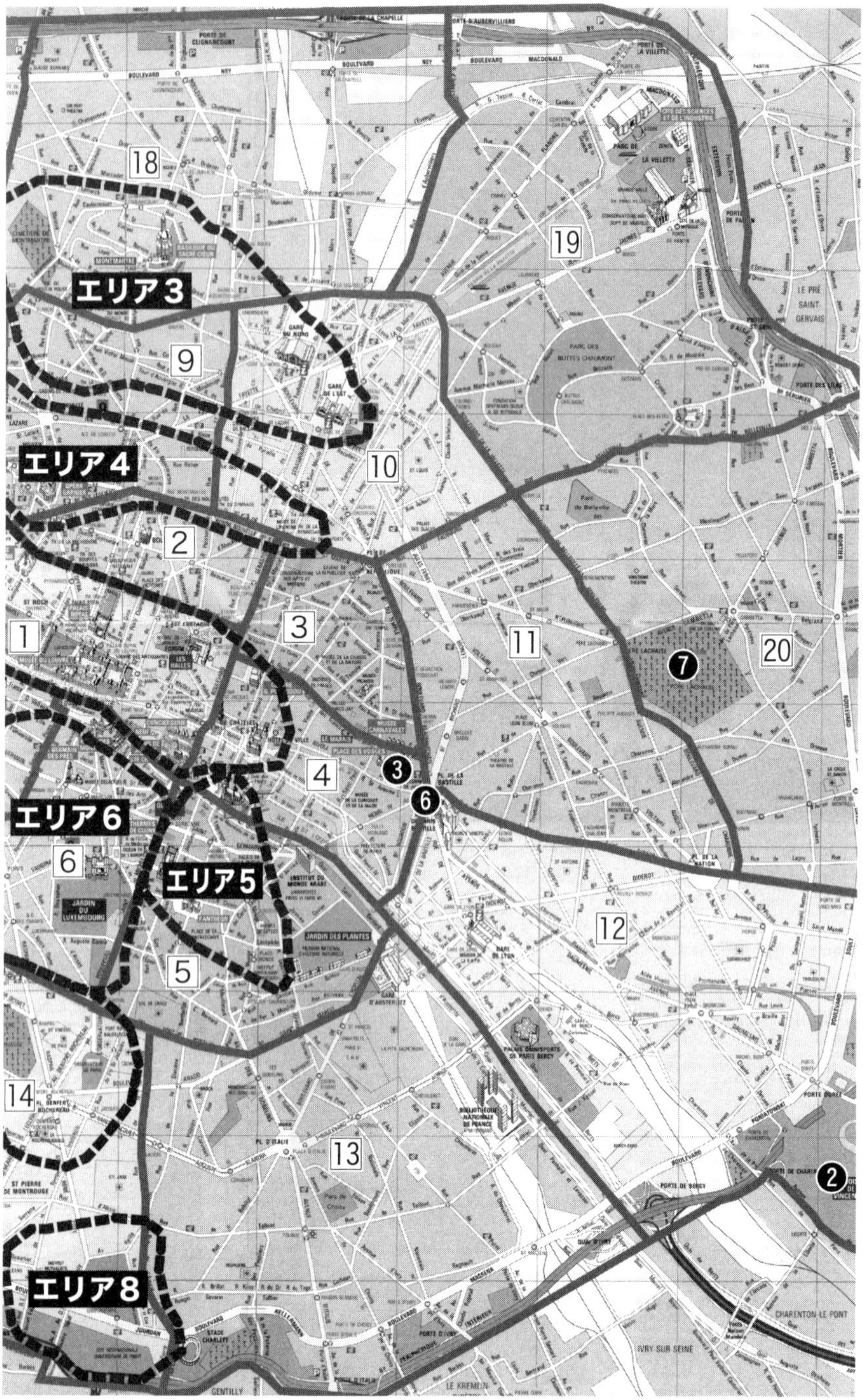

エリア3
エリア4
エリア6
エリア5
エリア8
18
19
9
10
2
1
3
11
20
4
6
12
5
14
13
7
3
6
2
MONTMARTRE
GARE DU NORD
GARE DE L'EST
PARC DES BUTTES CHAUMONT
PARC DE LA VILLETTE
LE PRÉ SAINT GERVAIS
PORTE DES LILAS
LES HALLES
LE MARAIS
PLACE DES VOSGES
PL. DE LA BASTILLE
PL. DE LA NATION
JARDIN DU LUXEMBOURG
PANTHÉON
INSTITUT DU MONDE ARABE
JARDIN DES PLANTES
GARE D'AUSTERLITZ
GARE DE LYON
PALAIS OMNISPORTS DE PARIS BERCY
BIBLIOTHÈQUE NATIONALE DE FRANCE
PL. D'ITALIE
PL. DENFERT ROCHEREAU
ST PIERRE DE MONTROUGE
STADE CHARLETY
PORTE DE BERCY
PORTE DORÉE
CHARENTON-LE PONT
IVRY SUR SEINE
GENTILLY
LE KREMLIN

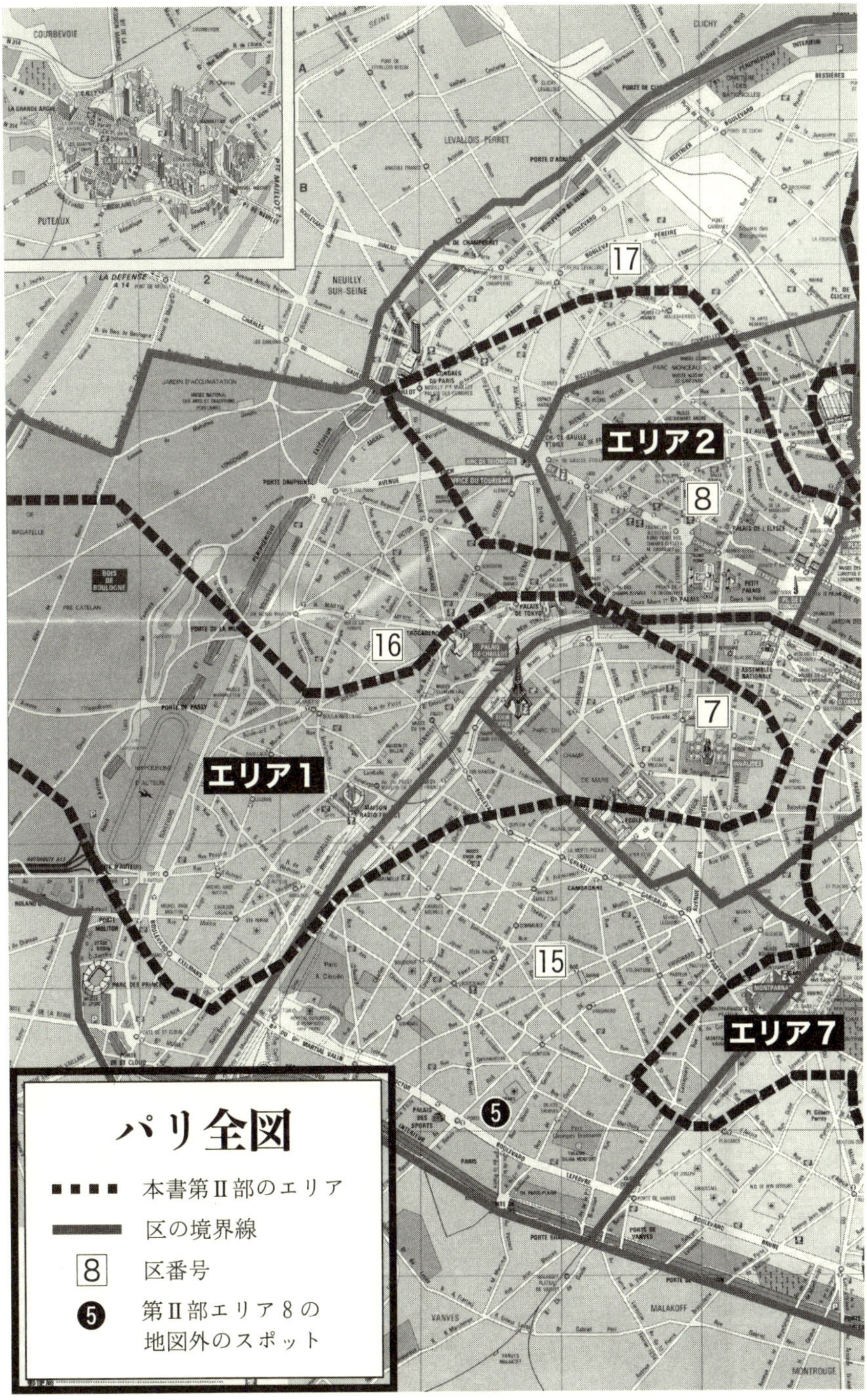
パリ全図
本書第Ⅱ部のエリア
区の境界線
8 区番号
❺ 第Ⅱ部エリア8の
地図外のスポット
エリア1
エリア2
エリア7
17
8
16
7
15
COURBEVOIE
PUTEAUX
CLICHY
LEVALLOIS-PERRET
NEUILLY-SUR-SEINE
BOIS DE BOULOGNE
VANVES
MALAKOFF
MONTROUGE

プロローグ　パリ・日本人の心象地図　1867-1945

心象地図という方法

近代日本にとってパリは、憧憬の都市であり続けた。ロンドンやベルリンのようなヨーロッパの都市も、ニューヨークやシカゴのようなアメリカの都市も、憧憬の無垢さにおいて、パリを脅かすことはなかった。パリだけが「花の都」「芸術の都」として、神話化され特権化されてきたのである。だが不思議なことに、第二次世界大戦以前に、実際にパリで生活した日本人は、それほど多いわけではない。「パリ／フランス在留日本人数（一九〇七年〜一九四〇年）」が示すように、パリの日本大使館に在留届を提出した日本人数が、最多を記録する一九三一年ですら、八七三名を数えるにすぎなかった。極東のほとんどの日本人は、パリを一度も訪れることなく、日本国内でパリ・イメージを消費して、生涯を終えたのである。

パリを憧憬する文学青年が、パリ・イメージをどのように形成したかを、柳沢健『回想の巴里』（酣燈社、一九四七年）は示している。一九二〇年にマルセイユに上陸した柳沢は、パリ行きの列車に乗ったとき、「これは十年以来見続けてた同じ夢の続きではないのか」と思う。パリのリヨン駅には、大使館員のKが迎えにきてくれた。二人は車で凱旋門近くのインターナショナル・ホテルに向かう。その車中で柳沢は、まるで旧知の街のように、あれはノートルダム大聖堂、これはルーヴル美術館、向こうはグラン・パレにプチ・パレにシャンゼリゼ通りと、自分から説明できたという。

それは無理もないことだつた。荷風の『ふらんす物語』、それに続いて藤村の『エトランジェ』、――これが自分には古くからのベデッカーだつたのだから。それに、ゾラとかモーパッサンとかドオデエとかの大小の小説、さてはミュッセとかヴェルレエヌとかボードレエルとかの巴里を歌つた長短の詩篇。それに加へて、シスレーとかモネとかマネとかピサロとかの数々の巴里の絵巻物。これ等で自分の頭のなかには何時の間にかチャンとわが「巴里の地図」が出来上つてゐたのであるから――。

柳沢の「巴里の地図」は、現実の地図ではない。パリを舞台とする、フランスや日本の文学・美術を通して、意識の内に生成していった、隠喩としての地図である。ロジャー・M・ダウンズ、ダビッド・ステア編『環境の空間的イメージ』（曽田忠宏・林章・布野修司・岡房信訳、鹿島出版会、一九七六年）は、隠喩としての地図を、「認知マップ」と名付けて、こう定義している。「個々

パリ／フランス在留日本人数（1907年〜1940年）

〈凡例〉

①外務省通商局編「海外各地在留本邦人職業別表」「海外各地在留本邦人職業別人口表」「在外本邦人国勢調査職業別人口表」「在外本邦人国勢調査報告」「海外各地在留本邦人人口表」と、『巴里週報』を基礎資料として、本データを作成している。

②基礎資料には、総数のみ記載している年度と、「本邦内地人」「朝鮮人」「台湾籍民」に分類している年度があるため、総数を記載した。

③基礎資料の調査月にはばらつきがある。

④データは1907年〜1940年を範囲としているが、1911年と1912年は、「海外各地在留本邦人職業別表」が存在するかどうか不明である。

年	パリ在留者	フランス在留者
1907（明治40）	84名	123名
1908（明治41）	78名	114名
1909（明治42）	94名	141名
1910（明治43）	97名	144名
1913（大正２）	66名	111名
1914（大正３）	87名	129名
1915（大正４）	110名	174名
1916（大正５）	77名	135名
1917（大正６）	124名	232名
1918（大正７）	156名	274名
1919（大正８）	158名	237名
1920（大正９）	128名	229名
1921（大正10）	128名	223名
1922（大正11）	472名	604名
1923（大正12）	435名	550名
1924（大正13）	719名	823名
1925（大正14）	836名	974名
1926（大正15）		920名
1927（昭和２）	845名	953名
1928（昭和３）	852名	971名
1929（昭和４）	755名	873名
1930（昭和５）	631名	771名
1931（昭和６）	873名	962名
1932（昭和７）	743名	818名
1933（昭和８）	596名	671名
1934（昭和９）	449名	530名
1935（昭和10）	416名	507名
1936（昭和11）	342名	432名
1937（昭和12）	438名	564名
1938（昭和13）	429名	504名
1939（昭和14）	247名	298名
1940（昭和15）	160名	209名

の人間は、環境のひとつの包括的な表象を形成するために、情報をまとめ上げていかなくてはならない。この獲得、融合、貯蔵の過程が〈認知マッピング〉なのであり、あらゆる時点におけるこの過程の生成物を〈認知マップ〉とみなすことができる」と。

パリにいる日本人にとって、「環境」とはパリに他ならない。しかし柳沢のように、日本国内でパリを憧憬する文学青年の場合でも、本を読みながら、無意識の内に「認知マッピング」を行うことはできた。だから初めてパリの土を踏んだにもかかわらず、その空間的知識を所有していたのである。地理学の分野では一般的に、隠喩としての地図を、認知地図と呼んでいる。また、「頭の中の地図」、メンタルマップ、イメージマップという呼称もあるという。本書で私たちは、心象地図という概念を、ほぼ同じ意味で用いる。日本人のパリへの視線を考えるとき、認知（知識）以上に、心象（イメージ）が、大きな問題として浮上するからである。

ツーリストがパリを訪れたときに、心象地図が大きく変わることはあまりない。観光とはそもそも、出発前に獲得したパリ情報を、現地で追認する行為だからである。何をどのように見るかという、視線の枠組みは、あらかじめ決定されている。しかしパリに在留する場合は、心象地図形成の、新たな段階を迎える。都市空間を把握する最大のランドマークは、居住地と目的地（会社や学校など）だろう。両者を結ぶ線の、周辺の景観を、在留者は日常的に目にして記憶する。そしてこの線を基本に、テリトリーを少しずつ広げていくのである。

フランス語や英語が読める日本人は、パリの探索の際に、各種都市案内を利用することができた。柳沢が触れた「ベデッカー」は、最も有名なガイドブックで、ベデカー社が刊行している。ルコント社から出たポケットサイズのガイドブックが、口絵二頁図版（右上）の *Plan Commode de Paris*。刊行年は未記載だが、一九二〇〜三〇年代の可能性が高い。一六区のセーヌ河沿いを走る、現在のニューヨーク通りが、巻末の地図には、AVENUE DE TOKIOと記載されているからである。ジャック・ヒレレー編、*Dictionnaire Historique des Rues de Paris*（Les Éditions de Minuit, 1997）によれば、ここがトーキョー通りと命名されていたのは、一九一八年〜一九四五年の間だった。

口絵二頁図版（下）は、一九三〇年にデパートのボン・マルシェが出した、アジャンダと呼ばれる家計簿である。これは都市のガイドブックとして使えるように編集されている。地下鉄路線図は、乗り換えの確認に便利である。劇場やミュージック・

ホール、映画館や美術館などの、住所や電話番号も調べられる。巻末には、地図と通りの一覧が付いていて、通りの所在地がすぐに確かめられた。一九三一年一一月にパリに到着した林芙美子は、ボン・マルシェで日記帳を購入する。『三等旅行記』(改造社、一九三三年)によれば、それは単なる日記帳ではなかった。「女流芸術家達の一寸した言葉と写真」が掲載され、パリの地図を収録していたのである。パリ散策の前にこの地図で、林も一日の経路を確認したかもしれない。

日本人がパリの探索に使ったのは、フランス語や英語の都市案内だけではない。在留日本人数が増加する一九二〇〜三〇年代のパリでは、『巴里週報』『巴里新報』というガリ版の日本語新聞が出ていた。『言語都市・パリ』(藤原書店、二〇〇二年)刊行後に、新たに入手した、『巴里週報』オリンピック水泳号(一九三二年八月一〇日)の裏面(三六六〜三六七頁参照)を見ておこう。銀行(横浜正金銀行、日仏銀行)、旅館(諏訪旅館)、日本料理店(ときわ、日本人会料理部、ふじ、ぼたんや)、会社や商店(青山美術商、宝の山、伴野商店、仏国通商株式会社、御木本真珠店)などの広告が、ここには掲載されている。「旅行者便覧」には、日本大使館やパリ国際大学都市日本館、国際連盟・海軍・陸軍事務所の、連絡先も記載された。日本人関係のスポットをパリでたどる、水先案内の役割を、この新聞は果たしたのである。

都市案内や地図で学んだ情報は、実際の身体移動によって、五官で捉えた立体的な心象地図として、意識に蓄積されていく。そしてパリで同国人と、あまり交際しないように心掛けた少数の日本人を除けば、居住地と目的地を結ぶ線以外のエリアで、日本人関係のスポットは、都市空間を把握する重要なランドマークになった。日露戦争後にフランスに赴いた矢本正二は、この国で三四年間を過ごしている。その体験をもとに執筆した『巴里通信』(築地書店、一九四三年)には、興味深い地図が収録された。パリの市街図に、矢本が日本語で、スポット名を書き込んでいるのである(本書カバー参照)。たとえば北西部を見ると、日本人会や日本大使館、トーキョー通りと並んで、「こどものあそび場」と記されている。つまりこの地図は、日本人関係のスポットや、個人的に思い出深いスポットを記した、矢本の心象地図と言えるだろう。

異文化のただ中で成立する心象地図には、ナショナリティーが反映している。そして心象地図が、紀行文や小説やドキュメンタリーという形で、繰り返し自国に持ち込まれるとき、心象地図の、地図の働きが薄れていくのと同時に、心象(イメージ)が前景化することになる。それは異文化を眺めるレンズの成立を意味している。エドワード・W・サイードは『オリエンタリズム』(今沢紀子訳、平凡社、一九八六年)で、ヨーロッパの近東関係の文献について、次のように指摘した。「この文書館からは、旅行とか歴史、寓話、ステレオタイプ、論争といった、限られた数の典型的項目がカプセルに収められたまま取り出されてくる。それらがオリエントを体験するさいのレンズとなり、それらによって、東洋と西洋の遭遇を律する言語、感覚、形式が形づくられる」と。

サイードはこのレンズを「心象地理的、心象歴史学的知識」と呼び、「オリエントに関するヨーロッパの集団的白昼夢」が、レンズを通して生成していったという。日本人のパリへの視線にも、同じことが生じている。「パリに関する日本の集団的白昼夢」が、近代を通して形成されていったのである。もちろんヨーロッパとイスラムのような、征服―被征服という歴史は、日本とパリの間には存在しなかった。だからヨーロッパのように、異文化を自身にとってあるべき姿に、変形させてから享受するという必要性は、日本ではあまり強くない。むしろ日本のパリ・イメージは、ステレオタイプ化した憧憬を特徴としている。その典型を私たちは、「花の都」「芸術の都」というパリ・イメージに見ることができるのである。

「大街道」と「花の都」イメージ

パリの土を踏んだ日本人は、大きく二つのタイプに分けられる。一つは、観光や視察の目的で立ち寄ったツーリストで、ヨーロッパやアメリカの、他の都市と併せて日程を組んでいるから、滞在日数は短い。もう一つは、留学や仕事の目的で訪れた在留者で、数ヵ月から数年、人によっては数十年を過ごし、そのまま客死した人々もいる。両者のパリ体験の質が、大きく異なるのは当然だろう。そして「花の都」というパリ・イメージは、主として前者によって担われてきた。

近代ツーリズムが成立するためには、近代的な交通機関（船舶や鉄道）が発達し、宿泊施設を含めた観光産業が勃興することが不可欠である。またそれらがばらばらに存在するのではなく、相互にリンクした情報として、人々に提供される必要があった。ツーリズムの訳語である観光という言葉は、明治時代の中期以降に使われるようになる。しかし一九世紀の間は、日本語で書かれたパリ見聞記は、あまり刊行されなかった。この頃にはまだ、団体であれ個人であれ、観光目的でパリを訪れる条件が、日本では整備されていなかったからである。遣欧使節団や万国博覧会関係者を除けば、留学や仕事でパリに行った人々も、あまり多くはない。

日本最初の世界一周団体観光旅行は、一九〇八年に行われた。朝日新聞社が主催し、その記録を『世界一周画報』(東京朝日新聞会社、一九〇八年)にまとめている。「欧米各地到る処に受けたる歓迎優待」の一因は、欧米の大使や公使が、本国政府に照会してくれたことである。フランス大使のジェラールは、パリ滞在予定が三日間しかないことに不満で、八日間はほしいと要望している。「会員の姓名身分が分り次第、早速本国へ通報して夫々会員諸君の便宜を計るやう申し遣はす」と、大使はコメントした。民間の新聞社が企画した、民間人の旅行を、各国が歓迎したという事実に、日本人の世界一周団体観光旅行の新しさが映し出されている。

世界一周団体観光旅行を企画した目的は、「海外旅行の容易にして且つ安全に行はるべきこと」を知らせることだった。もちろん海外旅行の「容易と安全」を保証したのは、新聞社ではなく、近代ツーリズムを成立させた観光業界である。一八四五年にロンドンで旅行代理業を始めたトーマス・クックは、半世紀をかけて、世界の主要交通機関やホテルと契約し、輸送保険・両替・通訳も手配できるネットワークを作り出していく。『世界一周画報』によれば一九〇七年に同社は、横浜の居留地に日本事務所を開いた。トーマス・クック社と協議して、コースや費用、日程や旅行者数を、朝日新聞社は決定したのである。JTBの前身、ジャパン・ツーリスト・ビューローの創設は一九一二年だから、国内にはまだ、そのような業務を行える機関がなかった。

一行は三月一八日に横浜を出港し、アメリカ~ヨーロッパ~ロシアを経て、六月二一日に敦賀に帰ってくる。総日数は九六日。パリ到着は五月一二日で、パリ出発は一七日だから、五泊六日の滞在である。彼らのパリ観光の概略をまとめると、以下のようになる。

五月一三日　午前は、トーマス・クック社の通弁(通訳)付きで、大馬車に乗り、モンソー公園~マドレーヌ寺院~コンコルド広場~シャンゼリゼ通り~凱旋門~トロカデロ宮殿(現在のシャイヨ宮)~エッフェル塔~アンヴァリッド(ナポレオンの墓)~チュイルリー宮殿~ヴァンドーム広場。

午後は、ルーヴル美術館~サント・シャペル礼拝堂~ノートルダム大聖堂~バスティーユ広場。夕食後は自由見物。

五月一四日　大馬車で、ブーローニュの森〜ヴェルサイユ宮殿。
五月一五日　自由見物（ルーヴルやボンマルシェで買い物、エッフェル塔、サロンの美術鑑賞、下水道視察など）。夜はオペラ見物。
五月一六日　リヨン駅から汽車でフォンテンブローの森へ。

二日目のヴェルサイユ宮殿や、四日目のフォンテンブローの森は、パリの郊外で、パリ市内ではない。つまり自由見物を除けば、パリ市内観光は一日でほぼ済ませている。トーマス・クック社が立案した、パリ見物コースは、二つの直線で表すことができる。一つは、少し太いが、凱旋門からシャンゼリゼ通りを経て、コンコルド広場、ルーヴル美術館、ノートルダム大聖堂、さらにバスティーユ広場へ伸びる長い直線。もう一つは、トロカデロ宮殿（現在のシャイヨ宮）からエッフェル塔、アンヴァリッドに伸びる短い直線。第一次世界大戦後にヨーロッパ各国は、外貨獲得の手段として、観光政策を推進する。資金さえあれば、団体旅行も個人旅行も、さらに「安易」になっていった。しかしパリを訪れる日本人数が増加する、一九二〇〜三〇年代になっても、パリ見物コースは、基本的には変化していない。

一九二〇年代に日本語で書かれた、ヨーロッパ・ガイドブックの一冊に、滝本二郎、マダム・ド・ブレスト『欧米漫遊留学案内　欧州の部』（欧米旅行案内社、一九二八年。口絵二頁上左参照）がある。パリ見物の「主要な地界標は西は凱旋門に在るプラス・ド・エトワール、東はプラース・ド・バスチーユに在り、此両処は一直線の大街道で連絡され巴里名所の多くは此の大街を中心とする両側付近に在る」と、この本は指摘している。「巴里一週間見物」のモデルコースも、最初の二日間は、ほぼこの「大街道」に沿う形で作られた。他のエリアは、四日目にリュクサンブール公園とパンテオン、五日目にモンマルトルとモンパルナスが少し入る程度にすぎない。後はパリの郊外だった。

日本で消費された「花の都」というパリ・イメージは、基本的には、近代ツーリズムの対象である、「大街道」を中心に成立している。馬郡健次郎は『ジヤヅの欧羅巴』（万里閣書房、一九三〇年）に、「花の巴里とエッフエル塔」というエッセイを収めた。「来て見れば、巴里は流石に花の都」と始まる文章で、列挙されているのも、やはりノートルダム大聖堂、シャンゼリゼ通り、コンコルド広場、エッフェル塔、そしてルーヴル美術館である。

パリの「花の都」イメージを支える「大街道」には、二つの特徴が備わっている。一つは、凱旋門がそうであるように、パリの歴史的記憶を蓄積していること。もう一つは、凱旋門が位置するエトワール広場がそうであるように、一九世紀後半のオスマン男爵の都市改造計画によって、近代的に整備されていること。この二つの特徴が備わったとき、パリを訪れる日本人ツーリストは、歴史の重みを、快適な環境の下で、味わうことができたのである。

モンマルトル・モンパルナスと「芸術の都」イメージ

馬郡沙河子『欧羅巴女一人旅』(朝日書房、一九三二年)の中に、「芸術の都巴里」という小見出しがある。小見出しが示すように、パリへのツーリストや在留者が増える一九二〇〜三〇年代の日本では、「芸術の都」というパリ・イメージが一般化していた。「芸術の都」イメージの源となるエリアは、「花の都」イメージの源となるエリアと、部分的に重なっている。「巴里の建ち並んだ家、街路の並木、それは皆一種の芸術味を有つてる様に見える」と馬郡が記すとき、彼女の脳裏に浮かんでいたのは、「大街道」沿いの都市景観だった。また「芸術の殿堂」として彼女が称えるルーヴル美術館も、「大街道」の一角を形成している。

パリの「芸術の都」イメージを形成した要因の一つが、ルーヴルに代表される数多くの美術館だったことは間違いない。他にも、ギメ美術館、プチ・パレ美術館、リュクサンブール美術館、ロダン美術館などが、パリ市内に点在し、観光客を集めていた。それらの美術館には、古今東西の、有名な絵画や彫刻が所蔵されている。だが一九世紀後半〜二〇世紀前半のパリは、過去の美術品を展示するだけでなく、新しい美術運動を次々と生み出していく、求心力を有していた。

一九世紀後半の最大の美術運動は印象派だろう。一八七四年にアルフレッド・シスレーやクロード・モネ、オーギュスト・ルノワールらは、伝統的アカデミーを重んじるサロンに対抗して、ナダール写真館で展覧会を開く。イズム名の由来となった、モネの「印象—日の出」のように、印象派の画家たちは、空間の奥行きや物の量感ではなく、光の変化に伴う色調や、空気の揺らぎを表現しようとした。一八八〇年代に印象派は、パリ画壇の主流となり、その方向性を理論化する新印象派も登場してくる。ジョルジュ・スーラの代表作「グランド＝ジャット島の日曜日の午後」のように、色調を無数の点に分割し、モザイクする点描法が生み出されたのである。一九一〇年以降のイギリスやアメリカで、後期印象派と呼ばれる画家も含めて、印象派〜新印象派〜後期印象派は、パリからヨーロッパに広がり、世界各国の美術に影響を及ぼしていく。パリは美術の中心地として、世界中から青年が集まるトポスとなった。

パリの「花の都」イメージの源であるエリアと重ならない、「芸術の都」イメージの源となるエリアは、モンマルトルとモンパルナスである。中村恒夫『巴里画壇の全貌』（崇文堂出版部、一九三四年）は、ロドルフ・サリーがシャ・ノワールを開いた一八八〇年代初頭から、モンマルトルに移住する美術家が増えて、「美術家の聖山」と呼ばれるようになったと述べている。彼によれば、モンマルトルが画壇の中心として最も栄えたのは、一九〇〇年前後の一〇年間だった。しかしモンマルトルにツーリストが押し寄せるようになると、そこは「旅客相手の遊び場」と化し、美術家たちは左岸のモンパルナスに移っていく。その交代は、一九〇六年頃に起きたという。

モンマルトルの全盛期に、日本人の画家たちは、必ずしもモンマルトルに居住していなかった。『世界道中かばんの塵』（岸田書店、一九一五年）に田中一貞は、一九〇二年秋〜一九〇三年末に、「ローモン町四番地」に住んでいたと書いている。Rue Lhomondはカルチェ・ラタンの、パンテオンの南にある。以前は二〜三人の日本人画家が借りていた建物の五階で、田中は河合新蔵と暮した。窓から星が見えるので、中村不折（ふせつ）はここを星裡閣と名付けたらしい。もっとも蜘蛛の巣だらけで、南京虫が走り回り、トイレの臭いが充満していた。遊びに来た公使館員が驚いて、以後「縊死（くびくくり）の家」と呼ばれるようになったというから、ロマンティックな雰囲気からはほど遠かっただろう。

近所の八百屋で買ってきた米を、田中と河合はアルコールランプで炊いた。友人も牛肉と葱と米を持って訪ねてくる。以前ここにいたので勝手を知っている画家の鹿子木孟郎（かのこぎたけしろう）以外にも、今井吉平、岡精一、松旭斎天一、白井雨山、白鳥庫吉（しらとりくらきち）、末広重雄、土井晩翠（どいばんすい）、直木倫太郎、藤村知子多、山口弘一、山口小太郎らが足を運び、まるでカルチェ・ラタンの日本人倶楽部のような有り様だったという。漬物が上手な中村は「漬物師」、料理が上手な白井は「料理番」と呼ばれていた。

カルチェ・ラタンといえば、パンテオンの前通りにある、「ヱショリヱーといふカッフヱー」も、日本人倶楽部のような様相を呈していたらしい。久保田世音は「巴里に於ける句会」（『白人集』白人会、一九三四年）で、外面（和田英作）、杢助（浅井忠）、半七（田中松太郎）、月阿弥（藤田剣吾）らと七人で、一九〇一年八月頃にパリの句会を起したと述べている。後に巴会と呼ばれるこの会は、翌年一月に『ミモザ』というガリ刷りの雑誌も創刊した。句会でいつも使っていたのが、前述のカフェで、碁・将棋・花札も保管してくれた。黒田清輝にいたっては、石膏製の長煙管まで預けている。中村不折の句を一句、「寒月や細長い塔挟い川」。

印象派～新印象派～後期印象派を、精力的に日本に紹介したのは、一九一〇年四月創刊の『白樺』である。一九一三年にパリに出発する藤田嗣治は、「在仏十七年――自伝風に語る」（『藤田嗣治画集』東京朝日新聞社、一九二九年）で、「当時の日本の美術界では印象派のクロード・モネ、ピサロ、シスレの流行時代であり、ロダン等が盛んに『白樺』に紹介されて居つた」と回想している。その頃にはパリ画壇の中心は、すでにモンパルナスに移っていた。藤田もモンパルナスの、フォーヴィスムの画家の群れに身を投じている。パリでは未来派や立体派など、新しい美術革命が到来していたのである。藤田もパブロ・ピカソのアトリエを訪れて、衝撃を受けている。

モンパルナスの「日本人村」の草分けの一つは、シテ・ファルギエールだろう。高村真夫『欧州美術巡礼記』（博文館、一九一七年）は、「満谷君が最初の開拓者で、長谷川。小杉。抽木(ママ)。小林。徳永。小川。金山。足立。山本。森田。正宗。澤木。生田、青山の諸君、及び僕なぞである」と、ここを拠点とした日本人画家を列挙している。この場所で親密な時間が流れたことは、島崎藤村が記した「シテエ、ファルギエール――そこにあつたやうな談笑と会合との日が復たとわれらに来るだらうか。モネやピサロオの名の繰返されたのもそこだ。セザンヌやルノアールの芸術の比較に時を忘れたのもそこだ」という、同書の序文からも明らかである。

高村真夫が記した「小杉」とは小杉未醒(こすぎみせい)。「巴里通信　兵糧攻と観兵式の兵隊」（『武侠世界』一九一三年五月）で小杉は、日本の味の確保に汲々とする、彼らの生活ぶりをレポートしている。パリでただ一軒の「日本物屋」の醤油が切れて、満谷国四郎(みつたにくにしろう)・山本鼎(かなえ)・柚木久太と共有する、五勺の醤油を自分が管理している。モンマルトルにある、パリでただ一軒の日本料理店巴軒では、日本酒が切れたと。ツーリストが体験するパリと、在留者が体験するパリは、まったく違う。「巴里は花の都だなんて、それは滑らかな仏語と、余るほどの黄金とがあつて始めて許される一面だ」と、小杉は『画筆の跡』（日本美術学院、一九一四年）で述懐している。

しかしこの頃はまだ、パリの日本人美術家数は多くなかった。前出の「パリ／フランス在留日本人数（一九〇七年～一九四〇年）」（一二頁参照）の表を確認しておこう。一九一三年にパリ在留者は、まだ六六名しかいない。パリ在留者がほぼ四〇〇名を越えるのは一九二二年～一九三八年で、そのうち一九二四年～一九三二年はほぼ七〇〇名以上となる。一九二九年一〇月二四日付、安達峯一郎フランス大使の、外務大臣宛公文書（「巴里在留本邦人職業別人口表（昭和四年十月一日現在）」）が、外務省外交史料館に所蔵されている。それによれば、パリ在留日本人のなかで美術家が占める割合は、以下の通りだった。

在留本邦人七五五名を、職業別に多い順に並べると、①「画家、彫刻家、音楽家、写真師」一六四名（約二二%）、②「学生、練習生」九一名（約一二%）、③「教育関係者」七八名（約一〇%）、④「官公吏」五七名（約八%）、⑤「会社員、銀行員、商店員、事務員」四六名（約六%）、⑥「陸海軍人」三五人（約五%）となる。①には音楽家や写真家も含まれるが、画家や彫刻家が大半だっただろう。七五五名には、パリ赴任者の家族一四四名が含まれる。家族を除いた本業者は六一一名。本業者中の、①の割合は、約二七%に上る。しかもこのデータの在留本邦人には、パリの日本大使館に届けなかった者は含まれていない。数ヵ月程度の短期滞在者の場合、画家や彫刻家のような自由人ほど、未届け者数が多かっただろうことを考慮に入れれば、実際の割合はもう少し高かったのかもしれない。

パリの「芸術の都」イメージは、職業別割合にも反映している。中村恒夫『巴里画壇の全貌』は、一四区の人口は約一七万人で、そのうち約二万人が内外の画家や彫刻家だと述べている。またパリを訪れる日本人美術家の九割は、一四区のアトリエに入るとも指摘した。「ダゲエル街十一番地、ヴアンヴ街三十四番地、カンパーニユ・プルミエール街九番地、ルエ袋小路七番地、フロアドヴオ街、ムートン・デユヴエルネ街、サン・ゴタアル街、エルネスト・クレソン街」、一四区以外でもモンパルナス駅の近くの、「ベローニ街七番地」と「シテ・フアルギエール十四番地」に、「日本人村」が出現している。そして日本人美術家がモンパルナス体験を、エッセイや紀行文に記すことによって、モンパルナスは、パリの「芸術の都」イメージの源となっていくのである。

パッシー地区に住んだ多くの日本人

一九二〇〜三〇年代に日本人美術家の多くは、モンパルナスに居住している。そこにはコラロッシやグランド・ショーミエール、ランソンやモデルヌなどの、アカデミー（研究所）があり、貸アトリエも多かった。また内外の画家や文学者が、大騒ぎしたり、芸術論を戦わせた、有名なカフェも集中している。モイーズ・キスリングや藤田嗣治が常連のドーム、パブロ・ピカソやジョルジュ・ブラックの顔が見られたロトンド、ギョーム・アポリネールやアンドレ・ジッドがよく立ち寄ったクローズリー・デ・リラ、その他にもセレクトやクーポールが、「芸術の都」の数々の伝説を生み出す装置となった。

しかし日本人の大多数がモンパルナスに住んでいたわけではない。留学生の場合は、ソルボンヌ（パリ大学）やコレージュ・ド・フランスがある、カルチェ・ラタンの方が便利だろう。また官民を問わず、日本の機関に所属して安定した収入を得ていた、教育関係者、官公吏、会社員や銀行員、陸海軍人などは、高級住宅街のパッシー地区に居住する傾向が見られた。牧嗣人（まきつぐんど）は『エッフェル塔の下にて』（愛亜書房、一九四一年）で、パッシー地区（一六区）が、モンパルナスやカルチェ・ラタンのある左岸とどう違うかを、次のように説明している。

> この十六区は新しい新開地と言つた区で河左から見ると、金持か貴族の住んで居る所である。日本人も大使館や商売人の頭株は好んでこの辺に陣取つて、学生、画家、貧乏人の日本人を見下げて居るわけである。日本人同志に会ふと、大抵「あなたのお住所は」と尋ねられる。そこで私は「河の左の方に居ます。」と言ふ事は大概貧乏人であると言ふわけで、答は恥しく、聴く方は、こいつは「いんちき」だと思つて心を許さないと言つた態度になる。
> 日本から来た音楽家は、そこに行くと画家の様に修養が足らないか、見え坊だつた勢か知らないが、大部分は十六区の方に家をさがして居た。

外務省外交史料館には、『在外本邦人身分関係雑纂欧州西比利亜之部』（大正期、全四巻）と、『在外本邦人身分関係雑纂欧州之部』（昭和戦前期、全一四巻）という、ファイルが所蔵されている。出生・死亡・婚姻・離婚といった、戸籍の異動に関わる事由が生じた場合には、現地の大使館や公使館への届け出が必要になる。大使や公使は届け出を、外務大臣に公文書として送付した。それが合計一八巻のファイルとして、残されているのである。

出生の場合は親が、死亡の場合は遺族や友人が、婚姻・離婚の場合は本人が、パリの大使館に届け出た。届け出の要記載事項は、時期によって少しずれがある。たとえばパリでの住所は、記載しているケースと、していないケースがある。同一人物や家族は、一回しかカウントしないことにして、記載された住所を区別に分類した結果が、「パリ在住区別日本人数割合（一九

パリ在住区別日本人数割合（1923年～1944年）

〈凡例〉

①本データは、外務省外交史料館が所蔵する、『在外本邦人身分関係雑纂欧州西比利亜之部』（大正期全4巻）、『在外本邦人身分関係雑纂欧州之部』（昭和戦前期全14巻）のファイルをもとに作成したものである。

②出生・死亡・婚姻・離婚の届け出に記載された住所を区別に分けて、その数を記した。割合は小数点以下を四捨五入している。

③同一人物の同一住所は、一回しかカウントしていない。ただし同一人物でも、異なる住所はリストアップしている。

④家族は全員で一回しかカウントしていない。

⑤出生場所や死亡場所で、自宅か病院か不明の場合はカウントしていない。

⑥死亡の場合の届出人、婚姻の場合の保証人も、データに繰り込んでいる。

⑦届出人や保証人が、日本人会の住所を記載している場合は、カウントしていない。

区	人数	割合
1区	0人	0%
2区	0人	0%
3区	1人	1%
4区	0人	0%
5区	6人	4%
6区	5人	3%
7区	7人	5%
8区	4人	3%
9区	0人	0%
10区	0人	0%
11区	1人	1%
12区	1人	1%
13区	3人	2%
14区	17人	12%
15区	17人	12%
16区	65人	45%
17区	11人	8%
18区	4人	3%
19区	0人	0%
20区	1人	1%

二三年～一九四四年）」のリストである。住所を確認できた一四三人の居住区を、多い順に五位まで並べると、以下のようになる。①一六区（六五人、約四五％）、②一四区（一七人、約一二％）、②一五区（一七人、約一二％）、④一七区（一一人、約八％）、⑤七区（七人、約五％）。モンパルナスは、一四区を中心に、五区・六区・七区・一五区の一部を含めたエリアである。カルチェ・ラタンは五区になる。このデータは、日本人のほぼ半数が、パッシー地区のある、一六区に居住していたことを示している。

矢本正二は『巴里通信』で、パリと東京を比較しながら、パッシー地区の特徴をこう説明した。「花の都」イメージの源となるエリア、たとえばルーヴル美術館の北側には、ナポレオン一世の時代より二〇〇年～三〇〇年も前に建てられた、「普通の町家」が並んでいる。昔は一階が店舗で、二階は家族の住居だった。しかし今ではそのほとんどを店舗として使用している。家族は一六区のパッシー地区かブーローニュの森の近辺に住み、主人が運転手付きで通勤する。東京で言えば、赤坂か麹町に住んで、日本橋の老舗に通勤するようなものだと。

パッシー地区の住民は、もちろん旧家の末裔だけではなかった。矢本によれば、「お妾さんや今の椿姫階級」もかなりいる。ブーローニュの森の近くには、近代的で豪華なアパルトマンが立ち並び、「外国の映画監督や留学して来る貴族たち」も暮していた。一九世紀半ばに亡くなるオノレ・ド・バルザックも、元はここの住民。「やさしい、いゝ人だつた」という、近所の人が懐かしむ言葉を、矢本は書き留めている。第二次世界大戦以前に一六区に行くと、よく日本人に出会ったと、牧嗣人は回想する。「十六区こ（ママ）住むマダムは皆な金回りが好いので、巴里子のまねをして、よくしやれてノタリ〳〵と散歩して居た方々が多かつた」らしい。

陸軍航空兵中佐の宝蔵寺久雄は、一九三四年一月六日から一ヵ月余り、一六区のラッサンプション街一六番地に下宿している。隣の隣には、日本人の鉄道省技師夫妻が暮していた。勤務先の陸軍技術駐在官事務所・陸軍航空官武官事務所の所在地も、同じ一六区なので、居住地と目的地という、都市空間把握の最大のランドマークは、かなり狭いエリア内だったことになる。『欧州旅行記』（千城堂、一九三五年）によれば、彼は凱旋門近くの日本料理店ときわを贔屓にし、凱旋門〜バスティーユ広場の「大街道」にもときどき観光に行った。宝蔵寺が作った「巴里陸軍会の歌」の歌詞の二番にも、「故郷（ふるさと）遥かに　離れてゐるが／花の都で　和気靄々と／『プロムナード』も『シヤンゼリゼー』よ／『プラタヌ』芽を出す　花の精」と、「花の都」という言葉が織り込まれている。

宝蔵寺久雄のパリの心象地図は、基本的にパッシー地区の都市景観と、「花の都」の都市景観によって形成された。逆にほとんど行かなかったモンパルナスは、彼の心象地図から欠落していたはずである。パッシー地区には多くの日本人が居住したが、彼らの心象地図は意外なほど、今日に伝えられていない。画家や文学者ほど、パリの思い出を、エッセイや紀行文に記さなかったからである。その分だけ、パリの「芸術の都」イメージが、日本で中心化することになった。しかし数の上から言えば、彼らの心象地図の方が、パリ在留日本人の平均的な心象地図に近かったはずである。

闇に閉ざされたもう一つの心象地図

日本人の心象地図・パリを描き出すために、本書は二部構成をとっている。第I部では六つの切り口を用意した。「パリの日本人社会」では、コミュニティの核となる日本大使館・日本人会・日本人商店に照明を当て、異文化のただ中での、日本人共同体の閉鎖性と同一性を論じている。「パリの日仏文化交流」では、パリで刊行されたフランス語の日仏文化交流誌も含めて、演劇・音楽・映画など、文化諸ジャンルでの日本人の活動を明らかにする。「日本人画家のパリ」は、モンパルナスを中心に、アトリエ・ホテル・カフェなどに見られる、美術家の群像を対象にしている。「ソルボンヌで学んだ日本の知識人」は、カルチェ・ラタンにある、パリ大学やコレージュ・ド・フランスでの、留学生の体験を浮き彫りにする。「パリのネットワーク」と「追憶のパリ」は、合鏡の関係になる。前者は、パリ在留日本人数の増加に伴って生れた『巴里週報』を、後者は、パリからの帰国者が創刊した『巴里』『アミ・ド・パリ』を読む試みである。そこには現在形と過去形で語られる、日本人のパリが息づいている。

本書の大部を占める第Ⅱ部では、日本人の足跡が刻まれたスポット九三ヵ所と、日本人六三人の住所四六ヵ所の、合計一三九ヵ所で、パリの地図を作成した。スポットの選定に際しては、以下の作業を行っている。まず明治・大正・昭和戦前期にパリに渡った、著名な日本人約一〇〇人の、パリ関係の単行本や雑誌発表エッセイから、三行以上の言及があるすべてのスポットを抜き出した。次にその頻度順リストを作り、頻度が高いスポットと、頻度が低くても重要なスポットを、合計九三ヵ所選んでいる。日本人住所は原則として、第二次世界大戦以前にパリ関係の著書を刊行した日本人で、住所が番地まで判明した者を取り上げた。同一スポットや同一人物で、複数の住所が明らかな場合には、適当な住所一ヵ所を選んでいる。

一三九ヵ所のスポットと日本人住所は、八つのエリアに分けた。各エリアの冒頭に、スポットと日本人住所を記入した地図を掲載し、エリアの特徴を概説している。エリアが先験的に存在していたのではない。スポットと日本人住所の分布が、結果としてエリアを作り上げた。自ずからここには、日本人の心象地図・パリが、浮き彫りになっているはずである。ツーリストが消費した「花の都」イメージは、「1エッフェル塔とパッシー」「2凱旋門からルーヴルへ」のエリアを主な源としている。「芸術の都」イメージの最大の源となったのは、美術館を除けば「7モンパルナス」のエリアである。しかし実際に日本人が最も多く住んだのは、「1エッフェル塔とパッシー」のエリアだった。また留学生の心象地図には、「5カルチェ・ラタン」の景観が多く刻まれたはずである。夜のパリの華やかさは、「3モンマルトル」や「4オペラ座界隈」のエリアに現れている。

だが最後に、本書の地図には現れてこない、闇に閉ざされたもう一つの心象地図に、言及しておかなければならない。すでに述べたように、外務省外交史料館が所蔵する、『在外本邦人身分関係雑纂欧州西比利亜之部』『在外本邦人身分関係雑纂欧州之部』全一八巻のファイルには、出生・死亡・婚姻・離婚の届け出が保管されている。「フランス在留日本人の出生・死亡・婚姻・離婚数（一九一九年～一九四四年）」で、その数値を確認しておこう。ほぼ四半世紀の間の、日本人の出生は一五四人、死亡は七一人、婚姻は三七人、離婚は三人。このうち最もドラマを語りかけてくるのは、死亡届だろう。死亡にいたる経緯が記載された公文書が添付されているからである。

異郷で亡くなる日本人のなかには、故国への手掛りが、皆無の者も含まれていた。一九四〇年七月八日付公文書（澤田廉三フランス大使から有田八郎外務大臣宛）は、曲芸人の安藤源次郎について、こう記している。一八六七年生まれの安藤は、一八九四年二月にイタリア人興行師コメリーの曲芸団に加わり、アメリカ・南米・スペインを経て、フランスで生活するようになった。ここ数年は健康を害し、老齢のために失業して、生活に困窮していたが、六月二日に病死する。同棲中のスペイン人女性が世話をしていたが、貧しいので、日本人会で埋葬費を支払って、共同墓地に埋葬した。日本の家族に関しては一切不明であると。

安藤の場合はそれでも、死を看取ってくれる親しい人がいた。畑林玉一の死亡について、一九二八年四月一七日付公文書（安達峯一郎フランス大使から田中義一外務大臣宛）はこう伝えている。パリ市外の学校で「労役夫」として働いていた彼は、病気を患っ

フランス在留日本人の出生・死亡・婚姻・離婚数（1919年～1944年）

〈凡例〉

①本データは、外務省外交史料館が所蔵する、『在外本邦人身分関係雑纂欧州西比利亜之部』（大正期全４巻）、『在外本邦人身分関係雑纂欧州之部』（昭和戦前期全14巻）のファイルをもとに作成したものである。

②出生・死亡・婚姻・離婚の事実が生起した数値を、年度ごとに記載した。事実が生起した年月日が未記載の場合は、届け出の年月日に従っている。

③パリだけでなく、フランス国内で事実が生起した数値を記載している。ただしアジアやアフリカなどの、フランス植民地下で生起した事実は除外した。

④届け出はその年度内に出ているとは限らない。後年提出された届け出でも、事実が生起した年月日が記載されている場合には、事実が生起した年度に含めている。

年	出生	死亡	婚姻	離婚
1919（大正8）	2	1	0	0
1920（大正9）	0	1	0	0
1921（大正10）	0	1	0	0
1922（大正11）	4	0	1	0
1923（大正12）	9	5	1	0
1924（大正13）	11	1	3	0
1925（大正14）	10	4	2	0
1926（大正15／昭和1）	11	5	3	0
1927（昭和2）	19	5	1	0
1928（昭和3）	13	7	4	0
1929（昭和4）	14	5	0	1
1930（昭和5）	8	4	3	0
1931（昭和6）	9	5	2	0
1932（昭和7）	9	5	1	1
1933（昭和8）	3	3	1	0
1934（昭和9）	6	4	3	0
1935（昭和10）	5	2	1	0
1936（昭和11）	4	2	0	0
1937（昭和12）	2	0	1	1
1938（昭和13）	4	3	2	0
1939（昭和14）	5	0	0	0
1940（昭和15）	1	5	1	0
1941（昭和16）	2	2	0	0
1942（昭和17）	0	1	1	0
1943（昭和18）	3	0	4	0
1944（昭和19）	0	0	2	0
合計　265	154	71	37	3

て解雇される。貯蓄もなく生活に窮して、大使館に相談してきた。医師の診断では肺結核のためすでに重態で、三月三〇日に病院で亡くなる。知友はなく、大使館の負担で、パリ郊外の共同墓地に埋葬した。正式なパスポートは所持していない。着古した衣類以外には、遺留品もないと。畑林のように、大使館に駆け込む余裕がない日本人もいた。一九四一年七月一五日付公文書（加藤外松フランス大使から松岡洋右外務大臣宛）によれば、高橋美吉は二年前の四月一日に、リール県の精神病院で死去している。身寄りもなく、大使館から病院への問い合せで、初めて確認されたのである。

彼らに共通しているのは、日本に経済的な後ろ盾がなかったことだろう。川路柳虹『巴里詩抄』（臼井書房、一九四七年）に、「もの乞ひ」という詩がある。

「ムッシュ」と横合から出てきた
みすぼらしい身なりのもの乞ひ、
しかし、人のよささうな顔つきで、
「すこし………」と手を差出す。

この詩の「もの乞ひ」は日本人ではない。だが日本人にもその可能性はあり、実際そうなった者もいた。野田一郎はパリへの船中で、「零落身を支へかねては時に同胞に迷惑をかけるもの」がいると注意されたことを、『随見随録　欧米巡遊』（金港堂書店、一九三二年）に記している。また八木彩霞『彩筆を揮て　欧亜を縦横に』（文化書房、一九三〇年）には、郷里からの送金が止まって、もう三日も食事をしていないと、大通りで涙を流す日本人青年が出てくる。石黒敬七にその話をすると、新参の日本人を食い物にしている、佐藤という「悪漢」だと教えられたらしい。

経済的な後ろ盾がなくても、元気なうちはいい。しかし年をとったり、病気になったときに、彼らは苛酷な現実に直面した。ベルギー王立美術館に「セーヌ風景」が所蔵されている画家の出島春光も、パリで客死した一人である。一九四〇年二月二八日付公文書（澤田廉三フランス大使から有田八郎外務大臣宛）によれば、出島は一九二八年八月にパリに来て、日本画を描いて辛うじて生活していた。しかし咽頭結核を患ったらしく、友人らが世話していたが、二月九日に死亡する。無一文だったので、日本美術協会と日本人会が事後を引き受け、二月一三日にペール・ラシェーズ墓地で葬儀を営んで、納骨堂に遺骨を納めた。死亡届（口絵七頁参照）は、友人の高田博厚が提出している。

貧困や病気に直面して客死した日本人の、パリの心象地図は、日本で消費された「花の都」イメージや、「芸術の都」イメージと、大きく隔たっていただろう。また安定した収入を背景に、高級住宅街のパッシー地区で暮らした日本人の、心象地図とも異なっていたはずである。無名画家の井田亀彦は、フランスのシャンパーニュ村で、一九二七年六月九日に自殺する。同年一一月二日付公文書（河合博之フランス臨時代理大使から田中義一外務大臣宛）によれば、遺留品はわずかに、洋画一五枚、未完成の洋画一五枚、小鞄一個、化粧道具一組、洋服一着、雨外套一着、洋画用品数種だけだった。前年三月からの未払い下宿代八三四〇フランの請求が、大使館に届いているから、食い詰めて、進退きわまったのだろう。井田家は破産寸前で、借金を支払える状態ではなかった。一九二八年二月二二日付公文書（宮田光雄警視総監から武富敏彦外務省通商局長宛）は、他家に嫁いだ姉も、夫が恩給暮らしで、支払い能力はないと報告している。

ところが六月二五日に、姉から警視総監に、自分が借金を分納したいという「願書」が提出された。実はその間の三月二三日に、一通の公文書（安達峯一郎フランス大使から田中義一外務大臣宛）が送られている。そこには井田の日記帳が見つかったので、本人の遺言により、姉のもとに送ると書いてある。井田にとって姉は、最後の言葉を伝えたい相手だったのだろう。画家としての志を抱きながら、挫折を余儀なくされた青年の、パリの心象地図が、日記帳には記されていたはずである。望郷の思いや、家族への思いも、綴られていたのではないか。井田の心象地図を、確認するすべはもはやない。しかし分納したいという「願書」は、日記帳を読んだ姉の、今は亡き弟に対する、精一杯の応答だったような気がする。

（和田博文）

第Ⅰ部

パリの日本人社会と都市の記憶

「不思議だったのは、彼らがまったく日本人だけでかたまり、フランス語のフの字も喋らない。生活者としてここにとけ込まないで、それでいながら、一生懸命パリらしい街角や、セーヌ河の風景、あるいは金髪の女を描いていることだった。血肉の中に熱く深いかかわりも持たずに、手先だけで格好をつけたイメージを描いたって、何の意味があるか。それを持って帰って、日本で成功することのみを考えている。そんな功利的な野心は、芸術家として許せない。その空しさに言いようのない憤りを感じた。」

岡本太郎『画文集　挑む』

一　パリの日本人社会

パリの日本人社会

パリの日本大使館に届け出た在留者数が、急速に増加するのは一九二二年である。「パリ／フランス在留日本人数（一九〇七年〜一九四〇年）」の表で、その変化を確認しておこう。前年に一二八名だった在留者数は、この年になると四七二人と、三・七倍に急増する。一九一八年に第一次世界大戦が終結して数年、パリはエトランジェの街の様相を呈し始めていた。戦争でフランスは、軍人と市民を併せて、一五〇万人の死者を出す。そのために生じた戦後の労働力不足を、イタリア・スペイン・ポーランドからの移民が埋めたのである。またアメリカなど各国の画家や文学者がパリに渡り、黄金の二〇年代を謳歌するようになる。

パリの在留日本人数が、逆に大幅に減少するのは一九三九年である。前年の四二九人が二四七人と、〇・六倍に落ち込んだ。この年の九月にドイツ軍はポーランドに侵攻し、第二次世界大戦が始まる。日本でも二年前に日中戦争が起き、一九三九年の六月には天津の英仏租界を封鎖するなど、戦時色が濃くなっていた。二つの大戦に挟まれた一九二二年〜一九三八年のなかでも、一九二四年〜一九三三年の一〇年間は、パリの在留日本人数がほぼ六〇〇名を越えている。おのずからこの時期に、日本人社会のネットワークは強化されていき、『巴里週報』のような日本語新聞も創刊されたのである。

ヨーロッパ在留日本人の便宜のために、一九三〇年にロンドンで『昭和五年度用　日本人名録』(THE EASTERN PRESS, LTD) が刊行された。パリの日本関係の公的機関や銀行・会社・商店の一覧と、勤務する日本人名が、この本に記載されている。「諸官衙」に分類された公的機関は一五ヵ所で、日本人数は六一人。以下に列挙する。在仏帝国大使館(一六人)、在仏帝国大使館附陸軍武官事務所(二人)、陸軍技術駐在官事務所(五人)、陸軍航空官武官事務所(二人)、在仏帝国大使館附海軍武官事務所(二人)、海軍造船造兵監督官事務所(四人)、国際連盟海軍部(人名未記載)、国際連盟賠償部(二人)、帝国連盟事務局(一〇人)、国際連盟陸軍代表部事務所(三人)、国際連盟常設軍事諮問委員会帝国海軍代表部(三人)、在仏帝国名誉領事(人名未記載)、日仏協会(人名未記載)、巴里日本人会(一一人)、巴里週報社(一人)。この他に、勤務先の記載はないが、仏国駐在海軍武官として五人の氏名が書かれている。

銀行・会社・商店は一一ヵ所で、日本人数は二四人にのぼる。青山美術店(二人)、伴野商店(四人)、日仏銀行(二人)、仏蘭西物産株式会社巴里支店(三人)、仏国通商株式会社＝大倉組代理店(二人)、仏国三菱株式会社(八人)、御木本真珠店巴里支店(一人)、日本郵船株式会社巴里代理店(人名未記載)、大阪商船会社巴里代理店(人名未記載)、諏訪旅館(一人)、巴里通訳案内原木実一(一人)。リストには含まれていないが、この他に日本人経営の店として、ぼたんやが広告を出している。この頃の『巴里週報』で少し補っておこう。一四三号(一九二八年一一月九日)には、インターナショナル・トランスポートを謳う伊福龍三郎や、山崎清の歯科医院の広告が掲載された。またオリンピック水泳号(一九三二年八月一〇日)には、柔道倶楽部・宝の山・ときわ・ふじ・横浜正金銀行巴里支店の広告や、パリ国際大学都市日本館の連絡先が出ている。

一九三〇年前後に存在したこれら三五ヵ所の、日本関係の公的機関や、銀行・会社・商店などの位置を、パリの地図上に記したものが、「一九三〇年前後のパリの、日本関係公的機関・銀行・会社・商店等地図」である。地図を眺めると、公的機関や銀行・会社・商店の所在地が、ほぼ四つのエリアに分かれることに気づく。四つのエリアとは、①パッシー地区、②凱旋門付近、③オペラ座界隈～モンマルトル、④シテ島付近である。

四つのエリアのうち、①～③には特徴がある。①パッシー地区の中核は、在仏帝国大使館だった。そしてその周辺に、国際連盟・海軍・陸軍など官の事務所が集結している。②凱旋門付近は、官民を問わず、パリの日本人になじみ深い場所である。日本人会がここにあったからである。たとえ入会していなくても、会の料理部で日本食を味わい、故国を懐かしんだ人は多かった。③オペラ座界隈～モンマルトルの性格を規定するのは、鉄道の駅と繁華街である。エリア内にはサン・ラザール駅が、少し東には北駅と東駅があった。パリを訪れる人々が利用した諏訪旅館や、巴里通訳案内原木実一、インターナショナル・トランスポートの伊福龍三郎は、三駅からそれほど遠くない場所に位置している。また消費の中心地であるオペラ座界隈には、銀行や商船会社、パリ土産を扱う伴野商店などが集中していた。

この地図を、本書の「II　日本人のパリ都市空間」の地図と比較すると、大きな違いが一つ出てくる。美術家や文学者が好んで住んだモンパルナスに、日本関係の公的機関や銀行・会社・商店がほとんどないのである。わずかに、石黒敬七がやっていた巴里週報社と柔道倶楽部が見られる程度だろう。二つの地図の違いは、日本人のパリと、美術家や文学者のパリとの間の、ずれを示している。モンパルナスを神話化するパリ・イメージは、前者を疎外し、後者を中心化することで、成立したものである。

日本大使館

パリを旅行するのではなく、パリに滞在する日本人は、日本大使館に在留届を出さなければならない。フランス文学研究者の高橋広江は、一九三七年秋に大使館を訪れたときのことを、『パリの生活』（第一書房、一九三九年）にこう記した。七月に日中戦争が開始されたためか、入口の反対側に三〜四人の警官が立ち、不審者の出入りをチェックしている。「大日本帝国大使館」と日本語とフランス語で併記された表札を眺めて、中庭に入っていくと、右手に事務所がある。在留届を提出して「彼」は、大使館だけが「滞仏中の生命の安全を考へてくれるべきところ」だと思ったという。

大使館に提出しなければならないのは在留届だけではない。戸籍に関わる異動が生じた際には、速やかに届ける必要がある。主な異動は、婚姻と離婚、出生と死亡。外務省外交史料館所蔵の、婚姻届と出生届を一通ずつ見ておこう。口絵四頁の図版（上）の婚姻届は、一九二八年三月一九日に、画家の硲（はざま）伊之助（いのすけ）と、妻のロゾラン・アデリア・エルビラが提出している。証人役を務めたのは、パリに滞在していた画家の小山敬三と長谷川潔。口絵五頁の図版（上）の出生届は、画家の海老原喜之助が提出した。一九三〇年二月一四日に、妻のアリスが長男盛樹を出産したという内容である。

パリを訪れる日本の各界要人への対応も、大使館の仕事の一つだった。一九〇〇年のパリ万国博覧会の前年に、茶業組合中央会議所の大谷嘉兵衛はパリの土を踏む。『欧米漫遊日誌』（大谷嘉兵衛、一九〇〇年）によると彼は、博覧会の事務局でフランス側関係者に挨拶し、トロカデロ庭園内に開設予定の、内装工事中の喫茶店を検分している。一九〇六年以前にパリに設置されていたのは、大使館ではなく公使館だった。大谷もパリに到着してから、すぐに公使館を訪れ、栗野公使と会っている。公使からは日本料理の晩餐に招かれ、オペラ座の観劇にも招待された。当時の公使館は、

1930年前後のパリの、日本関係公的機関·銀行·会社·商店等地図

〈凡例〉

①『巴里週報』(1928·11·9)、『昭和五年度用　日本人名録』(The Eastern Press, LTD、1930)、『巴里週報』(1932·8·10) に掲載された広告をもとに作成した。

②同一住所に複数の機関が入居している場合は、列記している。

③異称や・異表記は〈　〉内に記載した。

④移転している場合は、元の所在地を記入している。

⑤複数の住所をもつ商店の場合は、代表的な所在地を記入した。

⑥途中で住所が変更された場合は、新規住所を〔　〕で記載している。新規住所の区も変わっている場合は、〔　〕内に新しい区を記載した。

⑦『巴里週報』(1932·8·10) に掲載された帝国海軍代表部と連盟帝国事務局は、『昭和五年度用日本人名録』に出てくる国際連盟常設軍事諮問委員会帝国海軍代表部と帝国連盟事務局と同一と判断して、新規住所を〔　〕で記載した。

❶**日仏協会**　(1区) 107. Rue de Rivoli
❷**日仏銀行、仏国通商株式会社(大倉組代理店)**　(1区) 3. Rue Cambon
❸**伴野商店**　(2区) 15. Boulevard des Italiens ／30. Rue de Grammont ／2. Rue des Italiens
❹**青山美術店**　(5区) 11. Quai Saint-Michel
❺**巴里週報社** (14区) 26. Rue du Faubourg Saint-Jacques〔15区　5. Rue Auguste-Vitu〕
❻**ふじ**〈不二、富士〉(5区) 20. Rue de Sommérard
❼**宝の山**　(6区) 12. Rue Bonaparte
❽**LE PORTIQUE**　(6区) 99. Boulevard Raspail
❾**インターナショナルトランスポート　伊福龍三郎**　(8区) 28. Rue de Liége
❿**仏国三菱株式会社**　(8区) 144. Avenue des Champs-Elysées
⓫**仏蘭西物産株式会社巴里支店**　(8区) 44. Rue de Lisbonne
⓬**大阪商船会社巴里代理店**　(9区) 12. Boulevard de la Madeleine〔10区　43. Boulevard de Strasbourg〕
⓭**在仏帝国名誉領事**　(9区) 14. Rue de Châteaudun
⓮**日本郵船株式会社巴里代理店**　(9区) 6. Rue Auber〔6. Rue Scribe〕
⓯**御木本真珠店巴里支店**　(9区) 7&9. Boulevard Haussmann〔34. Rue Drouot〕
⓰**横浜正金銀行巴里支店**　(9区) 39. Boulevard Haussmann
⓱**巴里大学都市内日本学生館**〈パリ国際大学都市日本館〉(14区) 3. Boulevard Jourdan
⓲**柔道倶楽部**　(14区) 7. Rue Belloni (現在は Rue d'Arsonval)
⓳**海軍造船造兵監督官事務所、在仏帝国大使館付海軍武官事務所**
(16区) 86. Avenue de la Muette (現在は Avenue Paul-Doumer)
⓴**国際連盟海軍部**　(16区) 38. Rue Scheffer
国際連盟常設軍事諮問委員会帝国海軍代表部
(16区) 38. Rue Scheffer〔9. Rue Théophile-Gautier、帝国海軍代表部〕
㉑**国際連盟陸軍代表部事務所**　(16区) 47. Avenue Henri Martin〔9. Rue Théophile-Gautier〕
㉒**在仏帝国大使館(日本大使館)** (16区) 24. Rue Greuze
帝国連盟事務局　(16区) 24. Rue Greuze〔24. Rue Théophile-Gautier、連盟帝国事務局〕
㉓**在仏帝国大使館付陸軍武官事務所、陸軍技術駐在官事務所、陸軍航空武官事務所**
(16区) 34. Rue Molitor
㉔**ときわ**　(16区) 9. Rue Chalgrin
㉕**ぼたんや**〈牡丹屋〉(16区) 30. Rue Vineuse
㉖**国際連盟賠償部**　(17区) 18. Rue de Tilsitt
㉗**巴里日本人会(同料理部)**　(17区) 7. Rue du Débarcadère
㉘**歯科医院　山崎清**　(18区) 38. Avenue de Saint-Ouen
㉙**諏訪旅館**　(18区) 6. Boulevard de Clichy
㉚**巴里通訳案内　原木実一**　(18区) 72. Boulevard de Clichy

CLICHY
LEVALLOIS-PERRET
NEUILLY-SUR-SEINE
PORTE MAILLOT
PORTE DAUPHINE
OFFICE DU TOURISME
PALAIS DE CHAILLOT
TOUR EIFFEL
PARC DU CHAMP DE MARS
ECOLE MILITAIRE
INVALIDES
ASSEMBLEE NATIONALE
JARDIN DES TUILERIES
MUSEE DU LOUVRE
LES HALLES
CONCIERGERIE
JARDIN DU LUXEMBOURG
PALAIS DU LUXEMBOURG
MONTPARNASSE
MONTMARTRE
BASILIQUE DU SACRE COEUR
CIMETIERE DE MONTMARTRE
PL. DE CLICHY
PARC MONCEAU
MADELEINE
BOURSE
ST SULPICE
MAISON DE RADIO-FRANCE
PL. DENFERT ROCHEREAU
ST PIERRE DE MONTROUGE
PARC MONTSOURIS
ISSY-LES-MOULINEAUX
VANVES
MALAKOFF
MONTROUGE
PERIPHERIQUE
1
2
3
4
5
6
7
8
9
10
11
12
13
14
15
16
17
18
19
20
21
22
23
24
25
26
27
28
29
30

あまり立派な建物ではなかったらしい。後の一九〇八年にオッシュ通りに竣工する大使公邸について、田中一貞『世界道中かばんの塵』（岸田書店、一九一五年）は、「前の公使館は実に見すぼらしい」ものだったが、「今の大使館は」「日本帝国を代表する使臣の公館なりと云つて左程に恥かしく無い」と評価している。

大阪毎日新聞社と東京日日新聞社は、一九三七年に欧州一周旅行を主催する。行きはシベリア鉄道を、帰りは欧州航路を利用し、ソ連とヨーロッパ各国を一〇〇日間で回る団体旅行だった。参加者三〇人のなかの一人が吉田辰秋。一行がパリの日本大使館に招待されたときの様子を、彼は『外遊漫筆』（明治図書、一九三九年）にこう記した。内山代理大使・館員・夫人たちの他に、パリ在留日本人が二〇人ほど出席している。挨拶と講演が終わると、シャンパンが抜かれ、日本食が振る舞われたと。吉田はここで、横浜正金銀行の日置支店長に再会して驚く。パリに転勤していたことを知らなかったからである。大使館は出会いの場所であり、再会の場所でもあった。

正月になると大使館では拝賀式を行う。一九三八年の元旦に高橋広江が出席すると、六〇〜七〇人の日本人が集まっていた。『パリの生活』によれば、「御真影の礼拝」や君が代の合唱、大使の挨拶の後で、祝宴が始まる。テーブルには雑煮や寿司などが並び、日本酒が振る舞われたという。もっとも高橋は、同席の日本人たちの体格を見ながら、貧弱だなあと思い、「日本における将来の真剣な体格改造運動」のことを考えているから、正月気分に酔っていたわけではない。

パリでの日仏文化交流にも、大使館はしばしば関与した。松尾邦之助は『フランス放浪記』（鱒書房、一九四七年）で、こんな回想をしている。

この年の冬、日本人会で逢つた巴里大使館の官補横山洋（ひろし）が、「柳沢書記官（柳沢健氏のこと）が、貴方に御逢ひしたいと云つてゐます。何か日本劇のことで御話したいとか云ふんですが。」と云つてゐた。

翌日、ルュ・グルーズの大使館のサロンで、柳沢氏は、

「松尾君、どうです。パリの某国立劇場が、日本物の上演斡旋方を申込んで来たのですがね。まだ、こちらに肚が出来てゐないし、話が漠然としてゐるので、僕にもいい考量はないのですが、何か貴方の方に妙案はありませんか？」

と訊ねた。

民間レベルだけの文化交流も多いが、フランス側から打診があれば、日本大使館も関与しないわけにはいかない。「この年」とは一九二六年で、その翌年にコメディ・デ・シャンゼリゼ座で、岡本綺堂（きどう）原作「ル・マスク」が上演された。大使館に三等書記官として勤務していた柳沢健は、象徴主義の影響を受けた詩人でもあ

る。「日本物」を上演するにあたって、文学者としての個人的な見解もあっただろう。だが松尾の回想からは、大使館員という立場での気配りが伝わってくる。

大使館が最も緊迫するのは、戦時下だろう。在留日本人の安全を確認して、無事に避難できるように、手配しなければならない。戦況によっては、大使館員自らも退去する必要がある。藤田嗣治は一九四〇年五月二三日にパリを去り、第二次世界大戦下の帰国船伏見丸に、高野三三男と共に辛うじて乗船した。『地を泳ぐ』（書物展望社、一九四二年）には、陥落前の慌ただしいパリの様子が描かれている。「二十日俄然帰国避難に腹をきめ、初めて大使館に高野君を誘つて問ひ合はせに行く。高島理事官の話に伏見・白山共に既に二三等は満員で、兎もかくもマルセイユへ長距離電話で船室予約のことを、大使館は斡旋して呉れた。倉皇荷造りに取りかゝる」と。

日本人会

一九二二年にパリを訪れた画家の近藤浩一路は、早くも到着三日目に、日本食が恋しくてたまらず、「日本人倶楽部」に駆けつけている。『異国膝栗毛』（現代ユウモア全集刊行会、一九二八年）によるとそこは、「河本ドクトルが大使館で黙つて打棄つておくのは怪しからん。これ正しく国辱である」と憤慨したほど、「内容外観共に見る影もない場末の安料理屋」にすぎなかった。アルコールランプの焜炉で炊く牛鍋は、日本米と味噌汁付きで一〇フラン。天丼や親子丼も含めて、日本では問題にならない代物だった。それでも店のスタッフはすべて日本人。「洋行者の淋しい儚ない気休め」として、ノスタルジーに耽るには絶好の場所だった。

近藤は「日本人倶楽部」と書いているが、一九三〇年一月の総会で採択された「巴里日本人会定款」（以下「定款」と略す）第一章第三条は、「本会ハ之ヲ日本人会ト称ス」と、名称を定めている。パリの日本人会が、いつ創立されたのかは明確でない。外務省外交史料館に、在外日本人団体の調査を命じた幣原喜重郎外務大臣に、芳沢謙吉フランス大使が回答した、一九三一年一一月一八日付け公文書が所蔵されている。「正確ナル年月日、不明ナルモ先年巴里媾和会議当時ニ其ノ萌芽ヲ発シ千九百二十四年一月二十九日現在ノ家屋ニ移転シタル際始メテ公共団体トシテ仏国官庁ニ登録シタルモノナル由」。一九二一年九月にパリに到着する小出楢重は、九月二三、二四日頃の小出重子宛書簡（匠秀夫編『小出楢重の手紙』形文社、一九九四年）に、「日本人クラブの宛名は23 Rue Weber (16e)」と記しているから、ここから移転したのかもしれない。

公文書の通りなら、パリ講和会議が開かれた一九一九年頃から、日本人会は存在していたことになる。ただしこれは、一九二〇〜三〇年代に多くの日本人が利用した、日本人会の「萌芽」であると限定しなければならない。なぜなら一八八〇年代のパリに滞在した人々の記録にも、日本人会という名称は出てくるからである。『久米桂一郎日記』（三輪英夫編、中央公論美術出版、一九九〇年）によれば、一八八七年四月一七日に、サン・トノレ街オテル・ペレーで開かれた日本人会で、井上哲次郎の講演を久米は聞いている。その前年の二月七日に黒田清輝が、林忠正や山本芳翠から画家になるよう勧められたのも、日本人会の席上に於いてだった。

公文書に記された会員数は一〇一名。一九三一年に大使館に在留届を提出していた日本人数は八七三名だから、家族の場合は世帯主だけ入会したと考えても多くない。「定款」第二章第六条によれば、普通会員の会費は月額三〇フラン、「特別ノ事情アルモノ」でも一〇フランだったから、数ヵ月程度の短期滞在者は、あまり入会しなかったのだろう。日本人会と日本大使館の関係は緊密である。「定款」第三章第一〇条の「名誉会長ニハ在仏帝国大使ヲ推薦ス」という規定に基づき、回答時の会長は芳沢大使が務めた。幹事は八人いるが、大使館付海軍武官の戸苅隆始が幹事長に選ばれている。

日本人会の目的は、「巴里滞在中ノ日本人間ノ懇親ヲ図リ相互連絡ヲ保ツ」（「定款」第一章第二条）ことだった。その目的を達成するために、同章同条には、以下の四つの事業が定められている。

一、日本人会館ヲ設置シ会員ノ利用ニ供ス
二、親睦ヲ図リ、趣味ヲ向上シ、智識ヲ交換増進スルニ適当ナル諸種ノ施設及催ヲナス
三、幹事会ニ於テ必要ト認ムル場合ニハ在巴里日本人団体ヲ代表ス
四、場合ニ応シ会員ノ為日本料理部ヲ設置ス

一九二五年に日本人会の書記になる松尾邦之助は、『青春の反逆』（春陽堂書店、一九五八年）で、会の建物をこう説明している。地下室には料理部があり、板前と四〜五人の男たちは、その奥の「きたない暗い」部屋でごろごろしていた。自分は二階にあるサロンの横の、小さな事務所で仕事をする。夜になると三階のビリヤードの隣の、「穴のようなほこりっぽい」寝室で眠ったと。「日本人会館」や「施設」といえば聞こえはいいが、実態はこの程度だった。だから近藤が設備の貧弱さに驚き、美味とほど遠くても、日本食の印象だけを記すしかなかったのは、当然である。

会長である芳沢大使も、そのことは十分承知していた。外務大臣への回答にも、「会員小数ナル上移民地ト異ナリ定住スルモノ少キ関係上其ノ発展ヲ計ルニ極メテ都合悪ク従ツテ業績トシテ未タ見ルヘキモノナシ」と記している。「定款」の「催」も、日本から著名人が訪れた際に歓迎会を開いたり、日本人画家の展覧会を開いた程度らしい。ただ芳沢大使には、日本人会に期待していることが一つあった。彼は回答にこう付け加えている。「行ク〳〵ハ窮難邦人ノ救済或ハ求職邦人ノ世話等大使館トシテ為ス事困難ナル

方面ノ事業ニモ手ヲ着クルコトヲ希望ス」と。

事実、パリの日本人会はその後、困難に直面した日本人のために、「救済」や「求職」や「世話」を引き受けるようになる。一九三五年二月五日に佐藤尚武フランス大使が広田弘毅外務大臣に送った、外務省外交史料館所蔵の「在外本邦人諸団体調査方ノ件」という公文書を見てみよう。図版(上)の「在外日本人団体調」という用紙の右下に、調査すべき一三の項目が記載されている。それに対する日本人会の回答が、図版(下)の「巴里日本人会昭和九年度ニ於ケル事業概況」である。

調査項目4の「就職斡旋及職業ニ関スル事項」については、日本人数名のために、広告を出したり直接交渉を行って、就職を斡旋したと書かれている。調査項目6の「困窮者救済及補助送還ニ関スル事項」については、若干名の困窮者に対して、金銭を補助したり見舞金を支給し、宿泊所の面倒もみたと記してある。調査項目7の「衛生、医療、病院ニ関スル事項」については、病人一名に医師などを紹介して、死去後には葬儀を行い、遺族の世話もしたと書かれている。

一九三五年四月九日に、佐藤尚武フランス大使は、広田弘毅外務大臣に、川村勇太郎の死亡届を送った。それによれば一九一〇年の日英博覧会の際に、イギリスに渡った川村は、ドイツやオランダを経て、一九一二年頃からパリで骨董商を営んでいる。ところが不景気の影響で家賃が払えなくなり、所持品を家主に差し押さえられた。さらに結核を患い、客死したのである。死後の処置を、死亡届はこう綴っている。「懇意ノ友人モ無之生前多少交際シ居リタル木下克、並ニ巴里日本人会ニ於テ一切ノ世話ヲ為シ三月廿日巴里市外『パンタン』共同墓地ニ埋葬シタリ」と。

日本人商店

パリには日本人が経営する、複数の旅館・料理店・商店があった。『昭和五年度用　日本人名録』には、諏訪旅館と伴野商店、ぼたんやとホテル・インターナショナルの、大きな広告が出ている(口絵三頁)。インターナショナルの経営者は日本人ではないが、日本の陸軍関係者が定宿として利用したホテルだった。福良虎雄『洋行赤毛布』(日本評論社出版部、一九二一年)によれば、食堂は七割程度まで日本人が占めていて、フランス語を知らなくても不便ではなかったという。ホテルのマネージャーも、「お早う」「有難う」と挨拶し、郵便、電報、手紙、煙草、新聞、自動車などの言葉を操った。広告も、日本人が五〇年余り利用してきたと謳っている。

日本人経営の店として、最も有名だったのは諏訪旅館だろう。ロンドンやベルリンからパリに来る人々は、北駅やサン・ラザール駅に到着する。「御一報次第停車場へ御出迎ひ可仕候」という広告は、地理に不案内な旅行者の、心強い味方だった。諏訪旅館は宿泊定員が多くない。だから大きなホテルを希望する観光客や、

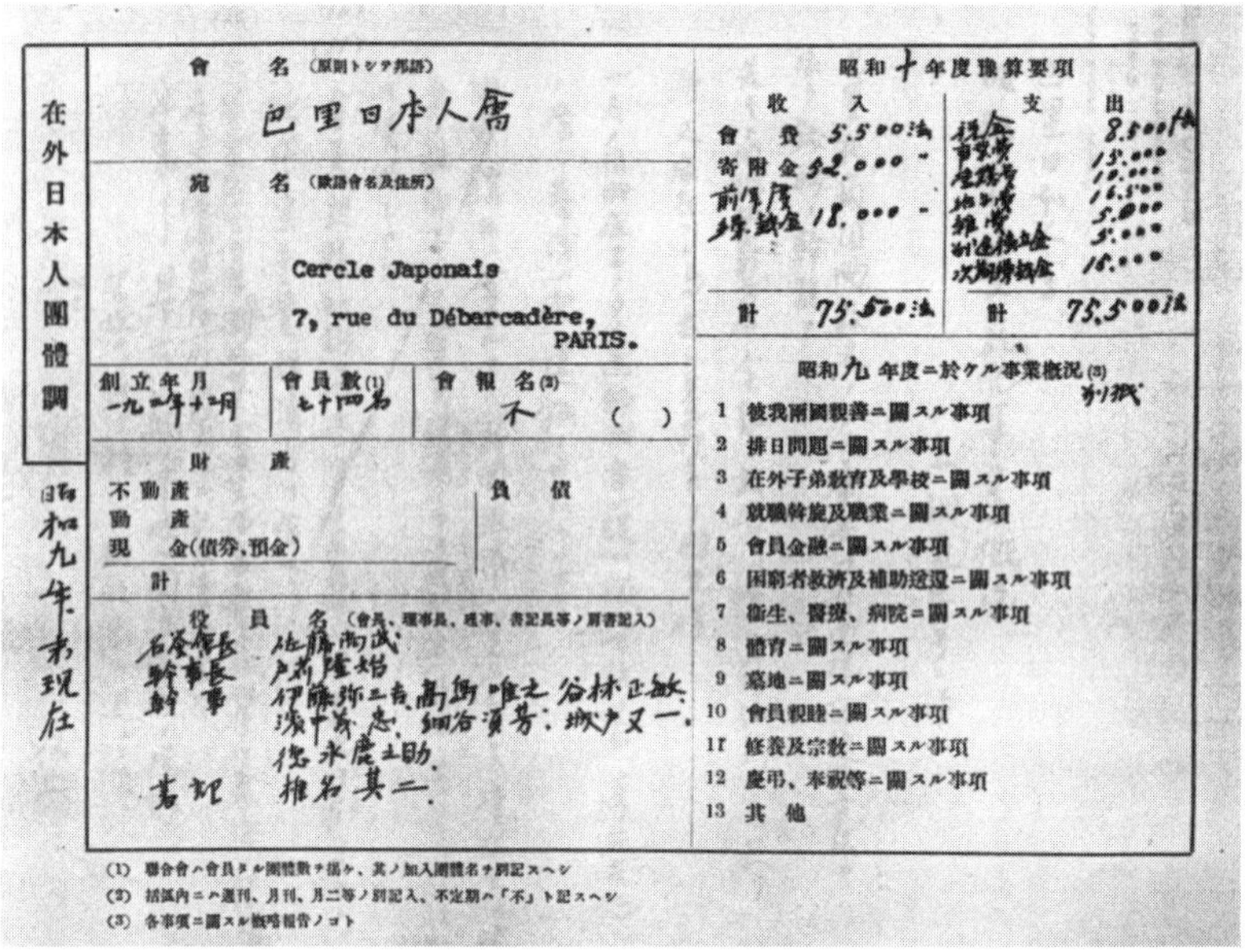

在外日本人團體調

昭和九年末現在

會名（原則トシテ邦語）	巴里日本人會
宛名（歐語會名及住所）	Cercle Japonais 7, rue du Débarcadère, PARIS.
創立年月	一九一四年十二月
會員數(1)	七十四名
會報名(2)	不（ ）

財産		負債
不動産		
動産		
現金(債券,預金)		
計		

役員名（會長、理事長、理事、書記長等ノ肩書記入）

名誉會長 佐藤尚武
幹事長 戸村隆治
幹事 伊藤弥三吉、高御堂唯之、谷林正敏、瀬戸崎志、細谷清芳、城戸又一、徳永慶之助
書記 椎名其二

昭和十年度豫算要項

收入		支出	
會費	5.500法	[illegible]	8.500法
寄附金	52.000	[illegible]	15.000
前年度繰越金	18.000	[illegible]	15.000
		[illegible]	16.500
		[illegible]	5.000
		[illegible]	5.000
		次年度繰越金	15.000
計	75.500法	計	75.500法

昭和九年度ニ於ケル事業概況(3) 別紙

1 彼我兩國親善ニ關スル事項
2 排日問題ニ關スル事項
3 在外子弟教育及學校ニ關スル事項
4 就職斡旋及職業ニ關スル事項
5 會員金融ニ關スル事項
6 困窮者救済及補助送還ニ關スル事項
7 衛生、醫療、病院ニ關スル事項
8 體育ニ關スル事項
9 墓地ニ關スル事項
10 會員親睦ニ關スル事項
11 修養及宗教ニ關スル事項
12 慶弔、奉祝等ニ關スル事項
13 其他

(1) 聯合會ハ會員タル團體數ヲ掲ケ、其ノ加入團體名ヲ別記スヘシ
(2) 括弧内ニハ週刊、月刊、月二等ノ別記入、不定期ハ「不」ト記スヘシ
(3) 各事項ニ關スル簡略報告ノコト

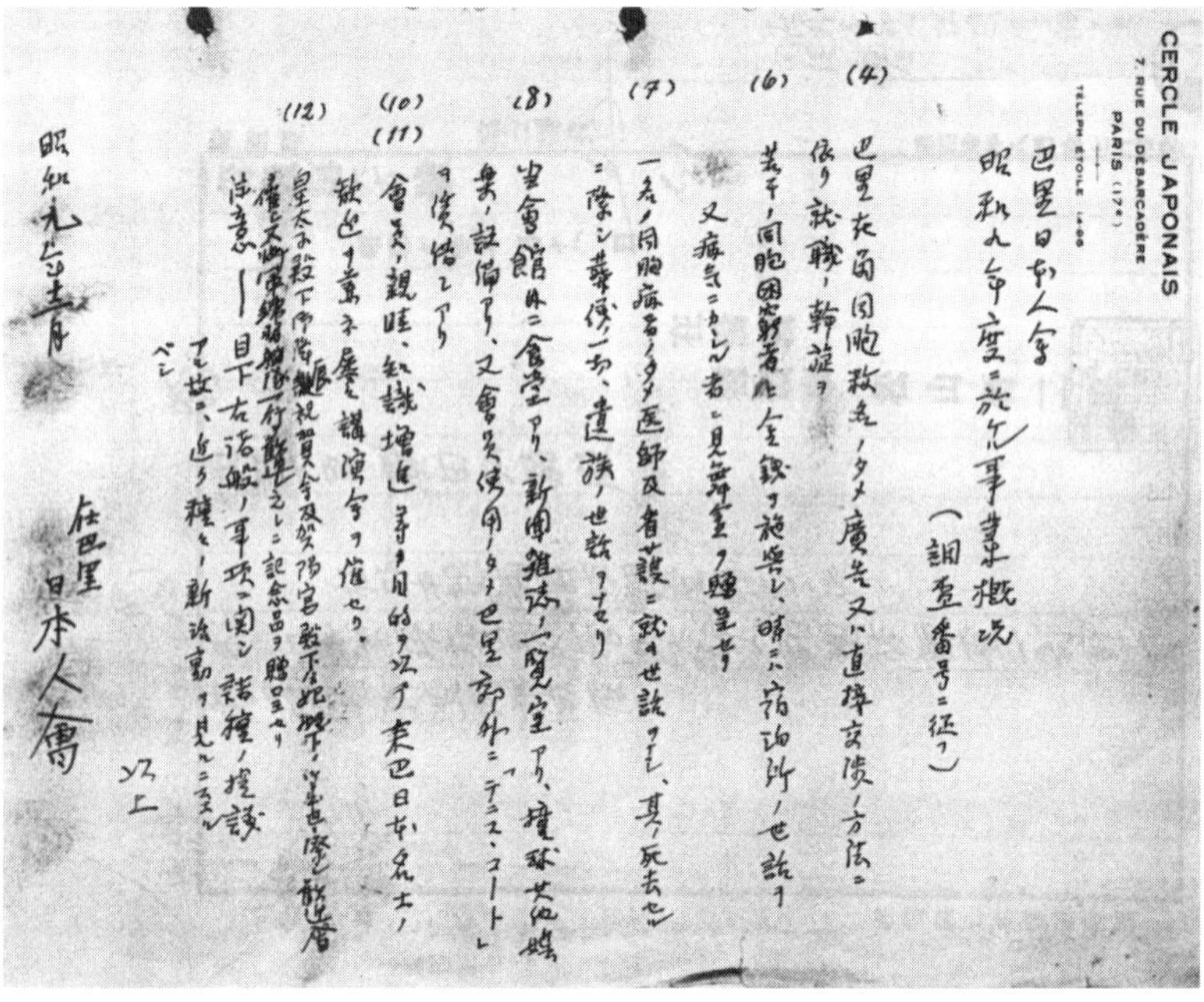

CERCLE JAPONAIS
7, RUE DU DÉBARCADÈRE
PARIS (17e)
TÉLÉPH. ÉTOILE 14-60

巴里日本人會
昭和九年度ニ於ケル事業概況
（調査番號ニ従フ）

(4) 巴里在留同胞救済ノタメ廣告又ハ直接交渉ノ方法ニ依リ就職ノ斡旋ヲ

(6) 若干ノ同胞困窮者ニ金錢ヲ施與シ、時ニハ宿泊所ノ世話ヲ又病気ニカヽル者ニハ見舞金ヲ贈呈セリ

(7) 一名ノ同胞病者ノタメ医師及看護ニ就キ世話ヲナシ、其ノ死去セルニ際シ葬儀ノ一切、遺族ノ世話ヲナセリ

(8) 当會館内ニ食堂アリ、新聞雑誌ノ閲覧室アリ、撞球其ノ他娯楽ノ設備アリ、又會員使用ノタメ巴里郊外ニ「テニス・コート」ヲ賃借シアリ

(10)(11) 會員ノ親睦、知識増進等ヲ目的トシ来巴日本名士ノ歓迎ヲ兼ネ屢〻講演會ヲ催セリ。

(12) 皇太子殿下御誕生奉祝賀會及[illegible]宮殿下同妃殿下[illegible]記念品ヲ贈呈セリ

注意 目下在留[illegible]般ノ事項ニ関シ諸種ノ提議アリ、近ク種々ノ新設計ヲ見ルニ至ルベシ

以上

昭和九年十二月
在巴里日本人會

上が昭和9年末現在の「在外日本人団体調」、下が「巴里日本人会昭和九年度ニ於ケル事業概況」（外務省外交史料館所蔵）。

下宿生活を始めたい滞在者のために、斡旋もしていた。ワシントンで第一回労働会議に出席した後、ヨーロッパ各国を巡遊した福良も、諏訪秀三郎の世話になっている。「倫敦でも伯林でも又羅馬でも諏訪氏のやうな人があつて日本人のために其国の出入其他一切の手続をして呉れるものがあると何丈(どれだけ)煩雑な手数と時間を省けるか知れない、少々の謝礼などは問題にならない」と、福良は感謝の気持ちを記した。

伴野商店は広告に記載してあるように、銀食器や香水などのパリ土産を扱っている。旅行者がパリ土産を購入する際に、日本語で説明を聞けるのはありがたい。繁華街で交通の便も良く、他店より安いとなれば、申し分なかった。一九三九年一二月末現在の、年間所得高一万円以上の海外日本人経営企業を、在外公館が調査した記録に、伴野商店もリストアップされている。外務省通商局編『昭和十四年十二月現在　在外本邦実業者調』(外務省通商局、一九四一年)の、パリの企業一覧を見てみよう。伴野商店の営業種別は貿易小売業で、資本は三〇万フラン、取引売買高は一二〇万フランとなっている。使用人員は、日本人とフランス人が二人ずつだった。

吉田辰秋は『外遊漫筆』に、主人の伴野文三郎とは、大連時代からの旧知の仲であると書いている。パリを訪れたとき、残念ながら伴野は不在だった。しかし吉田は土産物を買いに、タクシーで立ち寄っている。伴野商店で芳名録をめくっていると、同窓生がパリで勤務していることが偶然判明する。そこで彼は旧友に再会しようと、再びタクシーに乗り込むのである。

福良や吉田のような旅行者ではなく、滞在者の場合は、ホテルや土産物店より、日本料理店や日本食料品店を頻繁に利用するだろう。パリを中心にヨーロッパに一年半滞在した画家の八木熊次郎は、『彩筆を揮て　欧亜を縦横に』(文化書房、一九三〇年)で、パリの食生活をこう描いている。ご飯を炊き、魚の煮付けや刺し身をおかずにして、吸い物と自家製の漬物を添える。鰻の蒲焼きやビフテキ、親子丼や海苔巻き、酢蛸を作ることもあると。日本食料品は、宝の山という店で入手できたが、八木はあまり薦めていない。品質が悪く、値段も高かったらしい。渡欧するときに持参し、後はなるべく日本から送ってもらう方がいいというのが、彼のアドバイス。

八木も最初から、料理が得意だったわけではない。試行錯誤しながら、少しずつ腕を上げていった。しかし妻帯者はともかく、単身でパリを訪れたほとんどの日本人男性は、このような食卓を囲めなかっただろう。日本食が恋しくなれば、日本料理店に行くのが手っ取り早い。八木もときどき、日本人会料理部や、富士やときわに、足を運んでいる。定食はほぼ一〇フランで食べられた。ただし彼が気に入っていたのは、中国料理店である。当時は、五区に東方飯店と崩日飯店が、六区に万花楼があった。なかなかの味で、値段も安かったという。

日本人のパリの回想に、よく登場するのは、ときわ（常盤）とぼたんや（牡丹屋）である。前者は陸軍関係者がひいきにしていた。陸軍航空兵中佐の宝蔵寺久雄は、一九三四年に約一ヵ月半パリに滞在する。『欧州旅行記』（干城堂、一九三五年）には、その間の日誌が収められているが、少なくとも六回、彼はこの店に赴いた。一九三四年一月の国際連盟陸海軍代表の解散の宴も、ときわで開かれている。歓迎会・送別会・懇親会を催すときに、ときわは重宝されたのである。口絵一頁の図版（上）は、この店で開催された倉田百三（ひゃくぞう）『出家とその弟子』の、仏訳出版記念茶話会の集合写真。牧嗣人（まきつぐんど）の『エッフェル塔の下にて』（愛亜書房、一九四一年）によると、訳者の松尾邦之助を慰労しようと開かれ、牧も余興に歌わされたという。

ぼたんやの広告は、「日本大使館や、陸、海軍事務所に近くパリー第一の住宅地」と立地条件をアピールしている。日本人が多く居住する、閑静なパッシー地区に、ぼたんやは位置していた。野田一郎はここの日本料理を推賞している。パリ到着後にぼたんやに宿泊したときの様子が、『随見随録　欧米巡遊』（金港堂書店、一九三一年）に出てくる。都市の騒音から離れて、安眠できそうな部屋も気に入った。それ以上に、板場のレベルが高い。マルセイユの富士屋や、ローマの日本館の料理とは、比べようもないという。ただし日本酒は、どこでも値段が高かった。野田はこの日、パリでは二度と日本酒を飲まないと決めている。

日本人共同体の閉鎖性と同一性

日本人のパリ体験は、長期滞在か、短期滞在か、単なる旅行かによって、まったく違う様相を呈する。伴野商店の伴野文三郎が、初めてパリに渡ったのは一九〇四年、二三歳のときだった。彼はその後の半世紀の、ほぼ半分をパリで過ごしている。長期滞在者の一人である伴野の目に、パリの日本人がどう映ったのか、『花のパリの50年』（教材社、一九五九年）に尋ねてみよう。パリではサロンという、老貴婦人主催の集まりが盛んで、そこに行けば、各界の名士と知り合うことができた。ところが彼は、どのサロンでも、日本人に出会うことはなかったという。日本人は「外国人とつきあうのがキライ」で、日本人同士で群れたがる。だからパリで「孤立していささかも土地の事情に精通しない」と、伴野は嘆いている。

日本人の閉鎖性を指摘したのは、伴野だけではない。薩摩治郎八が資金を出したパリ国際大学都市日本館は、一九二九年五月に開館する。この建物は、パリ大学の留学生に、宿泊施設を提供する目的で作られた。施設の経常費を賄うためには、四〇名の在館者が必要になる。同年七月三日に安達峯一郎フランス大使は、幣原喜重郎外務大臣に宛てて、「薩摩会館ノ経営及日仏会館補助金ニ関スル件」という公文書を送った。それによれば、在館者は日本の教授や助教授ら二二名にすぎず、年間五〇〇〇円内外の欠損を出す恐れがある。このままではフランス側が、経営維持を理由に、フランス人学生の収容を提案する可能性がある。しかしそうなると、「邦人ノ常トシテ仏人学生多数ヲ占ムル場所ヲ毛嫌スル風アル」ので、日本人在館者は減少するというのである。

フランス語のハードルは、確かに高く感じられたのだろう。だがこれでは、何のための留学か分からない。「そんなことなら、いっそ外国などへ出なきや良さそうなものだ」という伴野の言葉は、日本人の閉鎖性を鋭く突いている。そして問題は単なる外国語の習得ではなく、異文化＝他者に積極的に開かれていこうとしない姿勢にあった。すべての日本人がそうだというわけではない。しかし他者に開かれない閉鎖性は、自己の共同体の同一性を保持しようとする意識と、表裏一体だった。

一九二九年に東京美術学校を中退し、パリで暮し始めた一八歳の岡本太郎は、そんな日本人の姿に、空しさと憤りを感じている。『画文集　挑む』（講談社、一九七七年）によれば、パリの画家たちは、「日本人だけでかたまり、フランス語のフの字」も喋らなかった。フランス社会に溶け込もうとせずに、日本での成功を夢見て、「パリらしい街角や、セーヌ河の風景、あるいは金髪の女」を描いていたという。逆にパリ大学で学ぶ岡本は、日本人画家からさんざん悪口を言われた。「あいつは絵描きのくせに、鞄を下げて、大学なんかに行ってやがる、バカなやつだ」「フランス語の本なんか読んで、生意気な野郎だ」と。

一九二〇年一一月に武林無想庵（たけばやしむそうあん）とパリを訪れた武林文子は、ホテル・インターナショナルに宿泊する。そこにはいつも、平均三〇人以上の日本人が泊っていた。「赤坊のヨーロッパ日記」（『婦人公論』一九二二年一一月）で武林文子は、「日本大使館の指定旅館のやうなかたちになつてゐた。従つてそれは安価なる官僚気分の一ぱいに漲つたホテル」だったと、その印象を述べている。

> サロンや食堂（サラマンゼ）で出喰してもお互ひの官位がまづものをいふ、人の噂は出来るだけより悪く話される、何か一寸事件があると、針ほどのことが忽ち棒程に太くなる、日本人とはつく〴〵五月蠅（うるさ）い人種だとかういふところへ来てみて一層思ひ知つたと、そこに長く下宿してゐる△△さんが、後に私達にこぼしてゐた。

パリの日本人共同体は、日本の社会の相似形である。異文化＝他者に直面するとき、自己という物語は揺さぶられ、組み換えを迫られる。それを避けて、今までのアイデンティティを保守しようとするなら、日本の社会の関係性を持ち込むしかない。その典型的な例が「官位」だった。また日本人共同体は異文化に囲まれているから、ストレスのはけ口は共同体内部に向かう。松尾邦之助は日本人会に行ったときに、会の書記が「五六人の日本人を相手に口汚く同胞の陰口を云ひ、中傷し愚痴り妬みあざけ」るのを聞いて、「正に島国根性の憂鬱なランデヴー」と感じたと、『フランス放浪記』に記している。

一九二二年〜二五年にパリに滞在した岩田豊雄（獅子文六）も、日本人共同体に辟易とした一人である。『但馬太郎治伝』（新潮社、一九六七年）の「私」は、パリ到着後にカルチェ・ラタンの、ソンムラール街にある安ホテルに泊まる。そこは「日本人の巣」のような場所で、日本語が通じるから勝手はきいた。その代わりに、「実にウルサいこと」が多く、「日本人同士のツキアイ」も面倒だったのである。「私」はその雰囲気にいたたまれなくなり、日本人が一人もいない界隈に引っ越してしまう。そのホテルでの体験は、獅子文六が後に書く、小説『達磨町七番地』（白水社、一九三七年）の、日本人の姿に生かされている。

パリ国際大学都市日本館の壁画は、藤田嗣治に依頼された。ところが出資者の薩摩治郎八と藤田の間に、トラブルが生じる。契約金額への不満や、デッサンの所有権をめぐって、話がもつれ、藤田が契約取り消しを求める事態になったのである。柳亮（やなぎりょう）が間に入って、壁画は無事に完成する。問題はその過程で出てきた、藤田批判の形式である。一九二八年五月三〇日に、安達峯一郎フランス大使は、田中義一外務大臣に、「薩摩会館壁画ニ関スル件」という公文書を送っている。そこには「右等ノ事情ハ偶々藤田氏カ当地ニ於テ私行上兎角ノ非難アルト相関連シテ仏国人一部ノ耳ニ入リ」と、壁画とは本来関係ない「私行」への言及が見られる。薩摩財団の理事会も、「道徳上非難ノ余地アル画伯ニ対シテ会館ノ壁画ノ如キ名実共ニ日本ノ美術及道徳的代表作ヲ求ムルハ好マシカラストノ見地」をとっていた。

藤田嗣治非難を繰り返した一人は、一九二九年に帰国した画家の熊岡美彦である。「百鬼夜行の巴里（三）」（『美術新論』一九二九年一一月）で彼は、「氏は神戸に著く前に耳輪を取りはづし、おかつぱには常に帽子がかぶられて居るとの事だ。之を見ても未だ幾分羞恥の心が残つて居るのであらう」と皮肉っている。また同じ号に掲載された「新帰朝者座談会」でも、「爪みがきを置いたり白粉をつけたり、自動車の運転手を雇つて日本の執事を雇ひ、外套帽子迄手にせずと云ふ王侯の様な複雑な生活を好んで居る」と、作品の本質とは関係ない、私生活上の非難を行った。

日本人男性の「耳輪」や「おかっぱ」、「爪みがき」や「白粉」は、当時の日本の社会では一般的ではない。フランスの個人主義とは対照的に、それを個性と捉えず、異質性として排除する傾向を、日本の社会や、パリの日本人共同体は持っていた。同一性から外れる者に対する、中傷や妬みの声は珍しくない。パリ国際大学都市日本館に出資するだけの経済力を有した、薩摩治郎八も例外ではなかった。「新帰朝者座談会」で熊岡は、「会館の建設はつまりレジオンドノールと引換えだ」と、まるで薩摩が、フランス政府の勲章が欲しくて、資金調達したかのように断言している。

パリの長期滞在者の多くは、短期滞在者や旅行者と異なり、パり在留日本人数が増加する以前にパリに渡った。彼らがパリで自立できたのは、パリの日本人社会の助力があったからというより、自ら道を切り拓いてきたからである。だから彼らの行動や考え方は、単独者性が強い。それは日本の社会や、パリの日本人共同体に対して、異質性として顕現する可能性が高いことを意味している。

藤田嗣治の一九二九年の「自画像」(『藤田嗣治画集』東京朝日新聞社、一九二九年)にも、「耳輪」と「おかっぱ」が描かれている。

第一次世界大戦中に従軍記者を勤めた伴野文三郎は、『REVUE DES DEUX MONDES』から原稿依頼されたことがある。日本大使館の検閲を受けるべきだと判断した伴野は、原稿を渡す前に、大使館官補に手を入れてもらった。ところがある日、友人の陸海軍武官が訪ねてきて、大使の立腹を伝える。第一次世界大戦以前の日本で、「ドイツびいき」があったという件が、気に入らなかったらしい。『花のパリの50年』によれば、今後は新聞・雑誌への執筆を中止するか、大使館への出入りをやめるか、伴野は二者択一を迫られた。他にも新聞に投稿して、同様の目にあい、日本国籍を離脱した、「パリの古い在住者」がいたという。

(和田博文)

二　パリのネットワーク
――『巴里週報』

『巴里週報』の誕生

『巴里週報』は、パリ在住の日本人に向けた邦字新聞で、一九二五（大正一四）年八月一日に第一号が発行された。「創刊の辞」には石黒敬七が、「私は去る二月柔道宣伝の目的で来巴いたしまして幸ひにして在留同胞諸氏の後援により道場を開設いたしてをります。／最近柔道以外の遊んでゐる時間に日本人間に週刊雑報をやつたらどうかとすゝめる人がありましたので不肖ながら初めることになりました何卆御賛同下されんことを希望いたします」と挨拶している。同じ紙面に、藤田嗣治の「発刊に臨みて」と、布利秋（ぬの）の「発刊を弔う」というひねった挨拶があり、石黒に週報の発刊を勧めた人もこれで推測がつく。

石黒敬七は、一八九七年、新潟県柏崎に生れた。柔道は、柏崎中学時代に初段、早稲田大学柔道部で主将をつとめた時期に五段となっている。パリには、柔道の道場を開くためにやって来たというが、当時日本人会で書記として働いていた松尾邦之助によると、「石黒ダンナは、実にのん気で、パリに着いて間もなく無一文のおけらになったのに、トボケたような話ばかりして、これからどうして生活するのか、道場をどうして開くのか、そんなことには、てんでプランがなかった。布利秋という、チェンバーレンに女装して会ったと自称する奇怪な人物が突然現われ、『石黒君をなんとかしてやろうじゃないか』といってわたしに相談をもちかけた」「もし柔道で飯が食えなくなった場合には、ガリ版刷りでいいからパリの邦人仲間に売りつけるため、週刊新聞を出させるようにして彼を助けてやろうじゃないかという利口な案を出した」（松尾邦之助『巴里物語』論争社、一九六〇年）という経緯があった。こうして一四区のサン・ジャック街の石黒のホテルに謄写版器が持ち込まれ、ガリ版刷りの『巴里週報』が刊行されたのである。新聞にある巴里週報社の住所は、HOTEL MEDICAL 26. Rue du Faubourg Saint-Jacquesで、『巴里週報』最後の年に一五区の、5. Rue Auguste-Vitu に移っている。

『巴里週報』が出た頃、パリにどのくらいの日本人がいたのだろうか。『巴里週報』創刊にあたって石黒敬七と松尾邦之助で作った「在巴里日本人一覧表　大正十四年七月調査」という住所一覧が『巴里週報』とともに残されており、そこにはパリ在住の日本人の名前と住所がアルファベット順に並んでいる。これは『巴里週報』創刊号とともに配布されたのであろう。先の創刊号にあった布利秋の文章には、「石黒松尾両君の調査の結果を見ると住所明白の者が三百余もある」ので、住所がわからない邦人もあわせるとおそらく五〇〇人ほどがパリにいるだろうとしている。さらに布は、英米人には日刊の英字新聞が四紙もあるのだから、日本人も、せめて週報くらいは欲しいと書いている。日本大使館に届け出られた在留邦人の数は、一九二二年ですでに五〇〇人弱となっており、その後さらに増加している（以後、パリ在住の日本人数については、本書の「プロローグ」と第I部「パリの日本人社会」の章を参照）。はじめ『巴里週報』は一ヵ月五フランだったが、第九七号「創刊二周年紀念号」（一九二七年八月一日）から、一ヵ月一〇フラン、一年で一〇〇フランに値上げした。理由は「二周年に際しまして、版を改め、発行部数を千部に増大いたすこと」になった結果だとある。松尾は、「この当時、パリの在住の日本人画家は、いま日本でその多くが審査員級の大物になっているが、大部分がパリの薄ぎたない横丁に住み、石黒ダンナのこのガリ版の愛読者になっていた」（『巴里物語』）としている。ガリ版が石版になった時期もあり、表紙のみ石版ということもあった。『巴里週報』は購読料の他に広告収入があり、紙面には伴野商店、諏訪旅館、日仏銀行、青山美術店、日本料理店の音羽やときわ、といった広告が載っている。広告料は一ヵ月一〇〇フランで、毎月二〇以上の依頼があったので、石黒は月五〇フラン近い収入を得ることができたという（蛯原八郎『海外邦字新聞雑誌史』学而書院、一九三六年）。

今回資料とした『巴里週報』は、石黒敬七の子息石黒敬章氏より見せていただいた。途中欠号もあるが、一九三三年三月五日発行の二八二号までを確認することができた。石黒敬七は一九三三年のうちには帰国しているようなので、『巴里週報』はそれととも

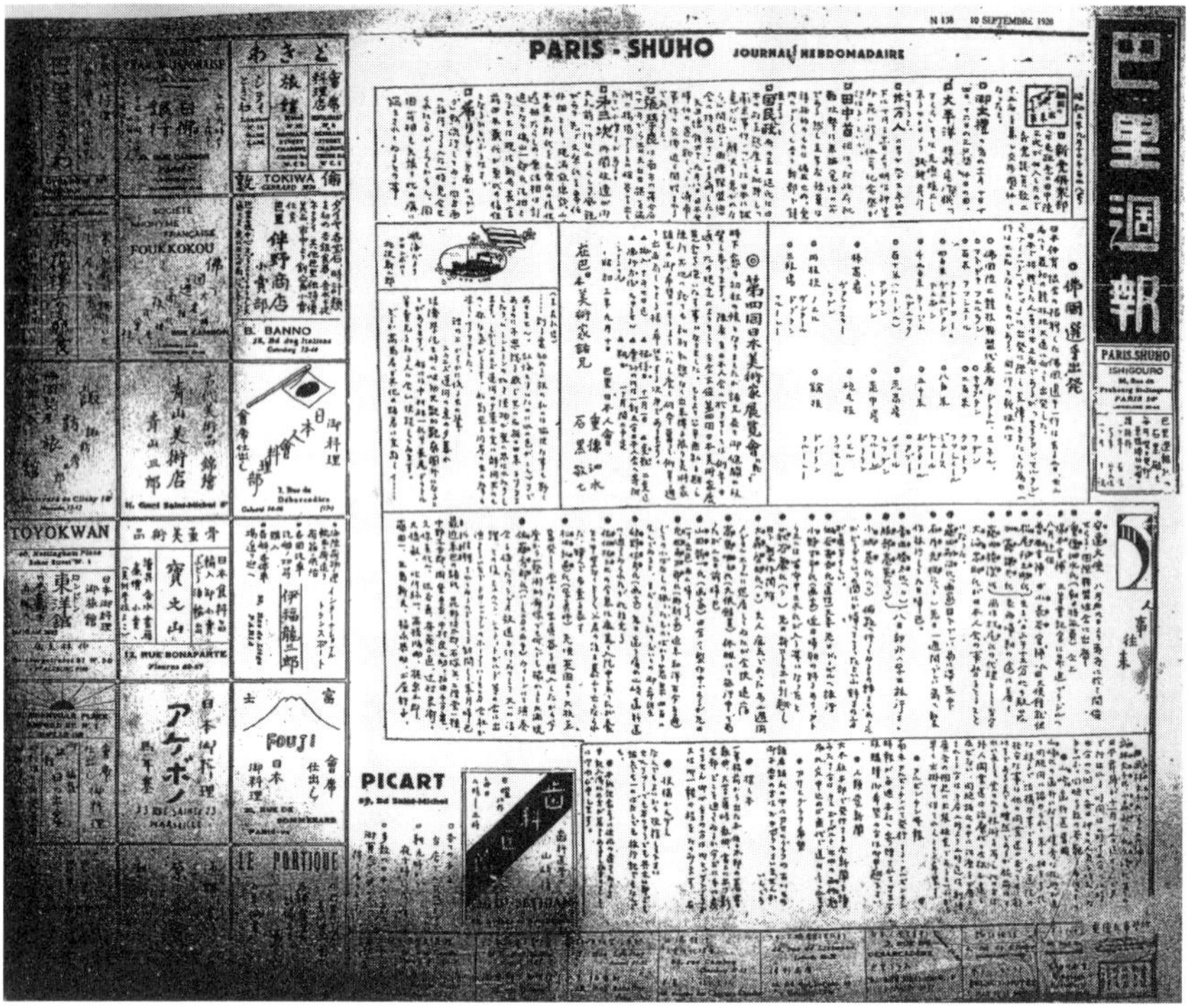

N 138 10 SEPTEMBRE 1928

PARIS - SHUHO JOURNAL HEBDOMADAIRE

巴里週報

PARIS SHUHO

ISHIGOURO

TOKIWA

FOUKKOKOU

B. BANNO

TOYOKWAN

FOUJI

PICART

LE PORTIQUE

第四回日本美術家展覧会

『巴里週報』第138号（1928年9月10日）

に終ったと見るべきだろう。また、パリ在住の日本人数が減少に転ずるのも、この年であった。不景気が深刻になり、世界情勢も不安定で、日本へ戻る人が多くなっていたのである。

石黒敬章氏によれば、石黒敬七は当初『巴里週報』を、パリにおける邦字新聞の第一号と自認していたが、一八七〇（明治三）年にレオン・ド・ロニーという日本語学者が、すでにパリで日本語の新聞を出していたことを知り、一九三三年、セーヌ河畔の古書市でその現物、『よのうはさ』を発見して買い取ったという。さらに蛯原八郎『海外邦字新聞雑誌史』によれば一八六八（慶応四）年版の『よのうはさ』もある。しかし、在留邦人が数十人という時代では新聞の継続は不可能だったので、実質的に日本人社会に機能した新聞というのは、『巴里週報』が最初であった。

日本人会の書記だった松尾が関与したせいもあるが、『巴里週報』には日本人会主催の催物の報告がよく載っている。日本大使館からの通知もある。そこに、美術家たちの動向、読者からの投書、同窓会や県人会の通知、死亡・誕生・パリへの出入りといった日本人の消息、日本人の商店の宣伝などを加えれば、ほぼパリにおける日本人社会の動きが見えてくるのである。

日本人会・日本大使館からの知らせ

日本人会では、日本からパリを訪れる、政治家、官僚、実業家、芸術家、スポーツ選手団などの歓送迎会を催しており、『巴里週報』はその都度、会の通知を載せたり、当日の様子を報告したりしていた。そのうちの幾つかをあげてみよう。

第五二号（一九二六年八月二八日）は「栃木山来巴歓迎号」で、元横綱栃木山の歓迎会について「期日　九月七日（火）午后七時より　会場　日本人会館　会費　四十法」と通知されている。歓迎会の様子はまた次号の『巴里週報』に載せられた。栃木山はこのときすでに引退しており、八月二三日からパリに来て、諏訪旅館に泊っていた。石黒敬七の『三色眼鏡』（岡倉書房、一九五一年）によると、栃木山は石黒の道場を訪問したり、藤田嗣治のモデルになったりしている。実物大の肖像画「横綱栃木山の像」を急遽仕上げた藤田は、これを秋のサロン・ドートンヌに出品した。

第一〇一号（一九二七年八月二九日）は「国会議員一行来巴歓迎号」として、第二四回列国議会同盟に参加するためやってきた、衆議院議員三木武吉を団長とする一二名を紹介している。

第一三二号（一九二八年七月一六日）は、「嘉納先生来巴紀念号」である。講道館館長の嘉納治五郎を迎え、柔道家の石黒は得意であったろう。一緒に写した写真が紙面を飾っている。その写真の下には、「オリムピック出場　水泳選手来巴」の記事もある。水泳選手は、オランダで開催されるオリンピック出場を控え、国際試合をするためパリに立ち寄った。『巴里週報』では、選手たちのプロフィールを載せている。

当然、石黒敬七は日本人会による著名人たちの歓送迎会に立ち会うこととなり、『巴里週報』を通じて多くの人脈を得た。帰国後、そうした人々のパリでの行状記を『三色眼鏡』や、『蚤の市』（岡倉書房、一九三五年）、『巴里雀』（雄風館書房、一九三六年）などに描いた。そばで見ていた松尾邦之助は「石黒は、こうした数百人の画家と交際し、日本から来る奇怪な見物客を『のみの市』や『女郎屋』に案内し、何か面白いエピソードがあると、それを丹念にノートブックに書いていた。宴会のときでも、ワーッと笑うような話が出ると、彼は、すぐ手帳に書いて、もう、このときから後日の放送や、とんち教室のタネを集めていたらしい」（『巴里物語』）と記している。「とんち教室」は戦後人気を集めたNHKの人気ラジオ番組で、石黒はそのレギュラーであった。

著名人の歓送迎会の他に、日本人会からの知らせでとくに目立つのが、画家たちを中心とする動きである。第九号（一九二五年一〇月五日）の「日本人会未曾有の盛会」には、日本人会館で開催されていた在巴里日本人美術家展覧会の報告があり、六日の招待会の盛況が語られている。なお『巴里週報』の日付が五日なのに、六日の招待会の報告があるのはおかしいが、見直してもこの通りである。五日の日付でも、出たのはもっと後であったろう。「毎月曜日発行」とあるので、月曜だった五日の日付としたのかもしれない。前後を見ると第八号は九月二八日、第一〇号は一〇月一七日で、必ずしも毎週出ていた訳ではないことの一例になる。

さて展覧会は成功し、この後も毎年開催することに決まった。翌年は第二回在巴里日本人美術家展が、一一月一〇日から翌月まで行われた。第一一一号（一九二七年一一月八日）の、「第三回在巴日本美術家展覧会紀念号」は、日本人会館で一一月三日から三〇日まで第三回の展覧会が開催された様子が記されている。招待日には「内外人四百名以上」が集まって盛況だった。

次に、大使館からの在住邦人向けの通知を紹介したい。

第二六号（一九二六年二月一四日）には「カルトヂダンチテに就いて　△大使館からの急告」として、パリ及びセーヌ県在住者でカルト・ディダンティテ（滞在許可証）の更新が必要な者、またこれを所持しない者は至急必要な書類を整えて所轄の警察署へ行くようにと指導している。ちなみに、一九二三年二月に、中国人と偽ってフランスへ上陸した大杉栄は、そのまま中国人として滞在許可証を得ねばならなかった。「フランスに二週間以上滞在する外国人は、すべて其の居住地の警察のカルト・デイダンテイテを持つて居なければならないのだ。そして何処へ行くんでも、いつでも、必ずそれを身につけてゐなければならないのだ。それが無ければ、直ぐ警察へ引つぱつて行かれて、若し申訳が立たなければ、直ぐさま罰金か牢だ。そして其の上に猶追放と来る」（『日本脱出記』アルス、一九二三年）と書いている。結局彼はメーデーで演説して警察の取り調べを受け、追放処分を受ける。その罪状の中には、旅券規則違反も入っていた。

フランスは第一次世界大戦後の人手不足を外国人労働者で凌いだことに加え、フラン価が下がって海外旅行がしやすくなった結果、アメリカなどから滞在型の旅行者がパリを目指したので、多くの外国人が流入することとなった。事態が落ち着くにつれ、次第に外国人排斥の空気が濃くなってくる。第二五号（一九二六年二月七日）には「巴里人が外国人を嫌ひ出した。英米人の勢いらしい」とあり、第三四号（一九二六年四月一〇日）には、「外国人労働者の激増に病む仏国。外国人労働者総数はフランス人口の十分の一」として、これ以上の外国人労働者の増加はフランスの危機を招くという労働総同盟の懸念を伝えている。こうした状況を受けて、外国人の管理は厳しさを増してきた。第一〇三号（一九二七年九月一二日）の「急告」では、フランス政府の取り締まりが厳しくなっているので『カルトヂダンチテ』を所持せられず、若しくは之れを所持せらるゝも有効期間経過したる場合には此際至急警視庁外国人係に於て有効なる『カルトヂダンチテ』の交付を受けらるゝ様致され度し」と呼びかけている。不法就労の取り締まりも徹底された。一九二九年にパリに到着した森三千代は、所持金が少ないのにもかかわらず働けないという現実に直面し、「外国人が職業をさがすことなんか、巴里では、コロナ葉巻の吸ひかけをさがすことより至難なことです。全く、イタリー労働者の大群と、ロシアの浮浪人は、国外に逐はれ、外国人の査證(カルト・ダンチテ)は面倒になつた。労働証明書のない外国人を使用した傭主は、その使用人と共に、見つかり次第、罰則を食つた」（森三千代『をんな旅』富士出版社、一九四一年）と書いている。日本大使館でも、この実情を踏まえ、滞在許可証に不備のないよう、しばしば紙上で警告していた。

大使館は自国民を保護するとともに、日本人としての義務とアイデンティティを忘れないよう管理するところでもあった。それが、『巴里週報』の記事から見て取れる。

第一一五号（一九二七年一二月一二日）の「急告」には、「本月一日より実施せらるる兵役法施行令及同施行規則に依り在外者の徴集延期願出手続左記の通改正せらる」として、海外にいて徴兵延期を願い出る者の手続きの仕方が書いてある。

一九二六年一二月二五日、大正天皇崩御。第六八号「新年号」（一九二七年一月日付判読不可）は、改元の通知をし、「昭和元年十二月二十七日」付で「大喪中に付昭和二年一月元旦の拝賀式は之を行はず」としている。第一四一号（一九二八年一〇月一五日）は、大きな字で「告示」とあり、一一月一〇日は天皇の即位の大礼当日なので、午前一一時に大使館邸で奉賀式を行うから集まるように、という通知を出している。この前後には、奉賀式当日はパリの日本人たちの祝日として休むようにとか、式に出席の者は大礼服か燕尾服着用のこととか、毎号細かな指示が出ている。一連の日本国内の儀式が報じられ、パリでも、できる範囲でこれに倣おうとしていた。

通称「薩摩館」開館の記事もある。

一九二九年一〇月二八日（号数判読不可）には、「巴里大学都市日本学生館学生募集」の通知がある。この学生館は五月一〇日に開館式があり、建築費用を出した薩摩治郎八はもちろん、ガストン・ドゥメルグ大統領、レイモン・ポアンカレ首相なども出席して華やかにとり行われた。ちなみに紙上に示された宿泊料は「朝食付ニテ一ヶ月四百法（十五日毎前金払）昼食及夕食ハ中央食堂ニ於テ一食四法五〇乃至五法ニテ弁ス　即十一ヶ月宿泊料及食費ヲ合算シテモ七百法ニテ足ル」となっている。これでも支払えない人はいたし、足場も良くないので人気はいまひとつだった。思ったより入館者が集まらなかったため、この時期に宣伝をしたものと思われる。この建物は、現在も同じ場所に建って留学生たちを迎え入れている。

読者の声――投書・消息より

ここまでは日本人会や日本大使館からの報告、通知を取り上げてきたが、『巴里週報』では、短歌、俳句、エッセイなどの投稿も受け付けており、そこからは読者の声を聞くことができる。石黒

敬七『三色眼鏡』には、

　大正十五年頃、「巴里週報」に三宅克己が、南セビエラの山の上から、山の上の人という名で盛んに投書された。この新聞は僕が巴里で出していた新聞である。
　内容は「欧州の天地に住慣れた日本人が、遙々日本に帰つてツク〴〵感ずるのは、人間の住む国としては全く行詰っていて恐ろしいが、自分には愛国心があるから、隠忍して、くすぶる事にしている」というような事や、日本人が平家がにのような格好で、洋服を着て欧州各地をノシ歩くのは滑稽だとか、いろいろ日本人や日本の弱点をこき下した面白い記事であったが、或る時、その反駁文が「巴里週報」に載つた。それは「山の上の人に物申す」という題であつた。
　誰が書いたのであつたか、今では忘れたが確か松尾君か小野寸平君だつたと思うが、一般在留日本人は中村研一君だと思つたらしい。すると次の週ににまた三宅さんから、投書が舞い込んだ。題名に曰く、
「山の上の人に物申す」というのであつた。

とある。パリに暮す日本人にとって、西欧文化との葛藤は各自が抱えた重い課題であって、このように紙面で意見が衝突することもあった。また、『巴里週報』の読者が、匿名でも誰が書いたか見当がつくほどの小さな共同体に生きていたこともわかる。ただ、石黒は三宅の投書にある日本人批判のほうばかりを記憶しているが、第二二号（一九二六年一月一六日）の「山の上の人」による「玉子の折詰とビスケットの缶」では、パリのサロンは、蓋を開けてみると籾殻が多くて玉子が少ない折の様でがっかりするが、日本の展覧会は、ビスケットの缶のように中身が詰まっている、と誉めている。もっとも、日本の方に籾殻がないのはいいが別の言い方をすればどんぐりの背比べだ、という毒舌で締め括られてはいる。三宅克己はこの一九二六年の二月に帰国したが、途中ポートサイドやエジプトから旅行記を投書しており、数度にわたる欧州滞在のたびに本を書いた三宅らしい健筆ぶりを見せている。

　詩人による詩の投稿もあった。

　第一一号（一九二五年一〇月二五日）にある、西條八十「瞳」という詩は、「哀しき瞳あり、／海のかなたより吾を凝視む、／日も夜も吾を凝視む。／／真昼拉典区の古き街中を歩む時も、／深夜ピギャールの華やげるカフェーの隅にもの想ふ時も、／はた、ディエープの浜辺の砂に／子供のごとく匍匐ふ時にも。／／哀しきひとつの瞳あり。／アベルを殺したるカインを追ふ、かの大空の眼のごとく／つねに、つねに、遠く吾を凝視む。（一九二五年五月）」というもので、後に「哀しき瞳」として『令女界』（一九二六年一月）に発表され、さらに『巴里小曲集』（交蘭社、一九二六年）に収められた。また、『美しき喪失』（神谷書店、一九二九年）にある詩「柳沢和

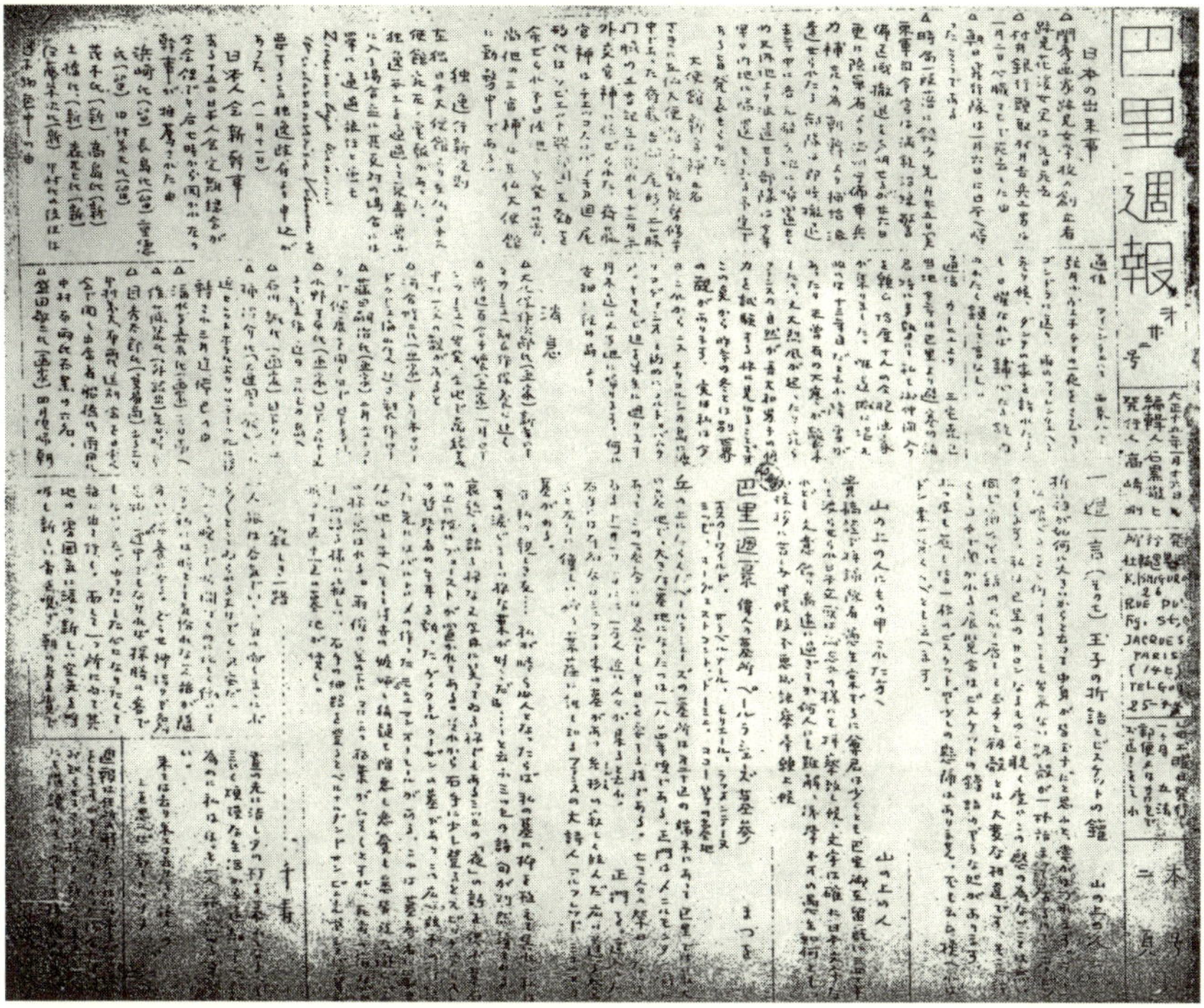

巴里週報

『巴里週報』第22号（1926年1月16日）

子に与ふ」も、『巴里週報』第一三号（一九二五年一一月七日）の「柳沢和子に」が初出である。和子は、柳沢健の娘で、一緒にパリに来ていた。この詩は、「和子よ、／あなたの黒い眼も可愛いい、／その小さい鼻も可愛いい、／それから此頃お國の言葉を忘れかけて／窓の蛾を指さし／『あのひとをごらん』といふ／その朱い唇も可愛いい。」と始まり、『美しき喪失』収録のものとは多少の異同がある。西條八十は和子と三歳違いの娘嫩子を日本に残してきており、和子の愛らしさは、彼の郷愁を誘うのだった。

西條八十は、一九二六年に二年間の留学を終えて帰国したが、帰国の日を迎えぬまま、客死する日本人もいた。三三号（一九二六年四月日付判読不可）では、朝日新聞社社員、小田格介が急性腎臓炎で亡くなったことを知らせ、「まだリラの花が咲かぬ頃から白い病床の客となって四月三日小田君は巴里に居なくなつた……経済史を仏文で書いてドクトルの準備をしてゐた勉強家の小田君」と悼んでいる。ペール・ラシェーズに葬られるときには朝日新聞特派員の重徳泗水をはじめ、柳沢健、松尾邦之助らも参列したという。『巴里週報』には、こうした訃報も載った。

一九二八年八月一六日に亡くなった佐伯祐三のことは、「創刊第四週年記念号」にあたる第一三七号（一九二八年九月一日）の「人事消息」の欄に、「佐伯祐三氏（画家）長い間入院加療中であった同氏はとう〳〵去る十六日午后十一時客死された。遺がいはペルラシェーズに手篤く弔られ友人多数会葬。前途尚多望なる氏の早逝を謹んで弔惜す」と出ている。そのあとを追うように八月三〇日に亡くなった佐伯の長女弥智子の訃報が、この次の号に続くのも痛ましい。パリの狭い日本人社会の中でも、死と生の入れ代るさまはついてまわった。ちょうど佐伯祐三の訃報があるのと同じ号の「人事消息」には、「蕗谷虹児氏（画家）夫人りん子さんは先月末玉の様な男児を生まれた。名付親藤田氏により『セイヌ』といふ素晴しい珍名がつけられた。母子共に元気」という、子どもの誕生を祝う報告が並んでいる。

上海事変以降の『巴里週報』

『巴里週報』の初め頃は松尾邦之助の「一週一景」と題したパリの名所案内や、パブロ・ピカソ、モーリス・ユトリロ、ハイム・スーチンといった芸術家たちのエピソードを綴った藤田嗣治の「小話」など、観光や芸術の都パリを押し出した連載記事があった。第七二号（一九二七年二月二日）には「オペラにて柔道公開」として、二月一日の大統領、首相も臨席するオペラ座の夜会のアトラクションで、「投の型、逆の型、締めの型」を松尾邦之助と石黒敬七が、「乱取稽古、真剣勝負の型」を藤田嗣治と石黒敬七が披露し、六〇〇〇人の観客を沸かせたという報告がある。藤田が『巴里の昼と夜』（世界の日本社、一九四九年）で回想するところによると、それは新聞社主催で毎年行われる慈善事業の夜会だった。柔道の型を見せるだけでオペラ座のアトラクションになったのは、まだ日本のすべてがもの珍しい頃だったからだろう。この三人は、日本人会館で行われた第三回在巴里日本人美術家展覧会の懇親会でも柔道の型を披露している（第一一二号、一九二七年一一月二二日）。しかし、こうした話題は、日本の大陸侵略が進むにつれて少なくなっていった。

今回参照した、石黒敬章氏蔵の『巴里週報』は、第一四三号（一九二八年一一月九日）の後、第二六九号（一九三二年一二月三日）までの間が欠けている。この間に紙面はずいぶん変った。たまたま見ることができた一九三二年八月一〇日付けの『巴里週報』（三六四〜三六五頁参照）は「オリンピック水泳号」で、七月にロサンゼルスで行われた第一〇回オリンピックの報道が主だが、すでに上海事変などの大陸関係の記事が出ている。一九三二年一月に上海事変が起り、三月一日には満州国建国宣言がなされた。国際政治の舞台で日本がどのように動くかは、パリの日本人の生活にも跳ね返ってくることであったから、紙面を割くのは当然であろうが、その割合がどんどん高くなってくるのがこの時期であった。

第二六九号を見ると、同じスペースでも文字が大きくなったぶん情報が減っており、しかも情報の多くが日本の抱える国際問題で占められている。以前のような、芸術家をめぐる小話や、旅先の様子を伝える投書や、展覧会の開催通知といった記事はすがたを消している。それらは、この時期の雰囲気になじまないものであった。第二六九号には、満州国建国を非難する国際連盟に対し日本政府が強行に反論していることが伝えられる。次の第二七〇号（一九三二年一二月一一日）では、日本の満州国承認に抗する中国側やリットン調査団の報告書に対し、松岡洋右全権大使が国際連盟の理事会で答弁したことが書いてある。これ以降も、満州国をめぐる国際連盟での応酬は報道され続けるが、パリの日本人同士のネットワークを示すような話題はほとんどない。第二七六号（一九三三年一月二二日）にある日本人会幹事会からの記事には、「来る二三日午後八時より総会を開き総会後直ちにリットン委員一行の日・支に於ける調査状況のフヰルムを公開する事となつた。これはこの好機を逸しては再び見難きフヰルムであるといふ」とある。

現在の26. Rue du Faubourg Saint-Jacques。
ここに巴里週報社があった。

確認できる最後の『巴里週報』（第二八二号、一九三三年三月五日）には、日本軍が中国の承徳に迫る「熱河攻撃」、続く「熱河入城」を伝える下に、パリ郊外に暮す「モルガンお雪」の記事が出ている。祇園の芸妓だった雪は、一九〇二（明治三五）年、アメリカの富豪モルガンに落籍され、アメリカに渡った。その後、パリに移り住み、モルガンが一九一五年に死去してからは、パリ郊外とニースで暮していた。このときの話題は、雪が日本にいる知人に宛てて、母の一七回忌に当る今年、日本に里帰りして墓参りがしたいと書き送ったということだ。結局この年の里帰りはかなわず、雪は一九三八年四月、帰国を決意して故国に戻った。五八歳になっていた。国政レベルの報道を一方的に伝える記事が多いこの時期に、雪の郷愁を話題とした記事は異色であった。

『巴里週報』終刊号は一九三三年四月一五日発行のものだと『海外邦字新聞雑誌史』にある。石黒の帰国による終刊であったろうが、日本人の間をつなぐ働きが失われていたことからも、すでにその役割を終えていたといえよう。

（宮内淳子）

三　パリの日仏文化交流

パリ万国博と川上一座

パリではじめて万国博が開かれたのは一八五五（安政二）年のことである。しかし日本が正式に出品したのは一八六七（慶応三）年、第二回のパリ万国博であった。この時、日本は幕府の正使として外国奉行向山（むこうやま）隼人、公使として徳川昭武を送ったほか、日本家屋の特設館をつくって芸者まで置いた。宮岡謙二『異国遍路旅芸人始末書』（修道社、一九五九年）によれば、この芸者たちは江戸柳橋は松葉屋お抱えのおすみ、おかね、おさとの三人で、ヨーロッパまで渡った邦人女性の第一号である。彼女たちは一八六七年一月に、清水卯三郎（うさぶろう）、吉田六左衛門に連れられて横浜を出帆した。万博会場の一隅にしつらえられた日本家屋にこの三人が立ったり座ったりしているだけで、パリっ子たちは大いに喜んだ。着物、キセル、桃割れ、お茶。あらゆるものが珍しかったのである。何よりも生身の日本女性が、最も好奇の視線を集めていたことだろう。

万国博には世界各国からのお国自慢の品が集まるとともに、それを見にやって来る群衆、またその群衆をめあてに商売をしようという人々が集まる。この第二回パリ万国博を目指して、日本からも芸人たちが出かけた。一八六六（慶応二）年一〇月に横浜を出発した松井源水一座も、上海を経てパリを目指した芸人たちの一団であった。彼らは一八六七年七月に、アンペリアル劇場でコマ回しを披露した。少し遅れて浜碇定吉一座がパリ入りし、こちらはシルク・ナポレオンで足芸を見せた。その初日には徳川昭武も見物に来ている。扇子の上にコマを這わせたり、竹竿の上で離れわざを見せたり、曲芸や手品の数々はパリの観客を感心させた。ただし、愛敬をふりまくフランスの芸人に対し、日本の芸人はあまりにも地味で無愛想であったようだ。

一八七八（明治一一）年にパリで再び万国博が開かれ、松方正義や前田正名らがフランスへ渡った。前田はこの時、オデオン座で「忠臣蔵」を上演している。もっとも自分が舞台に立つのではなく、舞台監督として外国人俳優に演技指導をしたのである。翌年二月には、ゲーテ座で「大和」という自作の演劇を上演した。内容がどの程度伝わったかは不明だが、どうやらこの頃には日本劇が成功の可能性を持った興行とみなされるようになっていたようである。西園寺公望がジュディット・ゴーティエに頼まれて脚本を手助けした「微笑を売る女」も成功例のひとつだ。一八八八年四月にオデオン座にかけられたこの日本劇は、外国人俳優によって演じられ、この年に六〇回、次の年に七〇回も上演されるヒット作となった。

一八九七年五月に横浜を出帆した丸一太神楽の鏡味仙太郎は、ロンドン興行のあとパリを訪れ、カジノ・ド・パリに出演している。一九〇一年七月には水芸の松旭斎天一が、手品と日本舞踊の天勝と組んで横浜を発ち、アメリカからヨーロッパに渡った。パリではやはりカジノ・ド・パリの観客を沸かせた。このように、一八〇〇年代後半から一九〇〇年代前半のパリで、日本人は見世物興行の分野で大いに活躍したのである。

川上音二郎一座が神戸を出帆したのは一八九九（明治三二）年四月のことである。アメリカ興行を成功させて、翌年四月にニューヨークを出発、イギリスへ向かった。パリに着いたのは一九〇〇年六月である。川上一座のパリ公演を取り仕切ったのはロイ・フラーという往年の大女優であった。彼女は一九〇〇年第三回パリ万国博のために特別に作られたロイ・フラー座のこけら落としに、川上一座を招いた。「遠藤武者」「芸者と武士」の二本立てで昼夜二回興行であったが、フラーの思惑どおりこの日本劇は大当りし、興行回数を大幅にふやさねばならないほどだった。海外公演の成功は、当地の観客の嗜好を察知し、それに応じて柔軟に対処できるかどうかが鍵となる。この意味で川上一座はまことに適任であったといえる。パリで最も評判になった「芸者と武士」は、「道成寺」と「鞘当て」をつぎ足した奇妙な日本劇であったし、「遠藤武者」の方も、盛遠が切らなくてもいい立ち腹を切る。どれもこれもパリの観客を喜ばせるための仕掛けである。音二郎によれば「盛遠の狂言の如きは、フーラーが注文の腹切、シカモ立腹で刀を腹に突立てる、一文字に引回す、血がサッと迸る、咽喉を掻く、目

『フェミナ』誌（1901年10月1日）に掲載された貞奴の舞台姿。「芸者と武士」の第二幕（左）で婉然と微笑む貞奴は、第三幕（右）で狂気と死の踊りを踊る。

を白黒してバッタリ斃れるまでの数分間が、仏蘭西人の最も喜ぶ狂言の山で、其の拍手喝采は英米以上であった。後には拍手喝采ぐらいでは満足が出来ずに、満場の見物が、ことごとく帽子を取って振るに至った。亜米利加や英吉利では、いくら喝采をされても、帽子を振られたことは一度も無かったが、こんなことは仏蘭西に来てから始めてです」（藤井宗哲編『自伝　音二郎・貞奴』三一書房、一九八四年）という具合であった。貞奴（さだやっこ）の着物の裾から見える白い足首と、音二郎の腹から流れる真っ赤な血潮は、無くてはならないものとなった。観客が喜んだばかりではない。『フィガロ』紙がその「至芸」を誉めそやし、とうとう貞奴と音二郎は二人そろってフランス政府から勲章まで授与される。万国博が閉幕すると、当時のフランス大統領エミール・ルーベは慰労園遊会に二人を正式に招待し、着物姿の貞奴はたちまちパリの社交界の人気者となった。着物はすでに第二回パリ万国博で人気を得ていたが、ここにきてヤッコ・ドレスと呼ばれる着物が、パリ・モードの最先端となるのである。

パリ万国博には烏森（からすもり）芸妓の一行も参加している。新橋は寿美屋お抱えの芸妓ら総勢一五名が、万国博で日本舞踊を見せた。着物を着た本物の日本のゲイシャが華やかな踊りを披露するというので、こちらも貞奴に負けぬ人気ぶりであった。

武林文子の興行

このほかにもヨーロッパ各地に、日本の芸を見せるショーがいくつも開催されたようである。天野三郎やその娘ツネ子のように長くヨーロッパに滞在して軽業や歌や踊りを披露した日本人もいれば、アラブのものとも中国のものともつかぬ芸を日本の芸として見せる国籍不明の者もいた。こうしたたくましい芸人が、必ず一夜はパリで興行しているはずである。日本で芸事を学んだ芸妓たちのみならず、少しかじっただけの者でも、あるいはまったくのつけ焼刃であっても、需要はそれなりにあった。

武林文子は琴を習ったことはあったが、踊りの方は自己流である。それがパリに来てトシ・コモリ（小森敏）と知り合い、数日練習をしただけで一九二五年一二月にフェミナ座の舞台を踏んだ。この時トシ・コモリは「猩猩」を踊り、彼の弟が「日本の子守歌」を歌い、文子は「京人形」を踊った。文子はまた「浦島」では乙姫役で出演し、四歳になる娘イヴォンヌにも初舞台を踏ませた。これは大入り満員で、補助席まで出すほどであったという。フェミナ座での成功に気をよくした文子は、再びトシ・コモリと組んでニースでもアトラクションを催し、その後ボロニアやミラノにも出掛けた。

パリのマドレーヌ座で一九二七年に上演された「浦島」に文子が出演していたかどうかは不明だが、トシ・コモリが出ていたことは、これを五月一一日に観に行った天宮聖之介が書いているので間違いない。驚いたことにこの劇は「未来派無言劇」と称され、近代的精神によって古代イタリアの無言劇を再生させたものだという。天宮はこう記録している。「トシ・コモリの浦島太郎は支那服を着て何時の時代のものともつかないマゲ――左様あれがマゲのつもりでせうな――を頭の先つぽへ乗つけたオトヒメ様と並んで腰かけてゐるのであります。（略）この幕には未来派のにほひどころか、日本のおかぐらのにほひさへも見当らないのであります」（『東京日日新聞』一九二七年六月二七日）。当時の様々な興行の胡散臭さが、この記事からは浮かび上がってくる。

ヨーロッパ巡業を終えてパリに戻った文子は、一九二八年九月、今度はオランピア座で舞踏劇を上演した。この頃パリに来ていた竹内勝太郎が、九月一八日にこの舞台を観に行っている。この後も文子はベルリンやブダペストで、夫の無想庵そこのけの活躍をした。文子の踊りが年季の入ったものでないことなど、とやかく言うパリジャンはいなかった。モーリス・メーテルリンクは、レストラン・マキシムで友禅の着物にダラリの帯をしめ、黒塗りのポックリをはいた文子と会食した後、こんな意味の言葉をサインしてくれた。「私は日本に、もはや偉大な古典の世紀は残っていないと思っていた。それは間違っていた。私は今日それを見た」（宮田文子『わたしの白書』講談社、一九六六年）。

花子と雪洲

文子よりも前に、もっと大きな評判を取った日本人女性がいる。花子と呼ばれた小柄な女性で、本名を太田ひさという。もと芸妓の花子は、一九〇一年五月に横浜を出て、コペンハーゲンの小さな博覧会の興行に出演する。一九〇五年一〇月にはロンドンのサヴォイ劇場でご存じ「ハラキリ」を演じていた。これを見ていたのが川上一座を取り仕切ったことのあるロイ・フラーであった。フラーは花子をくどいてコペンハーゲンへ連れて行く。「ハラキリ」「京人形」「芸者の仇討ち」など、ヨーロッパで受けそうな題材をフラーは既に熟知していた。一九〇六年春には花子はこれらの演目をマルセイユの博覧会で興行していた。たまたまそこにやって来たのがオーギュスト・ロダンである。ロダンは花子の苦悶の表情に衝撃を受け、面会を申し出る。その後花子がパリのモダン劇場で上演していると、ロダンが迎えに来てパリ郊外の家に連れて行き、モデルになってくれと頼んだのだった。各国各地の興行と興行の合間を縫ってロダンの製作は続き、一九〇八年に花子の死に瀕した顔の彫刻が出来上がった。花子は当時をこのように回想している。「私は昼は大抵巴里在中は先生の御宅で生活しました。先生の御贔屓の御手引きで仏蘭西の有名の美術家の方や貴婦人や、其れから時の政治舞台の有名な方に御目に懸ることが出来て、其れから其れへと御招きに預かりまして私は真実巴里の花のやうな貴婦人の生活を知り、私も未だ若かつたものですから、殆ど夢のやうに、華やかな其の日〳〵を送ることが出来ました」(太田花子「芸者で洋行し女優で帰る迄の廿年」『新日本』一九一七年一月)。言葉が不自由であっても、日本を代表する女優として、花子はパリの社交界に受け入れられたのである。その後ロシア興行を終え、一九一四年八月には戦火を避けてロンドンにいたが、この年一〇月には一時パリの大使館に避難していたこともあった。ちょうどそ

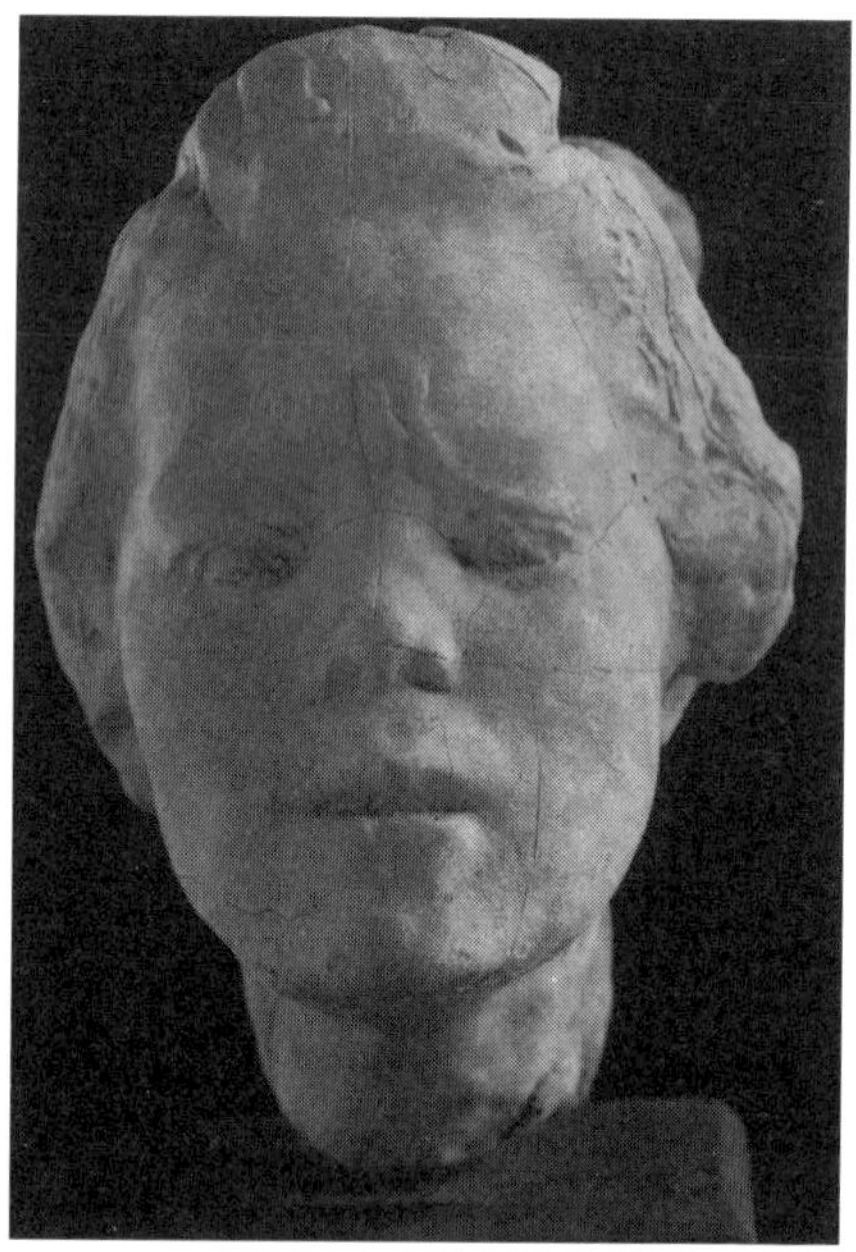

オーギュスト・ロダン作「花子」(パリ・ロダン美術館蔵)。

こに留まっていた島崎藤村と会ったことが藤村の一〇月二三日付の記述（『仏蘭西だより』新潮社、一九二二年）からうかがえる。やがて戦争の激化のため公演をあきらめ、花子はロンドンに湖月という日本料理店を開く。店を番頭の川村に任せて一九二一年に帰国した花子は、川村と共同経営でパリ湖月を開いた武林文子に、必要な食器を送ってやった。一九二四年一一月のことである。

パリばかりでなくまさにヨーロッパ全土を席巻したといってもいい花子一座の芸は、しかし花子自身が納得したものではなかったらしい。澤田助太郎『プチト・アナコ』（中日出版社、一九八三年）によると、「花子自身はこんな芝居を演じるのが恥ずかしくて、日本の留学生にでも見られては、と何度もフラーと交渉した」という。現に海外で成功した日本劇に対する日本国内での評価はおしなべて低かった。佐藤紅緑は「日本の芸を見せたいのなら、本当の日本の芸を見せたいものだし、本当に紹介して貰ひたいのだ。川上がやつた『芸者と武士』見たいなものでは困る」（「脚本の選択を真面目にせよ」『歌舞伎』一九〇九年九月）と書いて、花子や貞奴のキワモノ的な芸を批判した。

早川雪洲（せっしゅう）も、欧米で人気を博しながら、日本では評価されなかった俳優である。彼の出演したいくつかの映画は国辱的とみなされ、右翼団体の脅しを受けた。雪洲が渡米したのは一九〇九年である。ハリウッド映画「タイフーン」（一九一四年）の主役を演じ、一躍スターとなる。この映画で雪洲はフランス娘を殺す残忍な日本人を演じた。また「チート」（一九一五年）では、女性の肩に焼き印を押す男の役である。この二本の映画は日本人に、血に飢えた冷酷無情なイメージを定着させたというので、日本での評判は悪かった。実際はこのニヒルでサディスティックな役柄は、欧米女性からの圧倒的な支持を得たのであった。雪洲は「タイフーン」で共演した青木ツル（鶴子）と結婚する。青木ツルは川上音二郎の妹の娘で、川上一座に連れられて渡米した折、サンフランシスコの画家に養女に出されたという身の上である。この二人がはじめてパリの地を踏んだのは一九二三年のことであった。「ラ・バタイユ」という日露戦争を描いた映画の製作のためである。雪洲はマジェスティック・ホテルに泊り、夜な夜な豪勢な遊びを続けていた。海軍中尉ヨリサカ侯爵を扱ったこの映画は、パリでは二年近くロングランした。こちらは国辱的なものではなかったため、日本でも一九二四年に公開され、東郷平八郎もこれを鑑賞した。

一九三七年、雪洲は再びパリを訪れる。映画「ヨシワラ」を撮るためである。この映画で共演した田中路子（みちこ）と親しくなり、角田房子『ミチコ・タナカ　男たちへの讃歌』（新潮社、一九八二年）によると、二人はケ・ド・パッシー三四番地の路子のアパルトマンで同棲を始める。パリの日本大使館から前もって許可を得て撮影したものであったにもかかわらず、「ヨシワラ」は日本で国辱映画と呼ばれ、戦後まで上映されることはなかった。雪洲と路子はやがて別れるが、二人が華やかな外国生活をすればするほど、日本における二人の評判は悪化した。

西條八十は「総して海外で有名になつたと称する日本人にはずゐぶんヨタ者が多い」と前置きして、「一種『植民地芸術』とでも呼びたいものが存在してゐて、東洋に好奇心を持つてゐる生半可な外国人だけに面白い」ものがもてはやされたりすると指摘した。「早川雪洲が排日映画がもとであれだけ有名になつたのは誰も知つてゐるが『バクダッドの盗賊』に於ける上山草人だつて巴里で見た時はかなり厭な気がした。（略）もうすこし日本人乃至東洋人のために気を吐くやうな映画が作れぬものか。それで有名にはなれぬものか」（『丘に想ふ』交蘭社、一九二七年）と八十は嘆くのだった。

音楽家たちのパリ修業

三浦環（たまき）が神戸を出帆したのは一九一四年五月のことである。欧米各地で公演したあと、一九二一年二月に、パリのオペラ・コミック劇場で「蝶々夫人」に主演した。「蝶々夫人」が世界で初めて上演されたのは一九〇四年二月、ミラノのスカラ座においてであったが、フランス初演は一九〇六年一二月、パリのオペラ・コミック劇場においてである。環はこの由緒ある舞台で一九二一年、日本人としてはじめて「蝶々夫人」を歌ったのであった。この時のことを環はこう回想している。「パリのオペラコミックで『お蝶夫人』をうたつた時のことでございます。観客が熱狂して私を胴上げいたしました。ステージで胴上げにされたのは生れて始めてのことでした。それから女の方々が私にキッスをするのでした。後で楽屋に帰つて鏡を見ましたら私の顔が真赤になつてゐました。キッスの跡で、沢山な唇の型が、私の両方の頬ッぺたからおでこまで一面についてゐて、それで私の顔が真赤になつてしまつたのでした」（三浦環述、吉本明光編『お蝶夫人』右文社、一九四七年）。

ヨーロッパ公演を成功させてアメリカに戻り、環は一九二二年四月に八年ぶりに帰国した。新聞雑誌は「世界的声楽家」「世界楽壇の女王」などという呼称で環を迎えたが、海外で活躍する環のことを評価しない日本人も多かった。水上滝太郎（みなかみたきたろう）は、三浦環や早川雪洲、花子などについて辛辣な批判を加えた。「外国人の批評には珍しいものに驚いた錯誤が多い」として、花子の「貧しい演技にも、ロダンは自身の知らぬ技芸の世界を見出して驚いたのかもしれない」と書き、環については「若し女史が日本人でなく、若しプッチニに『マダム・バタフライ』の作曲が無かつたならば、彼女は百人の数を数ふる合唱団の一員たるに止まつたであらう」と書いた。そして雪洲については「まぐれ当りに当りを取つた活動写真の役者に過ぎない。彼の技倆に至つては決して優秀なるものではない。日本人としての条件付で、珍しがられた事を忘れてはならない」と書いた（「世界的」『三田文学』一九二二年九月）。

環はその後一九三九年五月に、やはりパリ滞在経験のある藤原義江（よしえ）と二重唱をしたり、一九四三年に、長らくパリで音楽教育を受けたピアノの原智恵子と共演したりもしている。一九四八年五月に死去した際には、藤原も原も音楽葬に加わった。

藤原義江は一九二〇年三月にイタリアに向けて出国し、一九三一年一〇月にはパリのオペラ・コミック劇場で「ラ・ボエーム」に出演した。一九四二年にはフランス政府からレジオン・ドヌール勲章を受け、一九五六年には日本政府より紫綬褒章を受け、一九六九年には勲三等瑞宝賞まで与えられている。しかし藤原も、最初に渡欧した頃は屈辱的な経験をしている。一九二一年にパリのマリニ劇場に出演依頼をされ、勇んでロンドンから駆けつければ、藤原の出演は、自転車の曲乗り、水芸の手品、道化の寸劇、カウボーイのダンスなどの合間にあるのだった。「水芸をやる老人から借りた化粧道具で、顔を見世物らしく、それも特に日本的に眼尻をあげて化粧し、手に大きな舞扇を持った自分の姿をじっと見ているうちに、目頭が熱くなり、不覚にも涙が伝わった」と藤原は『藤原義江　流転七十五年　オペラと恋の半生』（日本図書センター、一九九八年）に書いている。やはりパリで声楽を学んでいた照井詠三はしょげる藤原に、「なにがはずかしいことがあるもんか。五十ポンドのかせぎはたいしたもんだ。馬鹿になるんだよ、馬鹿に」と励ますのだった。

この他にもパリに学んだ音楽家は多い。荻野綾子、牧嗣人（まきつぐんど）、関屋敏子は声楽、鈴木聡、小沢弘はチェロ、高木東六（とうろく）、近藤伯次郎（はくじろう）はピアノをパリで勉強した。中でも高い評価を受けたのはピアノの原智恵子、草間（安川）加壽子（かずこ）、井口基成（もとなり）、それにヴァイオリンの諏訪根自子（ねじこ）である。

原智恵子は一九二八年春、父親と親しかった有島生馬に連れられてパリに向かった。一九三〇年一一月にコンセルヴァトワールのピアノ科に入学。すでに二年前から作曲科には高浜虚子の息子、池内友次郎（いけのうちともじろう）が学んでいた。智恵子は一九三二年の卒業コンクールで一等賞を取って帰国。翌年にデビュー・リサイタルを開き、再びパリへ向かった。一九三六年三月、パリの日本大使館は友次郎の曲を智恵子がピアノ演奏する音楽会を催している。一九三七年にワルシャワで開催された第三回ショパン・コンクールで智恵子は一五位と聴衆賞を獲得した。

一歳の頃からパリに暮していた草間加壽子は、一九三二年、一〇歳でコンセルヴァトワールの予備科に入り、一二歳で本科に進んだ。一九三七年に首席で卒業した後、パリ国際婦人ピアノコンクールで一位を取り、サル・ガボー（ガボー音楽堂）でオーケストラと弾く機会を与えられる。一九三九年一二月に帰国し、一九四一年四月にデビュー・リサイタルを開いた。文部大臣賞をはじめとする多くの賞を受章したが、フランスからは一九五九年にパルム・アカデミック勲章、翌年にアール・エ・レットル勲章、そして一九六七年にレジオン・ドヌール勲章を受章している。

井口基成が日本を発ったのは一九三〇年一一月のことである。一二月にパリに着くと、高木東六や鈴木聡が出迎えてくれた。コンセルヴァトワールは二〇歳までの学生しか受け入れないので、二二歳になっていた井口は個人教授についた。パリでは幼い草間加壽子とも会っている。日本にいた頃から親しかった荻野綾子や深尾須磨子とは、パリでもしばしば交遊した。一九三二年一一月にパリを発ち、帰国後、一九三四年四月に初リサイタルを開いた。その後一九四八年には、諏訪根自子の伴奏をしたこともある。

諏訪根自子は一九三六年三月、パリ経由でブリュッセルに着く。ベルギーで二年の勉強を経て一九三八年一月、原智恵子に勧められてパリに移った。一九三九年五月一九日、サル・ド・ショパン（ショパン音楽堂）でデビューし、パリを沸かせた。一九四二年一二月から、根自子は生活の拠点はパリに置きながらも、当時ベルリンにいた田中路子のもとに身を寄せては、ドイツでも演奏を重ねた。そして一九四三年二月、ナチス・ドイツ宣伝相ヨーゼフ・パウル・ゲッベルスによってストラディヴァリウスを贈呈される。ストラディヴァリウスを抱えて、根自子はフランスとドイツを行き来するようになる。

このようにパリで才能を開花させた日本人音楽家は決して少なくなかった。彼らの技術と熱意は、パリの著名な音楽家たちを驚かせたことだろう。彼らが帰国してデビュー・リサイタルを開くと、聴衆はその斬新さに驚いた。従来の日本の音楽教育、テクニック、感情表現のすべてが見直されることになったのだ。

新しい風は純然たるクラシックの畑にばかり吹いたのではない。一九二七年九月には宝塚歌劇団の岸田辰弥が、日本初のレヴュー「モン・パリ」を披露した。その振付けを担当した白井鐵造が、今度は一九二八年一〇月にパリに向けて発つ。カジノ・ド・パリやフォリー・ベルジェールを頻繁に訪れた白井は、一九三〇年四月にパリを離れ、その年八月に帰朝第一作「パリゼット」を世に問う。主題歌「すみれの花咲くころ」はこの年日本中にヒットした。カジノ・ド・パリで歌われていた「リラの花咲くころ」の歌詞に手を入れたものであった。

文化交流今昔

松尾邦之助がパリ大学に通っていた頃、というから一九二三年のことだろう。大学の講座に日本文学があったが、受講者はほんのわずかで、しかもそれは「日本の官辺が一等国としての手前、パリ大学に日本文化の講座ぐらゐ無くてはなるまいと考へ、ソルボンヌ当局に献金をした上開設した、云はゞ押売りの講座」（松尾邦之助『フランス放浪記』鱒書房、一九四七年）であったという。しかしこの講座を担当したミシェル・ルヴォンの『日本文学アンソロジー』は既に一九一〇年に出ており、吉江喬松（よしえたかまつ）は『仏蘭西印象記』（精華書院、一九二一年）の中で、一九一七年当時の様子をこのように述懐している。「日本を知りたいといふ要求は、兎に角次第に仏蘭西人の間に強くなりつつあるのは事実だと思ひます。ルヴォン教授の『日本詩歌』（万葉集について）の講義でも、百人近い人が毎会出席して熱心に聴いて、筆記してゐる人も多く見受けます」。またポール＝ルイ・クーシューの『アジアの賢人と詩人』は一九一六年に刊行されており、『ヌーヴェル・ルヴュ・フランセーズ』誌の一九二〇年九月号はハイカイ特集号を組んでいる。

日本の文学や文化を学ぼうとするフランス人は確かに育っていたと考えていいだろう。それどころか、どうかすると一部のパリジャンの熱意は、日本の政府や文壇人のそれを上回っていたほどである。松尾邦之助が「修禅寺物語」をパリで上演したいと申し出た時、大使館のある書記官は「芝居までやって、国威の発揚をする必要もなからう」と言って「文化より缶詰」を主張したという（『フランス放浪記』）。柳沢健は日本の文壇人が、真の日本を「広く世界各国に公示せんとの当然の意気ありやといふに、殆どこれを見るを得ないのである。否その意気はあるかも知れないが、その用意は遺憾ながら全然これを欠如してゐると言ってもいいのである」（『巴里を語る』中央公論社、一九二九年）と書いている。

そんな中、松尾邦之助は日本文化の紹介誌を出すことにした。アンリ・ド・レニエ、クロード・ファレル、ルネ・モーブラン、スタイニルベル・オーベルラン、藤田嗣治らの協力を得て一九二六年二月、『ルヴュ・フランコ・ニッポンヌ』が創刊された。苦しい資金繰りのもと、日本という国の文化を知りたい、知らせたい、との思いだけでこのような雑誌が作られたこと自体が特筆に値する。資金を提供したのは、松尾によれば「奇人中の奇人」（『青春の反逆』春陽堂書店、一九五八年）、中西顕政であった。

中西を社長、松尾を編集長として、この雑誌は第一二号（一九三〇年一月）までは継続したことが確認された。副題を日本語で「日仏評論」としているが、内容はフランス語である。主な協力者の中にはアルフォンス・ドーデ、セルゲイ・エリゼエフ、武林無想庵、辻潤、堂本印象、横山大観の名前も挙がっている。

一九二九年六月には日本語の『巴里旬報』が創刊された。モーブラン、オーベルラン、アルベール・メイボン、松尾、中西のほか川路柳虹、阿南正茂が創立委員となって日仏文化連絡協会とい

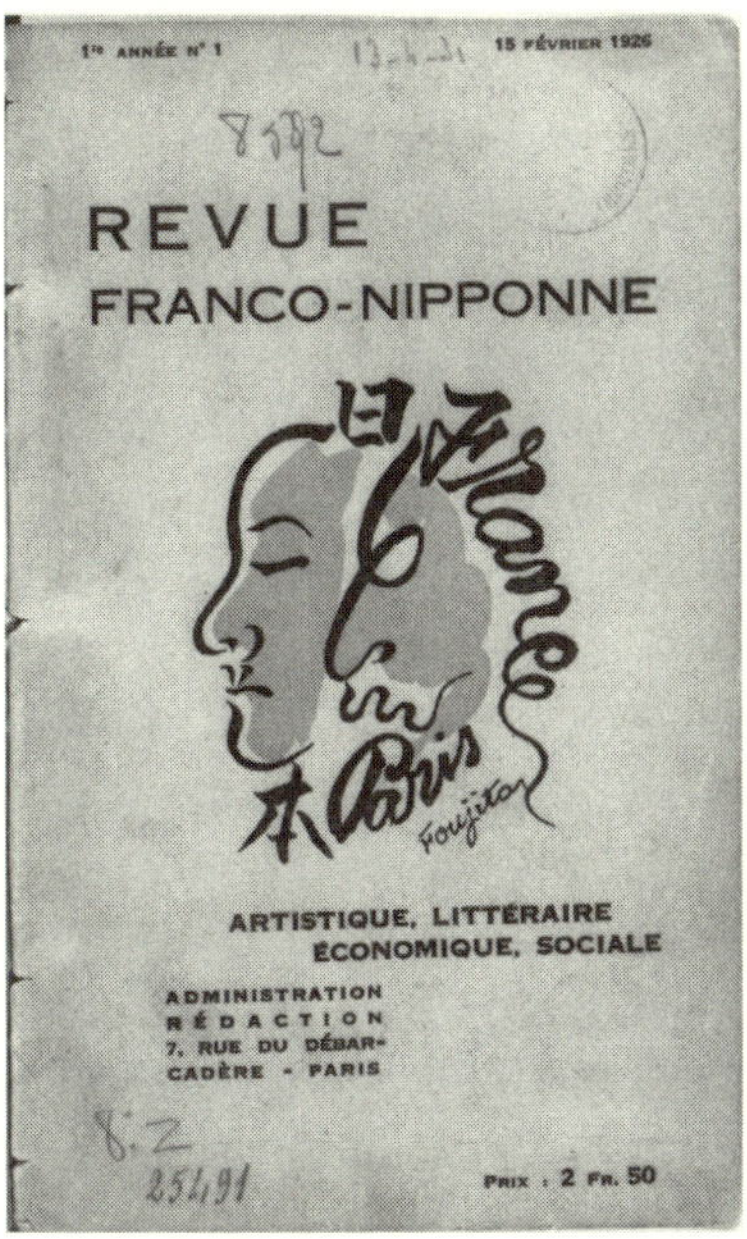

『ルヴュ・フランコ・ニッポンヌ』創刊号（一九二六年二月）（パリ国立図書館蔵）。

『巴里旬報』創刊号（1929年6月）と『フランス・ジャポン』創刊号（1934年10月）（ともにパリ国立図書館蔵）。

う機関を立ち上げ、その事業の一環として月三回発行の雑誌を出すことにしたのだ。パリで入会した会員には長谷川潔や鈴木藤枝、ミシェル・ルヴォン、ポール・フォールら三〇人以上の名前が挙がっている。また日本で入会した会員としては、島崎藤村、堀口大学、新居格、野口米次郎、千葉亀雄、板垣鷹穂ら五〇人以上の名前が列記されている。創刊号はガリ版刷りの六ページほどのものだが、日仏文化交流への熱意が伝わってくる。

一九三四年一〇月には、やはり松尾が中心となり、同じような趣旨でフランス語の雑誌『フランス・ジャポン』が創刊された。今度は満鉄（南満州鉄道株式会社）が後ろ盾となり、潤沢な資金のもとに柔道や生け花、日本の映画や演劇が写真入りで紹介された。満州事変後にとかくついてまわった「好戦的で侵略主義的な国家」というイメージをぬぐい去り、美しい文化を持つ日本を強くアピールしたかったのである。一九三九年一二月からは小松清が引継ぎ、ドイツ軍によってパリが陥落するまでこの仕事は続いた。

その間にも一九二九年には松尾とオーベルランによって岡本綺堂の作品集が翻訳され、『恋のドラマ』として刊行された。キク・ヤマタは一九二五年に小説『マサコ』を発表し、大きな評判を得た。セルゲイ・エリゼエフは一九二四年に『日本の九つのヌーヴェル』を刊行し、その中で志賀直哉、谷崎潤一郎、永井荷風、芥川龍之介、岡田八千代、久保田万太郎、長谷川如是閑、菊池寛、里見弴の短篇を紹介した。一九三五年にはジョルジュ・ボノーが『日本詩歌集』を出したが、その中には俳句や短歌の他に、新体詩も紹介された。かつてのゲイシャとハラキリの日本は、多様な文化と文学を持つ国として認知されるようになった。しかし一方で、一九二五年にフェミナ賞を受賞したのは、やはり着物姿の日本娘と日本を訪れたスイス人男性との関係を描いたトマ・ローカ著『御遠足』だった。一八八七年に、その不思議な異国情緒でパリっ子を喜ばせたピエール・ロティの『お菊さん』に、どこか通じる小説である。その日本における評価は決して高くなかった。

日本とフランスが、明治期から大戦までの間に、どの程度互いの文化を理解し得たかなどとは尋ねるまい。ただそこに渦巻きのような巨大な磁場が存在し、強く、弱く、あるいはいびつに引付けあっていたのは事実である。日本側が見られたいイメージと、フランス側が見たいイメージとの間のギャップは、随所に散見する。しかし、それも含めて文化と呼ぶとするならば、少なくとも熱意ある文化交流が確かにそこにあったというべきだろう。

（和田桂子）

四　日本人画家のパリ

パリという美術修業の場

パリを絵の修業のために訪れた日本人は多い。しかし、ただぶらりとやってきて絵を学ぶことができるわけではないこともいうまでもない。そこには、何らかの方法論が必要なはずである。特に明治初期にパリを訪れた日本人に、この方法論が整っていたとはとても思えない。日本人が絵画修業のために次から次へとパリを訪問してきた歴史は、その方法論獲得と蓄積の歴史でもあったといえる。

日本人画家のうち、かなり早い時期にパリを訪れた世代は、山本芳翠や五姓田義松などであろうが、日本画壇における本格的な洋画の移入者として後に活躍するその役割の側面から見れば、彼らの次の世代に当る、黒田清輝や久米桂一郎あたりを嚆矢とするのが一般的な見方であろう。このうち、黒田のパリ訪問の経緯が、事例として象徴的である。彼は旧薩摩藩の上級藩士の出で、維新後も子爵に叙せられた家柄の嗣子であり、渡仏の目的は、まず法学を修めるためであった。一八八四年三月一八日パリ着、二〇歳前の渡航であったこともあり、この時点で、将来像は全く白紙の状態であった。その後黒田は、一八九三年までの約一〇年間をこの地に過すことになるが、なぜ絵の道に入ったのかについては、多分に偶然に拠っている。一八八五年に、画家の藤雅三がパリにやってきた。彼との交流がその大きなきっかけであったらしい。一八八六年二月一〇日付の父宛書簡には、「公使館ニテ一ケ月一度ヅ、日本人ノ会がある事ニ相成去る七日が初会ニテ御座候　山本（当地在留の画工）藤（工部大学卒業生ニテ同工部省より官費ヲ以テ油画ヲ学ブ人）林（当地在留ノ日本画其他諸古物ナドノ商人先ヅ一寸云ハヾ古道具屋也）ノ諸氏ガ日本美術ノ西洋ニ及バザルヲ嘆ジ私ニ画学修業ヲしきりに勧め申候」と書かれている（『黒田清輝日記第一巻』中央公論美術出版、一九六六年。なお「勧め」は「勧め」となっているが、文意から改めた）。なお、山本とは山本芳翠、林とは林忠正のことである。ここには、日本人会の影響力の大きさも見て取ることができる。

パリにおける明治20年頃の黒田清輝と久米桂一郎。左から、川路利恭、久米、黒田、郷温（『黒田清輝日記　第1巻』中央公論美術出版、1966年）。

　黒田が師事したのは、藤も師事したラファエル・コランであった。コランの絵は、当時の近代絵画の殿堂であったリュクサンブール美術館に展示され、日本人たちを魅了したものの一つであった。黒田は一八八六年五月二八日付の父宛書簡に、「去二十二日兼而存居候コラント申当地ニテ随分評番（ママ）よき画家へ目的ヲ述へ即チ弟子入仕候」と書いている。

　これらのことから、黒田の絵画への接近は、パリにおける日本人の人間関係と、パリにて実際に眼にした芸術品の魅力のもたらすものであったと想像される。これは、実は黒田以後の多くの日本人にあてはまる事象であった。たとえもともと画家であったり、画家となることを志望しての訪問であってもである。彼らはパリで、芸術上の何らかの方向転換を強いられて帰国する。パリは芸術家を受け入れたというより、むしろ芸術家を作り出したという方が、事実に近いのである。

　さて、これも黒田の父宛書簡（一八八六年一〇月一五日付）によるが、一八八六年、久米桂一郎が、「専ラ画学修業として」パリにやってきた。彼もコランに師事し、ここに、藤、黒田、久米という、コランの三人の日本人弟子のグループが、やや大げさにいえば、パリにおける最初の日本人画家ネットワークとして成立したのである。とりわけ黒田と久米とのパリにおける親交は格別であった。久米邦武の息である久米桂一郎とは、境遇も似ていたせいか、盟友の名にふさわしい仲であった。日本アート・センター編『黒田清輝』(新潮社、一九九七年)所収の三輪英夫作成「年表=黒田清輝とその時代」によると、まず、一八八六年一〇月末から、ドランブル街にあった久米の下宿で共同生活を始めた二人は、翌一八八七年四月には、ともにポール・ロワイヤル大通り八八番地に移り、さらに一八八九年秋には、ヴォージラールのセルヴァンテス街にも一緒に移ったのである。この間黒田は、一時ヴォージラール街のファヴォリット通りにアトリエを求めたこともあったが、基本的には、久米とのパリ生活をずっと続けた。もちろんやや特殊な例というべきであろうが、しかしながら、このように、お互いに私生活にまで深く踏み込んだ付き合いは、パリのさまざまな時代において、多くの日本人画家たちが共有するものでもあった。異国の地で、たまたま滞在期間をともにした彼ら日本人画家たちは、絵という目的が共通していることもあって、実に密度の高い交流をもつことができたのである。

しかしながら、人物ネットワークは、これに属さない人間との間に親疎の差を設け、かえってその壁を高くすることもまた事実である。例えばこの頃、アメリカ合衆国からロンドンを経由して岩村透がパリにやってきたが、黒田らは彼とはさほど親しくなかったらしい。一八九二年一一月一〇日付の母宛書簡において、次のような報告がされている。「こちらでハやつぱりあぶらゑのけいこをしていたのです　わたしなんどゝハせんせいがちがうもんですからぱりすでもあんまりつきあいハいたしませんでしたがこないだてんちようせつのおゆわいにこうしくわんででつこわしましていろ〳〵はなしをいたしましたらちか〴〵のうちニにつぽんへかへるとのことそれぢやおたちなさるまへニちよつとわたしのをるいなかニあそびニおいでなさらぬかといゝましたらくるとのことニてすぐそのよく〳〵じつニやつてきました」。これなどはまだ、幸福な事例である。黒田は岩村に、自分の書きかけの絵や絵写真、絵入りの本などを見せてやっている。しかし、同じパリに居ながら、あまりつきあいがなかったという事実の方が興味深い。これは、黒田と久米らとの親しい人物ネットワークの存在を「図」として浮び上がらせるための、いわば「地」として、すなわち、やはりいくら日本人画家であるからといって、それだけですべてが同等に親しかったわけではなく、ある人物ネットワークの存在はパリの人間関係の一部にすぎないというごく当り前の事実を、あらためて我々に知らせてくれるのである。

このパリにおける人物関係は、多くの場合、日本に持ち帰られても存続する。その後の日本の画壇の変遷を見ても、パリで交流のあった人物たちが中心となって、会を結成したり、またパリ帰りの画家が師となって、また弟子たちがパリに向かうという、いわばパリの人間関係が外延を延ばして、日本まで含み込んだような様相を呈するのである。

日本では、岩村が帰国した一八九二年および黒田と久米が帰国した翌一八九三年あたりから、画壇に海外の新鮮な空気が持ち込まれ始め、一八九六年になってようやく、東京美術学校に西洋画科が設置された。黒田や久米はもちろん、藤島武二や岡田三郎助、和田英作、岩村透など、ここの教授となった人々の多くは、パリ交流圏に所属していた。

また、教育制度の整備は、さらに人々をパリに向かわせることになる。例えば岡田三郎助は文部省留学生として、翌一八九七年五月に渡仏している。後述する浅井忠の例も加え、これらは、黒田の偶然的な絵画修業とは明らかにことなる、目的意識のはっきりしたパリ訪問である。画家であるのと同時に、絵の教授者としての立場にもあった彼らのパリ体験は、芸術家が体験するある奔放な側面とともに、教育者としての極めて真面目な視線をも伴っていたといえよう。

その最も象徴的な年が、パリで万国博覧会が開かれた一九〇〇年である。この年、パリには多くの日本人画家が集まった。黒田と久米が再びパリに渡り、また、前述の岡田三郎助に加え、和田英作もまた、文部省留学生としてパリに滞在していた。黒田もまた、美術に関する制度や教授法などを研究することを命ぜられての留学であった。黒田と何かと引き合いに出されることが多い浅井忠もまた、同じく文部省留学生として、この年二月に神戸を出港し渡仏した。浅井と同じく、かつて工部学校でフォンタネージに師事した小山正太郎もいた。

このうち浅井忠は、帰国後東京美術学校には戻らず、関西に移住し、多くの弟子を育てることになった。その門からは、斎藤与里や安井曾太郎、梅原龍三郎などが出ている。彼らもまたパリを訪れた日本人画家の代表選手たちである。パリ交流圏は、次世代に確かに継承されたのである。

オテル住いとアトリエ相互訪問

一九〇七年には安井曾太郎が、翌一九〇八年には梅原龍三郎がパリに渡った。梅原は一九一三年、安井は一九一四年に帰国している。さらに、一九一三年には、藤田嗣治が渡仏している。明治四〇年代から大正初年代にかけて、パリには日本人画家の新しい巨星たちが集った。この時代は、ちょうど、パリにおいて、美術家たちの集う場所が、モンマルトルからモンパルナスへと移り始めた頃でもあった。象徴的にいうならば、彼らはモンマルトルのムーラン・ド・ラ・ギャレットやラパン・アジルなどから、モンパルナスのロトンドへと、セーヌの正しく「河岸を変えた」のであり、それはアトリエでいうなら、洗濯船からシテ・ファルギエールへの移動でもあった。

一九〇五年、藤島武二が渡欧した。またこの年、藤島の弟子で

リュクサンブール美術館内部（橋本邦助『巴里絵日記』博文館、一九一二年）。

ある有島生馬もまたヨーロッパに渡り、主としてイタリアとフランスに滞在した。生馬はパリではカンパーニュ・プルミエール一二番地にアトリエを構えていた。高村光太郎もまた、一九〇八年、この街の一七番地に住んだ。後には、前田寛治が、九番地に住んでいる。

パリの日本人画家たちにとって、このカンパーニュ・プルミエールというアトリエ街は、特別な役割を果たした場であった。一四区モンパルナス墓地のすぐ近く、モンパルナス大通りとラスパイユ通りを結ぶこのとおりは、正しくモンパルナスの中心に位置している。

橋本邦助『巴里絵日記』（博文館、一九一二年）には、このカンパーニュ・プルミエールについて、「僕の居る町の九番地の画室と云ふのは、間数が大小二百もあつて、画室としては実に其尤なるものである。藤島氏、湯浅氏、斎藤氏、本保氏、鹿子木氏、山下氏、和田氏、小島氏多くの日本人は曾つてそこに住むでゐた」と書かれている。それぞれ、藤島武二、湯浅一郎、斎藤豊作、彫刻家の本保（名不詳）、鹿子木孟郎、山下新太郎、和田英作、小島（善太郎か）を指すのであろう。橋本自身も、五番地にアトリエを得た。与謝野寛・晶子『巴里より』（金尾文淵堂、一九一四年）によると、九里四郎もまた、ほぼ同時代に、カンパーニュ・プルミエールの住人であった。

一九一一年初夏、石井柏亭がパリにやってきた。まずパンテオン近くのオテル・スフロに宿を定める。ここはかつて浅井忠が泊まった宿であり、石井より少し先にパリに入った東京美術学校助教授小林万吾も最初はここに入った。五区のうちでも、カルチェ・ラタンに近く、またリュクサンブール公園にも近いこのオテルは、日本人の定宿だったのである。やがて、この一九一一年の暮れには、与謝野寛とともに、満谷国四郎、柚木久太、徳永柳洲、長谷川昇という画家の一団がパリに入り、長谷川以外、すべてこのスフロに宿を定めた。ほぼ日本人専用のような様相を呈したであろう。ただし、彼らは、仮の宿としてここに滞在したのであり、やがてはアトリエを求めてパリの街に散っていった。

たとえば石井柏亭は、『欧州美術遍路　上巻』（東雲堂書店、一九一三年）に「ダンフエル・ロシユローの和田の画室はよく日本人の集合所になる」と書いた。和田とは和田三造のことであろう。このように、画家たちはお互いのアトリエを訪問しあい、またそこで落ち合って街に出た。ダンフェール・ロシュローは、一四区のカンパーニュ・プルミエールからもほど近い場所である。

石井柏亭は、渡仏前、森田恒友と山本鼎との三人で、雑誌『方寸』を発刊している。このメンバーのうち、山本鼎もまた、石井を追いかけるようにして渡仏した。パリに着いたのは、一九一二年八月二四日付の両親宛書簡に「今朝巴里に来ました」とあるので、この日のようである。ただし、石井の妹みつをめぐって感情の行き違いが生じていた二人は、せっかくのパリで親しく会うことはなかった。一九一三年三月頃の両親宛書簡には、「石井は巴里でも意外に評判がわるく、皆石の様に冷やかな男だと申し居り」（山越脩蔵編『山本鼎の手紙』上田市教育委員会、一九七一年）とも書いている。真偽はともかく、パリ人物交流圏について書かれた文章のうちでも、不幸な例の代表的なものである。

さて山本は、当時ヴィラ・ファルギエールと呼ばれていたシテ・ファルギエール一四番地に住んだ。「早速和田三造君を訪問、つれだちて地下鉄道にのって満谷国四郎さんを訪ね、丁度其画室のそばに明き間があるので直ちに借りうける事にしました」（『山本鼎の手紙』）という経緯であった。一五区にあり、モンパルナス駅よりさらに西に位置し、パストゥール研究所にほぼ隣接している。細い袋小路となった路地の行き止まりが一四番地で、ここには二〇ほどの貸しアトリエがあった。一四番地のみならず、シテ・ファルギエール一帯は集合アトリエの集まる場所で、与謝野寛とともにやってきた徳永、長谷川、満谷、柚木たちもここにアトリエをもった。ヴィラすなわち一四番地が有名であるが、他にも、例えば伊原宇三郎や上永井正などは一一番地に住んでいる。ここもまた、日本人画家たちにとって重要な「場」であった。

一九一四年四月に日本を発ちパリに向った正宗得三郎も、ヴィラ・ファルギエールにアトリエを構えた。山本鼎の六月一九日付の両親宛書簡には、「十日の朝、森田、正宗の両友着。今朝高村真夫来り、フアリゲールは日本人すべてで六人と相なり候」（『山本鼎の手紙』）と書かれている。山本は、石井とは違うパリを、この場所を拠点として体験した。

藤田嗣治も、一時、ここを仕事場としていた。さらに後には清水登之や清水多嘉示、里見勝蔵、高田博厚などが住んだ。里見のアトリエは一四の七で、ここに、パリを訪れた佐伯祐三を迎えている。佐伯は清水登之のアトリエを川口軌外と訪ねたこともあった。川口がパリに向けて日本を出発したのは一九一七年一二月のことであり、その滞在は、一九二九年にまで至った。その間、パリで佐伯祐三、里見勝蔵、前田寛治、中山巍、福沢一郎らと交流した。そして彼らの交流の証が、フォーヴィスムとして日本に移入されたのである。その交流の現場がここシテ・ファルギエールであった。

もちろん、シテ・ファルギエールだけが交流の場であったわけではない。たとえば藤田嗣治は、『巴里の横顔』（実業之日本社、一九二九年）のなかで、（第一次）大戦前の巴里在住の日本人について、「画家は七八人から十人位のもので、皆兄弟の様に親しくつきあつてゐた。その中には、梅原龍三郎、高村真夫、満谷国四郎、川島理一郎、小林万吾、安井曾太郎、柚木久太などの諸君があつた」と、一時はパリ全体が一つの交流圏として、その親密度を誇っていたことを証言している。

海老原喜之助は、一九二三年夏、中川紀元の藤田嗣治宛の紹介状を手に、パリを訪れた。藤田に気に入られ、当初は藤田のモンパルナスのドランブル街五番地のアトリエに弟子入りした。中川紀元もまた、かつて一九一九年にパリを訪れている。また、ドランブル街五番地のアトリエは、後に岡鹿之助が引き継いだ。やがて、シテ・ファルギエール一四番地にアトリエを構えた。海老原が居た当時は、清水多嘉示、清水登之、中山巍、福沢一郎が住んでいて、やがて高畠達四郎も住むことになった。高畠は、海老原より二年先にパリにやってきていた。大沢健一の『海老原喜之助』（日動出版部、一九九〇年）によると、海老原は清水登之や清水多嘉示と、カフェ・ロトンドやお互いのアトリエなどで、毎日毎晩のように議論したらしい。たとえアトリエは移っても、交流圏は持続するのである。

版画家長谷川潔は、一九一八年に渡仏し、以後六二年間、フランスに住み続けた。この例は極端ではあるが、このような長期滞在者が、その交流圏の一つの仲介役であった場合もあろう。藤田もまたその一人に数えても良い。岡鹿之助によると（「パリの悪童たち」、『美術手帖』一九五五年一月）、当時の藤田嗣治のアトリエには、高野三三男（一九二四年渡仏、一九三〇年帰国）や鈴木龍一といった「悪童たち」が、海老原と一緒にいたらしい。ここにもまた、一つの日本人グループがあった。

さて、カンパーニュ・プルミエール街やシテ・ファルギエールと並んで、日本人画家たちにとって重要な「場」が、パリにはもう一つある。それは、これも一四区、モンパルナス墓地にほど近い、ダンフェール・ロシュローのやや西に位置するダゲール街近辺である。先に挙げた海老原も、一時ダゲール街近くにアトリエを構えていたらしい。近くには浜口陽三や島崎鶏二などが住んでいて、毎夜のようにモンパルナスのカフェに繰り出していたという。ダゲール街には、彫刻家の木内克も住んだ。荻須高徳は、一九二七年一一月には、一一番地に住んでいた。

これら日本人画家たちのパリ滞在には、おおざっぱながら、ある傾向が認められる。それは、一般に日本人の定宿としては、日本大使館に近く、また鉄道でパリに入った場合に着くサン・ラザール駅や北駅、東駅が右岸にあったこともあって、セーヌ右岸の駅近くか、エトワール近辺、例えば、オテル・アンテルナショナル（ホテル・インターナショナル）などがまず挙げられるのに対し、画家の傾向としては、セーヌ左岸のパンテオン近くのホテルが多いという点が一つ。そしてもう一つは、アトリエ街というものの存在から、彼らがモンパルナスに集中的に住んだという点である。後者はごく当たり前のことのように見えるが、例えば梅原龍三郎がモンマルトルに住んだことなどを考え併せてみても、画家がモンパルナスに住むということは、必ずしも前提的な事柄ではなかった。彼らはやはり、何らかの理由で、自ら進んでモンパルナスに住んだのである。その理由の一つが、交流圏にあったことは、もはやいうまでもあるまい。

このような日本人画家たちの動きの傾向を、典型的に示す一人の画家を挙げるとするならば、おそらく佐伯祐三が最も適任であろう。

佐伯祐三のパリ時代については、朝日晃の『佐伯祐三のパリ』（大日本絵画、一九九四年）および『そして佐伯祐三のパリ』（大日本絵画、二〇〇一年）が、執念とも称えるべき詳しさで解説してくれる。以下、佐伯の周辺に関わる具体的な地名人名と出来事、および日付については、この両著の調査に拠っている。佐伯は一九二四年一月三日、初めてのパリで、まずパンテオン広場一七番地のオテル・デ・グランゾンムに宿を定めた。この宿は里見勝蔵の世話に拠ったもので、里見は一九二一年五月一八日にパリに着き、当時既に滞在三年目であった。

オテル・デ・グランゾンムは、当時の日本人旅行者の定宿のひとつで、前年には石井柏亭が泊っていた。佐伯祐三は、二度目にパリを訪れた一九二七年八月にも、アトリエを探す間にここに泊ったという。そして翌一九二八年八月一六日、パリ郊外で死去した佐伯は、いったんこのオテルに運び込まれ、ここから葬儀のためにペール・ラシェーズ墓地に運ばれた。佐伯のパリ滞在の全体を象徴的に縁取るオテルといえよう。

もう一つ、日本人画家たちが多く宿泊したのが、同じくパンテオン近くのソンムラール街一七番地、オテル・ソンムラールである。前掲の朝日晃『佐伯祐三のパリ』の詳細な調査によると、一九二二年には小出楢重が、翌一九二三年二月には、前田寛治、中山巍、小島善太郎などが宿泊した。また、一九二七年一〇月には、荻須高徳、山口長男、大橋了介、横手貞美の一団もここに着いている。佐伯祐三も、部屋が空くと、オテル・デ・グランゾンムから移った。宿泊代が安かったからである。

一九二三年一月、石井柏亭が二度目のパリにやってきた。当時のパリには、画家では正宗得三郎、土田麦僊や坂本繁二郎などがいた。坂本は一九二一年七月の渡仏である。この度の石井はまず、正宗得三郎の紹介で、木下杢太郎のいた、サン・シュルピス教会のすぐそばのオテル・レカミエに宿をとった。ここもまた、日本人が好んだ宿の一つである。そののち、オテル・ソンムラールに移った。ここから、近くのオテル・デ・グランゾンムに児島虎次郎を訪問している。

佐伯祐三もまた後の一九二四年一一月から、シャトー街一三番地にアトリエを構えるようになる。カンパーニュ・プルミエール九番地にいた前田寛治や、ダンソンヴァル七番地の川端弥之助、ロルヌ街三二番地の中山巍、シテ・ファルギエールの里見勝蔵などが交流圏であった。ちなみにダンソンヴァル街には、原勝郎も住んでいた。

一九二五年六月、渡辺浩三がパリにやってきた。オテルは、アミラル・ルッサン六一番地のオテル・パックスである。佐伯祐三は彼を出迎え、宿を提供し、木下勝治郎と三人でルーヴル美術館に出かけている。パリに長く滞在するものは、当然のように、後輩たちのパリ案内役を務めたのである。ちなみにこのオテルは、二度目にパリに到着した際の佐伯自身も宿泊している。

また、歓送迎会も、当時の人物ネットワークを如実に示してくれる。日本に帰ることになった佐伯祐三のために、「一九二六年一月に入って、リュ・ド・ロルヌ三十二の中山巍のアトリエに、川口軌外、福沢一郎、高畠達四郎、木下勝治郎、林龍作、西村叡らが集まって送別会が開かれた」(『佐伯祐三のパリ』)という。林龍作はヴァイオリニストで、オテル・ボーヴォワールに住んでいた。木下勝治郎と西村叡夫妻は、佐伯の家族と同船でパリに渡った仲間である。

二度目にパリに着いた佐伯祐三は、オテルにしばらく滞在したあと、モンパルナス大通り一六二番地に引っ越し、アトリエを構えた。この建物の下の階には、薩摩治郎八夫人の千代がアトリエを借りていた。また、死の直前には、ヴァンブ街五番地(現在のレイモン・ロスラン五番地)に住んだ。ここに旧友の山田新一が訪れた際には、既に死の予感があったという。有島生馬も見舞いに訪れた。

オテル住まいと下宿との比較については、前掲のオテル・パックスやトンブ・イッソワール街一三八番地の「オテル、ビッフアロー」などに滞在した八木熊次郎が『彩筆を揮て　欧亜を縦横に』(文化書房、一九三〇年)のなかで次のように書いている。なお八木は一九二六年二月一日にパリに着いている。

> 私もオテル住ひはしては居たが別に一軒アトリエとして借りたいと思つて殆ど半年以上さがして一軒三十畳敷位のを見つかつた。月が二百法だと云つたが這入るとなると権利金として少なくとも二三千法を出さねばならぬので止めて友人に紹介した。
>
> 一年や二年の滞在の方はオテル住ひの方が得策であり、三年以上の方は郊外近くの家を買ふか借りるかする方が利益だ

一九二六年に、日本人倶楽部で催された横綱栃木山の歓迎会。前列右から、児島善三郎、海老原喜之助、石黒敬七、清水多嘉示、中列右から二人目が清水登之、左端が柳亮、後列、右から二人目武井直也、四人目中村研一、栃木山、伊原宇三郎（大沢健一『海老原喜之助』日動出版部、一九九〇年）。

と思ふ。日本貨に換算して四千円内外も出せば土地こめて立派な売家が近郊には幾等でもある。

しかしながら多くの日本人画家たちがそうしなかったのは、やはりパリ市中におけるお互いのアトリエの訪問が、大切な意味を持っていたためであろう。

カフェとレストランでの交流

日本人会や、日本人倶楽部というのは、世界中の多くの都市に見られる。パリも例外ではなく、ここが日本人たちの一つの集会所であったことはもちろんのことである。例えば前掲の大沢健一『海老原喜之助』には、一九二六年に日本人倶楽部で開かれた、横綱栃木山の歓迎会の写真が載せられているが、そこには、児島善三郎、海老原喜之助、石黒敬七、清水多嘉示、清水登之、中山正子、伊原宇三郎、柳亮、武井直也、中村研一などが写っている。

しかし、パリの日本人画家たちは、この他にも、そのような場をパリの街のあちらこちらに形成していった。特に、日本人会が、日本大使館にも近いエトワール広場近くに位置していたのに対し、芸術家たちは、ある時代以降、セーヌ左岸に多く住んだため、カルチェ・ラタンやモンパルナスあたりに、必然的に集合場所が作られていった。

例えばこれも前掲の石井柏亭『欧州美術遍路　上巻』には、パンテオン近くの料理屋ウイベルについて、「夕方其黄色い面をサン・ミシヱルの料理屋ウイベルに列べる一味の留学生」という文字が見える。留学生とはもちろん、日本人留学生のことで、この料理屋が、日本人のたまり場の一つであったことがうかがえる。

クローズリー・デ・リラのパンテオン会も同様である。クローズリー・デ・リラは、島崎藤村が通ったことで有名であるが、一九一一年暮にパリに渡った与謝野寛もしばしばここを訪れたようである。「僕は夕飯後によく有名な『リラの庭』と云ふラタン区のキヤツフエヘ行く。僕より一月早く来て巴里の珈琲店通に成つて仕舞つた九里四郎が初め伴れて行つて呉れたのだ」（『巴里より』）とあるので、画家たちもまた集ったのであろう。寛はこのように、パリでは主として画家たちと交流を深めており、たとえば一九一二年一月には、「徳永、九里、川島、僕の四人でチユイルリイ公園に沿うた氷宮へ氷滑りを観に行」（『巴里より』）ったりしている。

山本鼎は、一九一三年一二月頃に書かれた、宛名人不明の書簡において、「藤村、桑重、藤川、山本の四人は今までサンミツセルのカフエに居た。画論に花が咲いて僕はシャべってもく〵もつくせないやうに亢奮した」（『山本鼎の手紙』）と書いている。藤村は島崎藤村、桑重は画家桑重儀一、藤川とは彫刻家藤川勇造のことである。

一九二九年一一月、ロトンドで、海老原喜之助は旧友の画家吉井淳二と再会した。そばには山口長男も居た。このロトンドや向かいにあるドームなどのカフェは、日本人に限らず画家のたまり場であった。それぞれのアトリエで絵を描く画家たちは、仕事に倦むとカフェに集まり、そこで絵の議論を戦わせたのである。

このように、パリにおけるカフェについてもまた、モンパルナスが特別の存在となっていった。画家たち、芸術家たちとカフェは、いわばお互いがなくてはならない相互補完の関係にあった。日本人画家たちが日本に持ち帰ったもの、それは、絵画の技術だけでなく、その技術について、カフェで皆と語り合うという方法論でもあった。つまりは、画家同志の交流の仕方をも持ち帰ったのである。あるいはそれが、パリという土地が日本に与えた、最大の文化影響だったかもしれない。

（真銅正宏）

五　ソルボンヌで学んだ日本の知識人

仏文学研究の泰斗たち

現在では留学といえば海外での学生生活をイメージするが、かつての留学の多くは選ばれた者たちの専門的な研究生活であり、学者留学であった。純然たる学生留学はかなりの富裕階級でなければ果せず、一般庶民には手の届かない特別の営為である。パリ留学の早い例としては、一八七一年から八〇年まで滞在した西園寺公望、また岩倉具視の使節団に加わって一八七二年一二月にパリに到着し、その後リヨンとパリで学んで一八七四年に帰国した中江兆民がまず浮び、また夏目漱石と共に東京大学英文科講師となった上田敏は私費で外遊、アメリカを経てフランスに渡るが、途中一九〇八年三月に文部省留学生の命を受けて七月末までパリで勉学、九月には帰国の途についた。明治以降のパリへの研究留学者はその時代と分野に応じて非常な数になるが、特にここではフランス文学者たちのパリ留学生活を中心にその動向を観察してみたい。

吉江喬松（よしえたかまつ）は早稲田大学英文科講師の時に大学から留学を命じられて第一次大戦の中、一九一六年一一月二五日にパリに到着、ソルボンヌでランソンやストロウスキーに師事し、一九二〇年九月に帰朝した後には仏文科主任教授の椅子に座ることになる。前年にロシア留学から帰った片上伸と共に早稲田文科の花形教授となったのであり、留学の効験あらたかなるを示す好例であろう。

吉江の『仏蘭西印象記』（精華書院、一九二一年）によれば、戦時下のパリでドイツ飛行船への警戒と電力節約のために灯火が自粛され、灯がもれると警官に注意されるのには困ったという。また英米に比べて書籍が安かったフランスでも、一九一六年からは物価騰貴につれて本代に苦労し、特に辞典類が値上がりした。各国からの避難民がパリの安全を信じて流入するので部屋代は倍になり、食料品も不足して「小さなカツフエなどは、殆ど気付かないほどの砂糖しかカツフエへ入れないといふ有様」であった。

一九一七年にはリヨンに避難し、また南仏を旅行したが、夏季大学が開かれるグルノーブルには四ヵ月滞在している。そこでドイツ兵の捕虜収容所を目にしてメモをとっていると、フランスの憲兵に職務質問された。あるいは日本の軍人が密かに潜入してドイツ捕虜と暗号でも交していたのでは、と疑われたのだが、留学生の身を記した名刺を見せるとあっさりと嫌疑は晴れたという。

太宰施門は京都大学仏文科を創設した草分け的存在だが、一九二〇年三月に文部省留学生としてパリに着き、二二年一二月末日に箱根丸でマルセイユを離れた。一九一四年に親日家で『日本の社会』という著書もあるアンドレ・ベレソールが来日した際に世話した縁で、彼が下宿しているパリのボアロー街四八番地、ボングラン夫人の家に逗留した。この家には後に芹沢光治良夫妻が下宿するが、それは太宰の紹介によるものである。

太宰の留学生活を要約すると、まず三、四種の新聞の精読、見るべき芝居と聴くべき講演の把握。観劇は実に二〇〇回に及んだという。コレージュ・ド・フランスとソルボンヌの興味深い講義にはむろん毎回出席、パリの美術館・歴史館・名建築・史跡・名所へはすべて足を運ぶ。暇ができればすぐに旅行の計画と準備。「知名の、また知名でないフランス人と出来るだけしばしば会ひ、打ち解けて親しく交はれるやうに機会をつくる。新書古書の、為めになるものを買ひ集め、その若干を或る一定した方式の順序で読んで行く。仲々心づかひが多く気ぜはしない」。これほどに気合の入ったフランス生活を送った太宰は、日本人との交際を極力避けていた。貴重な留学期間は、「一たび失うて取返しのつかぬ時間」と肝に銘じていたからである。

京都大学の太宰に対し東京大学仏文科の大先達である辰野隆は、一九二一年に東京大学助教授になると同時に文部省留学生として二年間をフランスで過すべく五月に日本を出発、まずリヨン大学で学び、同年末にパリに移った。帰国したのは一九二三年三月である。辰野の『ふらんす人』（青木書店、一九四一年）によれば、リヨン大学にはモオリス・クウランという東洋学者がいて、一九一九年にリヨン大学総長と共に来日した際に辰野が世話をした。クウランを博物館に案内した時に、館長の森鷗外が「かねてお名前は

関東大震災の模様を伝える当時の新聞（北原俊子『子供の見た欧羅巴』新趣味社、1934年）。

承っていた」と挨拶したのも、クウランの名著『朝鮮古書解題』によるものであろうと記している。その縁で滞在したリヨンからパリに移って落ち着いたのはカルチェ・ラタンの一郭の安宿で、「部屋代が月百八十法（フラン）、食料が二百五十法。その他洗濯代や下女の心づけを合わせても、月五百法未満で済むやうな下宿は学生町にもあまり多くはない。五百法は当時は八、九十円であった」という。こうした安宿にくすぶらなくては本当のパリの味は分らない、という粋な生活美学も感じられるが、食事も悪くなく、主人夫婦の人柄もよく、万事気の置けない宿であった、とある。

この宿のことは、『ふらんす人』の中で「最近に巴里に着いて、現に此の下宿に居る」と書かれた内藤濯（あろう）の『未知の人への返書』（中央公論社、一九七二年）にも出てくる。第一高等学校教授であった内藤は文部省留学生として一九二二年一一月二六日にマルセイユに到着、帰国したのは一九二四年三月である。パリに着いた内藤はソルボンヌ近くのセレクト・ホテルにまず投宿したが、一週間ほどして先輩の辰野を頼って「植物園近くの静かな通りにあったオテル・ジャンヌ・ダルク」に移ったと記している。一九二〇年代のパリ刊行の案内書を見るとオテル・ジャンヌ・ダルクはサン・マルセル大通り四三番地とあり、このホテルは現在もこの場所で営業しているが、辰野にも内藤にもその正確な住所の記述がないため、果してこのホテルであるのか否かは確定していない。

また前掲書の中で内藤が書いている関東大震災に対するパリの

反応は極めて興味深い。すなわち一九二三年九月二日夕刻には伝わりだしたそのニュースは、三日の新聞によって本格的報道となり、七日にはフランス政府は全国の公共建築物に半旗を掲げ、国庫補助の劇場は休業、そうでない劇場と映画館にも自粛を呼びかけた。さらにオペラ通りでは商店にずらりと日の丸の旗が並び、一日の売り上げを日本に贈る日本デーが催されたとある。これほどの博愛精神を示し得るフランス国家と、それを可能にさせる一時代があったという事実は記憶しておくだけの価値がある。

河盛好蔵（かわもりよしぞう）は一九二六年に京都大学仏文科を卒業、関西大学予科講師となるが辞職して私費留学を決意、一九二八年六月八日にパリに到着、一九三〇年八月に帰国に向けてパリを離れた。河盛の『巴里好日』（文化出版局、一九七九年）によれば、恩師の落合太郎も「大正七年末から十一年五月までフランスに留学されていた」とある。パリで河盛は当初アムラン街「三十二番地」のホテル・ファルネーズに入ったが、その後ヌイ地区のポルト・マイヨーに近い「ヴィラ・デュ・ルール」という私道の行きづまり」にある素人下宿に移った。この下宿から一軒おいた隣には、河盛宛の落合太郎の紹介状を持って一九二八年九月一四日にパリに着いた竹内勝太郎が下宿し、翌年二月二〇日にシベリヤ経由での帰国に向けて北駅を出発するまで住んでいた。

河盛がパリに着いた六月にフランの平価切下げが行われて一フランが八銭五厘となった。ヌイの下宿には月に一五〇〇フランほど払っていたというが、これは結構贅沢な暮しで、地方では学生なら一万フランで一年間生活できたという。フラン切下げで円の価値は上がったが、それでも文部省留学生の生活は楽ではなかった。「必要欠くべからざる生活費で（月に）最低五百フランはかかった」と記している。河盛はモラリストの研究をしていたのでソルボンヌのストロウスキー教授の講義にはよく出席したが、当時はまだフランス語で生計を立てるのが難しい時代だけに帰国後の不安があり、いかに耐乏生活とはいえ官費留学生たちの身分が羨ましかった、と洩らしている。

それぞれの留学事情と自己発見

官費留学以外にも様々な留学の動機と目的を見ることができる。彼らは自己の未来を切り開くために留学を決意し、その中には学者留学とは違ってフランスで初めて進むべき道を見出した者も少なくなかった。小牧近江（こまきおうみ）の場合などはその典型であろう。小牧は恵まれた状況の中、父親に連れられて一九一〇年八月にパリに着き、アンリ四世校に入学したが、やがて家産が傾き放校となり異郷の地で自活を余儀なくされた。屋根裏部屋に住み、粗食に耐えて働きながら夜間学校に通い、一九一四年にパリ大学法科に入り、一九一八年にリサンス（学士号）を獲得して卒業している。

フランスでは各大学ごとの入学試験はないがバカロレア（大学入

学資格試験）があり、小牧の自伝『ある現代史』（法政大学出版局、一九六五年）によれば、「これには、第一次、第二次とあって、とてもむずかしい」とある。しかし外国人にはより簡単な試験が課され、受けてみるとフランス語の学力試験と、面接によるフランスの歴史と社会についての質問であった。受験者は三人で一人は落ちたという。民法を専攻したが、プラニョールという非常に高齢の先生の講義が楽しみだった。先生はいつも黒いガウンと赤い帽子で現われ、のろのろと教壇に登ると、一変して老人とは思えない生き生きとした講義が始まり、終わって降壇する時には前列の学生が駆け寄って労わりながら教授室まで送っていく。小牧は働きながら学ぶことで自己を形成し、次第に社会主義への信念を身内に培っていったのである。

芹沢光治良は東京大学経済学部を卒業後農林事務官になり、結婚を機に依願退官して妻の実家の出資で留学となるが、帰国後は復職の予定であった。一九二五年六月七日に夫婦でパリに到着、帰国したのは一九二八年一一月で神戸港に上陸した。パリではソルボンヌの統計学の権威シミアン・ジッド教授の研究室に入り貨幣論を研究したが、その模様は小説『孤絶』（創元社、一九四三年）に描かれている。それによれば、博士の週二回の講義を理解するにはエミール・デュルケームについての深い知識が要請され、朝から熱心に準備しても難解この上もなく、講義三年目でようやくその真価を汲めるに至ったという。フランスの学生にも難解らしく、芹沢が博士の下で勉強していると知るとそれだけで尊敬の目で見られた。しかし一九二七年三月に自己の研究を纏めた論文執筆の疲労から肺結核で倒れ、以後帰国までをスイスとフランスの療養所での闘病生活に専念した。もし発病のことがなければ芹沢の生涯は全く別物で、元通りの官吏かまたは経済学者の道を進んだかもしれない。瀕死の重症から回復した自己の生命を見つめなおす療養生活は、文字通り西欧社会の中にあってこそ再生を果した生命の重みを託すに足りる仕事として文学の道を芹沢に選ばせたのであった。

そしてこの場合、西欧社会の中での再生の思いとは単に肉体的な回復のみを意味せず、異なる社会の実質に深々と参入し得た日本人の意識の内実を語るものである。それにはアンドレ・ベレソールの住むボングラン夫人の家、その夕食後の文学サロン的雰囲気のようなものが大きく貢献していたと思われる。その雰囲気は「巴里便り」（『文芸手帖』同文社、一九四三年）に、「或ひはこれは十九世紀的なアリストクラシックな雰囲気かも知れませんが、暫くは安かな心で暮すのにこの上ないよい巣です。総ての人が、日本人だからとて、エトランジェ扱ひしないだけでも、気持がよいことです。この家の人々のやうな高い教養を持てば、日々の生活のなかに、国境や皮膚の色などを問題にしないで、その人の心をのみたよって生きて行けるのでせうか」と記されたようなものであった。ともかくもそこにはフランスの社会の、最も良質なものの手応えが感触されていたと思われる。

文学畑ではないが湯浅年子の『フランスに思ふ』（月曜書房、一九四八年）は女性らしい繊細な観察の行き届いた好著である。湯浅は東京文理大学を出て一九四〇年一月に渡仏、パリの原子核化学研究所に入って、キューリー夫人の女婿であるジョリオ・キューリー教授に師事して研究生活を続けた。パリでは終始国際女子学生会館に居住したが、一九四四年八月にベルリン大学付属第一物理研究所に転じて一九四五年七月に帰朝、その後東京女子高等師範学校教授となった。

戦時下のパリとベルリンで孜々として研究生活を続けたわけだが、同書に記された研究をめぐる回想もさることながら、フランスの文化や文学、また生活一般に関するその犀利な洞察には著者の人柄を彷彿とさせるものがあり、一九四〇年代の一日本人女性の意識に投影された日仏文化交流の記録として貴重な存在である。その自序の文章を見るだけでも、湯浅が渡仏によって得たものの質量の大きさは知れる。すなわち、「フランスといふ国は不思議な力を持つてゐる。其処に住む人々に〝生きる〟事の本義を教へる。其処に移り住んで、はじめて、それ以前の生活が単なる生物的生命を保つて居たに過ぎなかつた事を自覚する。自分の精神の裡に、感情の奥に、革命の起こるのを悟る」。

孤独の心境と透徹したフランス理解

高橋広江（ひろえ）は慶応大学仏文科を卒業後母校で教えていたが、一年間の留学が決まり一九三七年一〇月一〇日にパリに到着、翌年秋に帰朝した。高橋の『パリの生活』（第一書房、一九三九年）はいかにも仏文学者らしい瀟洒な筆致の中に、独特の甘悲しさを誘う憂鬱、まさにパリの憂鬱の気分を漂わせた滞在記である。旅行者の歓楽気分でもなく、長期滞在者の地に足をつけた生活気分でもなく、多くは一、二年間の研究留学生たちはこの得がたい貴重な時間を過した後には、特に変り映えもしない日本での生活の中に大人しく戻っていかなければならない。

それは九鬼周造『巴里心景』（甲鳥書林、一九四二年）所収の詩「秋の一日」にも、「留学期限が切れても帰らない位は別に不思議ぢやない。／だが君はもう船をきめたか、／帰朝するとまた講義をしなくちやならないな、／文芸復興期の美術が題目なら／序論ぐらいで一学年は経つのだらう／（略）さう云へばAは今頃何をしてゐるだらう、／日本へ帰つてからもう一年たつた／夏休み後の新学期、／カントの倫理学の講義でもしてゐるか」という緩やかな物思いに託されて表現されていた。九鬼は文部省嘱託として一九二一年に渡欧し、ドイツの三つの大学を経てソルボンヌで哲学研究を続け一九二九年に帰朝している。

話を戻せば、間断のない日々の生活から解放された留学期間は、心静かに自己と向き合い孤独の味を楽しむことのできる稀有の時間でもある。まして女房子持ちなら千載一遇の機会である。高橋もまたそうであったことは、「彼はこの日、妻や子供の素人写真を受取つた。地球上の彼の対蹠点に、彼等が生きてゐるのであつた」という記述で分る。そのような心境を基にしてこそ、「彼は故国にあつたとき、巴里における孤独を、巴里といふ試験管の中に住む孤独の自らを観察し、それを楽しまうといふ心持をもつた。それは実験に使はれる小動物であると同時に厳粛な学者である空想であつた。一年ばかり世間といふ空間から切り離されてゐるといふことは、楽しいことだと彼は考へた」というような、留学生特有の精神のスタイルが生れてくる。「属してゐた社会の機構の網目から、すつぽり抜けて来てゐることを、しみじみと感じた」時、それは自ら望んだ事態にもかかわらず、「大いなる寂寥と哀愁」となって身を染め、「それは『生活』の飢餓であつた」と哀訴されることになる。

京都大学仏文科出身の桑原武夫は一九三七年春にパリに着き、やがて情勢が緊迫して大使館からパリ退去を勧告されるに至って一九三九年一月にパリを離れ、アメリカ経由で帰国した。桑原の『フランス印象記』(弘文堂書店、一九四一年)にはパリに対する濃厚な思い入れはないが、一見淡々とした地味な叙述の中に思いがけない鋭い視点が認められ、三〇代の青年とは思われない老成した落ち着きが感じられる。桑原はグルノーブルを二度訪れているが、一九三七年には様々な留学生たちが集まることで知られているグルノーブル大学の夏季講習に参加している。「文学の講義は実につまらなくて、私には発音実習の方がよほどためになつた」と記しているが、河盛好蔵の『巴里好日』によれば、桑原の数年前にグルノーブルを訪れた河盛は、この町のシャロルという女性語学教師のレッスンを受けている。シャロルさんは特に日本人の発音を矯正する名人だったとあり、実は桑原も後にこの先生の個人教授を受けたことが河盛の記述によって知れる。

かつての日本におけるフランス語の勉強法は発音は二の次で、とにかく読んで意味を解することに尽きていた。河盛によればシャロルさんは、「母音三角形というものを紙に書いて、フォネチック・サインの説明から始めた。日本でも英語教育のほうではすでに発音記号の教授は行われていたようであるが、フランス語の方では全く手もつけられていなかった。したがって私にとっては全く未知の領域であった」とある。仏文学の留学生にとって、発音を学び直すことが極めて重要な課題であったことがよく分る。高橋広江はアリアンス・フランセーズの個人教授を受けている。一回一時間二〇フランの切符を事務所で買い、紹介された先生の自宅へ行って一枚ずつ渡すのであった。

桑原のいたパリには既に戦争の予感が兆しているが、『フランス印象記』には帰国後の桑原が戦争勃発後のパリの国立図書館の蔵

国立図書館の内景（中村恒夫『巴里画壇の全貌』崇文堂出版部、一九三四年）。

書五〇〇万冊の運命を憂慮する文章があり、そしてそれが杞憂であったことを喜んでいる。国立図書館は研究留学生にとっては無くてはかなわぬ知の殿堂であり、現在は移転したが一八世紀からリシュリュー街に位置して、書籍だけではなく版画・地図・賞牌・古美術品の収蔵で知られていた。それを戦争から守るためにフランス政府は一九三八年から翌年にかけて二〇〇〇万フランを支出し、わずか七二時間のうちに重要品のすべてが選出、整理、荷造りを終えてトラックで避難されたのであり、その快挙はまさにフランス文化をめぐる勇壮な防衛戦に譬えるべきものであった。桑原はここに「フランス文化を守るために」戦う、というフランスでは当り前の意識の真味を了解し、そのような国民性に深く感じ入っている。

　桑原からわずか一年半後に留学した中村光夫の場合には、パリの空に垂れ込める時代の暗雲も日毎に濃くなり、その滞在記にも『戦争まで』（実業之日本社、一九四二年）という端的な題名がつけられている。その大部分は小林秀雄宛と見られる書簡形式で綴られているが、中村は東京大学仏文科を出た後、フランス政府給費生として一九三八年九月に日本を出発、二年間滞在の予定が第二次大戦開始によって中断され、一九三九年九月にパリを離れてアメリカ経由で帰国した。ブルシェと呼ばれるフランス政府給費留学は、東京大学仏文科の助手に適用される例が多かった。中村の記述は二七歳で渡仏した一青年の青春の追憶でもあり、同時にそれは黄昏行くヨーロッパの平和の残照を克明にとらえた記録でもあり、失われていこうとする一時代に対する愛惜感に満ちている。

　中村の留学生活の孤独感は独身青年らしい青春の憂悶を底に湛えて、カフェに行っても寄席に入ってもカップルばかりで「パリなどに独りで暮してゐるとまるで片輪者同様」だと語っている。こんな気持にかまけている暇はないはずだが、「それでも意識の底には、かういふ寂しさがどこかに隠れてゐて、時折心の滅入るやうなことがあると、自分等の殺風景な潤ひのない生活が、ただわけもなく辛くなることもあります」と書いているが、ここには単なる独身者の肩身の狭さという問題を越えて、西欧の文化に触れて肌身に自覚される日本人の体質そのものの、優れて感覚的な把握が隠されているように思われてならない。それはほとんど、西欧の社会を目の当りにした日本人が一様に感じる心内のたじろぎの姿勢に似ており、日本人の生々しい生態そのものの表象といってよい。そしてそのような鋭い知覚を可能にさせたものは、構えることなくひたむきに西欧文化に向き合おうとする中村の、若々しく柔軟な青年の心情以外ではなかった。

ポール・ヴァレリー（高橋広江『パリの生活』第一書房、一九三九年）。

高橋も桑原も中村も申し合せたように、コレージュ・ド・フランスで冬季の毎週金曜と土曜に開かれるポール・ヴァレリーの公開講義を楽しみにしている。桑原はその聴衆の大半はいわゆる有閑文芸夫人たちで、また上流文学サロンに最も出席率の良いのはヴァレリーとアンドレ・モーロワだと記し、しかし「これは決してこの詩人の偉大さをきずつけるものではない」と断っている。ともかくもヴァレリーは戦争前のフランスの一時代を代表する存在であり、言わばフランスの顔として留学生たちの目と耳を満足させたのであった。

「実際フランスのやうな文化の老熟した国で、ヴァレリイのやうな頭のいい人が、時勢の動きにあれほど絶望しながら、しかもあれだけ溌剌と生きてゐるのに、僕のやうなものが年よりも老けた顔をしていぢけてゐる手はないと思います。ヴァレリイの話には何かさういふ精気を人に通はすものがあります。ああいふ人のまへにでると若いくせに自分の精神がどことなくいぢけたところがあるのがつくづく恥づかしくなります」と中村は書いているが、歳を経てなお若さを失わないヴァレリーの魅力とは、取りも直さず文化の爛熟の果てにその不思議な生命力を誇ってきたフランスの魅力そのものと見ても良い。そして「年よりも老けた顔をしていぢけて」いる「僕のやうなもの」もまた、単に中村の相貌の問題ではなく、たかだか一世紀にも満たない近代化の中で早くも文化国家の様相を整えたつもりでいる日本と日本人の、何食わぬしたり顔に対する意識無意識を問わない内省から生れた表現のように見えてくる。

総じて留学生たちに見られる孤独の表情は、多く異文化の中での疎外感を契機にまず心静かに自己に向き合い、自己省察の過程で当然触れずにはいられない日本人としての本質に突き当り、そこから日本の文化あるいは国家に対する根底的な問い直しに混迷し疲労した者の遣る瀬無い思いを底に秘めている。それは決して激越な性格のものではないが、いつの間にか額に刻まれた新しい一本の皺のように以後消えることはない。留学生たちの滞在記の世界を清冽な水のように浸しているものは、譬えれば気付いてしまった者の悲しみの色である。

そしてそのような憂愁の思いを込めてこそ、彼らの語るフランスの魅力には真実の味が見込まれる。桑原はパリがドイツ軍に占領された後に、敗れたフランスに対する思いを次のように述べて『フランス印象記』に収めている。すなわち、「フランスへ行つて私のまず感服させられたのは、文化尊重の念があつく、またその設備のすぐれたことであつた。(略)学芸にたずさわる人間として、いわゆるフランスの弱体よりもさきに、先ずかうした事実の有難さを痛感したことを私は恥としない。(略)文化の尊重はその底に文化への信念がなければ成立しない。そして自国の文化への十分の自信がないとき、文化一般といふ観念は宙に浮く、従つて脆弱となるおそれのあることも言をまたない。私は一般フランス人の自信の強さに感心した」。

また「フランスでは伝統的古典文化が、純粋な国語に包まれ、極度に達した政治的矛盾のうちに、なほ一つの文化的統一を形づくつてゐた。それぞれの芸術家は政治的には相異なる色彩を帯びてゐたかも知れないが、自国の文化を信じる点にちがひはなく、ただここにのみ統一があるのかと感じられるくらゐであつた。社会党も王党もラシーヌを尊重する点において一致し、最も対立的な政治論がともに明晰判明な一つのフランス語で放送されてゐるのであつた」というようなフランス賛歌である。ドイツに敗れたフランスは、当時の日本にとっては敗れてしかるべき過去の繁栄であり、文化の爛熟の果ての惰弱国であった。その風潮の中でこのような信念を持ち得たのも、彼ら留学生たちの孤独な内省を通して手に入れた透徹したフランス理解があったからである。

(竹松良明)

六　追憶のパリ

『巴里』『アミ・ド・パリ』

発行所である巴里会とは、パリに滞在していたことのある人々が一九三〇年に作った会であり、パリ帰りの人々のネットワークを成すものだった。創刊号の「雑記」には、「巴里会を開くことすでに四十回、出席延人員はとうに壹千人を突破した。ニユースでも出そうじやないか、と言ふことは第一回会合当時からの話だつたのであるが、こゝに漸く機熟して、さゝやか乍らこの『巴里』が生れたわけだ」とある。そうはいっても、パリ帰りの人々の誰もが集まった訳ではないから、そこには自ずと一定の人の流れが生れていた。

黒田鵬心「巴里会の五年間」（『あみ・ど・ぱり』一九三六年一月）に

巴里会の「ビユルタン」

月刊『巴里』は、一九三四年三月に巴里会より創刊された。この雑誌は、一九三四年九月から『アミ・ド・パリ』、一九三六年一月からは『あみ・ど・ぱり』（ただし表紙は「PARIS」または「Amis de Paris」などと表記）と名を変え、約六年半にわたって刊行された。はじめは菊判だったが、『あみ・ど・ぱり』になってからは四六判となる。創刊号は定価「拾銭」、最後には「二五銭」となっているが、多くは維持会員費と広告料で運営されていたようである。

『アミ・ド・パリ』一九三五年三月号。表紙画は藤田嗣治による。

よれば、巴里会という組織は、日仏芸術社内から起きた話なので、社の仕事に従事していた黒田が初期からかかわっていた。またここに黒田は、「アミ・ド・パリといふビユルタンを出してゐるは諸君の御承知の通りであるが、それを今日まで続けたのは我が武藤君の努力である。武藤君がゐなければ、巴里会は夙くの昔に消滅してゐたに違ひない」と書いている。「武藤君」とは、武藤叟のことである。この「ビユルタン」（bulletin、会報）の編集・発行人は一九三五年五月まで南一郎で、その翌月から武藤叟となっているが、南一郎とは武藤のことで、同一人物である。

『巴里』には、過去に開かれた巴里会例会を記録した「思出づるまゝ」と、会の中心的人物を紹介した「おもかげ」が連載されていて、「おもかげ」には、伴野文三郎、藤田嗣治、石黒敬七、黒田鵬心、門倉国輝、小城基（おぎもとい）らが登場している。このうち伴野文三郎は、名古屋商業学校専攻科を卒業後、堀越商会に入社してパリ支店長となったが、退社して、第一次世界大戦時には唯一の日本人記者として従軍し、一九一八年にレジオン・ドヌールを受賞したという人物である。横光利一『欧州紀行』（創元社、一九三七年）にも名前が出ている。日仏貿易の会社を起こし、一九二四年に伴野商店を東京に開設した。巴里会は、銀座六丁目四番地に新築成ったばかりの伴野商店のビルの一室に構えられている。また門倉国輝は、一九二四年創業の銀座コロンバンの店主で、パリで菓子造りの修業を積んでいた。藤田嗣治と石黒敬七は一九三三年に相次いで帰国しており、巴里会の企画は、彼らによって大いに賑わうこととなる。

次に、創刊号の「思出づるまゝ（一）」から、創立当時の巴里会参加者の顔ぶれをあげておこう。

> たしか昭和五年十二月だつた。麹町区山下町東洋ビルにレストーランパリーと言ふのがあつてそこで第一回の巴里会を開いた。浅野研真　ブリンクレー　ガツサン　原田三千夫
> 石川三四郎　黒田鵬心　小林芳次郎　松山芳野里　前田公篤

中村研一　中村富子　岡登貞治　大平起代子　大脇礼三　佐山学順　柳亮　山田五郎　矢澤弦月等廿五名が出席。

その次も同じレストーランで開いた。雨田禎之　相羽有　荒井陸男　浅野研眞　浅沼治　ブリンクレー　藤岡正隆　藤島武二　福永恭助　長谷川勝吾　長谷川良信　石田英一　市河作之助　黒田鵬心　木村毅　小林芳次郎　北村兼子　松山芳野里　前田公篤　森田亀之助　鈴木良三　清水多嘉示　東福義雄　田村二十一　土屋許子　武石弘三郎　渡辺汲　柳亮　山田五郎　矢澤弦月　武藤叟等卅八名が出席した。

メンバーの顔ぶれは多彩である。ここに出ているだけでも、画家の中村研一、矢澤弦月、雨田禎之（あめださだゆき）、荒井陸男（ろくお）、藤島武二、岡登貞治、清水多嘉示、彫刻家の武石弘三郎、鍛金家の石田英一などの他、美術評論家の黒田鵬心、柳亮、宗教家の佐山学順、社会運動家の石川三四郎、社会学者の浅野研眞、文芸評論家の木村毅らがいる。また、日本飛行学校長の相羽有、女学校校長を勤める小林芳次郎、土屋許子など、とくに美術や文学で身を立てるのではない人物も多く参加している。なお、最初の巴里会が開かれたというレストランのある東洋ビルは、「山下町」でなく「内山下町」が正しい。

このような具合に、「思出づるまゝ」は五回連載されているが、その中から左記以外の巴里会出席者をあげれば、画家の有島生馬、林倭衛（しずえ）、佐分眞（さぶりまこと）、小城基、長谷川春子、評論家の森口多里（たり）、板垣鷹穂、望月百合子、作家の正宗白鳥、久米正雄、大仏次郎、川路柳虹、西條八十、舞踊家の藤蔭静枝、声楽家の関屋敏子、東京美術学校教授田辺孝次、漫画家の北沢楽天などの他、実業家の岡正男、戸祭正直、植村泰二、福島繁次郎や、白木屋取締役岡清三、カルピス専務三島海雲、松坂屋銀座支店長澤田東作、総持寺の来馬琢道といった名前がある。日仏会館学長レオン・ド・ラ・モランジエール、フランス大使館員ボンマルシヤン、日仏銀行東京支店ロベール・ルアスといった日本に住むフランス人も参加した。

第一回の巴里会が開かれたのは一九三〇年一二月ということだが、この頃は、金融恐慌のあおりで円が下落、世界情勢も不安定になって、パリからの帰国者が相次いでいた。第一次世界大戦後、パリ渡航者は急激に増えていたので、創刊号の「雑記」には、「『世界人のふるさと』に親しく遊んだ人が東京在住者のみでも壹万人以上あると言はれて居る」と書かれている。

創刊号の表紙は、カフェのテーブルにあるワイングラスを前景に置いた岡本一平の絵で、「雑記」には、「表紙は岡本氏が帰朝されて間も無い頃歓迎会をした時に、サイン帖に書いてくれたもので、岡本氏としてはこんな風に用ゐられるために書かれたものでもなく、甚だ迷惑に感じられるかもしれないが、何とかかつこうの出来ばへではありませんか」とある。この絵からは、『巴里』を、パリのカフェのような気軽に会話を交せる社交の場にしたいとい

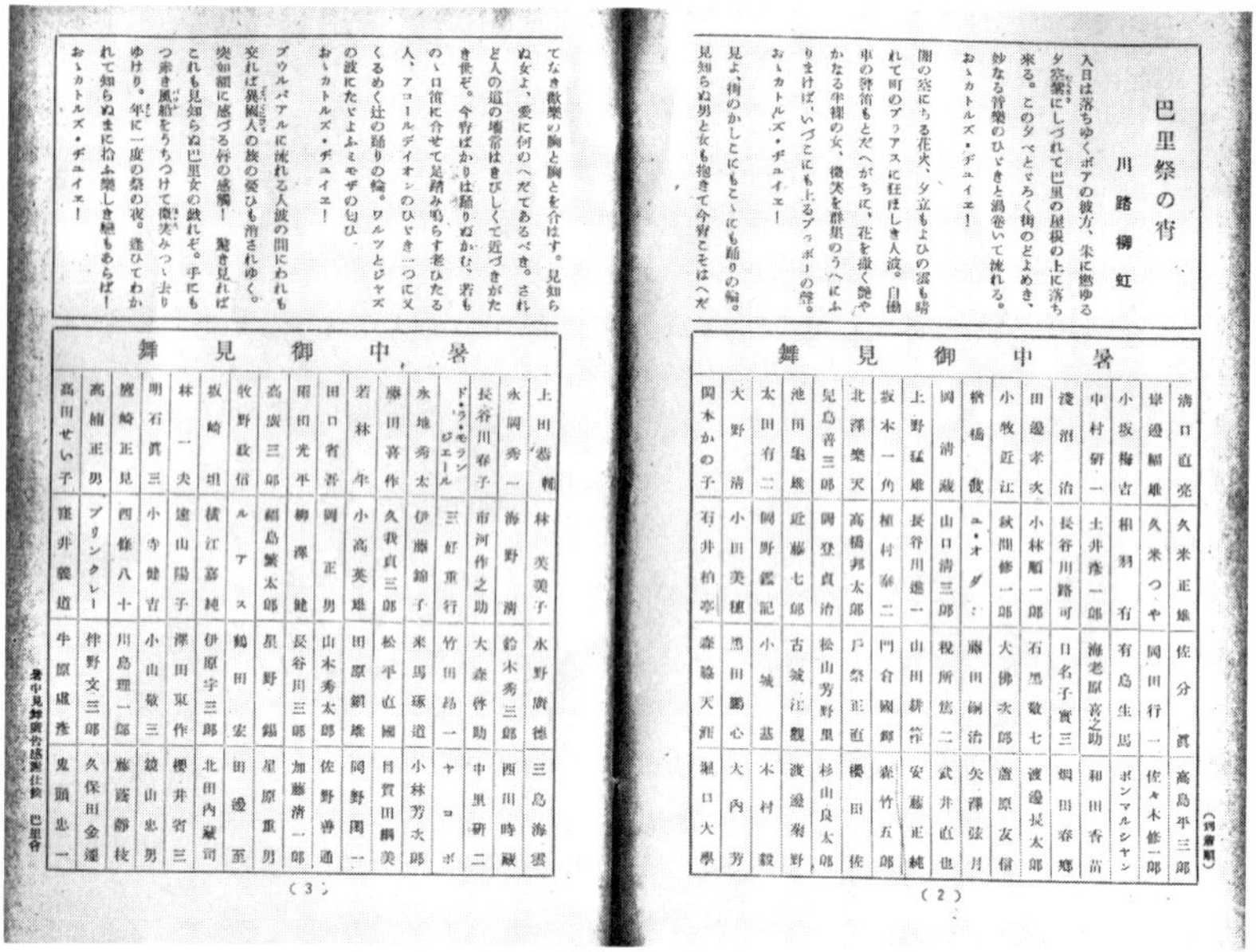

巴里祭の宵

川路柳虹

入日は落ちゆくボアの彼方、朱に燃ゆる夕雲にしづれて巴里の屋根の上に落ち来る。このタべとゞろく街のどよめき、妙なる音樂のひゞきと渦卷いて流れる。

おゝカトルズ・ヂュイエ！

闇の空にちる花火、夕立もよひの露も晴れて町のプラアスに狂ほしき人波。自働車の警笛もとだへがちに、花を撒く艶やかなる半裸の女、微笑を群集のうへにふりまけば、いづこにも上るブラボーの聲。

おゝカトルズ・ヂュイエ！

見よ、街のかしこにもこゝにも踊りの輪。見知らぬ男と女も抱きて今宵こそはへだてなき歡樂の胸と胸とを合はす。見知らぬ女よ、愛に何のへだてあるべき。されど人の道の掟はきびしくて近づきがたき世ぞ。今宵ばかりは踊りぬかむ。若ものゝ口笛に合せて足踏み鳴らす老ひたる人、アコールデイオンのひゞき一つに又くるめく辻の踊りの輪。ワルツとジャズの波にたゞよふミモザの匂ひ。

おゝカトルズ・ヂュイエ！

ブウルバアルに流れる人波の間にわれも交れば異國人の旅の愁ひも消されゆく。突如頰に感づる体の感觸！　驚き見ればこれも見知らぬ巴里女の戯れぞ。手にもつ赤き風船をうちつけて微笑みつゝ去りゆけり。年に一度の祭の夜。逢ひてわかれて知らぬまに拾ふ樂しき戀もあらば！

おゝカトルズ・ヂュイエ！

暑中御見舞

（到着順）

濱口直亮	久米正雄	佐分眞	高島平三郎
渡邊紀雄	久米つや	岡田行一	佐々木修一郎
小坂梅吉	相羽有	有島生馬	ボンマルシャン
中村研一	土井逸一郎	海老原喜之助	和田香苗
淺沼治	長谷川路可	日名子實三	蜷田春郷
田邊孝次	小林順一郎	石黒敬七	渡邊長太郎
小牧近江	秋間修一郎	大佛次郎	齋原友信
松橋俊	ユ・オダ：	藤田嗣治	矢澤弦月
岡清藏	山口清三郎	税所篤二	武井直也
上野猛雄	長谷川進一	山田耕筰	安藤正純
坂本一角	植村泰二	門倉國輝	森竹五郎
北澤樂天	高橋邦太郎	戸祭正直	櫻田佐
兒島善三郎	岡登貞治	松山芳野里	杉山良太郎
池田龜鑑	近藤七郎	古城江觀	渡邊菊野
太田有二	岡野鑑記	小城基	木村毅
大野清	小田美穂	黒田鵬心	大内芳
岡本かの子	石井柏亭	森脇天涯	堀口大學

（２）

暑中御見舞

上田恭輔	林芙美子	水野廣德	三島海雲
永岡秀一	海野清	鈴木秀三郎	西川時藏
長谷川春子	市河作之助	大森啓助	中里研二
ド・ラ・モランジエール	三好重行	竹田熊一	ヤコボ
永地秀太	伊藤錦子	來馬琢道	小林芳次郎
藤田喜作	久我貞三郎	松平直國	目賀田綱美
若林牛	小高英雄	田原鋼雄	岡野園一
田口省吾	岡正男	山本秀太郎	佐野尊通
雨田光平	柳澤健	長谷川三郎	加藤濟一郎
高濱三郎	福島繁太郎	星野錫	星原重男
牧野政信	ルアス	鶴田宏	田邊至
坂崎坦	横江嘉純	伊原宇三郎	北田内藏司
林一夫	遠山陽子	澤田東作	櫻井省三
明石貫三	小寺健吉	小山敬三	鏡山忠男
廣崎正見	西條八十	川島理一郎	藤蔭靜枝
高楠正男	プリンクレー	仲野文三郎	久保田金遷
高田せい子	笹井義道	牛原虚彦	鬼頭忠一

暑中見舞廣告謝絶仕候　巴里會

（３）

『巴里』1935年7月号「暑中見舞特集号」

う編集側の意図が感じられる。岡本一平の帰国は、一九三二年三月であった。巴里会会員に画家が多かったため、表紙はこの他、藤田嗣治、有島生馬、佐分眞、長谷川三郎、高橋虎之助、矢澤弦月、中村研一、佐伯米子らが描いている。

　六年半にわたる刊行の間には、誌面に登場する顔ぶれに変化が出てくるが、一例として、一九三五年七月「暑中見舞特集号」に掲げられた一三四名の名前一覧を掲げておこう。表の上には、川路柳虹の詩「巴里祭の宵」がある。

〈シックな社交機関〉として

　この雑誌の巴里会に果す大きな役割のひとつが、例会への参加の呼びかけと、その例会報告とである。例会では、レストランで食事をし、そのあとダンスをしに行くことが多かったが、パリへの船旅を思い出そうと停泊中の客船のレストランに集まったり、近郊へピクニックへ行ったり、といった企画もあった。そしてその後、必ず集合写真を撮って誌面に載せている。雑誌には、「たとへ火の雨槍の雨だとて巴里会は毎月十四日に開催して皆様を御待ちして居ます」とか、「巴里会は東京に於ける最もシックな社交機関です。毎月十四日の夜は必ず晩餐を共にして雑談に耽けることになつて居ます。既入会員二名以上の責任ある紹介があれば誰でも入会出来ます」といった、例会への誘いの文章が毎号載っている。一四日というのは、巴里祭にちなんでのことで、黒田鵬心の発案だという。

巴里会では、さまざまな企画がなされた。

『巴里』一九三四年八月号には、「蚤の市」開催の通知がある。「主催　巴里会　会場　銀座松坂屋　会期　九月下旬(後刻詳報)」とし、「クリニヤンクールの『蚤の市』程のことが始めから出来ようとは思はない。然し『蚤の市』と云ふものはおそらく巴里帰りの人間にとつて、モンパルナスやモンマルトルと同じ位の懐かしい思出でなければなるまい。巴里会が一年に一度づゝこうした催を催すことに就て、早くも随喜の涙をこぼしておる？　連中の在ること決して不思議では無かろう」としている。一九三四年九月号には、石黒敬七「『蚤の市』物語」が載り、パリの蚤の市を回想して、「東京にも日曜日朝のくわえ煙草、温かい日を背中にあびながら、ブラリ〳〵とひやかして歩ける素晴しいクリニアンクールは出来ないものか知ら」とある。この時の「蚤の市」は、五日間を通じて入場者が二万人を突破するという盛況で、出されたものはたちまち売り切れたという。「蚤の市」はこのあとも開催され、『蚤の市』組合規約」(『アミ・ド・パリ』一九三五年九月)までできるに至る。石黒敬七『蚤の市』(岡倉書房、一九三五年)は、この企画をきっかけにまとめられたもので、この中には松坂屋の蚤の市の光景も記されている。

次のような企画もあった。

一九三四年一一月例会は、PCLの見学で、その後、PCLのスタジオを背景に、細川ちか子、竹久千恵子らの女優も交えて巴里会会員が写真に収まっている。PCLは、Photo Chemical Laboratory の通称で、一九三二年、植村泰二が創設。映画第一作は、日本最初のミュージカルとされる「ほろよひ人生」(一九三三年)であった。一九三四年には、「只野凡人　人生勉強」(一月)、「浪子の一生」(六月)などがある。植村泰二がヨーロッパより帰国後、この時期に巴里会との時期に関係ができたようだ。ノエルのパーティーにも、植村がPCLの女優たちとともに参加して話題を集めている。PCLは一九三七年に、東宝映画株式会社となった。

後述するが、巴里会では他にも、巴里祭、訪仏人形使節、銀座みゆき通りの美化運動などを主催している。またフランス映画上映会もあり、例えば、一九三六年三月一四日には、銀座松坂屋六階社交室において会費二円で、マン・レイ「ひとで」、ジェルメール・デュラック「貝殻と僧侶」が上映された(『あみ・ど・ぱり』一九三六年三月)。

石黒敬七がパリで出していた『巴里週報』にも、よく例会の通知があった。県人会や同窓会の案内まである。知らない土地で、同国人や同窓生が集まりを持って情報交換したいのはわかるにしても、巴里会が、自分の国で、パリ帰りの人々とのネットワークを維持しようとしたのは何のためだったろう。そこでは、ふつうなら会わない世界の人々が、パリ帰りということで、食事会やイベントにおいて旧交を暖めたり、新しい知人を得たりすることができた。また、何と言っても、当時パリ帰りの人々は数少なく、日本において気楽にパリを語るには、こうしたグループが必要だった。何しろ、パリ帰りの人々の話は、たいていはパリの良かった点と、それと比較して日本の直すべきところを指摘する、という流れになってくる。それでは外部からの反発も受けやすく、巴里会側が、「或る日の朝日新聞青鉛筆氏の云ふが如くんば『のんだり食つたり会』の様であるが、それだけでもどれだけ多くの日本人の不始末なぎこち無さを消してやつたかしれない」(「巴里会が負ふべき役割は？・」、『アミ・ド・パリ』一九三五年四月)という憤懣を漏すこともあった。

すでに日本は一九三三年に国際連盟を脱退し、翌年には文芸懇話会が結成されている。表現活動にも規制がかかりつつある中、私的な交友をもっぱらとするグループがパリ賛歌を押し出していたのでは、時代から浮き上がってしまうのも無理はなかった。一九三六年一一月に、日独防共協定がベルリンで調印されるが、一般的なドイツのイメージが質実剛健で規律を重んずるものとすれば、フランスの文化はそれと対照的に、自由で享楽を愛するものと受けとめられていた。どちらが当時の日本で支持され、どちらが白眼視されたか、自ずと明らかであろう。フランスで一九三五年に人民戦線が結成され、一九三六年に社会党のレオン・ブルーム人民戦線内閣が出来たのは、ヨーロッパを覆うファシズムに対する危機意識の現れだった。世界情勢からして、日本とフランスの関係は、二〇年代とは決定的に変ったのである。巴里会の活動も、私的な「のんだり食つたり会」で何が悪い、とは言えなくなっていた。

『アミ・ド・パリ』一九三五年三月号には、「『東京は何を巴里に学ぶべきや』座談会——二月例会、於虎ノ門晩翠軒」という記事がある。「巴里に学ぶべき最大のものは社交機関の整備である。我等日本人はもっとゆとりを持ちたい。いつでも胸襟を開き笑ひ合へる巴里会のような社交機関をうんと慥へて和気をはかるべきだといふことが、特に主張せられた」「親睦と社交の中にかういふ進歩的な何等かの寄与をなしつゝ市民をリードするのが真の巴里会の存在をたかめる道であらうと思ふ」と書かれている。巴里会はもともと社会に貢献するという考えで成ったものではなく、あくまで私的な集まりで「シックな社交機関」を目指した。そこに、このような意味づけをせねばならない時代を迎えたのである。

しかし、本音のところはどうなのか。

『新青年』一九三五年四月号では、先の企画の流れの上に成った、巴里会会員による「東京巴里混線座談会」が掲載されている。出席者は、吉屋信子、福島けい子、藤田嗣治、武藤叟、田辺孝次、佐分眞、宮田重雄、石黒敬七に、『新青年』の挿絵で知られる松野一夫が加わった。この中では、タクシー、警官、カフェ、デパート、地下鉄、料理、結婚などについて、日仏の比較が話題に上っていた。その相違は国民性の違いに帰せられていて、優劣を論ずることは控えている様子が見られるが、座談会の終りのほうになってくると、日本の国民性をめぐって、

宮田　結局島国根性だと思ふね。ちつとも大陸的なゆつたりした所がない。

佐分　こせ〳〵してゐる。だからカフエーでボンヤリしてゐる時間を勿体ないと考へる。

松野　カフエーでボンヤリして居ることは、一方に遊民的な人間を沢山作る機会を与へるかも知れぬが、あの境地からあゝさうだといふやうな想ひつきを作る機会を与へることにもなる。

石黒　うまい想ひつきは皆んな彼処から出るんだ。

といった話になる。しかし、ここに主張されているような、ゆとりのある個人生活を大切にするという生き方は、戦時色の強まる時代にあって通用するものではなかった。これを推し進めれば、国家秩序に反することにもなりかねない。このような発言は、次第に消えてゆかざるを得なかった。

東京にパリを探す

先に、巴里会の企画のひとつとして銀座みゆき通りの美化運動をあげたが、これは、一九四〇年の「紀元（皇記）二六〇〇年」祝賀のため、第一二回オリンピックを東京へ招致しようとする社会の動きにつながっていた。美しい街にあるカフェでのんびりとした時間を過したい、という個人的な願望も、都市の美化運動と結びつけることで、なんとか正当化できたという面もあったろう。オリンピックとともに万国博覧会を東京でする企画もあった。こうした気運を背景として、一九三五年一一月、早くから都市問題に取り組んできた橡内吉胤を中心に都市風景協会が生れたが、ここに巴里会幹事として武藤叟がメンバーに加わった。また巴里会会員でもある川路柳虹が詩人として参加している。パリという都市の魅力を東京に活かしたいという意見が、公にもあったということだろう。都市風景協会は、機関誌『都市風景』を発行し、その会長は徳川義親、後援は『報知新聞』である。

『アミ・ド・パリ』一九三五年六月号には、「東京に於ける巴里的なるものは？」というアンケートがあり、二七名がこれに答を寄せているが、それに先立ち、この二月例会では先に述べたように『「東京は何を巴里に学ぶべきや」座談会』を虎ノ門晩翠軒で開いた。その内容が丸山敬太郎によって『報知新聞』に連載された

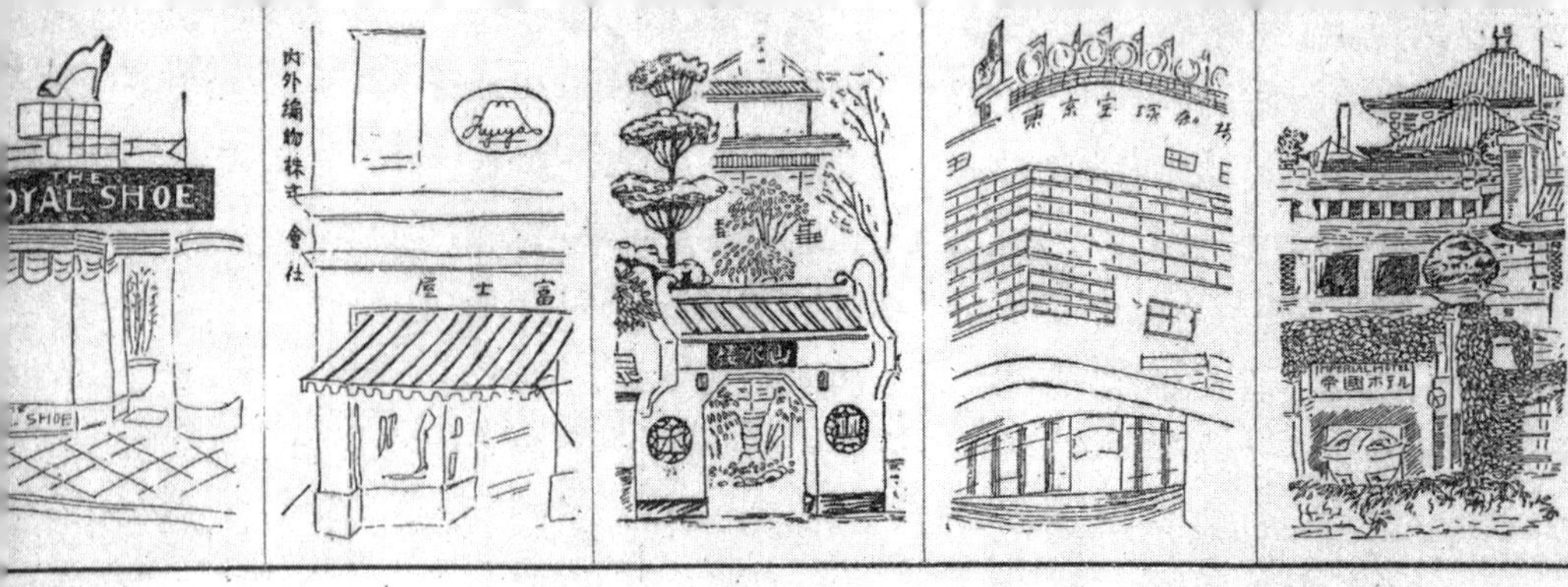

★みゆき通り美化會のこと★

巴里會最近のヒットは、みゆき通り美化會結成の斡旋であつたと云へよう。去る七月七日、明治神宮に奉告、同夜、帝國ホテルに於て内祝の宴を張つて、みゆき通り美化會は完全な胎内生活の月満ちて、玉のような姿で第一歩をふみ出したのである。

★

生れるとすぐ、オリムピックがやつて來ることに決定した。美しい通りをつくつて、我が國にその範を示し、とつ國びとにも、住み心地いゝ東京を示したい。

★

今は專つぱら、街燈の研究だ。何でも模範にならうと云ふのでなかなかむづかしい。松坂屋の意匠部をはじめとして、市内外

1936年9月号

とあるのは、巴里会と『報知新聞』にあらかじめ関係が生じていたことを示す。巴里会の肝煎りで、伴野のビルがある銀座みゆき通りの美化運動を推進する記事が『あみ・ど・ぱり』一九三六年三月号から続くが、椽内は銀座通連合会に協力して銀座美化運動もしていたので、これもそのつながりだろうか。なお、みゆき通りの名は、美化運動の一環として懸賞募集によりつけられたもので、はじめは「仮称『山下通り』美化運動」となっている。

周知の通り、東京オリンピックは一九三六年七月にベルリン大会で開催されていたＩＯＣ委員会において決定したが、日中戦争開始で中止となった。

次に、アンケート「東京に於ける巴里的なるものは?」での回答をいくつか紹介してみよう。「上野精養軒のテラス、ボア・ド・ブーロオニユのどこかの一遇。／高田馬場（環状線）射的場近く、これは本当のノミの市、ことにそのプイユウなところが。（中村研一）」、「レストランではニューグランドの待合室、道路では麹町一丁目から右の坂を下り九段の方へゆく登り坂のあたり。（田辺孝次）」、「巴里らしいものは一寸むづかしいやうに思ひますが、まづ銀座の旧コロンバンが街頭に近くテラスを設けたもの位でせう。それも東京の人はパリジヤンのやうにのんびりとカフヱ一杯で町のさまを眺めてゐるよゆうはなささうでとうとうものにならなかつたやうな始末です。其の他には殆どないでせう。（久保田金遷）」「双葉女学校の建物、その周囲、及びここの尼さん達（有島生馬）」

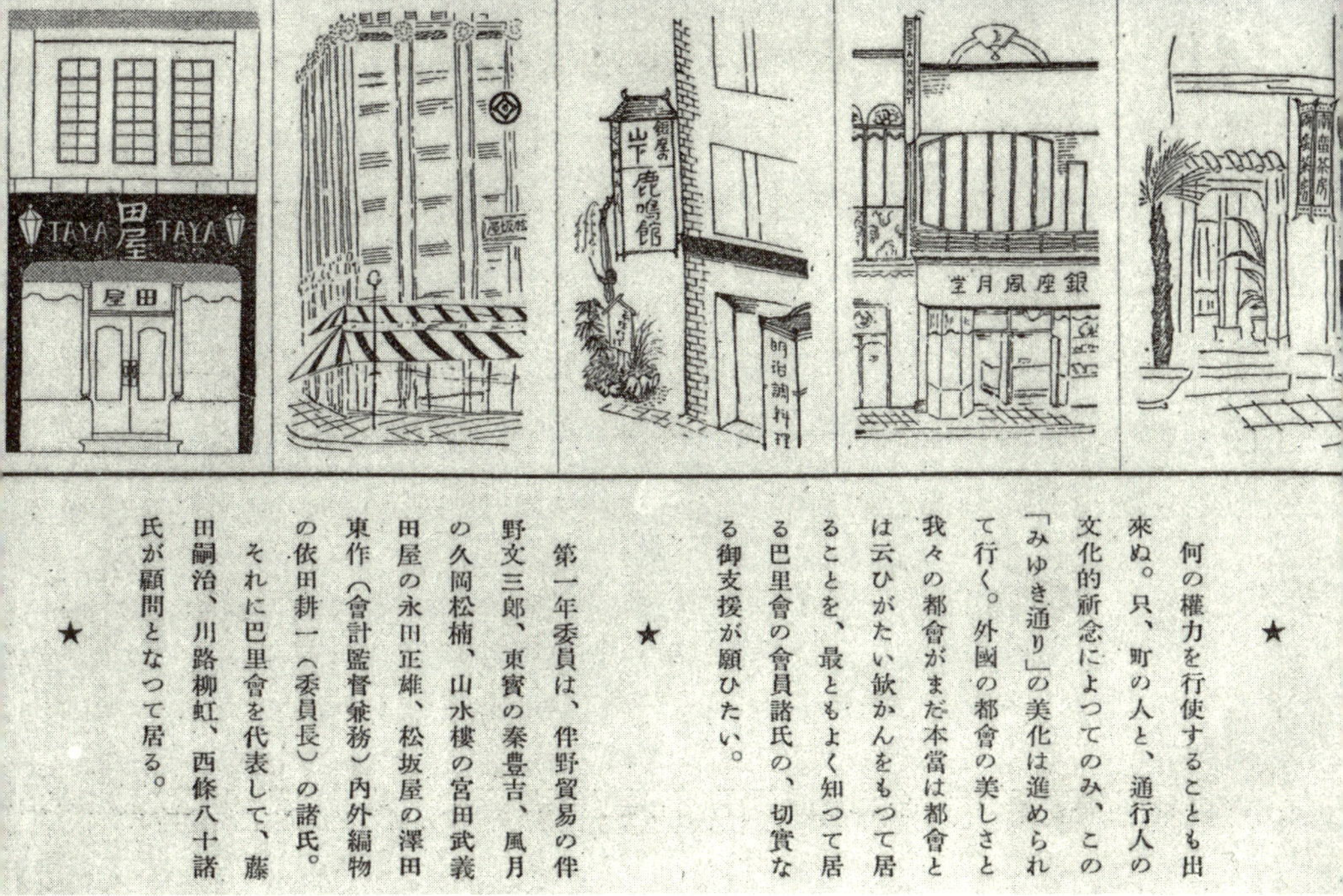

★

何の權力を行使することも出來ぬ。只、町の人と、通行人の文化的祈念によつてのみ、この「みゆき通り」の美化は進められて行く。外國の都會の美しさと我々の都會がまだ本當は都會とは云ひがたい歎かんをもつて居ることを、最ともよく知つて居る巴里會の會員諸氏の、切實なる御支援が願ひたい。

★

第一年委員は、伴野貿易の伴野文三郎、東賓の秦豊吉、風月の久岡松楠、山水樓の宮田武義、田屋の永田正雄、松坂屋の澤田東作（會計監督兼務）内外編物の依田耕一（委員長）の諸氏。

それに巴里會を代表して、藤田嗣治、川路柳虹、西條八十諸氏が顧問となつて居る。

★

『あみ・ど・ぱり』

「ニューグランドの二階、テラスの茶テーブルから見る数寄屋橋附近の水のいろは巴里の何処かから観たセーヌ河を思ひ出させる。」（岡本かの子）など、それぞれが抱くパリ・イメージに東京の風景を比べている。

これらの回答には、東京には巴里的なものが何もないという嘆きも含め、いずれもそこにパリの美しい思い出が反映されている。しかし、この時期、パリにとどまった日本人によると、松尾邦之助から石黒敬七宛書簡には「円貨は依然貧弱で邦人は一人去り二人去り今はパリのカフヱに黄色い旦那の影がない」「景気のいゝ話は一寸もないぞ」（『アミ・ド・パリ』一九三五年四月）、また、高畠唯之から石黒敬七宛書簡には「当方は相変らず平々凡々不景気甚だしく殊に巴里は為替関係で物価は最も高く、カフヱを除き他は皆寂しいものです」「日本人会も一向お客ができないやうで困つてゐます。ときわはつぶれて、大森がみやこを経営してゐますが、余り流行らないです」（『アミ・ド・パリ』一九三五年五月）とあって、いたって不景気な様子である。日本は、一九三一年以来、極度に関税が上がったため、外国に製品を売ることが難しくなっており、円安で、海外の日本人の生活は苦しかった。フランスの政情不安は先に述べた通りである。「不景気」なのは、日本人だけではなかった。

七月一四日の革命祭を、「巴里祭」と訳すようになったのはこの頃からであるが、この訳にも、日本人のパリ・イメージが投影されていた。

岡本太郎は『夢と誓い』（宝文館、一九五二年）において、

> 我国では、このフランス全体の国祭日であるキャトールズ・ジュイエを、巴里祭と一般に呼び慣わしている。これは今から十数年前、ルネ・クレールの映画「キャトールズ・ジュイエ」が我国に輸入されたとき、配給会社の営利的目的で付けられた名称で（勿論当時の日本に於ては、革命の文字が避けられたのも当り前のことであるが）、この歪められた訳題が、極めて派手で魅力的な為に相当成功したようだ。
>
> 私も、この訳題を巴里に居て伝え聞き、巴里祭なんてものはないと、妙に思ったものである。しかし、よく考えてみると、この七月十四日のバスチーユ監獄の攻撃は、巴里市民のみによってなされ、この市の最も記念すべきドラマであり、また、革命そのものが、全く巴里を舞台として行われたものであってみれば、巴里祭とよばれるのも、案外適切であるかもしれぬ。

と述べている。この映画を輸入したのは東和商事で、その社長、川喜多長政は、巴里会会員であった。岡本太郎の言うように、巴里祭という訳語は「極めて派手で魅力的」であるために、そこから共和国を成立させた革命を想起するのは難しい。何よりこの日はフランス全体の国祭日なのに、パリに限定したような名称もおかしい。単なるお祭り騒ぎだけが、浮び上がってきてしまうのだ。そして、巴里会の催した巴里祭も、純然たるお祭り騒ぎであった。

ルネ・クレール「巴里祭」は一九三三年のものだから、『巴里』（一九三四年七月）に出ている「巴里祭」の通知は、まだ日本において新しいことばであった。この催しに胸踊らせることができたのは、やはりパリ帰りの人々であったろう。「△日時　七月十四日（土）　自四時半至十一時半　△会場　鎌倉山ロッヂ　△会費　紳士貳円五拾銭　淑女貳円　一昨年は八十人、昨年は百人集りました。七月十四日は巴里会の大会です。日本に帰つてほんとうに巴里を思ひ浮べる日はこの日です。一年一度のことです。全会員奮つて御参加下さい。　当番幹事　藤田嗣治、大仏次郎、柳沢健」となっている。翌月の『巴里』には、この鎌倉山ロッジで開催されたパリ祭の報告がある。藤田嗣治、佐分眞、森竹五郎らがキャンバスに描いたパリ風景を背景としたホールで、ダンスが始まる。集まった顔ぶれは、東郷青児、益田義信、林倭衛、堀口大学、岩田専太郎、山田順子、門倉国輝など、男性六八人、女性が六七人だったという。男女の数がほぼ同じなのは、男女で誘い合わせて来るという了解があったためらしい。

翌年の巴里祭の報告（『アミ・ド・パリ』一九三五年八月）によれば、西條八十作詞、佐々木俊一作曲の「巴里音頭」が演奏され、おそろいの浴衣も作られた。参加者の中には、三雲祥之助、柳亮、今日出海らもいた。会場は、前年と同じ鎌倉山ロッジで会費は三円

だった。『新青年』一九三五年一〇月特大号には、浴衣を来ている藤田や佐分の姿や、食事の光景など、巴里祭の写真が三頁にわたって載っている。先にあげた「東京巴里混線座談会」も『新青年』に載っていた。巴里会には、『新青年』とのつながりがあったようだ。

巴里会の巴里祭がお祭り騒ぎで盛り上がっていた一九三五年七月一四日、本家、パリでは、四〇万人とも五〇万人とも言われる人々がファシズムに反対してデモ行進していた。

一九三五年は、ドイツが再軍備をすると宣言して、ヴェルサイユ条約は事実上無効となり、戦争への危機感が色濃くなっていた。フランスでは反ファシズムを掲げ、諸団体の大同団結のもと、六月一七日、人民戦線の正式な機関「人民連合」全国委員会が組織された。そしてフランス革命記念日の七月一四日、革命時の気概をもって、自由のために闘争せんとする集会が開かれたのである。

日本の巴里会との落差は、あまりに大きい。

巴里会の変質

しかし、先にも述べたように、巴里会も次第に変化を余儀なくされていた。「社交機関」をうたい私的な楽しみを掲げていた巴里会は、一九三五年、巴里祭報告をした同じ号で、すでに、「巴里会とは、巴里に滞在し、或は巴里を訪ねた人々の組織する社交団体で、必ず毎月十四日の晩餐を共にし、談笑のうちに、日仏親善に貢献するは勿論、巷の徳義を高め、国民の教養に資する等、生ける社会に対し、何等か寄与せんことを努めて居ます。巴里に行かぬ方でも、会員のご紹介があれば、御参加大いに歓迎します」(『アミ・ド・パリ』一九三五年八月)という趣旨を示した上で賛同の署名を求めている。その社会的意義を強調している訳だが、「日仏親善に貢献」するための企画のひとつが、訪仏人形使節であった。

人形をパリに送るについては、一九三五年七月号に「寄贈人形に就ての報告(1)」として、フランス大使館員ボンマルシャンが一時帰国するにあたって日本人形をことづけたいということになり、巴里会例会で話し合って、秋に人形送別会を催すこととし、三越から雛人形一式、白木屋から五月人形の寄贈を受けた。また、人形制作者野口明豊によりおおぶりの日本人形が作られ、その衣装を、東京府下の女学生たちが縫い上げた。巴里会会員に、女子高等学園園長の高島平三郎、日出高等女学校校長の小林芳次郎、日本文華裁縫学院校長の伊藤錦子など、女学校の関係者がいたことと関わりがあろう。

このとき、当時のフランス大使だった佐藤尚武とのつながりが生れた。一九三七年四月の巴里会例会は、その前月に外務大臣となった佐藤尚武を招待して帝国ホテルで開かれている。巴里会が、佐藤を会長に迎え、評議委員にも、シネマトグラフを輸入したことで知られる実業家で当時の貴族院議員稲畑勝太郎、子爵鍋島直和らの名前が並ぶようになると、彼らもフランスに関係の深い人物ではあったが、やはり当初の気安い集まりとは色彩が違ってきた。一九四〇年一月『あみ・ど・ぱり』には、「武藤君はこの頃お金持や権力者にこびて昔の面影がなくなつたと云ふ評判だ。巴里会も昔の方が自由で溌剌で愉快であった（山谷青人）」、「『アミ』を読んではつひ気おくれがします。例会には当番幹事の多数が友人であつた時に出ます（杉村楚人冠）」といった会員からの便りも載っている。雰囲気の相違は、実際に感じ取られていた。一九三九年には出版統制が行われ、用紙も足りない時代に入っていたから、武藤としてもこれまで通りでは、この種の雑誌が刊行不可能になるという懸念があったろう。そのための画策があったかもしれない。

そして一方では同じ号の「雑記（武藤叟）」に、「どうなろうと巴里を爆撃してはいけませんよ。あれはフランスの都では無い。文化を愛する人類共同のサロンですから」と書かれている。しかし、事態は容赦なく進んでいた。一九三九年九月、ドイツ軍は、ポーランド進撃を開始。第二次世界大戦が始まった。フランス国内では総動員令が下りた。そして翌年の一九四〇年六月一四日、パリは陥落し、ドイツ軍に占拠される。

『あみ・ど・ぱり』一九四〇年九月号にある「巴里会放談」の中には、「巴里会など、おかァしくつてまるで、メッカ・メジナを失つたキリスト教徒みたいなもんぢやないか――と云ふ人があるよ」という発言がある。この号には、次回の巴里会例会を、銀座松坂屋で開催するという案内が載っているが、『あみ・ど・ぱり』の、これ以降の号は確認できない。

一九四〇年九月には、日本軍が北部仏印に進駐し、ベルリンで日独伊三国同盟の調印がなされた。翌年七月には、日本軍が南部仏印に進駐。そして一二月に太平洋戦争に突入するのである。この雑誌の刊行は、もはや困難になっていたと思われる。

伴野文三郎の長男である龍弥氏の私信によると、戦中の記憶として、「軍部が横暴で嫌な世の中になってきた」という父親のつぶやきがあるという。また、戦後、昭和三〇年代に、巴里会二世ともいうべきセーヌ会が誕生し、事務局長は戦前と同じ武藤叟が勤めていたが、武藤の死とともにこれも終ったということである。

（宮内淳子）

第II部

日本人のパリ都市空間

「リベルテも、エガリテも、みんなくわせもので、日々に、月々に、世界のおのぼりさんをあつめる新しい手品に捺す古スタンプのようなものだ。騙されているのは、フランス人じしんもおなしことで、騙している張本は、トゥル・エッフェルや、シャンゼリゼや、サクレ・キュールや、セーヌ河で、そんな二束三文な玩具を、観光客は、目から心にしまって、じぶんもいっしょの世界に生きている一人だったと安心するのである。」

金子光晴『ねむれ巴里』

1 エッフェル塔とパッシー

エリアの特徴

エッフェル塔とシャイヨ宮は、セーヌ河に隔てられている。行政区も一六区と七区に分れる。しかし日本人のパリへの視線を考えるときには、両者は一体化して捉えられるだろう。なぜならエッフェル塔が立つシャン・ド・マルス公園と、シャイヨ宮の足元のトロカデロ庭園は、一九世紀後半〜二〇世紀前半に、万国博覧会会場として使用されたからである。両者をエリアの中心に据えると、東にはアンヴァリッドが、西にはパッシー地区が位置することになる。そしてパッシーの背後に、緑豊かなブーローニュの森が広がるのである。

日本人にとって一九世紀後半のパリ万博は、日本文化をパリに発信すると同時に、西洋文明を摂取する装置だった。一八六七年にシャン・ド・マルス公園で開かれたパリ万博には、幕府・薩摩藩・佐賀藩・民間商人の四者が、武具や什器、陶器や浮世絵など、日本の物産を出品している。また茶屋を設置して、三人の日本人女性が詰めていた。一八七八年にシャン・ド・マルス公園とトロカデロ庭園の両方を会場にしたパリ万博でも、多くの日本美術品を展示し、農家を建てている。

当時はまだ作られていなかったエッフェル塔は、一八八九年のパリ万博の際に出現する。世紀末の日本人にとって、エッフェル塔は近代文明の粋だった。大谷嘉兵衛はヨーロッパに日本茶の販路を拓こうと、一八九九年にパリを訪れて、パリ万博の会場に喫茶店を開く。『欧米漫遊日誌』（大谷嘉兵衛、一九〇〇年）に彼は、エッフェル塔を目にしたときの驚きをこう記している。「地上を抜くこと壹千尺、全部鉄材より成る塔」で、「実に世界開闢以来絶無の高塔」と。

パリの日本人数が増えるのは、第一次世界大戦後の一九二〇年代〜三〇年代である。この頃には、日本でモダン都市の景観が成立し、モダン都市文化も花開いているから、パリで近代文明に驚く日本人は少なくなった。『一九三七年巴里万国博覧会協会事務報告』（巴里万国博覧会協会、一九三九年）で、シャイヨ宮が建設されたこの年の、万博の記録を確認してみよう。日本から出品したのは二〇〇名。このうち大賞の受賞者は二四名で、一二％に上る。問題はその品目である。

乾漆花瓶や飾大皿など、フランスのジャポニスムに応える、日本の伝統工芸は相変わらず数が多い。しかし光弾性装置其他（理科学研究所）や電気蓄音器其他（服部時計店）のような、近代技術の成果が含まれてくるのである。最も注目すべき受賞作品は、日本館（巴里万国博覧会協会）だろう。設計管理を任されたのは、パリ大学で建築を学び、ル・コルビュジエ建築事務所で働いていた、坂倉準三である。政府の計画案を無視して、自らの案に基づき建築した日本館は、ル・コルビュジエらを抜いて、大賞を獲得したのである。

一九世紀後半の茶屋や農家と、二〇世紀前半の坂倉の建築。両者の距離は、西洋文明を摂取し、近代化していった日本の歩みを映し出している。パリ万博の会場に選ばれた、シャン・ド・マルス公園とトロカデロ庭園は、その歩みを定点観測できる場所だったのである。

エリアの東のアンヴァリッド（廃兵院）は、戦争傷痍軍人の救済のため、一七世紀に建てられた。ここには軍事博物館とドーム教会があり、後者の地下にナポレオン一世が眠っている。新聞記者の鳥居赫雄（とりいてるお）は『頬杖つきて』（政教社、一九一二年）に、「余は此の一奈破翁（ナポレオン）の墓あるのみにて巴里は千古不朽と思つた」と記した。ナポレオン崇拝は、ヨーロッパだけでなく、明治時代の日本でも広く見られる。日本の旧民法がナポレオン法典から大きな影響を受けた一例が示すように、近代化と帝国化を目指す青年たちの脳裏に、ナポレオンの名は深く刻まれていた。

アンヴァリッドとは対照的に、エリアの西は、一九二〇年代以降に日本人の意識に大きくせりだしてくる。その核となったのは日本大使館だろう。トロカデロ広場の西の、グリューズ街二四番地に、一九二五年に移転した日本大使館は、第二次世界大戦下でヴィシーに避難するまで、パリの日本人の生活や、日本関係の催しに関与する。パリに居住する日本人は、大使館に在留届を提出するのが原則だから、多くの日本人はパリ生活の初期に、ここを訪れたはずである。

パッシー地区にはこの他に、国際連盟と陸軍・海軍の事務所が集中していた。連盟事務局は大使館内に併置されている。国際連盟海軍部・国際連盟常設軍事諮問委員会・帝国海軍代表部はシェフェール街三八番地におかれていた。国際連盟陸軍代表部はアンリ・マルタン通り四七番地に事務所を構えている。陸軍武官事務所・陸軍技術駐在官事務所・陸軍航空官武官事務所の住所は、モリトル街三四番地である。また海軍武官事務所・海軍造船造兵監督官事務所は、ミュエット通り（現在のポール通り）八六番地にあった。

パッシーは、高級住宅街として有名な地区である。国家や会社の後ろ盾があり、安定した収入を得ている者が、ここには集まっていた。有名な木綿織物商の家に生れた薩摩治郎八は、その典型的な一人だろう。一九二六年に妻の千代を伴ってパリを再訪した薩摩は、パリ大学都市日本館の建設資金を提供するなど、日本文化関係行事のパトロンとして活躍する。パリ画壇で成功した後の藤田嗣治や、岡本かの子もここに居を構えた。

パッシーに隣接するブーローニュの森は、パリ市民が自然と親しむ貴重な場所である。九鬼周造（くきしゅうぞう）は『巴里心景』（甲鳥書林、一九四二年）でこう歌った。「ブロオニユの秋の木蔭のうすき日に落葉を聴きてドオデエを読む」。オトゥイユ競馬場やロンシャン競馬場が、森の東西にある。

（和田博文）

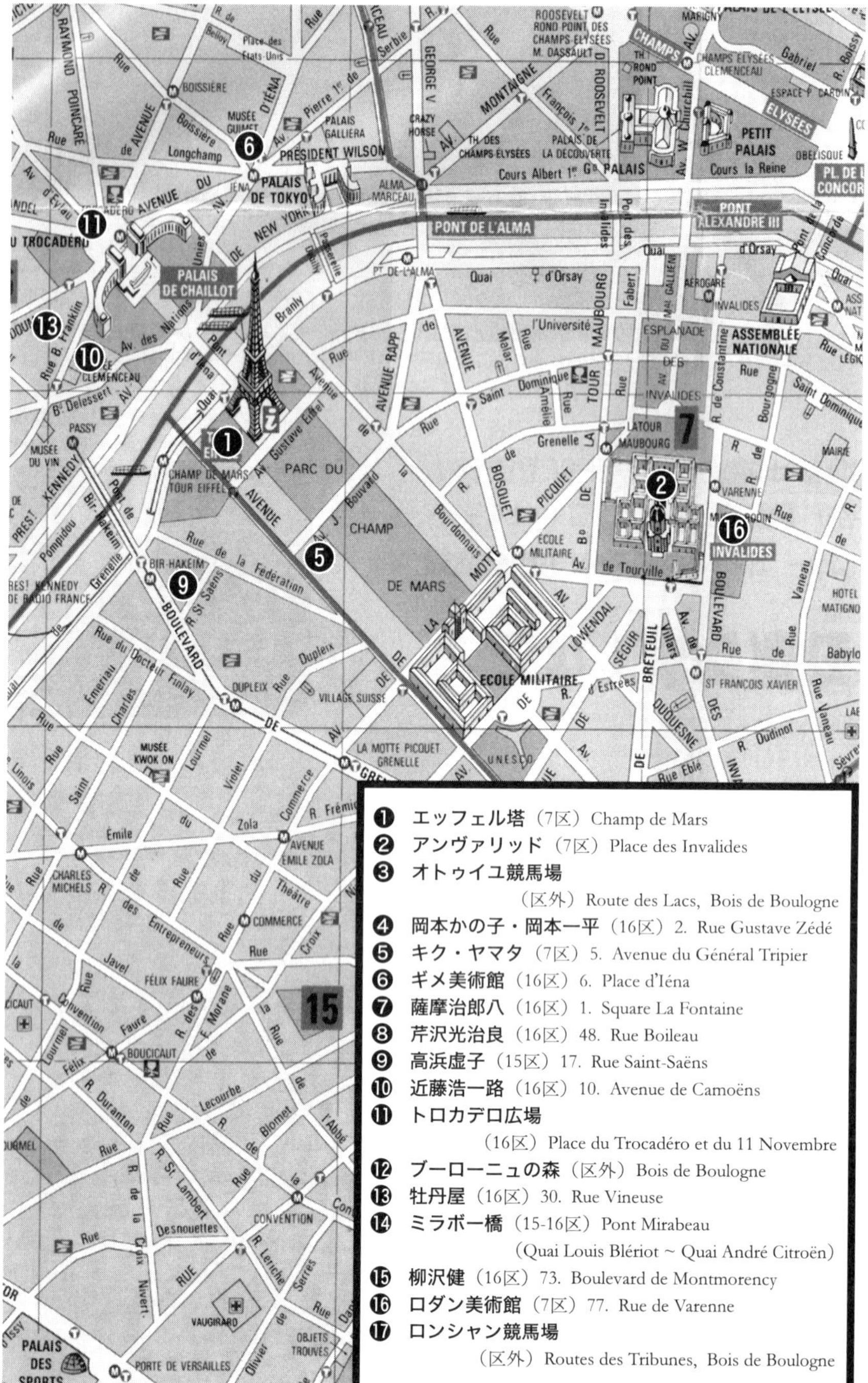

❶ エッフェル塔（7区）Champ de Mars
❷ アンヴァリッド（7区）Place des Invalides
❸ オトゥイユ競馬場（区外）Route des Lacs, Bois de Boulogne
❹ 岡本かの子・岡本一平（16区）2. Rue Gustave Zédé
❺ キク・ヤマタ（7区）5. Avenue du Général Tripier
❻ ギメ美術館（16区）6. Place d'Iéna
❼ 薩摩治郎八（16区）1. Square La Fontaine
❽ 芹沢光治良（16区）48. Rue Boileau
❾ 高浜虚子（15区）17. Rue Saint-Saëns
❿ 近藤浩一路（16区）10. Avenue de Camoëns
⓫ トロカデロ広場（16区）Place du Trocadéro et du 11 Novembre
⓬ ブーローニュの森（区外）Bois de Boulogne
⓭ 牡丹屋（16区）30. Rue Vineuse
⓮ ミラボー橋（15-16区）Pont Mirabeau (Quai Louis Blériot ~ Quai André Citroën)
⓯ 柳沢健（16区）73. Boulevard de Montmorency
⓰ ロダン美術館（7区）77. Rue de Varenne
⓱ ロンシャン競馬場（区外）Routes des Tribunes, Bois de Boulogne

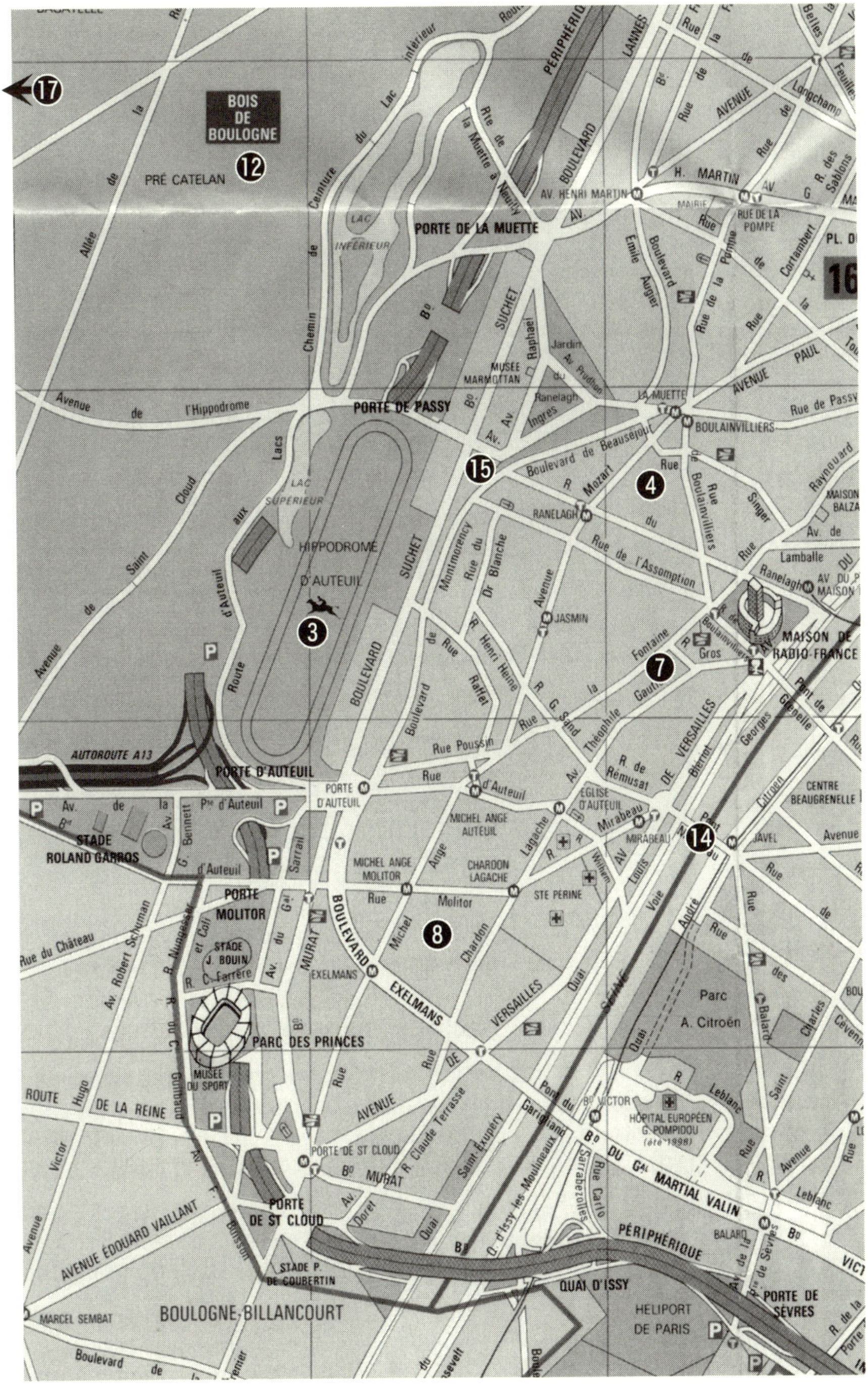
BOIS DE BOULOGNE
PRÉ CATELAN
LAC INFÉRIEUR
PORTE DE LA MUETTE
PÉRIPHÉRIQUE
BOULEVARD SUCHET
AV. HENRI MARTIN
RUE DE LA POMPE
MUSÉE MARMOTTAN
Jardin du Ranelagh
Avenue de l'Hippodrome
PORTE DE PASSY
LA MUETTE
BOULAINVILLIERS
Boulevard de Beausejour
RANELAGH
Rue de l'Assomption
LAC SUPÉRIEUR
HIPPODROME D'AUTEUIL
Route d'Auteuil aux Lacs
Avenue de Saint Cloud
JASMIN
MAISON DE RADIO-FRANCE
AUTOROUTE A13
PORTE D'AUTEUIL
STADE ROLAND GARROS
EGLISE D'AUTEUIL
MICHEL ANGE AUTEUIL
MICHEL ANGE MOLITOR
CHARDON LAGACHE
MIRABEAU
JAVEL
CENTRE BEAUGRENELLE
PORTE MOLITOR
STADE J. BOUIN
Rue Molitor
STE PERINE
EXELMANS
BOULEVARD EXELMANS
PARC DES PRINCES
MUSÉE DU SPORT
SEINE
Parc A. Citroën
HÔPITAL EUROPÉEN G. POMPIDOU (été 1998)
ROUTE DE LA REINE
PORTE DE ST CLOUD
Bd MURAT
Bd DU Gal MARTIAL VALIN
PORTE DE ST CLOUD
STADE P. DE COUBERTIN
AVENUE EDOUARD VAILLANT
PÉRIPHÉRIQUE
BALARD
QUAI D'ISSY
HELIPORT DE PARIS
PORTE DE SÈVRES
BOULOGNE-BILLANCOURT
MARCEL SEMBAT
17
12
15
4
3
7
14
8
16

エッフェル塔 —— *Champ de Mars*

フランス革命一〇〇周年を記念する、一八八九年のパリ万国博覧会の際に、エッフェル塔は建設された。設計者は、鉄骨構造技術を開拓した、ギュスターヴ・エッフェル。塔の高さは三〇〇メートルだった。エッフェル塔の建設は当時のパリに、都市景観についての論争を巻き起す。独創性を賛美する声よりも、伝統的なパリの景観に合わないと、非難する声の方が大きかった。ギイ＝ド・モーパッサンやルコント・ド・リールらは連名で、『ル・タン』紙に抗議文を発表している。

日本人のエッフェル塔への視線を規定するのは、伝統的なパリの景観との比較ではなく、日本の都市景観との比較だろう。一九〇〇年のパリ万博を見た大橋乙羽は、『欧米小観』（博文館、一九〇一年）に、こんな感想を記した。「全智全能の神は、拙でゲスと高く止つてゐるのが、ヱツフエルの高塔、その丈千尺、疝癪ならば腰も曲りさうなものを、前回の博覧会遺物として、少しも疲労の見えぬのは感心である、わが友姉崎文学士、この塔下に立つて、堂々斯塔の経営惨憺なのを感じ、智者の脳力の、殆んど神を奪ふのに思ひ及ぼして、潸然涙を零したことがあつた」と。千尺（約三〇三メートル）の建物は、日本にはまだない。「全智全能の神」に譬えてもおかしくないほど、その威容は日本人を圧倒したのである。

パリ市民のエッフェル塔への見方も、時代と共に変化する。堀口大学『季節と詩心』（第一書房、一九三五年）は、変化の節目を、一九一〇年頃に求めた。ポール＝マリ・ヴェルレーヌは、辻馬車が塔に近づくと、御者を怒鳴りつけて回り道させたという。このエピソードが語るように、エッフェル塔を「ブルジョア風の高慢ちきな無用の長物」と感じていた人々は、少なくなかっ

★大橋乙羽が見た一九〇〇年のパリ万国博覧会の、絵葉書。セーヌ河対岸のトロカデロから、シャン・ド・マルス公園のパノラマを撮影している。新世紀の幕開けを象徴するように、エッフェル塔の彼方には、大きな太陽が描かれた。

た。ところが一九一〇年頃から、審美眼が揺れてくる。鉄骨で組み立てた塔の、単純で力強い線を、「来るべき時代の新しい美の第一歩」と捉える見方が出てきたのである。近代美を称賛する文化人も、目立つようになる。

岡田三郎『巴里』（新潮社、一九二四年）は、エッフェル塔の新しさを、記号表現として肯定的に取り込んでいる。汽車の中で「叛逆的」な心情に満たされていた「私」は、それまでとは異なる世界が、目の前に開けてくるのを感じる。「その世界を現出せしめた最初の記号は、夕闇に霞んだ薄藍色のエッフエル塔」だった。車窓から塔を眺めながら、「そこに新しい心の世界が自分を待つてゐる、と云ふよりは、自分から進んでそれを建設しよう」と、「私」は決意するのである。

日本人のエッフェル塔観も、時代と共に変っていく。一九二〇〜三〇年代のモダン都市東京から訪れた日本人は、塔の威容にあまり驚かなくなっていた。その代りにエッフェル塔は、パリの代名詞として定着していくのである。正宗白鳥は『旅行の印象』（竹村書房、一九四一年）に、「パリに近づくと、先づエッフエル塔が目についた。セーヌ河が目についた。エッフエルと云ひ、セーヌと云ひ、その名がいかに我が心に懐かしみのあることか」と記している。極東から訪れる日本人にとって、パリと言えば、まずエッフェル塔とセーヌ河が、思い浮ぶようになっていたのである。

森三千代『巴里アポロ座』（隅田書房、一九四七年）の節子が、「自分の詩の草稿を、一枚づつセーヌの水に散らせばよかつたと思つた。それよりも、晴れわたつた朝、エッフエル塔のてつぺんに上つて、牧場のやうに煙つた巴里全市を見おろしながら、詩篇を散華させたらどうだらう」と思うとき、もはやセーヌ河とエッフェル塔の間には、何の齟齬も感じられていない。両者は一体となって、パリの典型的な風景を作り出していた。

（和田博文）

★岡本かの子『巴里祭』（青木書店、一九三八年）に、一年足らずですっかりパリになじんだ新吉の話が出てくる。パリを「横からも縦からも噛」もうとして、彼は「エッフエル塔の影が屋根に落ちる静かなアパルトマンに、女中を一人使つた手堅い世帯持ちの真似」をしてみる。この一節でエッフェル塔は、パリ生活を実感させる装置としての役割を果している。図版は、市川円常『欧米管見』（谷汲山華厳寺、一九二九年）に収録された、エッフェル塔登観記念。一九二八年に大阪毎日新聞社・東京日日新聞社が主催した、ソヴィエト〜ヨーロッパ〜アメリカ経由の世界一周旅行に、市川は参加した。総勢三七名。観光客にとってエッフェル塔は、パリに来たと実感させる代表的な建造物だった。謹厳実直そうな僧侶の市川が、エッフェル塔につかまる図像は微笑ましい。

アンヴァリッド —— *Place des Invalides*

ルイ一四世の命により成った、戦場で負傷して障害を負った兵士を保護収容する施設で、丸屋根の壮大な建築物である。ナポレオンは、自分は兵士であるから死後は廃兵院に、と言い残していたので、セント・ヘレナ島で亡くなったあと、ここに葬られた。以後、アンヴァリッドは、本来の施設としての役割以上に、ナポレオンの墓所として有名になった。パリの観光スポットとして欠かせないものとなり、多くの日本人がここを訪ねて文章を残している。

一八九〇（明治二三）年八月にここを訪ねた巌谷小波も「只見る円柱形の大伽藍、巍然として雲を凌いで居る。其正面の壇をあがると、奥には祭壇、説教場が設けてあつて、其前の一段低くなつた所に、赤い大理石の石棺が据ゑてある。彼の蓋世の大英雄は、即ち其中に眠つてゐる」（『小波洋行土産』博文館、一九〇三年）と、もっぱらナポレオンについて語っている。黒板勝美もナポレオンに思いを馳せ、「彼は仏国の豊太閤である、豊太閤が我が国人に崇拝せらるゝ限り、彼はまた仏人の崇拝する英雄である」（『欧米文明記』文会堂書店、一九一一年）としている。

アンヴァリッドはまた、パリの景観を構成する大切な建築物の一つでもある。その前の広場はアレクサンドル三世橋につながり、渡ればグラン・パレ、プチ・パレからシャンゼリゼ通りに至る。蕗谷虹児はパリから少女雑誌に絵を送っていたが、この広場もパリらしいものとして選ばれて、アンヴァリッドの丸屋根を背景に遊ぶ最新のファッションに身を包んだパリの母子が、「人工の自然、偉大な箱庭。――よくもこゝまで自然と都会の両極美を都合工合よく織り混ぜ得たものである。神様だつてお許しになるまい実際な豪華さである」という文章とともに掲載されている（『令女界』一九二六年七月）。

（宮内淳子）

★蕗谷虹児「仏蘭西絵だより」（『令女界』一九二六年七月）のうちの「ドーム・デザンバリツド」。

オトゥイユ競馬場

Route des Lacs, Bois de Boulogne

オトゥイユ競馬場は一六区の西端に位置し、その奥のブーローニュの森の中にはロンシャン競馬場がある。ロンシャンはその年の流行が競馬初日の服装で分るとまで言われるが、オトゥイユの方はより地味で実質的である。第一次大戦後、フランスの競馬界は一挙に躍進した。なぜなら、「フランス人の節約の観念は、戦争の終結と共に、跡方もなく消え失せて了つた。何となれば、現在では金を貯蓄めやうとするやうな人は少しもなく、凡ての人は何等かの方法で賭博をやつてゐるからである」と、著者不詳、奥野他見男訳『夜の巴里』（潮文閣、一九二四年）は説く。またパリの競馬場には、「少くも三萬人位の人が集り、日曜日には十萬人以上」とある。

作家の岡田三郎は一九二一年九月にフランスに遊学、主としてパリに滞在し一九二三年六月に帰国したが、その長編『巴里』（新潮社、一九二四年）の主人公は、人妻に恋する苦しさから賭博三昧に陥り、「今日はロンシヤン、明日はヴァンセンヌと云ふ工合に競馬に」明け暮れた挙句、最後の大勝負にオトゥイユの障害競走を選ぶ。「見物席は総立ちになつて思ひ思ひに声援する。私も椅子の上に立つには立つたが、前の人の邪魔で何も見えない。（略）やがて馬場の中央の高い掲示板に勝馬の名が出る」と、息詰る一瞬が活写されている。

また横光利一の『旅愁』（改造社、一九四〇〜四六年）にはオトゥイユ競馬の場面が、「最後の障害物を飛び越した馬は騎手を振り落し、すんなりとした裸体で芽の噴きかかつた栗の林の中を疾走してゆくその優美さ——矢代は霙に降り込められつつも立ち去ることが出来なかつたその日の夕暮の感動を今も忘れない」と描かれている。横光の『欧州紀行』（創元社、一九三七年）の中に、「騎手落す春寒の野やみぞれをり」の句が見える。

（竹松良明）

★オトゥイユ競馬場の観覧席を写した絵葉書。ロンシャンほどの華やかさはないとは言いながらも、それなりの服装をして集まる場所であったことは一目瞭然である。湯浅年子の『フランスに思ふ』（月曜書房、一九四八年）には、「ある時オートウイユの競馬場をみての歌」として、「Boum va gagner（ブンが勝ちそうだの意）と拳をあげて叫ぶあり／人波一つに彼方へ寄りぬ」などの三首が見られる。

岡本かの子・岡本一平——*2. Rue Gustave Zédé*

★『世界に摘む花』「仏蘭西篇」の扉に描いたかの子の絵。ロンシャン競馬場に来た男女の様子。

自国を離れてパリで芸術修業をした者たちがいかに貧困と戦ったか、それを伝えるエピソードには事欠かない。しかし中には、「私は巴里にゐたとき、二つの家を二ヶ所にもつてゐた。巴里の真実のことをなるたけ知るには二つどころかまだいくつもの家が必要だと思つたくらゐであつた」（『世界に摘む花』実業之日本社、一九三六年）と贅沢なことを言っている岡本かの子（一八八九〜一九三九）のような人物もいた。パリにいた頃のかの子は、まだ作家として名を成しておらず、歌人として、また著名な漫画家岡本一平（一八八六〜一九四八）の夫人として知られていた。一九二九年に、一平はロンドン軍縮会議を取材する朝日新聞の特派員となったが、このとき、ちょうど『一平全集』がベストセラーとなって多くの印税が手に入ったところだったので、一家をあげての長期欧州滞在と、そこでの贅沢な生活が可能だったのである。

かの子が「巴里の真実」を知るために持っていたという二つの家は、セーヌ河の左岸と右岸にある。右岸は高級住宅地、左岸は学生街を中心とした庶民的な地域というふうに、セーヌ河をはさんでパリの雰囲気が変るとされる。かの子が住んでいたのは、高級住宅街として知られる右岸のパッシー区にあり、家具付で、サロンと食堂以外に四間もあるという広いアパルトマンだった。食いつめた森三千代がここを訪ね、応接間で待たされる間に、ひもじさのあまり皿に飾ってある果物を食べてしまったことがあったという（金子光晴『ねむれ巴里』中央公論社、一九七三年）。もうひとつの左岸の家というのは、多分、息子の岡本太郎のアトリエを指している。太郎はモンパルナスにアトリエを借りていて、両親とは「常に電話で連絡をとっては、散歩、演劇見物、食事などを共にした」（岡本太郎『母の手紙』婦女界社、一九四一年）という。かの子は太郎につれられてモンパルナスのカフェ、クーポールなどに出入りして若い芸術家たちと接した。彼女はパリを知るために、右岸と左岸に住むだけでなく、両者に象徴されるパリの二つの味わいをも知ろうとした。紀行文集『世界に摘む花』によると、オペラ座へも行くし、ダミアやミスタンゲットの歌も聞く。レストランは、今はもうない高級料理店のフォイヨやラリュー、また、家鴨料理で有名なトゥール・ダルジャン、魚料理のプリュニエなどの有名店から、エスカルゴの店や、「一食五フラン（約四十銭ぐらゐ）の安料理」（『世界に摘む花』）まで味わった。どれも楽しく驚きに満ちた体験だった。当時の日本では、女性がこれだけ自由に歩き回ることは難しい。もともと情感が豊かで規格に収まらないところがあったかの子は、思わぬ誤解を受けることも多く、それで悩んだこともあったが、パリの自由な雰囲気がかの子を開放的にした。作家への足場はここに固まったのである。

パリには、一九三〇年一一月三〇日から、翌年七月二七日まで滞在した。その前後、ロンドンとベルリンにも長期滞在したが、かの子に最も深い印象を残したのはパリであった。それはかの子とパリの相性にもよるが、また、一平と息子の太郎が画家だったことも大きい。一平は東京美術学校の油絵科出身であり、パリは画家を目指すものの憧憬の地だった。太郎は、父母が帰国するさい、世界的な視野で芸術活動をしたいと希望して、一人パリに残った。「母子叙情」（『文学界』一九三七年三月）には、画家志望の息子をパリへ残すことについて、父親が「巴里留学は画学生に取つていのちを賭けてもの願ひだ。それを、おれは、青年時代に出来なかつた。だから、おれの身代りにも、むす子を置いて行く」と言う場面がある。そうは言っても、パリ北駅での別れはつらいものであった。帰国後、二人にとってパリは、息子が一人で暮す街として、特別な意味をもつこととなった。かの子には、長い年月をパリで過す日本人男性を主人公にした小説「巴里祭」（『文学界』一九三八年七月）がある。

（宮内淳子）

★現在のギュスターヴ・ゼデ街二番地の建物の入口。

キク・ヤマタ——*5. Avenue du Général Tripier*

キク・ヤマタ（山田菊　一八九七〜一九七五）は、一八九七年リヨンに生れた。リヨン駐在領事だった日本人の父と、フランス人の母との間の娘である。一九〇八年に父が本省勤務となり、キクははじめて日本の地を踏む。日本語のおぼつかないキクは、英語とフランス語で授業をするという聖心女子学院に入学。卒業後はＡＰ通信東京特派員の秘書として働いた。父の死後、キクは弟妹を扶養していたが、やがて弟が日仏銀行に就職してパリに赴任し、妹も結婚して裕福な暮しに入る。妹の提案で、キクは母を連れてパリへ行くことになった。一九二三年、キクは二六歳であこがれのパリに着く。

リヨン時代に父の親友だったアシル・ショーマ氏の家に、キクと母は落ち着いた。ジェネラル・トリピエ通り五番地である。ショーマ家と山田家は家族ぐるみのつきあいが長く、キクの弟も数年間ここに暮したという。この家からキクはパリ大学（ソルボンヌ）に通い、西洋美術史や日本文明論を受講した。同じ頃松尾邦之助もここで社会学を受講していた。

しかし大学よりも熱心にキクが通ったのは、一六区のジョルジュ・ヴィル街にあるジャンヌ・ミュールフェルド夫人のサロンであった。日本人の容貌を持ち、着物を着ていながら完璧なフランス語を話すキクは、サロンの人気をさらった。ここで彼女はアンナ・ド・ノアイユ、アンリ・ド・レニエ、アンドレ・ジッド、ジャン・コクトー、フランソワ・モーリヤック、そしてポール・ヴァレリーと知り合う。キクがそれまで書きためていた日本の詩の翻訳に、ヴァレリーは序文を書いてくれた。一九二四年に刊行された『日本人の唇の上に』（*Sur des lèvres japonaises*）に添えられた彼の序文はこんな言葉で始まっていた。「二つの祖国と、二つの言語と、二通りの身ご

★藤田嗣治が一九二六年に描いたキクの肖像画。キクの著作『静御前』(*Shizouka: princesse tranquille*, Éditions M-P.Trémois, 1929) に添えられた。

なしと習慣を持つあなた、結局、本質において、ひそかに二重であるあなた」（キク・ヤマタ著、林孝一訳『パリの作家たち』三笠書房、一九五〇年）。翌年刊行の小説『マサコ』（*Masako*）は感謝をもってヴァレリーに献じられた。

キクはサロンでヴァレリーに会うばかりでなく、彼の家にもしばしば迎えられた。ブーローニュの森に近い彼のアパルトマンを、ある日キクは有島生馬と一緒に訪れている。ヴァレリーは留守だったが、同居している夫人の妹が着物姿のキクをパステル画で描き、その横で有島がデッサンした。

『マサコ』が大好評を得、キクは一九二七年には『障子』（*Le shoji*）を刊行。同年、藤田嗣治のデッサン四七枚を含む『八景』（*Les huit renommées*）も刊行した。当時、ごつごつした翻訳調や幼いフランス語で日本を紹介したものならば、いくつか出ていただろう。しかしキクの美しい無駄のないフランス語で紹介された日本の風物、詩、恋愛、そして結婚は、パリの文化人たちを魅了するに十分だった。作家として多忙を極めるようになったキクは、ジェネラル・トリピエ通りからラップ通り（*Avenue Rapp*）のアパルトマンに移った。

一九三六年に高浜虚子がパリを訪れた時、歓迎会を計画し、司会を担当したのはキクだった。この頃にはスイス人画家のコンラッド・メイリと結婚して日本国籍を失っていたものの、キクはあいかわらず日本文化の重要な伝達者であった。この場でキクとメイリはともにフランス語の俳句を披露している。

松尾邦之助は一九二四年にパリではじめてキクに会って以来、彼女の才能に注目していた。「日本にも優れた女流作家もいるがキク・ヤマタのように文学の世界的桧舞台であるパリで正当に認められ、愛されるだけの国際的な幅を持った作家はまだいない」と松尾は『パリの作家たち』の序文に書いている。

（和田桂子）

★キクの著書『マサコ』（*Masako*, Librairie Stock, 1925）。西條八十によると、ヴァレリーに序文を書いてもらうための「交換条件として『マサコ』の作者は、ヴレリの需めに応じ、その面前で、『活惚』だか『浅い川』だか知らぬが、日本の踊を一度踊らされたと当時の巴里の一新聞『ラントランジヤン』は報じてゐた」（『文藝春秋』一九二六年九月）という。実際にはヴァレリーの序文は『日本人の唇の上に』に添えられ、この出版社ディヴァン書店で、キクは「春雨」と「御所車」を踊っている。ただし「交換条件」ではなかった。『マサコ』にはヴァレリーへの献辞“à PAUL VALÉRY hommage reconnaissant”が添えられている。

ギメ美術館

6. Place d'Iéna

東洋美術の収集家エミール・ギメ（一八三六～一九一八）は一八七九年に生地のリヨンに美術館を創設したが、そのコレクションを政府に寄贈したことにより、一八八八年、国立ギメ美術館がイエナ広場に開設された。その後、西域の美術を集めたポール・ペリオのコレクションや、クメール民族の仏教美術、ルーヴルから移管された極東美術品などが加わり、アジア美術を総合的に保管、展示する有数の美術館となった。

柳沢健『回想の巴里』（酣燈社、一九四七年）によれば、長唄の杵屋佐吉が日本の音楽を西洋で紹介しようとパリに来たとき、オペラ座で演奏しようという意気込みの彼を押し止め、外交官の柳沢が確保したのがギメ美術館であった。当日は三百人ほどの聴衆が集まったという。この美術館が、展示以外でもアジア文化紹介をしようとしていたことがわかる。アジア文化に興味を持つ人々が集まる友の会もあり、松尾邦之助は一九二五年に、日本好きな婦人に案内されて参加したが、そのときのことを、「大きな部屋にフランス人七分、アジア人三分、盛んに御喋りをしてゐた。日本人の出席者はその日私が一人だつた。アンナン人や印度人、アフガニスタンの人や其他皮膚の色が感心されない（私と同じやうな）連中が饒舌なフランス人に取巻かれて紅茶を飲んで、ガサ〳〵の安菓子を食べてゐた」（『巴里』新時代社、一九二九年）と、いくらかの皮肉を込めて書いている。藤田嗣治は、オカッパの頭にコサック風の上着という格好でギメ美術館へ行き、ギメに「一体どこの国の方ですか」と聞かれ、「アフガニスタンの人間です」と答えて煙に巻いたという（柳沢健『巴里の昼と夜』世界の日本社、一九四九年）。藤田には、東洋美術を愛好する西洋人をいくらか斜めに見、それを利用する賢さ（？）があった。

★黒板勝美『欧米文明記』（文会堂書店、一九一一年）にあるギメ美術館の外景。二〇〇一年一月に、この新ギリシア様式の外観をそのままに、明るく見易い展示が可能なように内部を大改装して生れ変った。

黒板勝美は、親交のあったギメに、ギメ美術館に類するものが日本にないと言って、彼から「神国であり仏教の最も盛んな日本人にも似合はぬではないかと詰問され、覚えず冷汗が背を湿した」（『欧米文明記』文会堂書店、一九一一年）と記している。しかし、これだけ広範にアジアの美術品を集められたのは、植民地時代という背景があってのことだった。圧倒的な西洋の優位という現実があった。パリに留学していた若い日本人にも、西洋文明への憧憬に突き動かされてここまでやってきた者が多かったはずだ。ギメ美術館は、そんな彼らに、憧憬の地パリで自国の文物に再会するという場を作った。例えば、有島生馬「テムプル夫人」（『新潮』一九一六年一月）には、閑静なギメ美術館の中をイギリス人の婦人と歩き、そこに並んだ日本の陶器、刀剣、織物、屏風などを見て、「彼女の誇張された感動を通して彼も初めて故国の美術品を今までになかったほど有難く思つて見た」とある。西洋人のオリエンタリズムを通して日本を見ているのだ。また林芙美子は、一九三一年一二月二九日の日付で手帳に、「朝森本氏田島氏等と、ミユゼギメーに行く、外国へ来て始めて東洋の文化を知つたかたちだ」（「巴里の小遣ひ帳」、今川英子編『林芙美子——巴里の恋』中央公論新社、二〇〇一年）と記している。考古学者の森本六爾（ろくじ）、真言宗の学僧である田島隆純らに教えられるところも多かったであろう。

時が移り、桑原武夫『フランス印象記』（弘文堂書房、一九四一年）が刊行されたとき、パリはドイツ軍により陥落していた。日本も戦時下にあった。ここで桑原は、第一次世界大戦時のフランスが、いかに文化財を破損させないよう力を尽したかを記した上で、パリを去る前日にギメ美術館でアジアの美術を鑑賞して得た感動を記し、とりわけ法隆寺壁画の複写を見たときは、「実に偉大で、完全に美しかつた。これを生んだ国に帰るといふ思ひは私を楽しくした。私がフランス美術品の防衛の記事に直ちに眼を惹きつけられたのも、かうした感動が今も強く残つてゐるからであつた」と書いている。

（宮内淳子）

★ギメは一八七六（明治九）年に来日し、多くの美術品を購入した。しかし木下杢太郎がギメ美術館を訪ねた一九二四年においては、日本の部に逸品は少ないと言っている（木下杢太郎「ミユゼエ・ギメエ」『其国其俗記』岩波書店、一九三九年）。ここで彼の興味を引いたのは南蛮屏風や西洋の版画を模倣して日本人が描いた屏風などに現れた、東西の文化交流のさまであった。ギメに同行して来日した画家フェリックス・レガメーの日本での写生が面白いと言うのも同じことだろう。図版はレガメーの描く日本人の絵。

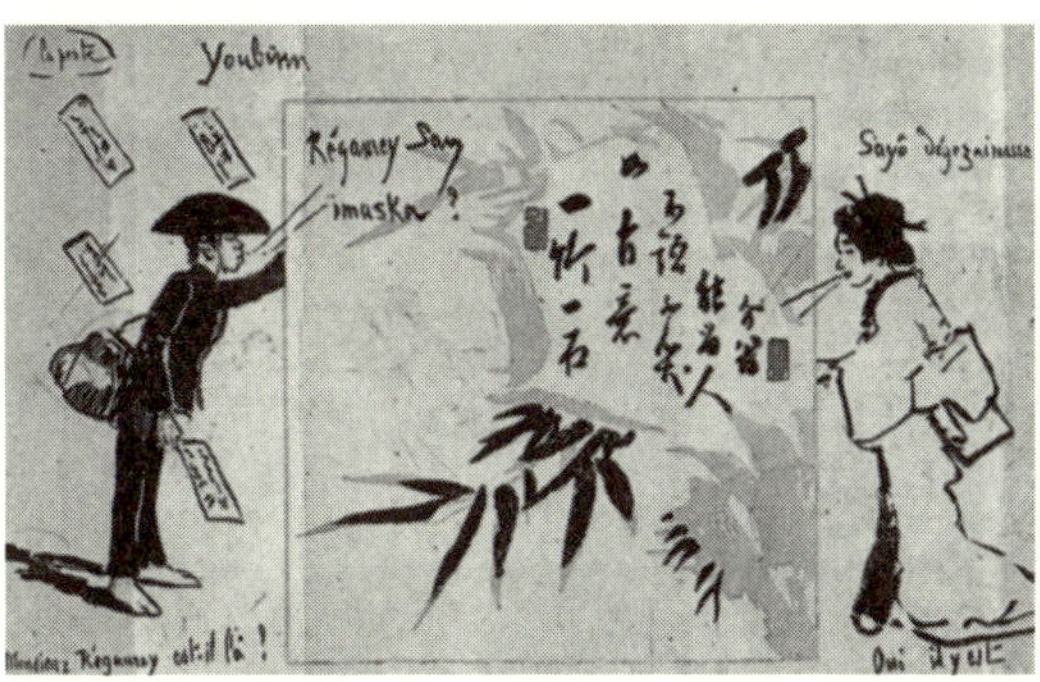

薩摩治郎八

1. Square La Fontaine

薩摩治郎八（一九〇一〜七六）は、バロン・サツマの名でパリの社交界にその名を轟かせた、日本が誇る一大蕩尽家である。彼がパリで遣った金は、現在に換算して数百億円に上ると言われている。近江商人であった祖父が創業した薩摩商店を、父が日本でも有数の財閥に育て上げ、そして治郎八がつぶしてしまった。この三代の軌跡は、壮大な夢の跡である。

治郎八はまず第一次大戦後、十代の若さで英国に渡り、オックスフォードでギリシア文学や演劇を学んだが、のちにパリに移った。一九二〇年前後のパリ社交界は、華やかな時代であった。ところが、当時の薩摩はそれをあまり喜ばなかったようである。『せ・し・ぼん――わが半生の夢』（山文社、一九五五年）には、「いずれにしてもこのような空気の巴里の社交気分は私にとってあまりに派手すぎたので、私は間もなくパッシーの片隅に日本人との交際をさけた生活をはじめ、音楽会、演劇、美術展覧会のみに足を運び、かたわら巴里女をモデルにして彫刻をやったりして暮した」と書かれている。着目すべきは、この時から高級住宅街として有名なパッシーにその住居を定めている点である。やがて一九二四年一二月一三日、いったんパリと別れ、帰国した。しかし長く日本に滞在することもなかった。一九二六年には、伯爵山田英夫の娘千代子と帝国ホテルで結婚式を挙げると、二人でパリに渡ったのである。

今度のパリにおいては、マダム・サツマを同行していたこともあり、社交界で華々しい活躍を見せた。例えば『せ・し・ぼん』には、「私が妻に造ってやった特製の自動車は、純銀の車体に淡紫の塗りで、運転手の制服は銀ねずみに純金の定紋、妻の衣服はリュー・ド・ラペのミランド製の淡紫に銀色のビロードのタイニールであった。これでカンヌの自動車エレガンス・コ

★現在のスクエア・ラ・フォンテーヌ一番地。このあたりには、アール・ヌーヴォーの装飾の曲線が美しい建物が今も多く残されている。いかにも高級住宅街という印象である。

ンクールに出場し、瑞典王室その他の車と競って、特別大賞を獲得した」と書かれている。ため息が出そうな話である。同じ書には「人生まさに二十八歳、冬は南仏カンヌのホテル・マヂェスチック、夏はドービルのホテル・ノルマンディーと王者も及ばぬ豪華な生活をしたが、それをそしる者はそしれである」という言葉も見える。パリでは二人は閑静なラ・フォンテーヌ街に住居を定めた。そこを根城に、治郎八は相変らず好き勝手な放蕩生活を続け、一方千代夫人は、絵を描く技術を次第に本格的なものとしていったのである。

ただし、治郎八にしたところで、単に無駄金をばらまいただけでないことは、例えば「帰朝放談」（『芸術新潮』一九五一年八月）の「東洋美術と申せば、うぬぼれではないが、今日日本のみが脈をつないでおると云つた有様であるのに、その日本では伝統的精神文化に自信を失い出してピカソピカソである」といった同時代批判を見るだけでもわかる。敗戦直後に実に筋の通った見識である。真の文化の移入には、莫大な金がかかるということであろうか。

徳川夢声「薩摩治郎八素描――芸林漫歩対談10」（『芸術新潮』一九五一年一一月）のなかには、「大学都市というのは、世界各国が加盟して、各国がそこに会館を持っているのです。そしてパリに来る各国の学者、学生を泊めているのです。（略）この会館を日本の政府がやるといっていたが、震災でできなくなつた。それで渋沢さんあたりが心配して、私ども親子がお引受けしたわけです」という記述が見える。この日本館は、今も、モンスーリ公園の南のパリ大学都市に現存する。ル・コルビュジエが設計したスイス館のすぐ近くである。日本館の壁絵は、藤田嗣治の手による。藤田の「現代壁画論」（『改造』一九三六年三月）によると、「巴里の日本学生会館へ薩摩治郎八氏が私に依頼して二種の大壁画を描き上げた。（略）学生会館の開館式にドメルグ大統領が臨まれた。式後大統領は、私に、沢山あつた極り切つた演説は聞かずに、其の正面の画許り見て居た、と言つて大変賞めて呉れた」そうである。

（真銅正宏）

★パリ大学都市に現存する日本館の玄関。薩摩治郎八『せ・し・ぼん――わが半生の夢』（山文社、一九五五年）所収のもの。年代は不詳。

芹沢光治良 —— 48. *Rue Boileau*

東京帝国大学経済学部を卒業した芹沢（一八九七～一九九三）は一九二五年に結婚、その直後に勤めていた農林省を依願退官して六月に妻と共に白山丸で渡仏した。ソルボンヌ大学に入学してシミアン・ジッド教授の下で三年間貨幣論を研究した。一九二七年一月に長女が誕生したが、その後肺結核に倒れフランスとスイスで療養生活を続け、翌年一一月に神戸港に帰着する。一九三〇年に「ブルジョア」が改造社の懸賞小説に当選して作家への道が開けた。芹沢はパリの日本人社会での交際をあまり好まなかったが、佐伯祐三と三木清については親交があった。

パリ到着後の初期の宿はブーローニュの森の中、サン・クルーの橋の近くの下宿で、『巴里に死す』（中央公論社、一九四三年）の中に「ブウローニュ・シュール・セーヌの薔薇園と呼んでゐたあの下宿」として出てくる家である。ここには芹沢の旧友の外交官や他に外交官補・留学生たち日本人がいたが、ある時三木が芹沢を訪ねてきた。芹沢の「巴里便り」（『文芸手帖』同文社、一九四三年）によれば、その時の三木の態度を礼儀知らずで日本人の恥だという、同宿者たちのエリート意識に見切りをつけて宿を替えたという。その前から三木は「巴里の日本人と交際してはいけない」と芹沢に説いていたそうだ。

新しい下宿はオトゥイユのボアロー街四八番地、ボングラン夫人の家で門に「パンション・ドファミイユ（御下宿）」と書いてあるが、客は長年棲みついた者ばかりの家族的所帯であった。芹沢夫妻は一階の二〇畳ほどの部屋に入ったが、客の中に著名なアンドレ・ベレソールがおり、雑誌『両世界評論』を編集する文芸批評家として世界中を講演して廻り、また『日本の社会』という名著をもつ日本贔屓でもあった。そのためこの家には以前「道家氏、太宰教授、

★現在のボアロー街四六番地の家。改装されてはいるが当時の面影は残っている。ボアロー街の名は、ルネサンス以後の詩論を集大成した『詩法』（一六七四年）などで著名な批評家ニコラ・ボアローが一六八五年にここに屋敷を構えたことに由来し、ラシーヌやモリエールとも親交があったが、当時の詩人や作家たちがご機嫌伺いによく通ったボアロー詣での道として歴史に残っている。

落合教授、杉浦理学博士」（太宰施門『フランス生活』創元社、一九四六年）などが滞在、芹沢は太宰施門の紹介でここを知ったという。

太宰は一九二〇年三月から一九二二年暮まで滞仏しているが、『フランス生活』によると、ベレソールが一九一四年に再度の来日をした際にお世話をしたのが機縁だとある。夕食には住人が一堂に会して「文芸、政治、経済と議論が飛んで、それを聞いてゐれば、二三種類の新聞を読むよりも、時事に通じます。時には、夕食後、詩の暗誦をしたり、時には、ベレソール先生の友人や後輩が招待せられて、ちいさな文芸サロンのやうにもなります」と「巴里便り」に記した。芹沢がこの家を出るのは一九二七年の秋である。

この家の様子は『孤絶』（創元社、一九四三年）にも描かれているが、小説とはいえかなり事実に即した『孤絶』に比べ『巴里に死す』では存分に事実が脚色されている。疑問は『巴里に死す』に出てくる「26. Rue La Fontaine」（フォンテーヌ街二六番地）の家であり、小説の中ではヒロインの夫と愛情関係があった日本女性の下宿、エチアンヌ夫人の家とされる。『孤絶』にも「知人のエチアンヌ夫人」の「フォンテーヌ街に広い庭をもつた独立家屋」とあり、この夫人は実在の人物らしく、しかもどうやら一時期、おそらくボングラン夫人の家を出て芹沢が保養地で暮す間、多くはホテル住いの妻のために借りたらしいふしがある。しかし実際のこの二六番地の家は堂々たる五階建て（その上にマンサルド）のアパルトマンである。

ここで思い当るのは『巴里に死す』で、ブーローニュの下宿を出た後移った、「ミケランジェ街」の「通りに面した五階建ての近代的な大建築」である。その「ミケランジェ街」とあるのは脚色で、しかしその「ホテル住ひに似た」経験は事実、つまり実際に借りたのはエチアンヌ夫人の家の近くの二六番地のアパルトマンだが、『巴里に死す』では「隠れ家」風な趣の必要からエチアンヌ夫人の家を描いた、と推論しているがまだ憶測の域を出ない。

（竹松良明）

★現在のフォンテーヌ街二六番地の建物。『巴里に死す』には、「ミケランジェ街」の下宿としてあり、「三階の半分を、マルセル夫人は占領してゐて、南向きの二部屋を私達に提供してくれた。五十歳ばかりの画家の未亡人で、私を親しく「私の娘」と呼んでお世話をしてくれたが、同居人がフランス人も日本人も一人もなくて、まるで私達二人が家庭を持つたやうな形であつた」とある。このマルセル夫人が果たして実在の人物であるか、またこの住居の叙述のどこまでが事実に基づいているかは依然不明である。

高浜虚子 —— 17. Rue Saint-Saëns

日本人が三人寄ると句会が始まるというのは、あながち嘘でもないらしい。高浜虚子（一八七四〜一九五九）が渡仏するずっと以前の一九〇一（明治三四）年八月、パリには既に巴会という句会が発足していた。同年一月ベルリンに、巌谷小波を中心とした白人会という句会ができたのに触発されてのことであった。しかし海外の句会はメンバーの入替りが激しく、殊に中心になる人物が帰国してしまうと途端に弱体化する。虚子渡仏の知らせを聞いて一番胸を躍らせたのは、俳句の心得があっても発表の機会の少ない日本人だったのではないだろうか。

句会はパリ到着前から始まった。虚子が箱根丸に乗ったのは一九三六年二月一六日のことである。計一二〇日の旅程のうち、八〇日間は船の上であったが、この間に句会がたびたび催された。同行した娘章子は、「船中俳句大流行になつて、今日これからも、ひな祭りの俳句会をします」（三月三日付）と兄の年尾に書き送っている。

パリに着けば日本人会で句会が開かれる。アントワープでもベルリンでもロンドンでも、虚子の講演の後では必ず句会が開催されるのであった。「海外に在留して居る人々が故国を懐み、故国の風光にあこがれ、その春夏秋冬四季の変遷の複雑美妙なることに憧憬し、一夜にして俳人となり、又、俳人となり得る資格を持つて居るといふことは、私の親しく彼の地に臨んで経験し得た処である」（『渡仏日記』改造社、一九三六年）と虚子は書いた。

虚子のパリ到着は一九三六年三月二八日であった。午後九時ごろ、虚子はエッフェル塔に近いサン・サーン街一七番地の息子友次郎の下宿に着く。一九二七年からパリで音楽の勉強をしていた友次郎は、何度か下宿を変っていたが、この当時はここをフランス人と共同で借りてい

★一九三六年に虚子が泊った下宿の現在の様子。「窓三つづゝが一軒になつてゐるので、屋根裏ともに九階、ざつと七十二軒の住居であるが、こゝからは凡そ二十程の窓が見えてをる」と虚子は観察した（『渡仏日記』）。

た。下宿屋の夫婦は三階の一室を虚子のためにあけ、自分たちは七階の友人の部屋に移った。友次郎の部屋には章子が一緒に泊ることになった。

翌日は日曜日だったが、虚子は朝七時に起き、風呂に入り、下宿屋の主婦に日本食を所望した。以後ずっと食事は日本食である。最初は慣れない主婦が何度も蓋をあけるので、水っぽいくせにしんのあるご飯が出来、しかも塩を入れて焚いたので変な味になった。日本食料品店に行って壜詰めの梅干しなども仕入れ、うまくはないがどうやら日本のおかずらしきものも出来た。フランス語をはなから覚えようとしない虚子は、友次郎が留守の時など主婦と卓を囲みながら無言で通すしかなかった。そのうち主婦の方が「もう沢山」という日本語だけは覚えたという。おかずを勧められて虚子がたびたび口にした言葉であった。ここを拠点に、虚子は市内観光のほか、日本大使館、大使官邸、三菱商事、上野義雄や佐藤醇造宅に出掛けている。それ以外はこの宿にこもって『ホトトギス』雑詠の選をしたり、友次郎に原稿の口述筆記をさせたりした。「室暗し春灯いつもともしたる」と詠んでいるところを見ると、日当りはあまりよくなかったらしい。

三週間の滞在の後、ベルリンやロンドンでの講演を終えて再びパリに着き、今度はクレベル通り（Avenue Kleber）一九番地のマジェスティック・ホテルに滞在した。ここを拠点にしてジュリアン・ヴォーカンスやポール＝ルイ・クーシュー、アルベール・ポンサンらフランス人の俳句愛好家たちに会いに出かけた。この三人は一九〇五年にすでに『水の流れるままに』というフランス語の句集を自費出版しているのだ。指導者を待ち望むという点において、彼らの虚子に対する思いは、日本人以上に切実なものがあったかもしれない。パリ滞在最終日の五月七日には、キク・ヤマタやトリスタン・ドレームらを交えた茶話会が牡丹屋で開かれた。下宿屋夫婦はここに駆けつけ、慌ただしく別離の会食を共にしたのだった。

（和田桂子）

★パリ郊外のムードンを歩く虚子。一九三六年四月一二日、虚子は佐藤醇造夫妻、柴虚風、宅孝二、友次郎、章子と共にムードン吟行を楽しんだ。下宿屋の主婦は日曜にもかかわらず、早起きして冷肉やハムを買って来てサンドイッチを作ってくれた。この時ばかりは日本の弁当ではなかった。虚子は相変らず着物を着ている（『渡仏日記』）。

近藤浩一路 —— *10. Avenue de Camoëns*

近藤浩一路（一八八四〜一九六二）が初めてヨーロッパを訪れたのは一九二二年、三八歳のときである。岡田九郎がパリのリヨン駅まで出迎えてくれ、ホテル・キャンベルに落ち着いた。東京美術学校西洋画科時代に、最も親しかった藤田嗣治と、近藤はほぼ一〇年ぶりに再会する。藤田の風采はずいぶん変り、「河童頭」に「市松格子のシャツ」「真赤な靴下」で現れて、彼に「異様」さを感じさせた。『異国膝栗毛』（現代ユウモア全集刊行会、一九二八年）によれば、その姿はパリでも注目の的だったが、アトリエの雰囲気や、藤田の画とは調和していたという。

藤田ほどではないが、一〇年の間に、近藤の画も変化していた。一九一五年に読売新聞社に入社して、漫画や挿絵を描く一方で、洋画から日本画に転じていたのである。近藤が再びパリの土を踏むのは一九三一年で、二月一三日に神戸を出港し、六月三日に帰国している。パリではカモアン通りに居を定め、自宅で個展を開いたりした。NRFの美術部長、アンドレ・マルローが招待日の司会を務め、イリヤ・エレンブルグ、マルク・ベルナールらが訪れている。洋画風の構成と、日本的な詩情がマッチした作風は、鮮烈な印象を与えたらしい。

この年の一〇月にマルローは、クララ夫人を伴って来日し、京都や奈良で日本の古い美に触れた。京都にある近藤のアトリエも訪れている。二人の対話は、マルローの小説に織り込まれた。小松清「近藤浩一路小論」（『美之国』一九三六年一月）によると、一九三三年にゴンクール賞を受賞した『人間の条件』に登場する、Peintre Kama（狩摩画伯）のモデルが近藤である。さらに一九三二年の初夏には、近藤浩一路の第二回個展が、日本人としては初めて、パリのNRFの画廊で開かれている。

（和田博文）

★個展開催中のカモアン通りの近藤浩一路の住居（『美之国』一九三六年一月）。左奥にいるのが近藤。

トロカデロ広場 —— *Place du Trocadéro et du 11 Novembre*

イエナ橋をはさんでエッフェル塔と向かい合うシャイヨ宮にある広場が、トロカデロ広場である。一九〇〇年のパリ万国博は四〇ヵ国以上が参加し、セーヌ東岸に各国のパビリオンが並んだが、右岸のトロカデロには日本、ロシア、中国のほか、当時の列強が持っていた植民地関連の展示が行われて、西欧人のエキゾチシズムを掻き立てた。戸川秋骨は一九〇六（明治三九）年にパリを訪れ、「トロカテロ（ママ）は小高い丘陵（おか）にあつて半円形を成し、其回廊からは巴里の大部分を瞰下（みおろ）す事が出来る」（『欧米紀遊二万三千哩』服部書店、一九〇八年）として、遙かにノートルダム大聖堂、パンテオン、アンヴァリッドなどを見下ろして感慨を得ている。現在シャイヨ宮のあるところには、広場から見ると「赤煉瓦の馬蹄形の半円の底辺の所がおつかぶさるやうに正面に突立」ち、「人類学の研究所とか、さう云ふ特殊博物館になつてゐた」（矢本正二『巴里通信』築地書店、一九四三年）というトロカデロ宮があった。人類学研究所はシャイヨ宮にも引き継がれ、一九二九年から一九四〇年までパリにいて人類学者マルセル・モースの教えを受けた岡本太郎は「世界的権威であるモース博士や、リヴエ教授の想い出とともに、極めて懐かしい」（『夢と誓い』宝文館、一九五二年）場所だと回想している。

広場に通じるジョルジュ・マンデル通りからエッフェル塔が見通せるような設計でシャイヨ宮が建ったのは、一九三七年のパリ万国博覧会のときであった。一九三六年にパリへ行った高浜虚子はちょうどこのトロカデロの工事に遭遇している。トロカデロ広場の近所に日本大使館があり、虚子はそこを訪ねた帰りにこれを眺めて、四月一〇日、「霞む日や破壊半ばのトロカデロ」の句を記している（『渡仏日記』改造社、一九三六年）。

（宮内淳子）

★トロカデロ宮（黒板勝美『欧米文明記』文会堂書店、一九一一年）。現在はない。

ブーローニュの森——*Bois de Boulogne*

パリの西北に位置するブーローニュの森は、もと王家の猟場であったが、ナポレオン三世の即位した一八五二年にパリ市へ譲渡されることとなった。自然林は整備され、樫、ニセアカシア、桜、栗、ぶな等の木々の中を全長三五キロに及ぶ散歩道がめぐらされ、池も作られた。森の中を馬車や車で走ることもでき、レストランもある。パリ近郊には他にも大きな森が残されているが、ブーローニュの森は街に一番近く、親しまれている。

森に近い街は高級住宅地で、「有閑ブルジョアのアパアートが、パッシイから、この森に沿つて何千何万となく並んでいる。大きな窓、大理石の大玄関、イスパノスイザやロイスロイスの物凄い自動車が、子供の散歩に使はれ、犬ころを連れたマダムの気紛れに置かれてある」（松尾邦之助『巴里素描』岡倉書房、一九三四年）という土地柄であった。だから、「このアカシア通りの散歩者の中の婦人連の服装がパリ最高のモード、コンコールドに沿つたフオーブルサントノーレ辺りの一番良い仕立てなどが多いと云はれてゐる」（矢本正二『巴里通信』築地書店、一九四三年）という。アカシア通りとは森の中の歩道の一筋につけられた名前で、人通りが多いとはいえないこの道を高級な毛皮を着て散歩するのは、他人に見せるためのおしゃれというより、そうするのが自然な階層だからだとしている。また、「一番愉快なのは、朝早く、霧の下りてゐる時分に、馬にのつて、森を散歩する事である。貴族の子供が、十才位で、乗馬服にシルトハツト（ママ）をかぶつて、形のいい馬を進めてくるのなどは、実にエレガンなものである」（藤田嗣治『巴里の横顔』実業之日本社、一九二九年）といった光景も現れた。

しかしまた、森へ行くことは庶民の楽しみでもあった。横光利一は「市中に五里四方の大き

★馬車で森をゆく絵葉書。徳富蘆花・愛子『日本から日本へ・西の巻』（金尾文淵堂、一九二一年）には、九月、色づき初めた林を、蘆花と愛子が自動車に乗って見学する様子が描かれている。石黒敬七『巴里雀』（雄風館書房、一九三六年）では、夏の夜、森をドライブする快適さが語られている。

な森を残しておいた市民は、この森のために心は絶えず洗はれてゐるのだ」（『欧州紀行』創元社、一九三七年）としているが、一方「パリー市民の理想は日曜日になると森へ男女で来ることだと云ふ説も耳にした。もうただ野蛮になりたくて仕方がないといふパリー人の苦しみ」とも書いている。後者はヴァンセンヌの森での感想だが、『欧州紀行』ではブーローニュの森の若い男女も描かれている。思想でも技術でも、あらゆるものを自然のままでは置かず人工的にしてしまった結果、どうしても自然に戻りたくなっているのがパリの人間だと横光はいう。確かに、東京には広大な森林を残した公園がなく、それは自然と人工を対立させてとらえる考えが日本人に希薄だったため、かえって保存が遅れて緑地を失った結果ともいえる。しかし、都市計画に基づいて整然と作られた街を出て自然の中で羽根を伸ばしたいという想いは、パリの市民ばかりでなく、人間に共通する素朴な欲求だったと見てよいだろう。

古いところでは、一八八四（明治一七）年からパリに来た黒田清輝が母宛の手紙（五月二九日）に、ブーローニュの森の池でボートを漕いで遊び「まことに〱おもしろいことです」（『黒田清輝日記　第一巻』中央公論美術出版、一九六六年）と報告している。一九一四年七月『みづゑ』に載った山本鼎の「巴里より」には島崎藤村らと連れだって森へ行ったことを、「ボアドブロンの杜は細樹密生して、とんと樹が草かのやうに感じます。或る海草林のなかをわれ〱は歩いて居る様です。草の上にねころんで話をして居ると、ずつと高い枝のアカシアの花がカフスの上に散つて来ました」と書いている。山本も藤村も信州の生れで、ここに故郷の自然を感じていたかもしれない。

小宮豊隆も一九二三年、秋のブーローニュの森を歩き、「閑静である。なんだか二十世紀の巴里にゐるといふ気がしない、どうかすると、武蔵野の櫟林の中を、たつた一人であるいてゐるやうな心持になつて来る」（『巴里滞在記』岩波書店、一九三四年）と日本をしのんでいた。**（宮内淳子）**

★ブーローニュの森にある池（*PARIS AND ITS ENVIRONS*, WARD LOCK & Co., LIMITED 刊行年不記載）。

牡丹屋

30. Rue Vineuse

旅館と日本料理会席仕出しの両方を営んでいた牡丹屋は、諏訪旅館や東洋館やときわに比べれば、後発だったらしい。確認した最も古い広告は、『巴里週報』一四一号（一九二八年一〇月三〇日）で、「最新日本旅館ヘオ泊リ下サイ」と書いてあるから、この年の創業なのかもしれない。セーヌ河の対岸には、エッフェル塔がそびえている。一九三七年のパリ万国博覧会の際に、シャイヨ宮がすぐそばに建設された。

日本料理店は、親日フランス人との交流の場に利用されている。高浜虚子が牡丹屋に招かれたのは、一九三六年五月七日。佐藤醇造夫妻が主催する、フランスハイカイ詩人の茶話会が開かれたのである。『渡仏日記』（改造社、一九三六年）によると、虚子が旧知の、キク・ヤマタも出席していた。彼女は虚子に、ハイカイ詩人たちを紹介し、彼らが揮毫した寄せ書きを進呈する。「ばら色の世界／ぼたんの花の下で／お目にかゝったひと時」。この詩の作者は、ハイカイをフランスで広めたポール＝ルイ・クーシューである。クーシューは微笑を浮べて、虚子の話に耳を傾けた。寄せ書きのなかでは、彼の詩が、自分たちが考える俳句に最も近いと、虚子は感じている。

六時すぎに茶話会は終了したが、虚子は別のメンバーと、同じ牡丹屋で別離の宴を囲むことになる。メニューは、店の看板のすき焼きだった。滝沢敬一は『第三フランス通信』（岩波書店、一九四〇年）に、牡丹屋が「西に寄り過ぎて」いて、見物には不便だと書いている。この頃には同じ一六区の、モザール通り（Avenue Mozard）一二四番地に移転していた。ただし移転の時期は不明である。

（和田博文）

★写真は、現在のヴィニュース街三〇番地。小松清『沈黙の戦士』（改造社、一九四〇年）によれば、改造社の山本実彦が一九四〇年に、アンドレ・マルローを招待したのも牡丹屋だった。

ミラボー橋 —— *Pont Mirabeau (Quai Louis Blériot ~ Quai André Citroën)*

「二十余本に及ぶ巴里の橋のうちで、私が一番すきなのは巴里も西のはづれ、オットイユ区にあるミラボォ橋だ。数ある巴里の橋の中で、むしろみすぼらしい方の代表的な橋だが、私はこの橋の下に真の巴里の魂を感じ、まことのセエヌ河を感ずる」というのは堀口大学（『季節と詩心』第一書房、一九三五年）である。続けて、夏にはこの橋の下が水泳場となること、また、毛を刈ったあとの犬を河の水でシャンプーするのに好都合だから「犬の床屋」が店を出すことなどが語られている。

　ミラボー橋は、装飾といえば橋脚の上に海の神々を示すブロンズ像がある程度で、アレクサンドル三世橋と同じ設計者によるとは思えないほど簡素な造りである。セーヌ河に架かる橋の中では新しい方で、一八九五年に建設された。この橋を有名にしたのは、ギョーム・アポリネールの「ミラボー橋」（『アルコール』一九一三年）である。アポリネールは画家のマリー・ローランサンを愛し、彼女の家に近いオトゥイユに引っ越し、会いにゆくために毎日ミラボー橋を渡ったという。彼女と別れたあと、その哀しみをうたったのがこの詩で、日本では「ミラボー橋の下をセーヌ川が流れ／われらの恋が流れる／わたしは思い出す／悩みのあとには楽しみが来ると」と始まる堀口大学の訳が良く知られている。藤田嗣治の最初の妻であったフェルナンド・バレーは亡くなる前に小さな声で「ミラボー橋」を口ずさんだという（益田義信『さよなら巴里』三修社、一九七九年）。戦時には、この恋のイメージの染みついた橋も光景が一変し、小松清『沈黙の戦士』（改造社、一九四〇年）によれば、橋の左岸にあるシトロエン工場がドイツ機に爆撃されたとき、ミラボー橋は炎上する工場を見る人であふれた。

（宮内淳子）

★「流れる水のように恋もまた死んでゆく／恋もまた死んでゆく／命ばかりが長く／希望ばかりが大きい」（「ミラボー橋」）とうたったアポリネールは、一九一八年、スペイン風邪で急逝。三八歳であった。

★現在のミラボー橋。

柳沢健——73. *Boulevard de Montmorency*

柳沢健（一八八九～一九五三）が大使館三等書記官としてパリに赴任したのは、一九二四年のことである。一九二〇年に私費でパリを訪れたことのある彼にとって、芸術の恵み深いこの街を再び訪れることができたのは大きな喜びだっただろう。最初の渡仏は長男の死去直後であり、半ば強引に日本を離れた感が強い。今度の旅には、一九二一年に生れた長女和子も同伴した。さらに親友西條八十も一緒だった。着いてすぐは、フェザンドリー街（Rue de la Faisanderie）のホテルに滞在するが、やがてモンモランシー大通り七三番地に居を移した。次女燿子が一九二五年一月一〇日に、そして三女玲子が一九二六年一二月二七日に、ここで生れた。

西條八十は柳沢についてこう述懐している。「おそろしく親切で、ぼくをパリ留学に誘ったのも彼、マラルメ会に入会させて、今はもう全部故人となったポオル・ヴァレリ、アルベール・モッケル、ヴィエレ・フェルディナン・エロルドその他高名な象徴詩人群に一々紹介してくれたのも、またオペラの基本的知識を学ばせてくれたのも彼だった」（「柳沢健を憶う」、『柳沢健全詩集』木犀書房、一九七五年）。八十ばかりでなく、パリを訪れる日本人を柳沢は何度となく接待し、同時にフランス人に日本文化を紹介した。

自宅から日本大使館へ、彼は毎日歩いて通勤した。距離はあったが、それは彼に喜びと癒しをもたらした。「この住居から、三年間自分は朝夕欠かさずエトワルの方にある勤め先へ通つたのであつたが、ボアの公園に添つたブールヴァール・ド・モンモランシー、更にそれに続くブールヴァール・ボー・セジュールの通りの往き通ひ位、楽しく心に沁みるものはなかつたと言つていい」と柳沢は『巴里を語る』（中央公論社、一九二九年）に書いている。

（和田桂子）

★柳沢がパリ滞在中に書いた評論・翻訳集『ジャン・ジョレス』（改造社、一九二五年）の扉。これまでに柳沢は詩集『果樹園』『海港』『柳沢健詩集』や紀行文集『歓喜と微笑の旅』『南欧遊記』を出している。ジャン・ジョレスは『リュマニテ』新聞の創設者で、一九一四年七月三一日に暗殺された。柳沢はモンマルトル街にあるリュマニテ社の社屋を訪ねたり、暗殺の場となったカフェ・デュ・クロワッサンに入ったりしてジョレスの生涯に思いを馳せた。

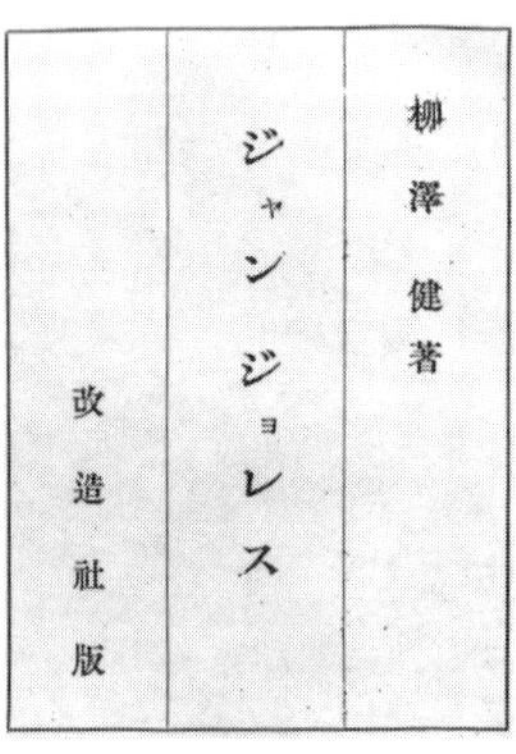

柳澤健著
ジャン・ジョレス
改造社版

ロダン美術館

77. Rue de Varenne

藤田嗣治は『巴里の横顔』（実業之日本社、一九二九年）で、オーギュスト・ロダンがかつて住んだこの邸宅を「実に大きく、芸術家中随一の邸宅だらう」と記しているが、それもその筈この屋敷は、貴族の家が並ぶヴァレンヌ街でも音に聞こえたビロン公の邸宅であり、大革命後は尼僧院の寮となり、一九〇八年からロダンの家となったものである。しかもロダンの前の借主は詩人リルケの妻のクララで、リルケの勧めによってロダンはここに決めたという曰くつきの建物である。ロダンの没後は美術館となり、祈念堂に、前庭に、また屋敷の上下階にその作品が陳列され、「カレーの市民」「考える人」「バルザック像」「青銅時代」と数限りない。

若い頃からロダンに対する傾倒ぶりを示し続けた武者小路実篤は、『湖畔の画商』（甲鳥書林、一九四〇年）に、「昨日は又ロダンの美術館を見に行つた。矢はりこいつはミケルアンゼロ以後の大彫刻家と思つた。実にいゝ仕事を沢山してゐる。男性的なもの、女性的なもの、現実的なもの、禁欲的なもの、快楽的なもの、彼はあらゆるものをごつちやに持つて、しかもどれも平気で矛盾なしで生かしてゐる。実によく自然を見てゐるが、又想像的な美も生かしてゐる」と、手放しの賛辞を惜しまない。実篤の場合は、パリの街そのものにはさしたる興味もなく、ひたすら絵画や彫刻のみに眼を奪われている印象がある。

一方、竹内勝太郎『西欧芸術風物記』（芸艸堂、一九三五年）は、「こゝで自分の感じたことは、ロダンは女のなかに獣を発見した。（略）ロダンの女の多くは半分は獣で半分は神である。そしてこの不思議な混合と融和が女の美と蠱惑との秘義であることも彼は見ぬいてゐた」と、少々理屈っぽい。

（竹松良明）

★ロダン美術館（竹内勝太郎『西欧芸術風物記』）。竹内がここを訪れたのは一九二八年一〇月二日で、この日は竹内の誕生日であった。「偉大な、然も自分に親しい心に触れて、深く強い智恵に満たされた挨拶を受けたい為に、タキシイをミユゼエ・ロダンへ走らせた」と記している。

ロンシャン競馬場 —— *Routes des Tribunes, Bois de Boulogne*

滝本二郎とマダム・ド・ブレストの共著『欧米漫遊留学案内・欧州の部』（欧米旅行案内社、一九二八年）によれば、パリの競馬は夏の間はロンシャンを始めとしてオトゥイユ、ヴァンセンヌ、シャンティなどのいずれかの競馬が常時開催されている、とある。また日曜と木曜はどの競馬場も定期競馬日とされるが、人気の高い障害物競馬は日曜日に限られている。ブーローニュの森のパリに近い表側にはオトゥイユ競馬場があり、森を囲んで大きく湾曲したセーヌ川に近い裏側にロンシャン競馬場がある。前掲書には「サン・ラザール停車場から特別列車が運転され又乗合自動車は各大通で客を勧誘して居る」と記されている。石黒敬七の『巴里雀』（雄風館書房、一九三六年）には、ロンシャン競馬でもっとも有名な「グランプリのある日は、六月十一日である。この日は大統領も来場するし、流行の衣装を着たモデルが多勢、競馬場をねり歩いて、その年の流行を紹介してゐるのも、この日の名物である」と書かれている。

　ロンシャン競馬の華やかさは、貴族的な社交性のものであると同時に、最も美しい季節の到来に対する自然な謳歌でもある。花祭りも毎年六月の初めにロンシャンへと通じる並木通りで開催され、花で飾られた自動車に盛装の男女らが乗り込み、満載した花を街頭の人々に投げつけながら進んでいく。「日本の競馬は二十円で一着の馬だけが払ひ戻しだから、けっしてプロレタリアのものではない――けれども巴里のは十フランからある」と喜んだのは、『異国点景』（民友社、一九三〇年）の著者、吉屋信子である。「第一着の馬だけに懸けるガニャンの方法も、大事をとつて、かけた馬が一、二、三着のいづれかに当つても多少払ひ戻して貰えるプラッセもあるのだから気楽だ」と記している。

（竹松良明）

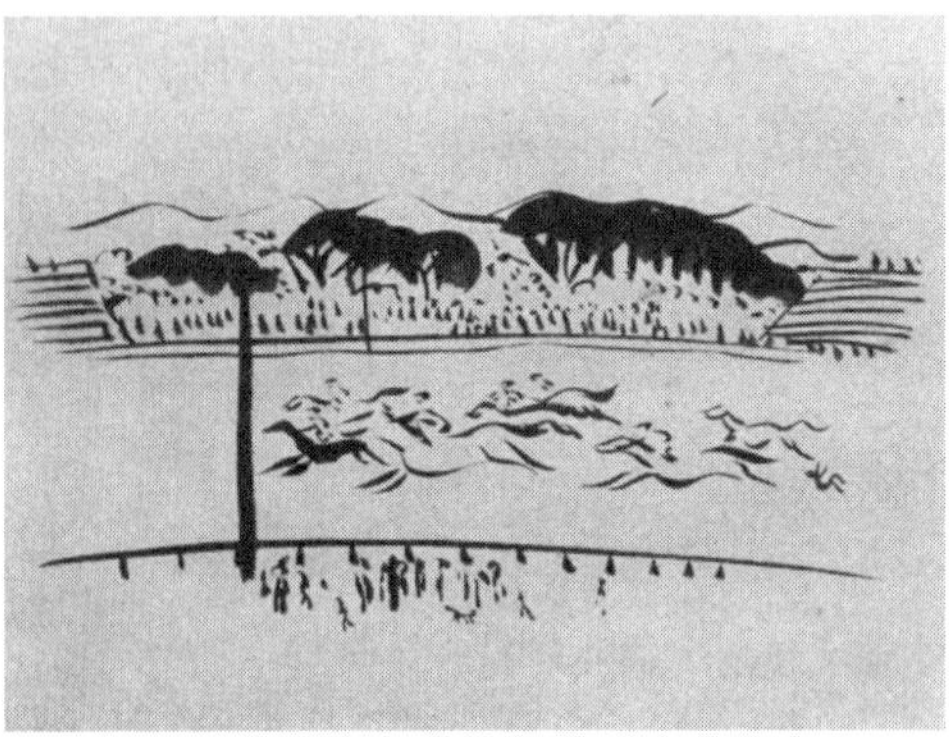

★ロンシャン競馬場を描いた藤田嗣治の挿絵（藤田嗣治『巴里の横顔』実業之日本社、一九二九年）。同書には、「ロンシャンのグラン・プリを「境にして、パリの人間は海なり山なりへ出かける。それ以後にまだパリに残ることは、通人の恥とされてゐる」と記されている。

2

凱旋門からルーヴルへ

エリアの特徴

凱旋門からルーヴルへ向かう一帯は、パリの華やかな表の顔を見せている。凱旋門は一八三七年にヴィクトール・ユゴーによって歌われ（「凱旋門にて」）、一九四六年にはエーリヒ・マリーア・レマルクの小説に描かれ（『凱旋門』）、まさにパリの象徴的存在であったといっていい。一八八五年にユゴーの国葬がここで執り行われた時、黒田清輝も見に行っている。レオン・ドーデ『巴里左岸』（堀田周一訳、牧野書店、一九四一年）によれば、その日は「蒸暑い、湿気のある重苦しい」日であったという。黒田の視線の先にはアルフォンス・ドーデやエミール・ゾラの姿もあったはずだ。その凱旋門の立つシャルル・ド・ゴール広場（エトワール）と、そこから放射線状に伸びる通りは、はじめてパリを訪れる日本人にとっては便利で安全な地帯であった。

一九二五年まではこのあたりに日本大使館があった。ここに在留届を出してからパリの生活が始まる。大使館主催の映画会やコンサートもあり、日本を離れて長い人が祖国の最新情報を得る場所にもなった。また日本料理を出す店として日本人倶楽部やときわ、それに短期間ではあったが湖月も開いていた。

パリに着いた日本人の多くが、まずは利用するオテル・アンテルナショナルも近い。レマルクの『凱旋門』に古ぼけた避難民宿として登場するこのホテルには、藤原義江、久米正雄、斎藤茂吉、正木不如丘（ふじょきゅう）、柳沢健、それに軍人や大学教授なども泊り、一時期はさながら日本旅館のようであった。もっとも公爵クラスの日本人や金満家は、もう少しぜいたくなホテルに泊ることの方が多かった。映画「ラ・バタイユ」で人気俳優となった早川雪洲も、ここではなくマジェスティック・ホテルに泊っている。

荷物を預ければ、次にシャンゼリゼ通りを歩かぬ手はない。かつては野原や沼地であったこの場所が整備されたのは一七世紀だという。王妃マリー・ド・メディシスがここに散歩道をつくらせたのだ。プラタナスやマロニエの下を、西園寺公望や中江兆民も歩いた。一九二〇年にパリに着いた武林文子はこう書いている。「シャンゼリゼーの自動車は実際走るといふよりも流れるといふほうが適当した形容であつた、もつと巧く云ひあらはさうと思へば、自動車の流れが凱旋門からコンコルドへかけて滝のやうに落ちてゐると云つたのがいちばんいゝ」（「赤坊のヨーロッパ日記」、『婦人公論』一九二三年八月）。パリにおける自動車時代の始まりは一八七〇年から八〇年にかけてとされている。一八九〇年にはフランス・ツーリング・クラブが、一八九五年には自動車クラブが発足した。パリっ子たちは車でシャンゼリゼを素早く流れ行き、観光客は時を惜しむようにそぞろ歩く。

このシャンゼリゼ通りには、満鉄（南満州鉄道株式会社）事務所もあった。松尾邦之助がその一角に日仏同志会をつくり、日仏文化雑誌『フランス・ジャポン』を発行していた。松尾のあとは小松清が引き継いでいる。一九三四年創刊のこの雑誌は、日本の社会や文化をフランス語で紹介して、親日派・知日派のフランス人を増やすのに一役買った。

シャンゼリゼ通りを東に歩くと、やがて南側にグラン・パレとプチ・パレが見えてくる。一九〇〇年のパリ万国博の折にできたアール・ヌーヴォー様式の建築物だ。正宗得三郎や島崎藤村もそこで開催される美術展覧会を訪れている。

グラン・パレよりやや西側のモンテーニュ通りにはシャンゼリゼ座がある。島崎藤村は小山内薫（おさないかおる）とここにヴァツラフ・ニジンスキーを見に行き、柳沢健は小松耕輔と共に「トリスタンとイゾルデ」を聞きに行った。竹内勝太郎や河盛好蔵、吉江喬松もここを何度も訪れている。一九二七年には岡本綺堂作「修禅寺物語」がフランス人の役者たちによって演じられた。

もう少し歩くとコンコルド広場だ。もともとはルイ一五世のためにつくられた広場だったが、革命に伴って大革命広場、国民広場と改称され、ギロチンが設置された時期もあった。このオベリスクも日本人にはなじみ深い。その北のマドレーヌ寺院までまっすぐ続く道も美しい。エミール・ゾラ著、飯田旗軒（きけん）訳『巴里』（大鐙閣、一九二一年）には、マドレーヌ寺院からコンコルド広場に至る風景がこう描かれている。「美しき晩霞晴渡つた空天の下に大路小路、諸々の紀念的大築造物、相映じ相照し、其壮麗偉観、唯只夢みる心地して、彼の名に聞きし寂光の都、喜見城も之にはいかで及ぶべきかと、思ふばかりの光景である」。横光利一は同じ風景を眼前にした『旅愁　第一篇』（改造社、一九四〇年）の主人公にこう言わせている。「ここが、世界の文化の中心の、そのまた中心なんだからなア」。

コンコルド広場の東側にはオランジュリー美術館がある。アンリ四世がつくったオレンジ温室があったためにこう呼ばれているらしい。さらに東にはチュイルリー公園がある。ヴェルサイユ宮殿の造園を担当した設計士による名園である。チュイルリー公園を抜ければルーヴル美術館がある。巌谷小波（いわやさざなみ）は和田英作の案内でここを見学し、藤田嗣治はここに模写に通った。

凱旋門からルーヴルへ至る区域は、まさに観光のゴールデン・コースといっていいだろう。一九二八年に発行された滝本二郎『欧米漫遊留学案内　欧州の部』（欧米旅行案内社）では、「巴里一週間見物」として観光ルートの解説をしているが、やはり見物第一日目にはこの区域を入れている。ただしルーヴル美術館を省いて、代りにエッフェル塔近辺を含んでいる。ルーヴル美術館はというと、見物第二日目を全部それにあてている。「美術好の人も中毒して当分美術品を見たく無くなる位に疲れるから二日目の見物は当所のみとし帰途はオペラ通りから伊太利街を散歩して頭を軽くしたが善い」そうである。

（和田桂子）

❶ 有島生馬・小宮豊隆（8区）45. Avenue Friedland
❷ ヴァンドーム広場（1区）Place Vendôme
❸ エスカルゴ（1区）38. Rue Montorgueil
❹ 凱旋門（8区）Place du Général de Gaulle
❺ 久米正雄・藤原義江（16区）60. Avenue d'Iéna
❻ グラン・パレ（8区）3. Avenue du Général Eisenhower
❼ コメディ・フランセーズ座（1区）2. Rue Richelieu
❽ コンコルド広場（8区）Place de la Concorde
❾ サラ・ベルナール座（1区）2. Place du Châtelet
❿ シャトレ劇場（1区）1. Place du Châtelet
⓫ シャンゼリゼ座（8区）15. Avenue Montaigne
⓬ シャンゼリゼ通り（8区）Avenue des Champs-Elysées
⓭ 武林文子（16区）8. Rue Kepler
⓮ チュイルリー公園（1区）Place du Carrousel
⓯ 中央市場（1区）1. Rue Pierre Lescot
⓰ 日本人会（17区）7. Rue du Débarcadère
⓱ ときわ（16区）9. Rue Chalgrin
⓲ 日本大使館（16区）24. Rue Greuze
⓳ プチ・パレ美術館（8区）Avenue Winston Churchill
⓴ 深尾須磨子（16区）22. Rue Lauriston
㉑ プリュニエ（1区）9. Rue Duphot
㉒ マドレーヌ寺院（8区）Place de la Madeleine
㉓ 満鉄事務所（8区）136. Avenue des Champs-Elysées
㉔ 三木清（16区）26. Rue le Sueur
㉕ モンソー公園（8区）35. Boulevard de Courcelles
㉖ ルーヴル美術館（1区）34-36. Quai du Louvre

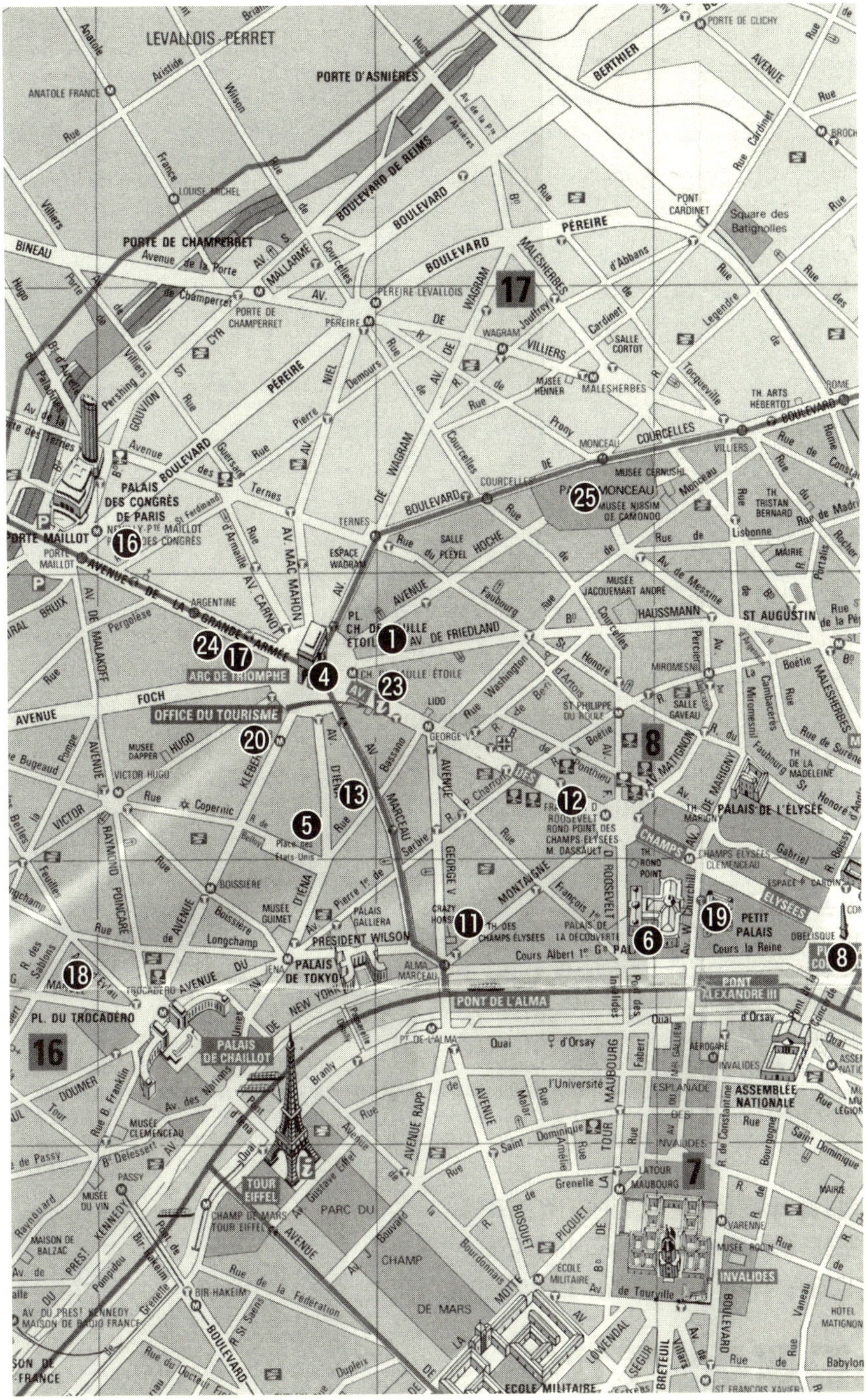
LEVALLOIS PERRET
PORTE D'ASNIÈRES
BOULEVARD DE REIMS
PORTE DE CHAMPERRET
PÉREIRE
17
PORTE DE CLICHY
Square des Batignolles
PONT CARDINET
SALLE CORTOT
MALESHERBES
MUSÉE HENNER
TH. ARTS HÉBERTOT
PALAIS DES CONGRÈS DE PARIS
PORTE MAILLOT
16
PARC MONCEAU
25
MUSÉE CERNUSCHI
MUSÉE NISSIM DE CAMONDO
MUSÉE JACQUEMART ANDRÉ
HAUSSMANN
ST AUGUSTIN
PL. CH. DE GAULLE ÉTOILE
1
AV. DE FRIEDLAND
24
17
ARC DE TRIOMPHE
4
23
OFFICE DU TOURISME
20
MUSÉE DAPPER
13
5
Place des Etats-Unis
8
12
PALAIS DE L'ÉLYSÉE
CHAMPS ÉLYSÉES
MUSÉE GUIMET
PALAIS GALLIERA
11
PRÉSIDENT WILSON
PALAIS DE LA DÉCOUVERTE
6
19
PETIT PALAIS
8
18
PL. DU TROCADÉRO
PALAIS DE TOKYO
PONT DE L'ALMA
PONT ALEXANDRE III
16
PALAIS DE CHAILLOT
TOUR EIFFEL
PARC DU CHAMP DE MARS
ESPLANADE DES INVALIDES
ASSEMBLÉE NATIONALE
7
MUSÉE RODIN
INVALIDES
ÉCOLE MILITAIRE
MAISON DE BALZAC
MUSÉE DU VIN
MAISON DE RADIO FRANCE

有島生馬・小宮豊隆 —— 45. *Avenue Friedland*

有島生馬（壬生馬　一八八二〜一九七四）は一九〇四年に東京外国語学校イタリア語科を卒業、翌年五月に日本を出てローマ国立美術学校に入学した。一九〇六年にはアメリカ留学を終えた兄の武郎とイタリア各地に遊び、一二月にパリに入った。一九〇七年に武郎はロンドンから帰国、生馬はグランド・ショーミエールに通い、翌年秋にカンパーニュ・プルミエール街（Rue Campagne-Première）一一番地のアトリエを借りた。この年には高村光太郎がこの通りの住人となるが、他にも日本人画家の顔が見られた。生馬の小説『死ぬほど』（春陽堂、一九二〇年）によればアトリエは通りの中程から「八百屋と肉屋の間を入るパッサアヂの奥にあつた。鍛冶屋印刷屋などの工場の間を十間も這入つた突当に三軒並んで建てゝある画室の一つ」で、「アトリエの内部は三間に四間の一間切り」、地面すれすれの床板が「貧乏臭い」印象だった。ブルジョアの家に育った生馬には不満もあったが、しかしその簡易生活には美術家特有の自由の息吹が感じられた、という。

しかしここでの対象はこの有名な通りではなく、一九二八年二月に香取丸で出航した二度目のパリ滞在の宿である。翌年二月にマルセイユから帰途についているが、この間にレジオン・ドヌール勲章を貰っている。長女の暁子を含む一行四人の旅で、『東方への港』（岡倉書房、一九三六年）によれば、パリに着いて最初ホテル・スプレンディドに三泊したが、日本人を嫌う気配なのでフリードラン街四五番地のホテル・キャンベル（Hôtel Campbell）に移った。エトワール広場に面した高級ホテルで、義兄の原田熊雄が初めてパリに来た時の宿でもあった。

生馬は様々な人との再会の応接に追われた。一九一〇年一月に帰国の船に乗ってから一八年ぶりのフランスである。中でも「ヴェネヴィルの片田舎」から斎藤豊作が出てきた。斎藤はか

★かつてホテル・キャンベルがあった建物の外観。生馬はその後も一九三七年にパリ大学で「書・画の関係」という連続講演を行い、一九六四年には八三歳でフランス・イタリア・スイス旅行に出かけており、生涯のうちに四度パリに滞在している。

つてのカンパーニュ・プルミエール街の仲間である。生馬は斎藤に頼まれた泥だらけの蓮根を差し出した。斎藤は「田舎のお城に住つてゐるので、そのお城の内堀の中で、東洋の蓮の花を開かせてみよう、花が開くやうになつたら絵にして」みたいと考えたらしい。斎藤と共にカルチェ・ラタンの「萬花楼又はレストオラン・パスカル」と呼ぶ店に入ったが、パリの看板に漢字の店が時折目に付くのは、二〇年前を思えば全く意外であったという。「何でもパンテオンを中心として、七軒とか、八軒とかの支邦料理屋が出来てゐる相だ」とある。一歩一歩に古い記憶が甦り、「どこかそこらに当時の足跡が今も尚ほ残ってはしないか。私は再びその足跡の上を踏みつけつゝあるのではないか」という不思議な感覚に襲われたと記している。

　時期は前後するが一九二三年一〇月一七日に小宮豊隆（一八八四〜一九六六）はベルリンからパリに着いてこのホテルに投宿した。小宮はマルセイユからベルリン、そしてストックホルムに旅してベルリンに戻り、スタニスラフスキーのモスクワ芸術座のパリ公演を見るために駆けつけ、翌年一月半ばにはイタリアに向かっている。その『巴里滞在記』（岩波書店、一九三四年）は、「カラマゾフ兄弟」「桜の園」「イワノフ」「三人姉妹」と続く観劇報告にほぼ終始しているが、一〇月二九日にイエナ通り近くの「リュー・ポーケーの素人下宿」に移った。二間で月一〇〇〇フラン、他に朝飯一〇〇フラン、石炭一〇〇フランという。このRue Pauquetは当時の簡略地図を見る限り、現在のAvenue des Portugaisに相当する。

　小宮はここで始めてパリの住宅を世話する門番の力を知らされた。素人下宿の場合、そこに下宿しているという証明を門番に貰い、近くの警察で判を貰い、その上で警視庁に出頭しなければならない。門番の証明を持って近くの警察に行くとすぐに判を押してくれた。ベルリンではこういう場合、必ず長く待たされ、あげくに余計な金を取られる。こう簡単に済むと「有難いといふ心持よりも、むしろ少少あつけない」と記している。

（竹松良明）

★フランス滞在時の生馬（『仏国研究』同文館、一九一七年）。生馬は『現代日本文学全集27 有島武郎・有島生馬集』（改造社、一九二七年）の「自筆年譜」一九〇八年の項に、この年に開催されたセザンヌの回顧展覧会を見て「学校教育に嫌悪を感じ、遂に廃学して、自らアトリエを持ち制作に耽る」と記している。また翌年の項に、「巴里滞在中交遊せる人々―藤島武二、湯浅一郎、荻原守衛、高村光太郎、山下新太郎、斎藤豊作、斎藤与里、白瀧幾之助、南薫造、梅原龍三郎氏等あり」とある。

ヴァンドーム広場 —— *Place Vendôme*

ヴァンドーム広場は、土地の所有者ヴァンドーム公爵の名をとってつけられた。もともとこの広場はルイ一四世の騎馬像用に区画されたものであったが、革命のため騎馬像は取り壊され、代りにナポレオン一世の記念柱が立った。この柱はオーステルリッツの戦いでロシア・オーストリア連合軍から奪った大砲を溶かして造ったといわれている。柱には全面に戦闘シーンが彫刻され、頂上にはシーザーに扮したナポレオン像が立っていた。失脚後にはアンリ四世像や王家を象徴する百合の花に取って代られたりした。ようやくナポレオン三世が再建した像もパリ・コミューンの際に柱台ごと倒された。今は一八七四年に復元された最初のナポレオン像のレプリカが立っている。矢本正二（『巴里通信』築地書店、一九四三年）はこの広場を「パリ中で一番落着いたプラスといつて良いだらう。真中に立つて、まはりをぐるぐる眺めてゐると、古い西洋歴史の中に自分が立つてゐる様な気がする」と書いた。たしかにこの広場は時代ごとの権力の移り変りを見せてくれている。

西條八十は「巴里の霧」（『美しき喪失』神谷書店、一九二九年）の中で、白い霧に包まれたヴァンドーム広場をこう歌っている。「M君、――／ぼくは今夜しみじみと想ふよ、／あの夜の霧のことを、――あの幸福な白い霧のことを、――／それは一切をぼくらから隠してゐた、／巴里の古い甃石道（しきいしみち）も、鈴懸（すずかけ）の並樹（なみき）も、／ヴンドオム広場（ひろば）の奈翁（ナポレオン）の像も、大空（おほぞら）の下弦（かげん）の月も、／それからあの時ぼくに緊（かた）く縋（すが）つてゐた／鼹鼠（トオプ）の外套のかげの熱い柔（やはら）かな手も。――」。これは一九二五年一〇月のパリの情景で、M君とあるのは森口多里のこと。霧のヴァンドーム広場で八十の手を握っていたのは山岸元子かと思われる。

（和田桂子）

★ヴァンドーム広場。「プラスバンドームはまるで団子を串に刺したやうな形に、リュー・ド・ラ・ペイが突抜けてゐるが、広場は両方が、各々半円形である」（矢本正二『巴里通信』築地書店、一九四三年）。

エスカルゴ —— *38. Rue Montorgueil*

茹でた蝸牛（かたつむり）の肉をバターや香辛料で味付けした料理は、フランス料理のひとつとして有名だ。その味を、柳亮は「一寸食べ過ぎると猛烈に胸の焼けるところなど、さざゑの壺焼と好一対の食ひものである」（『巴里すうぶにいる』昭森社、一九三六年）と言っている。蝸牛を食べるといえば日本人には抵抗があったかもしれないが、なるほどそう言われれば、さざえの壺焼きに通じる料理とも言える。気味が悪いと思う人がいても、馴れてしまえば、食習慣の違いとして受け入れられる。この国においては、特に変わった料理というわけではなかった。

しかし、何といっても名物であるから食べてみたいという人もいて、ことにパリ中央市場付近のモントルグイユ街にある創業一八六六年の老舗「エスカルゴ」には、日本人旅行者も多く訪れている。「マーケットのあと掃除のトラックがたて込んで居る往来を左右に泳ぎ渡つて行くと、レストランの入口には看板代りに大きな蝸牛が左右から角をニュッと突き出して居る」（滝沢敬一『続フランス通信』岩波書店、一九三八年）とあるが、いまもこの蝸牛の看板は健在である。本来、蝸牛料理は高級な食べ物とは言えないが、この店にはサラ・ベルナールやレイモン・ポアンカレもよく通っていたと言い、一流レストランの部類に入るようだ。ここに立ち寄った岡本かの子によれば、「紅薔薇色の壁寄椅子、四面の壁鏡、螺旋形の梯子段——もし蝸牛に踊子があつてその派手で古びた殻をマントのやうに脱ぎ捨てたとしたらそれはこの小店だ」（「食魔（グウルメ）に贈る」、『中央公論』一九三二年三月）という洒落た内装で、現在もそう変わっていない。売れっ子で多忙をきわめていた時期の藤田嗣治は、飲み歩いたあげく、夜明け近くにエスカルゴの食事で力をつけてから、そのまま仕事にかかったという（松尾邦之助『巴里物語』論争社、一九六〇年）。**（宮内淳子）**

★エスカルゴの店と領収書（滝沢七郎『旅券を手にして』明文堂、一九二六年）。

★柳沢健もエスカルゴによく通ったという。「市場の近くでは『蝸牛（えすかるごー）』といふのが自分の贔屓だつた」「自分はよくここで、先づ蝸牛を半打ほど、続いて蛙を、最後に牛の臓といふやうなコースを註文したものであつた。われながらイカ物食ひになつたやうな気がしたが、事実それがおいしいのだから致し方なかつた」（『回想の巴里』酣燈社、一九四七年）とある。

凱旋門 —— *Place du Général de Gaulle*

凱旋門とはもともと、古代ローマで建てられた、戦勝祝賀の記念物である。一八〇五年にオーステルリッツの戦いで、ドイツ・オーストリア・ロシア・イタリア連合軍に勝利を収めたナポレオン一世は、凱旋門の建設を命じ、シャルグランが設計した。しかしワーテルローの戦いに敗れたナポレオンは、セント・ヘレナ島に流され、凱旋門の完成を見ることなく、一八二一年に死去する。凱旋門が完成したのは、その一五年後の一八三六年だった。ナポレオンの遺骸は一八四〇年に、セント・ヘレナ島からパリに戻され、凱旋門をくぐって、アンヴァリッドに安置されている。

一八八五年五月、帝政に抵抗してきたヴィクトール・ユゴーが亡くなった。彼の柩は凱旋門の下に安置され、パリ市民が通夜に訪れる。翌日に国葬が行われ、柩はパンテオンに運ばれ埋葬された。法律を学ぶため、前年からパリに滞在していた黒田清輝（せいき）は、国葬に立ち会う。ただしパリで洋画研究に転じた黒田らしく、ユゴーよりも、凱旋門上に設置されていた、アレクサンドル・ファルギエールの彫刻に関心があったようだ。「予が知れるファルギエール」（『美術新報』一九〇三年五月二〇日）によると、それは、四頭の馬が引っ張る、戦車に乗った女神の像である。その彫刻のために、国葬は「一層荘厳であつた」というが、残念ながら一八八六年に取り外されてしまった。

凱旋門はシャルル・ド・ゴール広場の中心にある。一九七〇年の大統領の死によって改称されるまで、広場はエトワールと呼ばれた。広場の直径は一二〇メートル。エトワール（星）という名前にふさわしく、シャンゼリゼ通りなど一二の大通りが、中心から放射状に伸びている。

★最初は南画を志していた山本芳翠は、一八七八年のパリ万国博覧会の際に、事務局員としてフランスに渡る。パリの国立美術学校でレオン・ジェロームに学んだ山本は、一八八七年に帰国するまで、九年間を異国の地で過ごした。図版の「ヴィクトル・ユーゴー葬送の図」（『パリを描いた日本人画家』朝日新聞社、一九八六年）は、一八八五年に制作している。絵の中央やや下の部分に、市民に見守られ、馬に曳かれていく柩が描かれた。

円形広場として整備したのは、セーヌ県知事のオスマン男爵で、パリの都市改造計画の一環である。凱旋門完成より後の一八五四年に、工事は着工された。

凱旋門の高さは五〇メートル、幅は四五メートル、奥行きは二二メートル。凱旋門の展望台に上ると、パリ市内が一望できる。巌谷小波が上ったのは一九〇〇年八月だった。『小波洋行土産 下巻』（博文館、一九〇三年）に、「絵やら写真では、小児の時分からのお馴染」だと書いているから、彼が子供だった明治一〇年代の日本で、凱旋門の図像は一般化していたのだろう。天気が良くて、遥か彼方のサン・クルーの丘まで眺めることができた。

シャンゼリゼ通り側の壁面には、ナポレオンの勝利や、義勇兵の出陣を描いた、レリーフが飾られている。第一次世界大戦終結後の一九二〇年に、一五〇万人の戦死者を代表して、ヴェルダンの激戦で亡くなった一人の無名戦士が、門の真下に埋葬された。それ以来、雨の日も風の日も、ここでは火が燃え続けている。フランスで三四年間暮してきた矢本正二は、『巴里通信』（築地書店、一九四三年）に、一九三七年のパリ万国博覧会から、一九三九年の第二次世界大戦勃発までの間、ノートルダム・オペラ・マドレーヌ・エトワールは、夜にライトアップされたと記している。それは、パリ生活が長い矢本でも、思わず振り返って見とれてしまうほどの美しさだった。

一九四〇年にドイツ軍がパリを占領したときも、その四年後にド・ゴール将軍がパリを解放したときも、軍隊は、凱旋門からシャンゼリゼ通りへと行進した。荻須高徳『パリ画信』（毎日新聞社、一九五一年）に、大きな三色旗が翻る、「パリ祭の日の凱旋門付近」というデッサンが収録されている。フランス革命記念日である七月一四日の様子を、「パリの街は、広場は、小旗と提燈をかけ渡して、交通規則御法度の踊り場と化している」と荻須は記した。パリの歴史を見つめ続けてきた凱旋門は、現在でもパリの祝祭の中心地である。

（和田博文）

★東京瓦斯などの社長を務めた岩崎清七は、一九二九年五月にジュネーヴで開かれた第一二回国際労働会議に、使用者代表として出席した。その機会を利用して、アメリカやヨーロッパの経済事情を視察し、執筆したのが『欧米遊蹤』（アトリヱ社、一九三三年）である。パリの凱旋門では、無名戦士者の墓に花輪を捧げたが、その記事がフランスの新聞に載ったらしい。ジュネーヴに半月後に到着すると、労働事務局長のアルベルト・トーマが、フランス人としてお礼申し上げたいと挨拶してきたという。図版は、同書に収録された写真で、花環を捧げる日本人一行が写っている。

久米正雄・藤原義江——*60. Avenue d'Iéna*

久米正雄（一八九一～一九五二）の「モン・アミ」（『改造』一九二九年一〇月）には、久米夫妻がパリに着いた際の宿探しについて、出迎えの原口という男との間で、「ホテル・デイエナと云ふ所が、いゝ方では手頃だと聞いて来ましたが。……」「はア、彼処なら殆んど一流です。が、それだけに着物や何か、窮屈は窮屈ですよ。」とか、「デイエナの、もう少し先に、アンテルナショナルと云ふ、よく日本人を扱ひつけたホテルがありますがね。」「あゝ、さうですか。さう云へば、その名も聞いて居ました。」などという会話が交されている。一九二九年一月一三日の『巴里新報』には、「久米正雄氏来巴夫人同伴」の見出しで、「久米正雄氏及つや子夫人は昨年末来巴ホテルアンテルナショナルに投宿された」という記事も載せられている。

イエナ通りは、エトワール広場から放射状に延びた通りの一つで、イエナ広場に到る。石黒敬七も、パリに着いて「一週間目には、アンテルナショナルという日本人をお得意としているホテルから」（『旦那の遠めがね』日本出版協同株式会社、一九五二年）他に移っている。

ここには藤原義江（一八九八～一九七六）もよく泊ったようである。このあたりは、日本大使館や日本人会も近く、日本人たちが多く住んだ地域である。藤原は一九二〇年三月に渡欧に出発し、一九二一年一一月、ロンドンで本格デビューして以来、一九三〇年代にかけて何度もヨーロッパを訪れている。薩摩治郎八が後援したこともよく知られている。林芙美子の一九三二年三月一四日の日記（今川英子編『林芙美子――巴里の恋』中央公論新社、二〇〇一年）には、「日本人倶楽部で晩飯をたべに行く。（略）藤原義江が来てスキヤキを食つてゐた」という文章も見える。英国人を父にもつ藤原も、やはり日本人としての心性は変らなかったようである。

（真銅正宏）

★『巴里新報』一四六号（一九二九年一月一三日）に載せられた久米の似顔絵と来巴の記事。

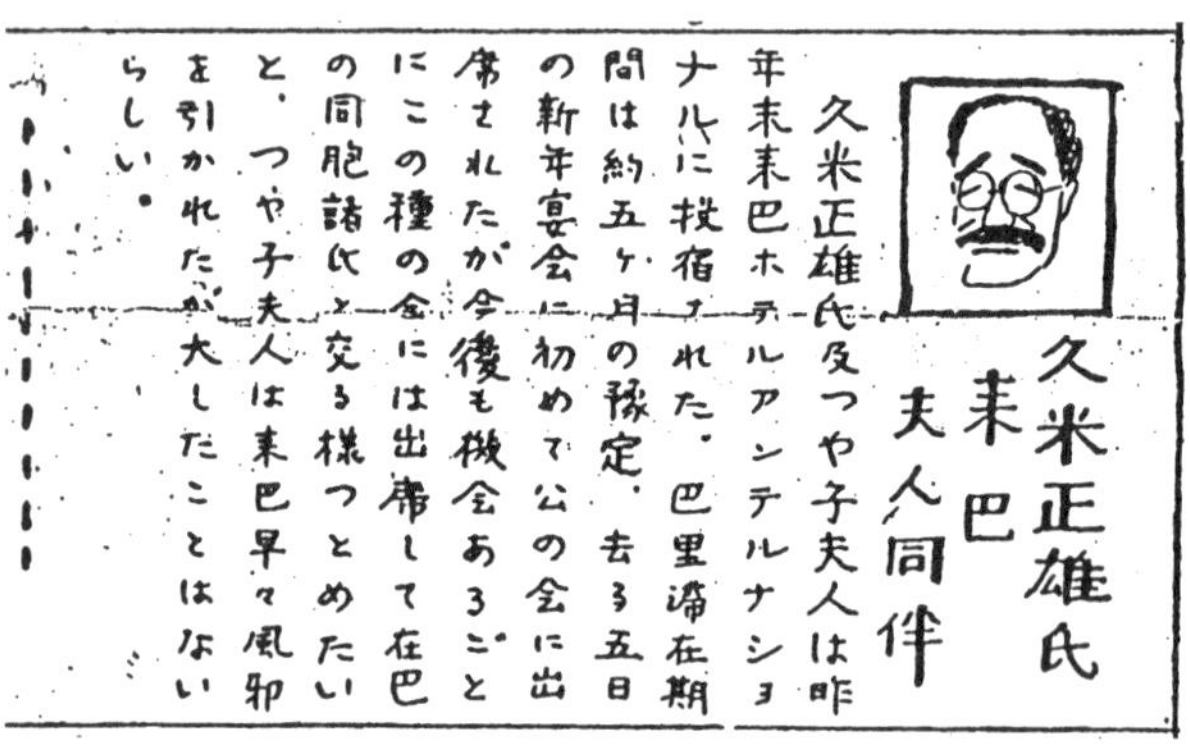
久米正雄氏
来巴
夫人同伴

久米正雄氏及つや子夫人は昨年末来巴ホテルアンテルナショナルに投宿された。巴里滞在期間は約五ヶ月の豫定。去る五日の新年宴会に初めて公の会に出席されたが今後も機会あるごとにこの種の会には出席して在巴の同胞諸氏と交る様つとめたいと。つや子夫人は来巴早々風邪を引かれたが大したことはないらしい。

グラン・パレ――― *3. Avenue du Général Eisenhower*

パリ美術界の秋季展覧会として知られたサロン・ドートンヌ（SALON D'AUTOMNE）は、建築家フランツ・ジュルダン、画家ジョルジュ・デスパニヤ、美術批評家イヴァノエ・ランボソンの発意で創立、第一回は一九〇三年にプチ・パレ美術館地階で開かれた。その後、美術局長アンリ・マルセルの好意的な提案でグラン・パレが会場となったが、この新サロンに対抗する保守派からグラン・パレを使わせまいとする圧力がかけられた。鉄骨のガラス屋根とドームが壮麗なこのアール・ヌーヴォー式建築は、一九〇〇年のパリ万博を記念して造られた。

画家の正宗得三郎は一九一四年六月にここを訪れ、「アレキサンダー三世橋を渡るとすぐ左がグラン・パレーである。中に大小のサロンが開かれてゐる。小サロンの方に這入つたが実に下らない駄作許りだ。アマンジヤンに、シモンを拾つても駄目だ。高村はズローガーがいゝと言つてゐたが、僕はいやだ」（『画家と巴里』日本美術学院、一九一七年）と、手厳しい。高村とは高村光太郎のことである。一九一三年の夏にパリに着いた藤田嗣治は、間もなくサロン・ドートンヌを見るためにここに来たが、「私は全く遅れて居て無学であつて、誰れ一人の名前も知らなかつた。三千余りの作品を見て、若い私は血を踊らせてその荘観に唯々驚嘆する許りであつた」（『地を泳ぐ』書物展望社、一九四二年）と、しおらしく回想している。

詩人の竹中郁（いく）は「巴里たより」に、一九二八年秋のこの展覧会は、「会場としてのグランパレエが良いコンジシヨンではないので、見難い事おびただしく、中には随分変な、見ても面白くない絵がうんとある」（『ドノゴトンカ』一九二九年一月）が、日本人の作品も多く、伊原宇三郎、中村研一、また長谷川潔の「版画以外の油絵」には感心したと記している。

（竹松良明）

★一九二〇年頃のグラン・パレ（*Paris En Huit Jours*, LIBRAIRIE HACHETTE,1921）。柳沢健『巴里の昼と夜』（世界の日本社、一九四九年）には年中行事としての「春のアルチスト・フランセー」の様子が、「グラン・パレーの何十キロという壁面や飛行機が何十台もはいるような彫塑室に立ち並びます。搬入される絵が凡そ八千、そのなかから約三千枚が鑑査の後入選として残る訳ですね。この春のサロンは長い伝統を持つて居り官展ですから、わが国の日展に比すべきものでしよう」と記している。

コメディ・フランセーズ座——2. Rue Richelieu

一六八〇年まで歴史を溯ることができるコメディ・フランセーズ座は、オデオン座と並ぶ国立劇場で、フランス劇場が正式名称である。藤田嗣治『巴里の横顔』（実業之日本社、一九二九年）によれば、プログラムもルイ王朝時代からの伝統を踏襲し、黄色い紙に黒い字で印刷した。ただしオペラ座のように、格式ばっていたわけではない。「一杯のカフェを飲む金」で、モリエールでもラシーヌでも観られた。服装も背広で十分。演劇研究者や学生の便宜をはかるため、最上の席の格安回数券も用意されている。

竹内勝太郎はコメディ・フランセーズ座で、最初にラシーヌを観たとき、まったく面白くないと感じた。『西欧芸術風物記』（芸艸堂、一九三五年）で彼は、フランス語の台詞を十分理解できないことが、一因かもしれないと述べている。しかしそれ以上に、熱情が伝わってこなかった。アカデミックな伝統を守る、「古典の演劇学校」に思えたのである。その印象はやがて覆される。モリエールを観た観客が、熱狂的に俳優の名を叫び、何度も喝采を繰り返していた。竹内も初めて、「巴里の芝居を見た」という気持ちになっている。

コメディ・フランセーズ座で行われる、詩の朗読会がマチネ・ポエティック。詩人の柳沢健は、朗読を聞きによく出掛けた。『三鞭酒の泡』（日本評論社、一九三四年）によると、朗読者はすべて、この国立劇場の専属俳優である。古典だけでなく、最近のシュールレアリスムの詩も含め、彼らは音楽性を重視して朗読していた。声の生命を吹き込んで朗読する習慣のない、日本の詩壇とはまったく違っている。何しろパリは、上流階級の結婚前の女性が、役者や教師から、フランス語の美しい発音を学ぶ土地柄なのだから。

（和田博文）

★図版は、*Paris=Théâtre* 一九二五年四月二五日に掲載された、コメディ・フランセーズ座の舞台。

コンコルド広場——*Place de la Concorde*

コンコルド広場はルイ一五世の騎馬像を建てるために造られた。一七七〇年には後のルイ一六世となる王太子とマリー・アントワネットの結婚式がここで執り行われた。しかし革命により騎馬像は取り壊され、ギロチン台が据えられる。ルイ一六世やマリー・アントワネットをはじめ、千人以上がここで処刑されたという。騎馬像やギロチンの代りに今広場中央にそびえるオベリスクは、エジプトの王族からシャルル一〇世に贈呈されたもので、あざやかに象形文字が浮び上がっている。その左右には噴水が造られ、八角形の広場のそれぞれの隅には八体の女神像が置かれた。横光利一が「コンコルド女神にかゝる春の水」（高浜虚子『渡仏日記』改造社、一九三六年）と詠んだのはこの光景である。

西にシャンゼリゼと凱旋門、東にチュイルリー公園とルーヴル美術館、北にマドレーヌ寺院、南にアンヴァリッドと、すばらしい眺望を誇るこの広場は、まさにパリの中心といってよい。木は一本もなく、代りにガス灯が並んでいる光景を矢本正二は「静かな絵のやうである」（『巴里通信』築地書店、一九四三年）と表現したが、その人工的な美は横光を感動させた。一九三六年五月一三日の彼の日記にはこう書かれている。「深夜に森林の中を一人歩く凄さより、コンコルドの広広とした人工の極みの中を歩く物凄さは、はるかに人人を興奮させることだらう。私はここに来て真の感傷といふものを感じた」（『欧州紀行』創元社、一九三七年）。この時の感慨は『旅愁　第一篇』（改造社、一九四〇年）のこんな台詞に反映されている。

「何んて凄い景色だらう。」「これから見れば、東京のあの醜態は何事だ。僕はもう舌を噛みたくなるばかりだ」。

（和田桂子）

★「雨の夜のコンコールド広場。コンコールド広場は木が一本もなくて街灯が正しい間隔で立つてゐる」（矢本正二『巴里通信』築地書店、一九四三年）。

サラ・ベルナール座——2. *Place du Châtelet*

一代の名女優サラ・ベルナール（一八四五〜一九二三）は一八六二年のコメディ・フランセーズの舞台を振出しに、「椿姫」などで華々しい成功を収め、一八九九年にナシオン座を入手してシャトレ広場にこの劇場を開設した。現在は市立劇場（Théâtre de la Ville）になっている。この女傑の逞しい生き様については、岩田豊雄の『脚のある巴里風景』（白水社、一九三一年）に詳しい。

それによると、若い時はかなりの美人だが、後年は「頬骨は翼の如く張り、眼は塹壕の如く窪み、歯は奔馬の如く突出した。生来顔の面積の広い女であるが、それに比較して、四肢が短かつた。さうして畸形的に細かつた。どうみても様子のいい女と云へなかつた」と、見るからに仮借ない筆致で描き出す。それが大女優になれたのは、まず「金の声（ヴォア・ドオル）」と呼ばれた「金鈴を振ると云ふよりも、地に於ける最も貴い声」、そしてこれはエドモン・ロスタンの「シラノ・ド・ベルジュラック」にある言葉らしいが、「姿の女王、身振りの皇女」と言われたその立ち居振舞い。しかし、それだけではまだまだ足りない。実に「サラは大実業家のやうに精力絶倫で、大政治家のやうに非常識で、大宗教家のやうに臆面がなく、大詩人のやうに自信が強かつた」のであり、これこそは真の大女優の素（もと）である。彼女の一生は「活動と我儘の一生」であり、七九歳で死ぬ前年まで「一回も休止したことのない演劇器械」であり、容貌が衰えれば男役を演じ、右足を切断した後は義足をつけて舞台に現れた。

一九〇五年暮から一九〇九年暮までパリに滞在した有島生馬の小説『死ぬほど』（春陽堂、一九二〇年）は、この劇場を次のように「冷やかに眺め」ている。「生命と財産の全部を捧げた三人の馬鹿者があつて、その生血とその遺産とでサラが造りあげたのがあの劇場だといふではない

★往年のサラ・ベルナール（『世界実観 2』日本風俗図絵刊行会、一九一五年）。岩田豊雄『脚のある巴里風景』によれば、フランスのサラ・ベルナール、イタリアのエレオノラ・デュセ、イギリスのエレン・テリイが近代の三大女優であるが、デュセやテリイは名女優でも世の中へ「出姿婆る」女ではなく、その点サラは「名声の上から云つても、世界の何処へも響いた名」を獲得し、その死に対してはフランスだけでなく、ロンドンのウエスト・ミンスター寺院でも追悼式が行われたという。

か。あれが醜いパッションの象徴だ。あの屋根、あの窓、あのアアチには三人の犠牲になつた男が大きな口を明いて自分と共に欠（あくび）をしてゐるやうに見える」。

さらに小説「テムプル夫人」（元題は「奇遇」、『新潮』一九一六年一月）では、ラシーヌの「フェドルに扮した」サラに熱狂する観客の姿を描いている。幕が下りるとサラは幾度も舞台に呼び戻され、花束が雨のように降り続ける。サラは「亢奮と感激にたへないでよろよろしながら舞台に戻つて来て挨拶をした。（略）その時は十六回も呼び出された」。最後の幕が下りると観客は、「舞台へ押し寄せ、てんでに手にもつた杖や傘で幕を支へて下させなかつた。なんだか一揆でも起つたやうな光景である」。サラは確かに国民的なヒロインであった。第一次大戦中には不自由な足で戦地慰問にも出かけ、公債募集を応援し、愛国主義者として有名だった。また全ヨーロッパはもちろん、アメリカ・メキシコ・ペルーにも巡業している。

一九二二年に辰野隆（たつのゆたか）はこの劇場で名優ギトリーの演じる「パストゥール」を観ている。この劇の初演は一九一九年で、その時パリにいた劇作家で三島通庸の孫の三島章道がその観劇談を『時事新報』に寄せたのを辰野は記憶していた。一九二二年はパストゥール生誕一〇〇年に当り、ギトリーは再びこれをサラ・ベルナール座で上演したのだった。「僕は二晩つづけて同じ劇を観て、一世紀前の大科学者をギトリーの至芸の裡に見出して、パストゥールという偉い男は正に斯（か）かる人間であったに相違ないと勝手に決めて、感激したのであった」（「芝居の思出」、『南の窓』創元社、一九三七年）と回顧している。演劇研究のために一九二〇年にパリに赴き一九二三年に帰国した岸田国士が最初に訪れたのもこの劇場で、「演し物（だ）はロスタンの『雛鷺』、一番前の列で、女優の凄いメーキアップを孔のあくほど見つめてゐた」（「芝居と僕」、『劇作』一九三七年一～九月）とある。「ロスタンとヱルヴイユウを当代の双璧」と思い込んでいたが、本場の消息を知って「大慌てに慌てた」という。

（竹松良明）

★シャトレ広場の絵葉書。右手にサラ・ベルナール座。林芙美子は一九三二年二月二八日にここを訪れている。「サラ・ベルナアル座で、マチネーにベエトーヴェンの『第五シンフォニイ』と、ドビュッシイの『祭の朝』を聴きに行つた。日本にも、こんなマチネーがあつてもいゝと思ふ」（『巴里の日記』東峰書房、一九四七年）とある。

シャトレ劇場 —— 1. *Place du Châtelet*

例えば島崎藤村『平和の巴里』（左久良書房、一九一五年）に、「『シヤトレエ』の劇場は『サラ、ベルナアル座』と対ひ合つて『セーヌ』河の岸に近い『シヤトレエ』の広小路にあります。斯の劇場は東京で言へば本郷座あたりに似通つたところが有つて、用達の序に電車の窓からよく見る建物です」と紹介されるシャトレ劇場は、オペラ座などとは違い、やや気楽に楽しめる劇場であった。そこで催される演目にも、またジャンルにも様々のものがあった。

石井柏亭の『柏亭自伝』（中央公論美術出版、一九七一年）には、一九一二年頃のこととして、「シャトレー座にそのころ評判のロシア・バレーを観たが、ニジンスキーとカルサヴィーナの舞踊、リムスキー・コルサコフの音楽、バクストのデコールなどのかもし出すその雰囲気は実に素晴らしく、人気の立つのも尤もであった」と書かれているし、辰野隆の『人生遍路』（青林書院、一九五三年）には、「初めてシャトレ座のマチネでベートーヴェンの第九交響楽を聴いた」と書かれている。竹内勝太郎もまたここでベートーヴェンを聴いている（『西欧芸術風物記』芸艸堂、一九三五年）。バレエや音楽のコンサートは、オペラとは違い、台詞がないために、言葉の理解度とは無関係に観客を呼ぶことができる。フランス語にあまり堪能でない日本人滞在者にとっては、おそらくこちらの方がより親しみやすかったであろう。

滝沢敬一『フランス通信』（岩波書店、一九三七年）には、「タクシーを飛ばしてChâteletと云ふ芝居に駈けつけ土間の切符を買つて這入ると座席番号を記す男が『女連れならお二人切りで気兼のないboxを差上げませう』と粋をきかす」とある。芝居見物とは、純粋に舞台を楽しむ目的に加えて、その「場」に行くこと自体が、楽しみでもあったのである。

（真銅正宏）

★一九一三年八月一九日の消印のあるシャトレ劇場の絵葉書。

シャンゼリゼ座 —— *15. Avenue Montaigne*

シャンゼリゼ座は一九一三年に鉄筋コンクリート造りの新しい劇場として誕生した。テアトル・デ・シャンゼリゼと呼ばれる大劇場の方は、演劇やコンサートやバレーに使用され、一二〇〇人を収容した。コメディ・デ・シャンゼリゼの方には七五〇人、さらにステュディオと呼ばれるスペースには二五〇人が収容可能だった。

島崎藤村が小山内薫と共にヴァツラフ・ニジンスキーの舞踏を見に行ったのは、劇場が出来たばかりの一九一三年六月のことである。古めかしいオペラ座に対抗するようにつくられたこの新劇場について、藤村は『平和の巴里』（左久良書房、一九一五年）にこう書いている。「場内の廊下を照す灯篭風な電灯でも、欄の間を飾る金属製の蝶の形でも、柱の側に置いてある花瓶でも、日本風の意匠が余程取入れてあるのに心づきました。階上の壁画なぞも最近の画風で描かれたものでした」。藤村の見た内装は、エミール・ブールデルやモーリス・ドニの手になるものとして今も注目を集めている。

竹内勝太郎や河盛好蔵は一九二八年から翌年にかけて何度もここを訪れ、イーゴル・ストラヴィンスキーを聞き、オペラ・ルッスを堪能した。吉江喬松も二度三度とアンナ・パヴロヴァの「白鳥の死」を見ている。しかしなんといっても日本人にとって印象深かったであろう出し物は「ル・マスク」と改題されて上演された「修禅寺物語」であっただろう。一九二七年六月二四日から四日間上演されたこの芝居は、フィルマン・ジェミエほかオデオン座の役者たちが日本人を演じる珍しいもので、初日は着物姿の日本人女性らに交じって、ポール・クローデルやシャルル・ヴィルドラックも客席に姿を見せ、劇場は大入満員だったという。

（和田桂子）

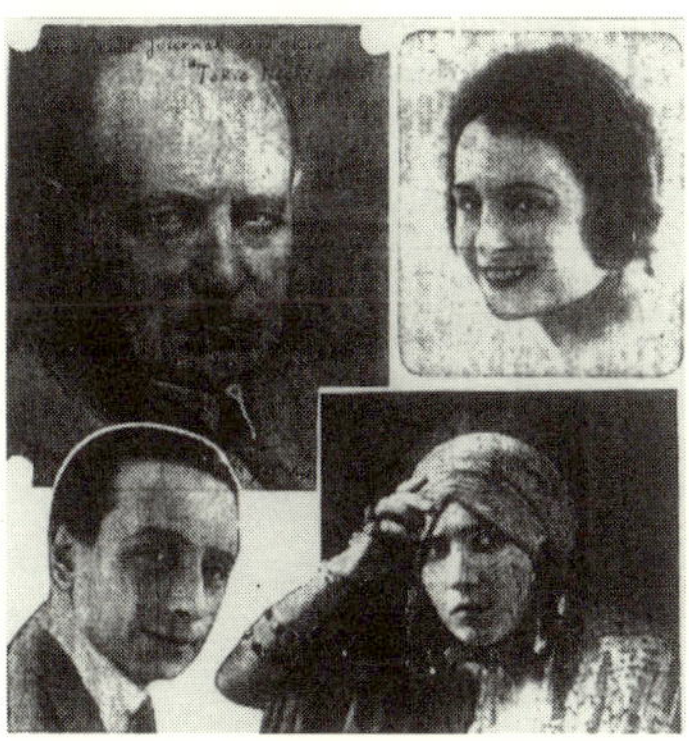

★左上は「修禅寺物語」の夜叉王に扮したフィルマン・ジェミエの写真。上部に「東京の大新聞　東京日日さんへ」とある。右上は楓に扮したジェルメーヌ・キャヴェ。左下は春彦役のロベール・ゴー。右下は桂役のラシェル・ベラント（『東京日日新聞』一九二七年六月二九日）。

シャンゼリゼ通り —— *Avenue des Champs-Elysées*

古くは沼沢と原野の広がるこの一帯だが一六一六年にマリー・ド・メディシスがチュイルリー宮殿からの遊歩道を造らせたのが始まりで、一七〇九年にはこの道に「エリゼ原野」を意味する現在の名がつけられた。一九世紀初頭までは追い剥ぎの多い荒涼とした眺めであったが、一八二八年にパリ市の所有になってから歩道やガス灯が設けられ、オテル・マサを筆頭にいろいろな店が並びだし、現在ではまず世界一の通りと言ってよい。

一八八〇年代の末にイギリスに赴きその後パリに移った長田秋濤（おさだしゅうとう）の『世界の魔公園巴里』（文禄堂書店、一九〇四年）は、シャンゼリゼを徘徊する街娼婦たちの研究に余念がない。すなわち、午後三時から四時になると近郊から汽車でパリに入った彼女たちは、多くこの通りで仕事をする。午前中は普通の家庭の主婦で、夜遅く家に帰る者も多く、概ね盛りを過ぎた姥桜だが中には一五歳の少女もあり、現行犯で警察に引かれて取り調べると七〇歳の相愛の夫がいるという。「三五の少娘に古稀の老翁。梨花海棠一瓶に開くの状」と形容しているが、どうやら梨花が老人、海棠が少女らしく、それは思わず熱が入った筆者の、「而も海棠一枝。痴蝶狂蜂の為すがまゝに任かすといふに至っては」という絶句によって分る。ともかくも筆者の本分はこうした下情俗態をつぶさに見聞して西欧社会の真の姿を伝える使命にあり、だからこそ彼女たちが夫に内緒で街に立つのでなく「馴合相談の上」と知って、「敗徳の風乱倫の俗。夫（そ）れ之（これ）を何とか言はん」と大声叱咤するのも決して不自然ではない。

裏事情はともかく、パリの代表的な観光名所としての絢爛たる表の顔について述べれば、やや広場風に膨らんだロン・ポアン（Rond Point）から凱旋門までの約一キロが、花の都の顔の中

★古き良き時代のシャンゼリゼ通り（与謝野寛・晶子『巴里より』金尾文淵堂、一九一四年）。一九四四年八月のパリ解放、一九六八年の五月革命、その二年後のド・ゴール将軍の葬儀など、重要なパレードがこの通りで行われてきた。また恒例の七月一四日の革命記念祭のパレードの他、一二月三一日夜には新年を迎える群衆がここに集まる。

柩、まさに美しく化粧を施した鼻筋にも当る通りである。鼻筋は凱旋門に向かって緩やかな登りになっており、足裏にかすかな勾配を感じながら広い歩道を進む時、各国から集まったお上りさんたちの多くが、今自分は世界の中心にいると実感する。吉屋信子の『異国点景』（民友社、一九三〇年）は、いささか乙女好みの文体でこの感動を次のように表現している。「灯がつけば冬の巴里は直ぐ花の都と化してしまふ。（略）灯し（ひとも）頃のシャンゼリゼエの高く登る坂道にかがやききらめく灯の海をタクシーで走らせつゝ見渡す時あゝさすがに世界に冠たる美しの大都会よと嘆声を発せずにはゐられないと思ふ」。

川島理一郎の『旅人の眼』（龍星閣、一九三六年）は、この通りが最も華やかなのは新緑の季節だという。なぜなら春の日曜にはパリの着飾った女たちがここを練り歩くのが年中行事化していて、同時にこれは「一種の流行衣装の展覧会」であり、有名衣装店は新作ドレスのモデルを歩かせ、見物客のための貸椅子屋も現れる賑わいだという。そしてこのオン・パレードを彩る背景として、「漸く芽をふき出した並木道の新緑」は最もふさわしいと記している。

岸田国士の「巴里素描」（『新小説』一九二四年一一月）には、「シャン・ゼリゼエ街」という次のような詩が綴られている。「（われをして百万長者たらしめよ）／シトロエンよりも古風な幌馬車／君は女王――われは御者／日の暮れぬ間に／ブウロオニュまで一と走り」。この詩にイメージされているのは古き良き時代の、本当にシックな趣を持ったシャンゼリゼである。矢本正二の『巴里通信』（築地書店、一九四三年）によれば、第一次大戦以後この通りの人気が高まるにつれてアメリカ人に代表される外国人相手の店が多くなり、かつてのパリ有数の上等品を扱う店は影をひそめ、観光客が飛びつくような人目を引く品、回転の早いカフェ、大型の映画館という商売振りに変貌してしまった。かくして「通のパリジアンはシャンゼリゼで買物したことを隠す位である」という。

（竹松良明）

★シャンゼリゼの裏通り（矢本正二『巴里通信』築地書店、一九四三年）。『巴里通信』によれば、シャンゼリゼから一歩入った裏通りには親の代からここで生活してきた小さな店が多く、特に工芸品や時計などの「パリで割合有名な修繕屋が集つてゐる」という。そうした人々は古いパリ人という意味で、「ビユーパリジアン（Vieux Parisien）といつて純な気持で、悪い事など出来る人は少ない」と記している。

武林文子

8. Rue Kepler

武林文子(一八八八～一九六六)が夫武林無想庵と最初のパリ滞在をしたのは一九二〇年だった。この年の一二月、文子は娘イヴォンヌをパリの産院で無事出産し、一九二二年に帰国する。イヴォンヌにパリで教育を受けさせようと、二度目のパリ滞在が一九二四年二月に始まった。大金のあった最初の旅行と異なり、二度目のパリ生活は楽ではなかった。金策のため文子は、ロンドンの日本料理店湖月の店主川村との共同経営という形で、湖月パリ支店をケプレル街八番地に開店する。一九二四年一一月のことであった。

借りた屋敷は、無想庵(『むさうあん物語 5』無想庵の会、一九六四年)によるとこんな内装だった。まず「広やかな長方形の玄関」があり、その左側のドアをあけると大きなコック場となっている。コンクリートの地下室も備わっている。玄関の奥へ進むと、「頭上は全部ガラス張りで明る」い大ホールがある。二階には大サロンがあり、「濃厚な海老茶繻子でおゝわれた豪華な四壁、樹氷のごとくに燦爛たるヴェニス硝子が三四十個のアンプールを擁した大シャンデリヤ、それをまたキラキラと反映しつゝある壁一面の大鏡」で飾られている。隣室は「古城にありそうな食堂」だった。三階には「天井のはなはだ低い、全部紅びろうど張りの、はなはだ幽怪なアラビヤ室」がある。もう一室には「支那寝室を模した絢爛なディバンが据えつけられ、それに準じた支那椅子が両面にならんで」いた。そしてもう一つ「ありきたりのモダン寝室」がある。四階には「大きなしかし、やゝ旧式な浴室」があり、それが「全部深藍色のはなはだ上品なルイ十五世寝室へと通じて」いた。五階は「召使の部屋が三室、それに天井窓のあるクリーニング部屋が附属して」いた。

★現在のケプレル街八番地。一九二四年一一月二六日に斎藤茂吉が、一二月一一日に内藤湖南が会食したことがわかっている。メニューははっきりしないが、鯛の刺身があったことは確かである。一九二四年一一月一四日に滝沢七郎が鯛の刺身を食べている。藤田嗣治によると「パリで一番安いのは鯛で、一番高いのが、鮭に鰯」(『巴里の横顔』実業之日本社、一九二九年)だったらしく、鯛はフランス人にはあまり好まれなかったようだ。「が、日本人は、なんでもかでも鯛の刺身です。したがって、コック場は、毎日それを用意するために、明けても暮れても、鯛のアラ煮がみんなのおかずとして、終日火の絶えない一隅の大鍋のなかで、グツグツ煮えていました」(『むさうあん物語5』)と武林無想庵は書いている。

湖月の従業員のうち、通いの夫婦は別として、帳場係やボーイたちはこの屋敷の最上階に寝泊りし、四階の寝室が無想庵一家の部屋となった。三階の「ありきたりの」寝室には、日仏銀行の社員を下宿させたこともあった。「アラビヤ室」や「支那室」は料理店の特別室となり、早川雪洲も好んで利用するようになった。

これほどの屋敷を借りるからには、純益が一晩八〇フランはなければならない、と言われて、そのぐらいはあるだろうとたかをくくっていた。たしかに客はたくさん来た。無想庵によれば「第一次大戦後の景気に乗じて、猫も杓子も、徳川末期のお伊勢参りのように、各方面の名士たちがとッかえひッかえパリに来て、いろんな機会にかならず一度は、この店へ顔を見せた」(『むさうあん物語 5』)からである。内藤湖南、斎藤茂吉、重徳泗水、東久邇稔彦殿下もここで会食した。

それでも徐々に家賃を滞納することが多くなり、家主のパガノン夫人からの催促が激しくなってきた。共同経営者であり、同時に火遊びの相手でもあった川村と文子は、何度かはでな喧嘩をした。「私は憎悪が胸にこみ上げて気狂いのように、彼にむしゃ振りつくと、彼のその顔から眼鏡を引むしつて床に叩きつけ粉微塵にした。そしてもう恥も外聞も忘れて、室数が二十四もある五階建ての、もとクレデイ・リヨネエ銀行の重役の住居だつたというケプレル街の大邸宅の内じうひびきわたるような声で、ヒイヒイ泣きわめいた」(『この女を見よ』コスモポリタン社、一九五二年)と文子は書いている。一九二五年二月には不渡手形を出し、それを知ったパガノン夫人から訴訟を宣告された。とうとう二月一九日、荷物を差し押えられ、逃げるようにパリをあとにする。

数ヵ月という短い期間ではあったが、社交家の文子にしてみれば、毎日着物をとっかえひっかえして客を接待する毎日は、心躍るものでもあっただろう。

(和田桂子)

★一九二五年一二月一七日、フェミナ座に「浦島」の乙姫役で出演した時の武林文子(『婦人公論』一九三一年一二月)。

チュイルリー公園

Place du Carrousel

パリ一区のほぼ六分の一を占めるこの公園の名は、かつてここの土が瓦を焼く炉に用いられたことから、瓦（チュイル）に由来している。一五六三年に王妃カトリーヌ・ド・メディシスの命によりここにイタリア風公園が作られ、一六世紀末にアンリ四世がオレンジ園などを追加、一六六四年に財務長官コルベールの依頼を受けた庭園師アンドレ・ル・ノートルが、シンメトリックな遠近法を使ったフランス式庭園としてその構想を見事に成功させた。一七八三年にシャルルとロベールという冒険家が初の気球飛行を行った場所でもある。

横光利一の『旅愁』（改造社、一九四〇〜四六年）に描かれたこの公園での一場面は、「矢代は篠懸の樹を下にめぐらせた城壁の上にのぼり、千鶴子と並んで河を見降ろした。この観台から真下のセーヌの両岸を眺めたとき、河そのものの石の側壁がすでに壮麗な一つの建築物だつた。それはちやうど科学の粋を尽した白い戦艦が一望のもとに並び下つたかと見える堂堂たる景観だつた。『この眺めはどうです。ナポレオンの皇妃のジョセフィヌはここの宮殿にゐたのですが、河がいかにも武装を整へた大兵団の守備兵のやうに見えますね』」と描かれている。この「観台」は、Terrasse du Bord de l'Eau にあたるが、夜の公園として最も上品と言われるその背景は、慎み深い恋情を寄せ合うこの二人にはいかにもふさわしい仕掛けである。

正宗得三郎の『画家の旅』（アルス、一九二五年）によれば、この公園だけは夜十一時まで開園されていたという。日本の公園とは異なるこの風習は、公園が市民の憩いの場としていかに大切にされているかを語っているだろう。正宗は「日曜日と、木曜日は夜まで噴水が出てゐる。十一時になると、鐘をならして、フエルメー（閉じる）と呼ぶ。腰掛に眠つてゐる人は追ひ出さ

★チュイルリー公園を描いた彩色画（*Paris En Huit Jours*, LIBRAIRIE HACHETTE, 1921）。矢本正二『巴里通信』（築地書店、一九四三年）には、この公園の「ポプラ、ロームの木など、恐らく巴里の中で最古のものであらう。我々の手でなら、三人位でやう〳〵抱へられる様なものも沢山にある。（略）夏の夜、このチューレリイ公園は行儀のいゝ恋人同士のパリ一の場所でもある」と記されている。

れ、女連のしぶ〳〵この森を出る人もある」と書いている。

和田垣謙三の『吐雲録』(至誠堂書店、一九一四年)には、詩人のポール・フォールが毎日のようにここに来て雀や鳩を相手に遊ぶ情景が記されている。しかも「人間技とは思はれぬ」ことには、「鳥に一々名を付けてある。エルネストだのバランダルだのボエルだのと様々な名が付いて居て、其名を呼べば声に応じて飛んで来る。やつて来るとポール君は撫でたり擦つたり、自分の子でゞもあるかのやうに褒めたり御馳走したりする」。

「この公園のあるあたりはパリでもいはゆる本当に粋な人達の好む界隈である」と折紙を付けるのは、『フランスに思ふ』(月曜書房、一九四八年)の湯浅年子である。そして、「このあたりからリヴォリ街を経てPlace de la Madeleine マドレイヌ広場に至るところは巴里の真の粋(シック)な店のあるところである」と書いている。

この公園がパリの代表的な一角であることは、荻須高徳の『パリ画信』(毎日新聞社、一九五一年)が伝える「ケルメス(大衆のお祭り)」の情景によってよく示されている。新緑に映えるチュイルリー公園で二日間にわたって開かれるこの祭には、五彩のイルミネーションが公園内を照らし、楽隊とサーカスが設けられ、軽装の美女の群れの舞踏が続く。呼び物は「意匠をこらして軒を並べた人形の家のような、百にもあまる屋台(スタンド)にある。そこには映画の上か、遠い舞台でのみ顔見知りの世界の名優、人気者が、売り子か番台娘のように坐っていてくれるからである」。屋台はパリ名物の香水、石鹸、布地などの宣伝をも兼ねているが、そこに座ったスターたちは大衆の希望に応じてサインに多忙を極める。世界のスターが八百人から登場し、何番スタンドに誰々が入った、という拡声器の案内と共にファンの波がどっと押し寄せる。本の署名で忙しいポール・フォールの姿なども見かけられた。そしてこのケルメスのすべての収入は、傷病兵に捧げられた、と記されている。

(竹松良明)

★荻須高徳による「ケルメスの夜のチュイルリー公園」(『パリ画信』)。楽しい祭で賑わうこの公園も、フランス革命当時には全く別の表情を見せている。一七九四年六月、ロベスピエールは公園の池に無神論を象徴する怪物をしつらえ、これを焼いて炎の中から叡智の女神が現れる、という革命の祭を行った。

中央市場 —— 1. *Rue Pierre Lescot*

レ・アール（Les Halles）と呼ばれる中央市場は、中世以来パリの食材を供給する場所として栄えた。エミール・ゾラの『パリの胃袋』はここを舞台としている。翻訳した武林無想庵はこう書いた。「巴里といふ都会を一箇の巨大な動物に見立てると、この小説中でゾラが全力を挙げて克明に描破しつくさうと企てた中央市場は――かのエッフェル塔はまだシャン・ド・マルスに屹立しない以前だが、しかもそのエッフェル塔を横倒しにして広げたやうな、鉄文明の象徴化であり、その時代の驚異であったところの、この総鉄骨の巨大な中央市場は、丁度その動物の胃腸に相当する」（『巴里の胃袋』春秋社、一九三二年）。パリという生きものの生命の源が、ここ中央市場であった。

夜一二時ごろになると市内の電車の線路の上を、食料を満載した汽車が黒い煙を吐いて走ってくる。ドーヴァー海峡の魚介類、ノルマンディ地方の卵や鳥、さらにははるばるアルジェリアあたりからの果物がまず北駅やリヨン駅に集まり、それが市中を通って市場に運ばれるのである。そのほかに大型の馬車が近郊からやってくる。パリの屠殺場から巨大な肉の塊が届く。力持ちで有名な荷揚げ人足が、それを担いで歩き回る。藤田嗣治によれば、彼らはギルドを作っており、一定の重さのものを持ち運べることが条件となっていたらしい。「いづれも、青色のブカ〳〵とした服をきてゐて、頭には茸の様な形をした帽子を被てゐる」（『巴里の横顔』実業之日本社、一九二九年）という。朝の三時、四時は市場の賑わいが頂点に達する頃だ。パリ中の料理屋の買い出し人が、パリの大食漢たちのためにめぼしいものを物色してまわる。滝沢敬一を日本料理店の買い出し係と思ったか、しきりにキャベツの小山を勧める店主もいた（『フランス通信』岩

★エミール・ゾラ著、武林無想庵訳『巴里の胃袋』に添えられた中央市場の挿絵。これを訳すために、無想庵は市場近くの宿グランドホテル・ド・サン・ドニに引っ越した。コソノリー街とサン・ドニ街の角にあったこのホテルは、今はホテル・アゴラと名前を変えている。

波書店、一九三七年）。

雑然とした賑わいの中で、食品の衛生管理が気になるところだが、市場の地下に巨大な冷蔵庫も完備しており、衛生管理も厳重に行われていたらしい。滝沢七郎の『旅券を手にして』（明文堂、一九二六年）によると、「肉類は専門の獣医学的見地より之を検査し、万一危害の虞ある者は機械的検査を施して決定する」し、「魚類の検査には最も卓越したる二十五年勤続の検査官が其の臭気と、色沢に依つて検査して居る」。また「鶏卵の検査は警視庁技師の担当する所電気を利用して視る不審のある品は顕微鏡検査をする」という。市内の小売市場に関しても、毎日検査官が市内を巡回して検査の任にあたっており、その検査官は中央市場で六ヵ月の講習を受けるというのだから、パリの胃袋はきわめて健全であったようだ。

この巨大な市場は、様々な人間模様の展示場でもある。早起きするかわりに前の晩から徹夜してここを見物した浅野研真は、食材の売買もさることながら、ここでは女人の売買も盛んであることを発見する――「可なり広い市場の一面には、それこそ本当のカルト持参の街頭嬢が、群雀のやうにたかつてゐる。市場労働者、農村青年の、安価な享楽の対象だ！『一寸、恋愛をして行かないこと……』『コンビアン？』『十フランでいゝわ！』と云つた調子で、傍の安ホテルに消える」（『ヨーロッパ新風景』正和堂書房、一九三二年）。朝五時ごろに行った松尾邦之助は、「鉄骨の大きな建物の中に藁がちらかつてゐて、その中に、数知れぬ乞食がころがりこんでゐる」（『巴里』新時代社、一九二九年）のを見た。市が閉まるころになると、肉の切り屑や野菜の落ち屑を拾い集めに尼さんたちがやってくる。養老院や無料宿泊所の食事の材料とするためである。矢本正二は荒くれ者や不良紳士たちが、尼さんには恥かしそうに道をあけてやると『巴里通信』（築地書店、一九四三年）に書いている。この中央市場も大ショッピングセンターと変り、今ではおしゃれな若者たちを集めている。

（和田桂子）

★荻須高徳の描いた中央市場の肉屋（『パリ画信』毎日新聞社、一九五一年）。「見ただけで食傷するくらいの牛肉、仔牛の列、魚貝、野菜の山、ハムや腸づめの鈴なり」と荻須は書いた。

日本人会 —— 7. *Rue du Débarcadère*

「日本を出てからやがてまる一年にならうと云ふのだから、諏訪琴太君もキヨロ〱往来を見廻すやうな、不体裁は働かない」「此の地へ来てから、礼儀作法のやうに、また体操のやうに、諏訪君は洋式歩行法を錬磨した」「読む方の仏蘭西語は殆んど駄目だから、日本人倶楽部へ来ないと読書の快楽さへ奪はれる」「八法の定食を喰つて、二三時間講談本を読んで、いい気持でアトリエへ帰つてゆく」（岩田豊雄『脚のある巴里風景』白水社、一九三一年）。例えばこれが、パリの日本人長期滞在者の、とある一日の姿である。

短期の旅行ならともかく、長いパリ滞在となると、やはり日本が恋しくもなろう。日本の新聞や雑誌も読んでみたいし、日本料理も食べたくなる。さほど親しくもない人でも、日本人というだけで、あたかも旧友のように酒を飲み交したくもなる。そんな人たちが集まる場所と料理を提供したのが、日本人会である。場所は、ポルト・マイヨーの日本大使館の近くで、日本人が多く住んだところである。ここでは、ビリヤードに加えて、囲碁や将棋もできた。

また、知人の居場所を知るために訪れる場合もあったようである。松尾邦之助の『フランス放浪記』（鱒書房、一九四七年）には、ある人物について、「日本人会へ行つたら誰か彼の消息を知つてゐる者に逢へるだらうと思ひ、タクシイをひろつてポルト・マイヨの近くにあつた日本人会に行つて見た」と書かれている。同じ松尾の『青春の反逆』（春陽堂書店、一九五八年）の回想によると、一九二五年三月頃から、松尾はこの日本人会（セルクル・ジャポネー）に書記として就職した。日本人会があったデバルカデール街のことを、当時の日本人たちは、「デバカメ通り」と呼んでいたという。獅子文六こと岩田豊雄の『牡丹亭雑記』（白水社、一九四〇年）にも、「巴里の

★現在のデバルカデール街七番地。ファサードにアール・ヌーヴォーの美しい曲線が見える。今もホテルとして使用されているのもうなずける。

日本人クラブは、勿論、日本料理を喰はせる。洋食をわざ〱、日本人クラブへ喰ひに行くバカもない。だが、食堂で、献立表を見ると、お刺身、お椀、蒲焼、天プラなぞを列記した末に、ライスカレー、豚カツレツと出てゐる」と書かれている。日本人が好きなカレーライスやトンカツは、むしろパリの他のレストランでは食べることができなかったのである。この他の獅子文六の文章にも、「巴里の日本人クラブの食堂で、アルコール焜炉の鳥鍋をつつきながら、」（『舶来雑貨店』白水社、一九三七年）などと、食事の記述も多い。

日本人会では、時に歓迎晩餐会も催された。高浜虚子の『渡仏日記』（改造社、一九三六年）に拠ると、横光利一と高浜虚子は、晩餐会に加え、別室で講演会までも行っている。

藤田嗣治の『地を泳ぐ』（書物展望社、一九四二年）に、日本人会のもう一つの役割が書き込まれている。それは、時局の変化によって、帰国避難などの勧告を行うことである。小松清の『沈黙の戦士』（改造社、一九四〇年）にも、「巴里日本人会急告」や「巴里日本人会通告」の例が書き留められている。パリ在住の日本人の安否の鍵がそこにはあった。

獅子文六の『達磨町七番地』（白水社、一九三七年）の次の文章が、当時の日本人会の印象と役割を端的に示している。「なんと云っても、日本クラブは別世界である。恐らく以前は小ホテルであつたらしい建物の、サン・ルームがかつた小綺麗な食堂へ、市中の安料理よりマシな椅子テーブルが列び、土地名産の油絵も気の利いたのが掛けてあり、見たところはいかにも西洋臭いが、階下から這上つてくる味噌醤油の匂ひは云ふに及ばず、出てくるボーイさんも同胞であれば、メニュウの活字も日本語だし、時間関はず飯が喰へて、ダラシなく長話の高言放語ができる。大きなゲツプを吐かうが、奥歯を楊子でホヂくらうが、此処だけは治外法権のノビノビした雰囲気が、達磨館に輪を掛けたくらゐなのである」。ここには逆に、パリの日本人たちが、不慣れな土地の習慣にいかに窮屈な思いをしていたかが透けて見えよう。

（真銅正宏）

★『巴里新報』一四六号（一九二九年一月一三日）に掲げられた巴里日本人会および日本人会料理部の広告。

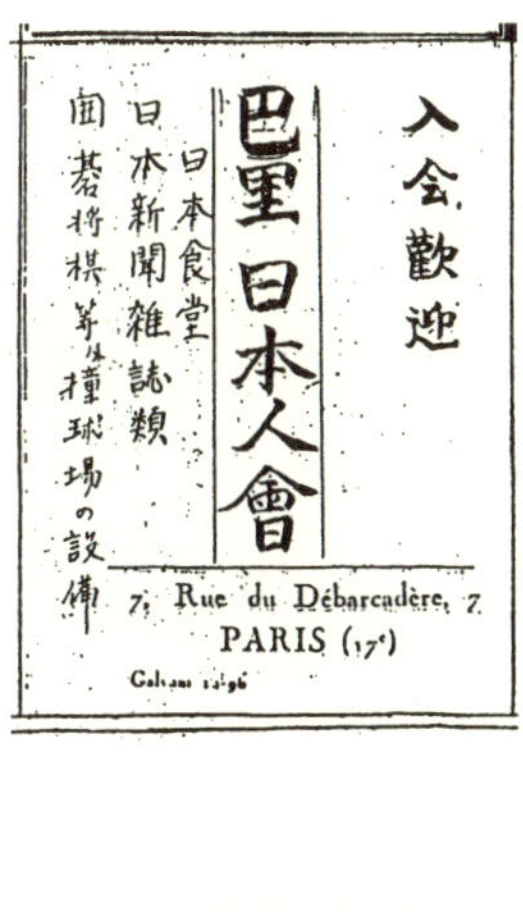

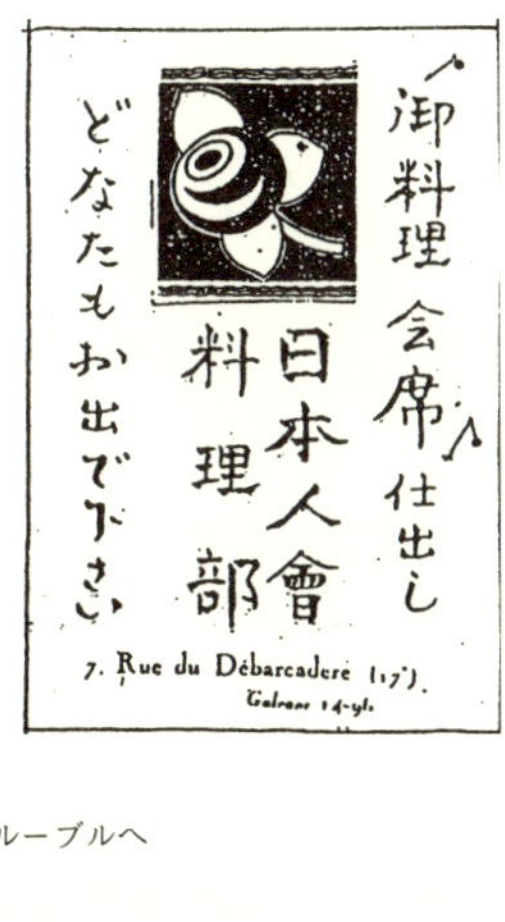

ときわ——9. Rue Chalgrin

ヨーロッパを訪れる日本人に、ときわという名前は広く知られていた。欧州航路を使うにせよ、シベリア鉄道を使うにせよ、極東からヨーロッパは遠い。だからパリだけを訪れる日本人は稀で、多くは他のヨーロッパの国にも足を運んだ。ときわはロンドンが最大で、一九三〇年の時点では、ときわ旅館と、会席と仕出しが売り物のときわ、昼食を提供するシティーときわの、三店舗を持っている。ベルリンにも、ときわ料理店があった。他の都市で利用したことがあるツーリストにとっては、入りやすい店だったろう。

会席と仕出しを謳う、パリのときわを利用した一人が滝沢敬一。大学卒業後に正金銀行に入社した彼は、リヨン支店に転勤を命じられ、一九〇九年にマルセイユに到着する。以後、ボンベイ支店と上海支店に勤務した数年間を除いて、滝沢はリヨンで銀行員として働き続けた。フランス女性と結婚し、子供も生れている。フランスが第二の故郷となった彼は、退職後もその地に留まり、『フランス通信』（岩波書店、一九三七年）をまとめた。

滝沢の回想は、「以前」としか書かれていないので、正確な年月は分らない。日の丸の小旗が目印で、呼び鈴を押すと、若いフランス女性が現れた。ノートにカタカナで、「サシミ」とか「カバヤキ」と注文を書くので、尋ねてみると、夫に教わったという。日本料理店は長期滞在者にとって、故国を懐かしく思い出す場所である。「洋食にはボーイがよく、和食には女中の方が釣り合ふ」と記すとき、滝沢は日本人の表情をしていたに違いない。ちなみに『巴里新報』一四九号（一九二九年四月二五日）の広告には、「旅館部新設」と記されている。この頃に営業規模を拡大したのだろう。

（和田博文）

★ときわの値段は、決して安くはなかったらしい。杉浦非水「平民的な巴里の味覚」（『アトリヱ』一九三〇年七月）に、日本酒が飲みたくなって、友人と二人で、冷や奴と、酒を二合、注文したときの体験が記されている。料金は六〇フラン。この頃に安いレストランで、御馳走を食べて、ワインを飲んでも、一〇フランくらいだったというから、割高感は否めなかった。図版は、現在のシャルグラン街九番地。

日本大使館

24. Rue Greuze

パリの日本大使館は、何度か移転している。小野吉郎の調査（「パリ大使館と東京フランス大使館の歴史年表」、『日仏文化』一九九九年三月）によると、一八七〇年にチボリ通り（Tivoli、Rue か Passage か不明）に置かれた日本公使館は、三年後にジョゼフィーヌ通り（Avenue Joséphine）七五番地に移転、一八七九年に通りはマルソー（Marceau）と改称された。一九〇六年に公使館は大使館に昇格する。大使館事務局はラ・ペルーズ街（Rue la Pérouse）に移り、一九〇八年には大使公邸がオッシュ通り（Avenue Hoche）七番地に完成した。一九二五年に事務局は、グリューズ街（Rue Greuze）二四番地に移転する。一八七三年以降の館は、凱旋門から放射状に伸びる通りにあったが、グリューズ街はトロカデロ広場のすぐ西に位置する。

一九〇八年に三越呉服店から、巌谷小波『巴里の別天地　大日本大使館装飾記』という本が発行された。これはオッシュ通りの公邸の内装を、三越が担当した記録である。外観はフランスの建物だが、室内に別天地の日本を作ろうと贅を凝らした。応接間は「武器之間」、食堂は「紅葉之間」、婦人室は「桜之間」、客室は「菊之間」、談話兼喫烟室は「竹之間」と名付けられ、大和絵の小堀鞆音や、狩野派の橋本雅邦が、棚の絵を描いている。大使館を訪れるフランス人は、日本情緒を満喫したに違いない。

日本人数が増加するのは一九二〇年代だから、回想に出てくる大使館もグリューズ街が一番多い。金子光晴は一九三〇年一月にパリに到着するが、先に来ていた森三千代の所在地が分らなかった。『ねむれ巴里』（中央公論社、一九七三年）によれば、彼は東駅から大使館に直行し、在留日本人名簿で住所を確認して、再会を果すのである。

（和田博文）

★外務省外交史料館が所蔵する「在仏大使館」というメモには、大使館が一九〇七年までマルソー通りに、一九〇八年～一八年にはオッシュ通りにあったと書かれている。一九三一年の項にはオッシュ通りの住所が記載され、官舎と書いてある。他方で、オッシュ通りの建物を、『巴里の別天地　大日本大使館装飾記』や、林幸平「巴里日本大使館の室内装飾」（『建築工芸雑誌』一九一二年六月）は、公邸と記載せず、大使館と記載している。謎が少し残るが、ここでは小野の調査に従った。図版は、大使公邸の応接間「武器之間」。

プチ・パレ美術館

Avenue Winston Churchill

一九〇〇年のパリ万国博覧会の際に、プチ・パレはグラン・パレと共に建てられた。万博で美術展示会場として使用されたように、建築家のシャルル・ジローが、美術館に使う目的で設計した、ベル・エポックを代表する建築である。コレクターのウジェーヌ・デュデュイ、オーギュスト・デュデュイ兄弟が集めた作品が、収蔵物の柱になっている。その後に、パリ市が購入した作品が加わるが、一九世紀後半のフランス絵画が多い。素描コレクションや版画コレクションも有名で、一六世紀〜一七世紀のオランダ関係が充実している。彫刻や陶磁器、家具や工芸品など、ジャンルは多岐にわたる。

第一次世界大戦中のある日、島崎藤村は画家の正宗得三郎（まさむねとくさぶろう）らと、シャンゼリゼ通り沿いの並木道を、プチ・パレ美術館の方へ歩いていった。草花が咲く並木道は、藤村が好きな場所の一つで、「一大樹園の間を歩くの感」（『戦争と巴里』新潮社、一九一五年）を味わっている。美術館では、出征兵士に物品を贈ろうと、恤兵（じゅっぺい）展覧会を開催していた。しかしこちらの方は気に入らなかったらしい。「仏蘭西の画界とは言っても凡庸なる画家の多いこと」を感じたと、彼は漏らしている。

プチ・パレ美術館では、戦火を逃れたランス聖堂の、内部装飾品も展示していた。正宗得三郎は『画家と巴里』（日本美術学院、一九一七年）に、この日のことを記している。聖堂の祭壇彫刻などを見て、赤や緑、青や金の糸で織られたタビーに、特に心引かれた。しかし恤兵の富籤用に、美術家が寄付した小品は感心しなかったらしい。わずかに版画家のモーリス・ドニがいいくらいだと述べている。

★図版は、『世界地理風俗大系　第一二巻』（新光社、一九二九年）に収録された、プチ・パレ美術館の外観。「年々のサロンの内から買上げたものを陳列しておく美術館であって一八七五年以来の逸品を並べてある」と、キャプションに書かれている。

象徴主義詩人の竹内勝太郎は、一九二九年二月にプチ・パレ美術館を訪れた。『西欧芸術風物記』（芸艸堂、一九三五年）に彼は、目にとまった作品を次のように列挙している。「目立つものではゴーガンの二点、ルノアルの美しい静物と素描、クルベエの静物と娘の像、シスレーのサンクールの風景。ドオミエの『唱歌手』、カリエル五点等。茲で一番美しいのはルドンだ」と。竹内が記憶にとどめたギュスターヴ・クールベの絵は、「セーヌ河畔の娘たち」（一八五六〜五七年頃）だろうか。二人の娼婦が横たわる姿からは、因習的なアカデミズムに挑戦しようという気持ちが感じられる。同性愛を主題とした「睡り」（一八六六年）という作品も、プチ・パレ美術館は所蔵している。

最も美しいと絶賛されたオディロン・ルドンの絵は、黒の時代から豊かな色彩へと転移していった、一八九〇年以降のものだろう。シャルル＝ピエール・ボードレールやステファン・マラルメらの象徴詩が、自らの幻想の源の一つだったルドンに、竹内が魅力を感じるのは自然だろう。プチ・パレ美術館には、水彩の「両腕をのばす女の胸像」、油彩の「アポロンの馬車」、パステルの「ヴィーナスの誕生」など、闇から解き放たれ、青が印象的な、多くのルドン作品が収蔵されている。

日本人がプチ・パレ美術館で感動したのは、西欧絵画だけではない。獅子文六（ししぶんろく）は『牡丹亭新記』（白水社、一九四三年）で、春のサロンに招待された狩野芳崖の水墨画が、「プチ・パレーの建物を圧すやうな壮観」を呈していたと回想する。それに比べて、洋画の影響を受けた新日本画は、影が薄く感じられた。これは単に、戦時下のナショナリズムを反映した言説ではない。彼は注意深く、こう付け加えた。仮に日本で見ても、それほどの感銘は受けなかっただろう、外国で文化を対比できて、初めて得られた感銘だと。美術館という場所は、日本人が他者を発見するだけでなく、他者を通して自己を発見する場所でもあった。

（和田博文）

★伊原宇三郎「巴里の美術案内」（『アトリヱ』一九三〇年七月）は、プチ・パレ美術館の収蔵品を、こう説明している。「クールベーが特に光つてゐる。他にシヤヴンヌ、ドミエ、カリエール、ルドン等の傑作もある」と。この美術館で見逃してはならない絵の一つが、ギュスターヴ・クールベであることは、情報として伝わっていたのだろう。図版は、クールベの「セーヌ河畔の娘たち」。

深尾須磨子 —— 22. *Rue Lauriston*

エトワール広場から放射状に延びる幅広いクレベール通りとヴィクトール・ユゴー通りの間に、もう一本通っているやや細い坂道がローリストン街である。『深尾須磨子選集《随想編》』(新樹社、一九七〇年)には、「パリ市十六区ロオリストン街二十二番地、月に何度かの大掃除を除いては、決して開け放たれたことのない大門が、まるで天国の狭い入口然と、ただ一方の扉だけで、門そのものの役目を果すこの建物は、古ぼけた構えにしてはぜいたくな、広い中庭をへだてて裏表に区切られ、大小三、四十ばかりの住宅をふくんでいるが、多くて三室、普通が一室というのだから、その住宅ぶりも知れたものである」と書かれている。パリではシドニイ・ガブリエル・コレットに師事し、その作『シエリイ』を翻訳した『紫の恋』(世界社、一九二八年)の序にも、「千九百二十七年九月　巴里ロオリストン街の仮寓にて」の文字が見える。

同じ一六区の、ラ・スルス街(Rue La Source)二〇番地にも一時住んだ。四階の借り主が三ヵ月間転地する間、そのアパートを借りたのである。『深尾須磨子選集《随想編》』には、「現に私の住んでいる泉町二十番地のアパート」「モーツァルト街とフォンテエヌ街とに挟まれたこの小さな通りは泉という名の示している通り、全く清らかな感じがする」と書かれている。

深尾須磨子(一八八八〜一九七四)は、まず一九二四年に渡欧し、パリをはじめヨーロッパの各地に滞在し、一九二八年に帰国した。二度目は、一九三〇年に渡欧、一九三二年帰国。三度目は一九三九年にヨーロッパを訪れた。ただしこの度は、当時の同盟国でフランスの敵国独伊への外務省の文化使節としてであった。かつて過したパリには行きたいが、時代がこのような肩書でしかそれを許さない。実に皮肉なヨーロッパ訪問となったのである。

(真銅正宏)

★一九三七年、マラルメの家を訪ねたときのスナップ(松尾邦之助『巴里物語』論争社、一九六〇年)。左から詩人リオネロ・フィウミ、深尾須磨子、福永英二、松尾邦之助。

プリュニエ

9. Rue Duphot

★現在のデュフォー街九番地。今もプリュニエの看板を掲げるレストランがある。

★ヴィクトール・ユゴー通り一六番地のプリュニエ支店を写した当時の絵葉書。

巴里を訪れる最大の楽しみの一つは、美味しい料理を食べることにある。特に九月から始まるRのつく月に季節を迎える牡蠣の美味さは特別であろう。この牡蠣をはじめ、魚介料理で名をはせたのが、プリュニエである。柳亮の『巴里すうぶにいる』（昭森社、一九三六年）には、「マドレーヌ寺院の近くのデユフオ街に魚介料理で有名なプリュニヱと言ふ料理屋があるが、一八七二年以来の老舗で、パリへ遊んだ日本人なら一度はここの暖簾をくぐらないものはない」と書かれているし、石津作次郎『欧羅巴の旅』（内外出版、一九二五年）には、牡蠣「半ダース一五、〇法（フラン）」など、値段も記録されている。日本円で約二円一〇銭である。また森茉莉『記憶の絵』（筑摩書房、一九六八年）の中にもその食事の様子が詳しく書き留められている。

有名になりすぎて、パリ通は却って敬遠するきらいがある。例えば獅子文六は『舶来雑貨店』（白水社、一九三七年）に、「この家も、少し名が売れすぎ、且つ地の利を得すぎてゐて、落ちついて喰ひ意地を張るには、不穏当な家となつた」と書き付けているし、柳沢健は、「凱旋門に近いヴイクトル・ユーゴー街にできた」支店についてではあるが、「大使館と近かつたのでよく昼飯なぞをこゝで摂つたが、名物のカキにしても、左岸の古風な『ラ・ペルーズ』の方がズツとよかつた気がする」（『回想の巴里』酣燈社、一九四七年）と評価している。

しかしながら、荻須高徳の『パリ画信』（毎日新聞社、一九五一年）の「プリュニエの前に行くと、見事なイセエビが、ピンピンひげを動かしているし、幾種類ものカキ、さすが生きてはいないが、ここだけはいきのよさそうな立派な海の魚類が、店頭に並んで食欲をそそっている」という記述などを読むと、やはりRのつく月のパリが恋しくなるのである。

（真銅正宏）

マドレーヌ寺院――*Place de la Madeleine*

パリの寺院といえばノートルダム大聖堂が有名であるが、同じくパリを代表する教会のひとつでありながら、観光客であふれるノートルダムに比べ、マドレーヌ寺院は閑静な雰囲気が保たれている。この建物はナポレオン一世が帝国軍隊の栄光を称えるものとして、古代ギリシア寺院を模して造らせたものなので、ふつうの教会とは趣きが違う。一八一四年、ルイ一八世がマドレーヌをキリスト教の教会とした。

オペラ座前の広場からマドレーヌまでがカプシーヌ大通り。マドレーヌとコンコルド広場を結ぶのがロワイヤル街で、そこを横切っているサン・トノレ通りは高級ブランド品店が軒を連ねているので有名だ。マドレーヌのすぐ裏手には高級食材店のフォションとエドゥアールがある。寺院のわきには花市がたって美しい花の色があふれる。この周辺はパリの華やかさを集めたエリアなのだ。周囲が繁華であるだけ、一歩そこに足を踏み入れると途端に厳かな雰囲気につつまれる。また、薔薇窓が美しいノートルダム大聖堂とは違い、窓がなくて天井から採光するだけなので、よけいに暗く静かな感じがする。

「檀家には金持が多く、参詣の善男善女の『シック』なことや、聖楽の美しさは巴里一」とは、滝沢敬一『続フランス通信』（岩波書店、一九三八年）の言である。吉江喬松は、マドレーヌを通りかかったときここで葬儀が行われているのに出会い、見知らぬ人を、会葬者に混じって見送った。そして「マドレエヌの周囲は、この都会としても繁華な、人馬の行き交ひの最もはげしい場所の一つでせう。然しこの静けさ、その繁華な市街に取り繞らされてゐながらこの会堂の中の静けさ。全く別天地です」（『仏蘭西印象記』精華書院、一九二一年）という感慨を得ている。信

★夜景。矢本正二の『巴里通信』（築地書院、一九四三年）には、「この正面を右へ三丁程行くとオペラ前に出る。右下の舗道の曲つてゐる所を右へ行くとサントノーレ。この辺が一番いゝもの屋のある所。カフエーも上品」という矢本の解説がついている。

仰する人々の敬虔な祈りが伝わってきたのである。

マドレーヌ寺院は、高さ二〇メートルのコリント式の列柱が美しいギリシア神殿風の建物とともに、パイプオルガンの質の高さと教会音楽のすばらしさでも知られている。柳沢健はマドレーヌの思い出として、クリスマスにベートーヴェンの「荘厳ミサ曲」をここで聞いて深い感銘を受けたことをあげている。「冷々するあの薄暗い朝の厳そかな殿堂のなかで、真白な大理石の柱列を通し華やかな祭壇の燭光が宝石のやうに眩めくのを眺めながら」聞いたミサ曲は長く心に残ったと言い、また、フランスを代表する作曲家ガブリエル・フォーレの葬儀に参列し、フォーレ作品の演奏を聴いたときのことを、「その演奏のうちに秋の陽は傾いて、巴里特有の柔らかな霧がかすかな匂ひのやうにそこはかとなく四辺を罩め、全面に見えるヴァンドーム広場のオベリスクの高碑が、夢のなかの姿相のやうに霞んで来た」（『回想のパリ』酣燈社、一九四七年）と描写している。祈りと音楽が溶けあったひとときを体験したのであった。

第一次世界大戦のときは戦勝を祈りにやってくる人々のすがたが見られ、日本人たちに深い印象を与えている。島崎藤村は殺気を帯びてさえ見えるパリの街を歩いていて、ふとマドレーヌ寺院の戦勝祈願のミサに会う。寺の中は「亀甲の形を装飾とした高い天井の三つの円窓から射し入る日の光は正面にある壁画の聖者の群像、青色に描かれた椰子の葉なぞを照して見せ、混乱した町の空気との著しいコントラストを思はせました。羅馬旧教の儀式は昼間点る長い蝋燭の火影で営まれて居ました。没薬と乳香との薫り満ち、厳かな宗教楽の響き渡るその空気の中にあるものは何とも言はれぬ暗い静かな古めかしさでした」（『戦争と巴里』新潮社、一九一五年）と記している。そこには入営する親族の無事を祈る婦人たちのすがたがあった。これらは、いつも戦時についてまわる光景だった。

（宮内淳子）

★寺院の彫刻（石津作次郎『欧羅巴の旅』内外出版、一九二五年）。

満鉄事務所

136. Avenue des Champs-Elysées

一九二九年五月、国際鉄道連盟の会議がパリで開催されたのにあわせ、南満州鉄道株式会社（満鉄）鉄道部はパリに欧州事務所を設け、坂本直道を駐パリ特派員に任命した。開設されたばかりの事務所に、関東軍から届いた極秘命令は「ソ連邦ノ経済力及ビ軍事力ヲ調査サレタシ」というものだった。草柳大蔵『実録満鉄調査部　上』（朝日新聞社、一九七九年）によると、「モスクワに駐在しているそれぞれの機関が情報を送ってよこすのだが、当時の効果的な方法は、封筒に貼った切手の裏に細かく暗号を書き込むことだった」という。坂本の下にいた嶋野三郎は、フランス駐在武官だった土橋勇逸やポーランドの大使館付官吏であった沢田中将を通じて「切手を手に入れ、これを拡大鏡でひきのばして解読した」というのである。

　このころ事務所の仕事はこうした情報収集が主であったが、一九三一年の満州事変勃発以来、ヨーロッパの対日感情が悪化したことに伴い、満鉄は対外宣伝の必要性に迫られる。宮本通治編『満州事変と満鉄　上編』（南満州鉄道株式会社、一九三四年）によると、パリ派遣員は『ラ・ナシオン』や『フィガロ』などの新聞雑誌に小論文を掲載して真相を宣伝するとともに、小冊子の刊行配布、フランス政府や議会に対する諒解運動を行い、また新聞記者の操縦にあたったという。フランスの新聞記者にはパリ派遣員が、ロシアの新聞記者には留学生がこの任務にあたり、一九三二年一一月にはパリ派遣員をベルリンに特派して、約二ヵ月にわたってドイツにおける啓蒙運動に従事させたというのだ。

　この欧州事務所は一九三四年六月にパリ事務所となり、一九三七年三月には再び欧州事務所と改称される。一九四〇年六月のパリ陥落まで、この事務所は多くのパリ在住日本人の協力を

★『フランス・ジャポン』誌第三六号（一九三八年一二月）の表紙。松尾邦之助の提案で、「文化交流の記事を七〇パーセントぐらい盛りこみ、満鉄や満州国の政治経済記事を三〇％ぐらいに」することになった（『巴里物語』）。表紙には日本の風景が使われることもあり、このように満州の風景が使用されることもあった。発行所はオッシュ通り四一番地となっている。『フランス・ジャポン』の発行所は長らくシャンゼリゼ通り一三六番地であったが、第二二号（一九三七年九、一〇月合併号）からピエール・プルミエ・ド・セルビー通り三二番地に変り、第三四号（一九三八年一〇月）からオッシュ通りに移った。

得て日本のＰＲに努めてきたのである。

坂本直道が読売新聞社より了解をとり、松尾邦之助をパリ事務所の嘱託に据えたのは一九三四年のことだった。「凱旋門に近いシャンゼリゼ一三六番地の四階全部を占めたゼイタクな事務所の一室で、大臣の使うような卓に向」って仕事をし、「満鉄の大型ルノオ車で、制服ショーファーの運転でパリの大通りを走ると、同胞は嫉妬と羨望の眼で」見たと彼は書いている（『巴里物語』論争社、一九六〇年）。松尾は、パリ事務所の一角に日仏同志会をつくり、日仏親善のための文化宣伝雑誌『フランス・ジャポン』を刊行することに熱意を注いでいた。創刊号は一九三四年一〇月一五日に発行された。最初はたった四頁の小冊子であったが、毎月内容は充実していった。能や柔道の紹介のほか、『中央公論』や『現代』などの最新号の目次も載るようになった。第二〇号（一九三七年五、六月合併号）には、前年パリに来た高浜虚子の講演内容がフランス語で紹介された。

小松清が『フランス・ジャポン』にかかわるようになったのは第四五号（一九三九年一二月）からである。「僕の時間の大部分を割き、心身をなげ出して、この雑誌に息を入れることに懸命になってゐるのだ。何とかして、この雑誌を海外に於ける日本の代表的な文化雑誌にしようと、心にちかつて努めてゐる」（『沈黙の戦士』改造社、一九四〇年）と彼は書いた。小松のおかげでアンドレ・ジッドやアンドレ・マルローらの寄稿も得ることができた。小松にはコミュニズム研究に没頭した時期もあったが、満鉄はそんなことには頓着しなかったようだ。それが証拠に、満鉄調査部には尾崎秀実や中西功の名前も見える。

小松は大戦が勃発したあとも、『フランス・ジャポン』のために原稿を書き続けたが、一九四〇年六月、ドイツ軍によってパリは陥落し、この年一一月、満鉄欧州事務所はベルリンに移転した。

（和田桂子）

★現在のシャンゼリゼ通り一三六番地。

三木清 —— *26. Rue le Sueur*

三木清（一八九七〜一九四五）は一九二〇年に京都帝国大学を卒業し、岩波茂雄の出資を得て一九二二年五月にドイツ留学に出発、ハイデルベルグでリッケルトに、マールブルグでハイデッガーに師事した後、一九二四年八月二二日にパリに到着した。翌年一〇月には帰国したが、約一年間のパリ生活について、その見聞・紀行・感想の類の文章をほぼ全く発表していない。

これは驚くべきことであると同時に、今更ながら三木の哲学生活、思索生活の揺るぎない堅牢さを思い知らされる。パリでは芹沢光治良（こうじろう）などとわずかに交際する他はほとんど日本人との交流もなく、もっぱらフランス語の習得と論文執筆と読書の毎日である。その模様は東京の森五郎宛の当時の書簡によって、かろうじて探ることが可能になる。

岩波書店版の三木清の全集所収のパリからの手紙は九通、田辺元宛の一通以外はすべて森宛だが、それによると「年をくつたマドモアゼル」の先生の前で「私は本当に『好い生徒』になつて」フランス語に励み、「ベルグソンの引退した後、哲学の方は殆ど語るに足りないが」「哲学史には古代のロバン、中世のジルソン、近代のレビ・ブリュルなど」のいるソルボンヌで「少し講義を聴いてみるつもりだ」とある。ルーヴルへはよく通ったし、「カフェーへもよく行く。芝居も二三度観た」ただし「パリジアンが外国人をからかふために作つたらしい Folies Bergere なるものはまだ覗いてみる機会をもたぬ」と言い添えている。当初はパリに来た機会に「ベルグソンだけは」本格的に研究したいと考えていたが、やがてパスカルにのめり込み、パスカル論を次々に執筆して岩波の『思想』に送り始める。論文に熱が入るあまり、予定したオックスフォードにも、ギリシア・イタリア旅行にも行けずに終わった。

（竹松良明）

★三木清の逗留先の現在の写真。森五郎宛の書簡（一九二五年五月一〇日）には「私は君に話したいことを多くもつてをる。然しやがて君に逢へる日を思つて、それまで待つことにする。時々雑誌に出る私の論文を、私の君への消息と考へて君が読んでくれれば幸福である」とある。まさに哲学を生活する者の言というべきか。

モンソー公園 —— *35. Boulevard de Courcelles*

モンソー丘の中心にあるこの上品な公園は、もとルイ王朝の末期に当時流行のイギリス式庭園として作られたものの一部だが、園内にモーパッサンの胸像があり、一九〇八年三月にパリに到着した永井荷風が何をさて置き第一番に、かねて敬愛するこの「先生」の像の前に駆けつけたことはよく知られている。「緑深いモンソーの公園、こゝは能く先生がお書きになつた通り、今でも午後には近処の乳母が、芝生のまはりに遊んで居る幼児を番して居ます。忍び会でもするらしい、綺麗な若い細君が、静で薄暗い池のほとりを歩いて居ます」（『ふらんす物語』博文館、一九〇九年）と記されている。「忍び会でもするらしい、綺麗な若い細君」という歓楽願望的な洞察に、いかにも荷風らしい面目が躍如していよう。

一方一九〇五年から五年間近くイタリア、フランスなどに滞在していた有島生馬も小説「テムプル夫人」（元題は「奇遇」、『新潮』一九一六年一月）に、「こゝは一名子供の公園と呼ばれる位で、近所に住む貴族富豪の十位までの子供達が綺麗に着飾つて、不思議な風俗をした乳母児守（子供服の通りに仕立てた色彩りの派手な仕着をきた）の間に入り乱れ、馳け廻り、様々な玩具を持ち様々な遊戯に余念がない」と、ほぼ同様の情景を記している。

藤田嗣治の『巴里の横顔』（実業之日本社、一九二九年）には、「非常に小さいが、パリでは、一番貴族的な公園である。その昔、ピエル・ルイとか、フローベルとか、ツルゲーネフとかいふ詩人の住んでゐたのも、この公園の近く」とある。浅野研真『ヨーロッパ新風景』（正和堂書房、一九三一年）は、「市民生活と公園との真のハーモニー」を見て、「モンソーのパルクに遊ぶ児等を見て文坊を思ふ小春日和かな」と歌っている。

（竹松良明）

★モンソー公園の池の畔の静謐なたたずまい（中村恒夫『巴里画壇の全貌』崇文堂出版部、一九三四年）。有島生馬の「テムプル夫人」には、「水に臨んで造られた半円のコロナアドに沿つた腰掛けに腰を下ろした。廃墟を模して造られたコリント式の柱はこれこそと云つて、完全なものは一本もなかつた。どれにも蔦がからみついてゐる」とある。

ルーヴル美術館——34-36. *Quai du Louvre*

ルーヴル宮殿内にあるルーヴル美術館は、三〇万点以上を収蔵する大美術館である。最初はフランソワ一世以来の、王室のコレクションだった。初めて市民に公開されたのは、フランス革命後の一七九三年である。古代オリエント、エジプト、ギリシア、ローマから、中世、ルネサンスを経て、一九世紀ヨーロッパまで、古今東西の絵画や彫刻や工芸が集められた。なかでも絶大な人気を誇るのは、一六世紀初頭のレオナルド・ダ・ヴィンチ「モナ・リザ」と、BC二世紀末の彫刻と言われる「ミロのヴィーナス」だろう。

パリに留学した画家にとって、美術館は作品を見る場所であると同時に、作品を模写する場所でもある。一八八七年七月二二日に黒田清輝は、父に宛ててこんな書簡を送った。「先日より画学校休業ニ相成候ニ付当時ハ久米桂一郎氏ト共ニルーブルト申絵画博覧場ニ行き古画ノ写など致し居候」と。館内で模写するためには、手続きが必要である。「美術館と伊太利亜及仏蘭西(下)」(『美術』一九一七年九月)によれば、大使館や公使館、有名画家の紹介状を持参すればいいが、黒田は美術教師の紹介状を持っていった。有名な絵は希望者が多く、順番待ちになることが多い。青い許可証を守衛に見せると、画架と椅子を用意してくれた。描きかけの模写は、守衛が預ってくれるが、一定期間行かないと没収されてしまう。黒田もレンブラントの模写を失っている。

藤田嗣治もルーヴルで、模写に励んだ。柳沢健『巴里の昼と夜』(世界の日本社、一九四九年)に収録された、岡鹿之助、関沢秀隆、柳沢との座談会で、藤田はこんなエピソードを回想している。ポンペイの壁画や、ギリシアのテラコッタを模写していると、「あなたは男ですか女です

★写真は、ルーヴル美術館で模写する向井潤吉(右)で、『アトリヱ』一九三〇年七月号に収録された。帰国後に向井は大阪で、二〇点の模写の展覧会を開いたらしい。浅野孟府「向井潤吉氏の西欧名作品模写紹介について」(同誌)は、「現在の日本のやうな西欧の美術に接するに不自由な地勢にある場合に、開催せられたことは我々美術学生にとつて一つの立派なる意味深い展覧会であつたことを、卒直に感じた」と述べている。

か?」と、見物人に尋ねられた。まだ若く、おかっぱ頭の藤田を見て、夫婦で賭けをしたのである。何を模写するかは、関心のありかたによって異なる。「東洋と欧州との接合線」に興味を抱いていた藤田は、アッシリアやバビロンの作品を研究した。しかし日本人の画家仲間には、理解してもらえなかったらしい。

せっかくパリまで来たのに、ルーヴルで十分に研究できなかった不運な画家もいる。正宗得三郎はその一人で、第一次世界大戦でルーヴルが閉鎖され、わずか三~四回しか、入館できなかった。『画家と巴里』(日本美術学院、一九一七年)で彼は、ルーヴルを味わうには、少なくとも一ヵ月は日参したいのにと嘆いている。美術品を戦火から守るためには、膨大な費用と手間がかかる。第二次世界大戦の時にも、美術品は厳重に梱包され、軍隊に護衛されて、ルーヴルから搬出された。ルーヴルに行ったが閉鎖されていたという体験を、桑原武夫は『フランス印象記』(弘文堂書房、一九四一年)に記している。

パリの土を踏んだとき、武者小路実篤には特別な感慨があっただろう。一九一〇年代の『白樺』は、印象派と後期印象派を、日本に紹介する役割を果した。オーギュスト・ロダンとも交渉があり、実現できなかったが、日本で最初の近代美術館を作ろうと試みている。『湖畔の画商』(甲鳥書林、一九四〇年)に武者小路は、ルーヴルだけで「もう十分以上の御馳走」だと記した。「十九世紀以後のフランスのものが多いのは喜び」で、深い青が印象的なジャン=バティスト=カミーユ・コローの「青衣の女」や、ポール・セザンヌが描いたダリアを、武者小路は堪能している。

ただしパリを訪れたすべての日本人が、ルーヴルで感動したわけではない。ニヒリストの辻潤は『絶望の書』(万里閣書房、一九三〇年)で、自分の生活とは何の関係もないと言い放った。「巴里名物」は願い下げだという心情が、彼を支配していたのである。

(和田博文)

★『世界知識』一九三五年九月号は、「日本に当然あるべくしてないもの?」という小特集を組んだ。原稿依頼を受けた小松清は、「民衆的美術館を設立せよ」を執筆している。ルーヴル美術館のような「民衆的な美術施設」が存在して初めて、「一般人のうちに芸術的愛好の傾向が普及し且つ生長すること」が可能になる。にもかかわらず日本には、「現代の一般社会人の審美心の対象となる」ような総合的美術館がないと、小松は嘆いた。図版は『世界地理風俗大系』第一二巻(新光社、一九二九年)に掲載された、ルーヴル美術館の外観。

3
モンマルトル

エリアの特徴

モンマルトルは、大きく二つの顔を持っている。一つは、かつての画家たちを中心とする芸術家の街としての風貌、もう一つは、パリを代表する一大歓楽境としての顔である。今でも、テルトル広場を中心とする丘の上に、芸術家たちの夢の跡を追うことは可能であるし、丘の下、ムーラン・ルージュなどが並ぶクリシー大通りからロシュシュアール大通りにかけては、特に夜になれば、華麗な悪徳の香が満ち満ちている。かつてカフェ、シャ・ノワールがあった場所でもある。諏訪秀三郎が部屋を数室借りてホテル・スワこと諏訪旅館を構えたのも、この大通りであった。

一方、ロシュシュアール大通りから少し南の通りは、ヴィクトール・マッセ街で、かつて与謝野寛・晶子夫妻や梅原龍三郎が住んだ街である。このあたりには、ひっそりとした裏街の感が漂っている。カフェ、シャ・ノワールは一時ここにもあった。

モンマルトルの語源は、殉教者の丘、または戦争の神マルスの山に拠るとされる。いずれにしても、「山」に違いはない。今も昔も、モンマルトルを視覚的に象徴するのは、まずその丘の上に聳える白亜の大聖堂サクレ・クール寺院であろう。ここへは、ロシュシュアール大通りから、アンヴェールの角を上って行けばよい。坂と広場とが一体になったサクレ・クールの前庭とでも呼ぶべきヴィレット公園に出る。公園内の情緒ある坂道は、丘の上へ徒歩で上ることを誘うが、脇には古くからケーブルカーも用意されている。その西の脇には、街灯の美しい石の階段もあり、その風景は、坂の街モンマルトルを象徴して有名である。

サクレ・クール寺院からすぐ西にサン・ピエール教会、さらにテルトル広場がある。ここは今も画家たちが多く集まる場所である。近くにはエスパス・モンマルトル・サルヴァドール・ダリ美術館もある。やや北のコルト街にはエリック・サティの旧居や、モンマルトル美術館が当時の面影を残すように並んでいる。その庭続きの地にユトリロのアトリエも残っている。近くには葡萄畑がひろがり、当時の画家のたまり場であった酒場ラパン・アジルがある。壁には例の兎の絵である。ラパン・アジルの向かいには、ユトリロが眠るサン・ヴァンサン墓地もある。また、霧屋敷と呼ばれる、ジェラール・ド・ネルヴァルが住んだ家が残っている。そこはもう、ラデの風車と、ギャレットの風車で有名なジラルダン街である。ムーラン・ド・ラ・ギャレットは、ダンスホールとして一世を風靡した。そこから、エミール・グードー広場の方へ下りていくと、かつてピカソなどの画家たちが画室を構えていた集合アトリエ洗濯船の跡がある。ここには、近くに住むローランサンやブラック、アンリ・ルソー、詩人のアポリネールなどもよく訪れたという。この他、モンマルトル全体では、ルノワール、ドガ、ヴァン・ドンゲン、ヴラマンク、パスキン、モディリアーニ、ロートレック、詩人ポール・フォールなどが住んだ。実にきらびやかな個性たちである。また、ギャレットの風車からルピック街を下りていくと、ゴッホがかつて弟テオと住んだ家がある。坂を真っすぐ下って行くと、ムーラン・ルージュの角に出る。

このように、かつて画家たちが住み、絵を描き、語り合い、飲んで踊った場所の跡が、街中到るところに残されているのがモンマルトルなのである。

さらに西には、モンマルトルの夢の跡を総合する遺蹟とも見ることのできる、モンマルトル墓地がひろがっている。そこにはゾラやゴンクール兄弟、スタンダールなど文学者の墓も多い。

一九〇〇年前後、モンマルトルには、女と画家と音楽とが常にあふれていた。ムーラン・ルージュやタバランなどの踊り場をはじめ、街中に、ミスタンゲットやジョゼフィン・ベーカー、エディット・ピアフが、パリ、パリと歌う歌声が流れていた。

しかしやがて、一九一〇年頃を境に、画家たちの多くがモンパルナスに移住し、セーヌ左岸のカフェがそのたまり場となることによって、モンマルトルの隆盛は下火となっていった。

モンマルトル近くには、もう一つ特筆すべき「場」がある。それは、北駅、東駅、そしてサン・ラザール駅の三つの駅である。パリの駅は、中央を空白として、行き先別に、それぞれ各地各国へと伸びている。ロンドンに向かうには、サン・ラザールから乗るのが普通であったし、ストラスブールやドイツなど東方面には、東駅から乗った。シベリア経由でパリに入った多くの日本人たちは、北駅に着いた。すなわち、多くの訪問者が、まずこれらの駅において、パリを感じ取り、パリに別れを告げたのである。駅は正にパリの顔であった。そのため、個性的な建物となっている。

岩田豊雄は『脚のある巴里風景』(白水社、一九三一年)のなかで、「モンマルトルにはモンマルトル気質があつた。斜にかぶつた鳥打帽の下から捲毛を跳ね上げ、真赤な幅広の胴巻をきりりとしめたアパッシユ風の若者に現れた勇肌気分、黒衣黒帽黒襟飾の喪服のやうな姿で終日キヤフエの卓に蟠り、アブサントの臭気ぷんぷんたる文士画家に現れた芸術家気分。それら二つが妙な工合に融合して、モンマルトル気質と云ふべき『都会の野趣』をつくつた。就中、芸術家はこの土地の名物として考へられ、来り住む者甚だ多く、その制作、取材、集会の場所として選ばれた。文学キヤフエ『黒猫』『ナポリタン』は当時の有名な芸術家及びその亜流を以て、毎夜繁昌した。いろんな新運動がそこから生れた」と書いている。ただしこれは、世紀末のモンマルトルの気質である。この土地を訪れる日本人たちの多くは、この世紀末の繁栄の空気の名残を嗅ぐに過ぎなかった。多くの日本人にとってのモンマルトルは、最初から、既に過ぎ去った時間という属性をまとっていたと言い換える方が正しいかもしれない。そこは常に、後から追憶する場である。そしてその否応なく過去へと心を誘う土地の空気は、今もなお続いているといえよう。

(真銅正宏)

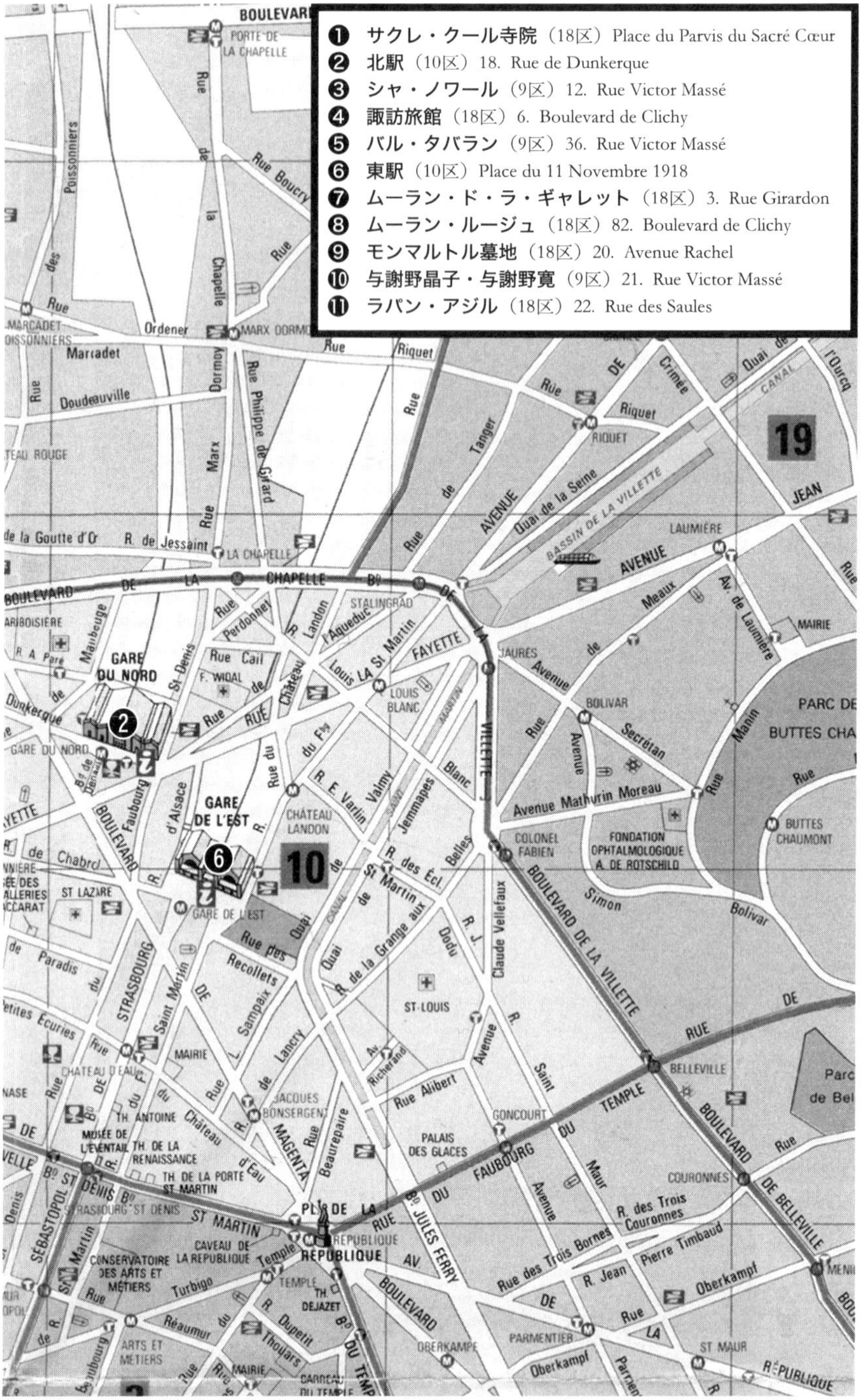
❶ サクレ・クール寺院（18区）Place du Parvis du Sacré Cœur
❷ 北駅（10区）18. Rue de Dunkerque
❸ シャ・ノワール（9区）12. Rue Victor Massé
❹ 諏訪旅館（18区）6. Boulevard de Clichy
❺ バル・タバラン（9区）36. Rue Victor Massé
❻ 東駅（10区）Place du 11 Novembre 1918
❼ ムーラン・ド・ラ・ギャレット（18区）3. Rue Girardon
❽ ムーラン・ルージュ（18区）82. Boulevard de Clichy
❾ モンマルトル墓地（18区）20. Avenue Rachel
❿ 与謝野晶子・与謝野寛（9区）21. Rue Victor Massé
⓫ ラパン・アジル（18区）22. Rue des Saules
GARE DU NORD
GARE DE L'EST
10
19
BASSIN DE LA VILLETTE
PARC DES BUTTES CHA
BOULEVARD DE LA VILLETTE
PL. DE LA RÉPUBLIQUE

BESSIÈRES
BOULEVARD
NEY
PORTE DE ST OUEN
PORTE DE CLIGNANCOURT
DIX-HUIT THÉATRE
Rue Championnet
BOULEVARD ORNANO
SIMPLON
GUY MOQUET
Rue Guy Môquet
Rue de la Jonquière
Rue Ordener
Rue Marcadet
Rue Lamarck
Rue Caulaincourt
Rue Custine
18
MAIRIE
JULES JOFFRIN
LAMARCK CAULAINCOURT
BROCHANT
AVENUE DE SAINT OUEN
CIMETIÈRE DE MONTMARTRE
LA FOURCHE
Av. Junot
Rue Norvins
Rue Lepic
MONTMARTRE
PLACE DU TERTRE
BASILIQUE DU SACRÉ CŒUR
ABBESSES
BAL DU MOULIN ROUGE
PL. DE CLICHY
PLACE DE CLICHY
MAIRIE
BOULEVARD DES BATIGNOLLES
Bd DE ROCHECHOUART
BARBÈS ROCHECHOUART
TH. DE L'ATELIER
ANVERS
BLANCHE
COMÉDIE DE PARIS
TH. LE DIVAN DU MONDE
Rue de Douai
FONTAINE
Rue Victor Massé
Rue Condorcet
Rue de Rochechouart
Rue la Bruyère
TH. DE PARIS
CASINO DE PARIS
TH. LA BRUYÈRE
ST GEORGES
Rue de Londres
Rue de Liège
Rue de Constantinople
EUROPE
Rue de Madrid
GARE ST. LAZARE
STE TRINITÉ
TRINITÉ
9
Rue de Châteaudun
N.D. DE LORETTE
CADET
FOLIES BERGÈRES
Rue Richer
ST LAZARE
Rue de la Pépinière
ST AUGUSTIN
Bd HAUSSMANN
GRANDS MAGASINS
HAVRE CAUMARTIN
TH. MOGADOR
Rue de Provence
CHAUSSÉE D'ANTIN
HÔTEL DROUOT
RICHELIEU DROUOT
MUSÉE GRÉVIN
RUE MONTMARTRE
TH. DES NOUVEAUTÉS
OPÉRA GARNIER
Bd DES ITALIENS
OPÉRA COMIQUE (Th. National)
QUATRE SEPTEMBRE
TH. DES VARIÉTÉS
BONNE NOUVELLE
MADELEINE
TH. DE LA MADELEINE
TH. EDOUARD VII
OLYMPIA
Bd DES CAPUCINES
TH. DE LA MICHODIÈRE
LA BOURSE
2
BOURSE
SENTIER
PLACE VENDÔME
MICHELIN
TH. DES BOUFFES PARISIENS
BIBLIOTHÈQUE NATIONALE
MAIRIE
PLACE DES VICTOIRES
CONCORDE
MUSÉE DES LUNETTES ET LORGNETTES
PYRAMIDES
AV. DE L'OPÉRA
OBÉLISQUE
PL. DE LA CONCORDE
JEU DE PAUME
RUE DE RIVOLI
ST ROCH
TUILERIES
PALAIS ROYAL
COMÉDIE FRANÇAISE
ORANGERIE
JARDIN DES TUILERIES
HÔTEL DES POSTES
ST EUSTACHE
Rue Réaumur
Rue Montmartre
Rue Étienne Marcel

サクレ・クール寺院——*Place du Parvis du Sacré Cœur*

パリには、そこがパリであることを、人々に否応無く意識させる、いくつかの典型的なランドマークがある。エッフェル塔しかり、凱旋門しかり、パンテオンしかり。そして忘れてならないのが、モンマルトルの丘にそびえる、かの白亜の大伽藍、サクレ・クール寺院である。

サクレ・クールとは、聖なるみこころの意である。浅野研真は『ヨーロッパ新風景』（正和堂書房、一九三一年）の中で、「ノートル・ダームを聖母寺と云へば、之れは正に聖心寺とでも云はるべきだ」と述べている。ステンド・グラスや壁画、彫刻などの美しさはもちろん、とりわけ、ローマ式アーケードに支えられる、やや長円の丸天井に描かれたモザイク画は圧巻で、大きさは四七五平米にもおよび、世界最大級のものである。中央に位置するキリストは両手を拡げて参拝者を受け入れてくれる。このとおり、今も絶大なる信仰を集める寺院ではあるが、一方で、モンマルトルという歓楽の地に位置するために、祈祷とは無縁の遊客も多い。特に寺院前の広い石段は、格好の休憩所となっている。松尾邦之助の『巴里素描』（岡倉書房、一九三四年）にも、ここに腰を掛けて語り合う二人の日本人の姿が描き出されている。坂の上にあるために、パリ全市が見渡せる眺望の良さも、人気の要因である。

藤田嗣治は『巴里の横顔』（実業之日本社、一九二九年）に、「現在の寺院は、一八七五年に工を起して、一九一四年に完成したものである」「様式は、南部フランスのロマネスクヴイザンチンで、デザインをしたのは、ホール（ママ）・アバデイである。その建築費が、四千万フランで、いづれも、人々の寄附によつて、集められた金である」「ドームの高さだけで、二百六十四フイートあり、内部にあるステンドグラスは、パスカルブランシヤールと、マルセルとルネマーニユのデ

★雪のサクレ・クール。名賀京助『さ・せ・巴里！』（一元社、一九三三年）。いかにも〝絵になる〟この建物は、数多くの絵画の題材にも用いられた。

ザインになるもので、実に立派だ」と、画家らしい視線でそのデザインについて紹介している。一方、同じ画家である石井柏亭は、『欧州美術遍路　上巻』（東雲堂書店、一九一三年）に、「昼間は其新しい石の色が白過ぎて感心しないけれども、今暗い夜色に包まれた其大きなドームを仰ぐのは満更悪い気持でもない」と、色について書いている。

ところで、石井が見た建物は、藤田のいう完成の日付の前ということになる。寺院にとって、何をもって完成とするかは難しいところであるが、とにかくこの聖堂もまた、実に長い年月をかけて、徐々に作り上げられていったという事実だけは確かなのである。

小塚正一郎の『欧米巡遊日記』（私家版、一九一〇年）には、「此処よりモンマルトに至りモンマルト寺院を見る、恰も芝愛宕山の如く丘上に巍然として聳立するものは即ちモンマルト寺院にて、ケーブルカーを以て頂上に達すべく、花崗岩を以て積み上げたる高さ二百尺以上の大建築にして、丸天井も亦石を以て畳まる、聞く此寺院三千万フランクの建設費を支出して、今猶竣工の暁に至らずと、以て其建築の宏壮なると宗教勢力の偉大なるに驚かざるを得ざるべし」と書かれている。モンマルトル寺院とも呼ばれていたようである。しかも、当時から既にケーブルカーが用いられていたことがわかる。ケーブルカーは、今も昔も、アトラクションの一つである。また、この段階で聖堂が未だ建設中であるという事実も証明される。

名賀京助は「或雪の降つた朝モンマルトルで聖心寺院の高く聳えた景色をユトリヨ紛ひに写生して居たら俺に銅貨二十文を呉れた男がある」（『さ・せ・巴里！』一元社、一九三三年）という興味深い話を書いている。貧乏人に間違えられたのである。しかも呉れた男も大した身なりではなかった。いかにもモンマルトルでの出来事らしいエピソードといえよう。

現在、オルセー美術館の大時計の透明の文字盤の内側からは、セーヌの右岸、北方向を見渡すことができる。そこから望むサクレ・クールの威容はすばらしい。

（真銅正宏）

★*ALBUM ARTISTIQUE PARIS et SES ENVIRONS*(PAPEGHIN,刊行年不記載)に写された公園とケーブルカー。現実離れしたような風景として写っている。

北駅——18. Rue de Dunkerque

北駅はパリで四番目の鉄道の駅として、一八四六年六月に完成した。シベリヤ鉄道で日本からフランスにやってくる人たちはここに着いた。一九三一年一一月二三日六時二〇分に着いた林芙美子は、「何と云ふ暗い停車場だらう。どれが赤帽なのだか少しもわからない」（『巴里の日記』東峰書房、一九四七年）と書いている。

北駅はまた、日本に帰国する人たちを見送る寂しい駅でもあった。岡本太郎は一九三二年一月二七日零時一五分、ロンドン行きの国際列車に乗り込んだ両親を涙で見送る。母かの子も泣きながらこう詠った。「うつし世に人の母なるわれにして手に触る子の無きが悲しき」（「母子叙情」、『文学界』一九三七年三月）。金子光晴は一九三〇年一一月はじめに、ベルギー行きの列車に乗った妻森三千代を見送る。「硝子張りの駅の丸天井は、汽車の煤でくろずんで、別離を、いやが上にもいたみ多いものにした」（『ねむれ巴里』中央公論社、一九七三年）と彼は書いた。久米正雄は、日本へ発つ友人を見送りに出掛けた。「広大で陰欝な北停車場は、建物の上部の硝子張りを透して、もうすつかり蒼く暮れてゐた。そして割に乏しく感ぜられる電飾の下に、人々が黒く塊まり、幾つもの列車が、何処からかスチームを噴いて、のつそり横はつてゐた。（略）北へ行くんだから仕方がないかも知れんが、それにしても、余りに陰気な停車場だ」（「モン・アミ」、『改造』一九二九年一〇月）と久米は観察している。

一九二八年一二月一六日二二時、辻潤と息子一（まこと）が北駅を出発する際、戸田海笛ら二〇人ばかりの日本人が、「月は無情というけれど」と合唱したのも、この陰欝さをはねとばすためだったのではないだろうか。

（和田桂子）

★絵葉書に写った北駅。武林無想庵は「ギャール・デュ・ノールへ到着した時のパリぐらいおそらく古くさい都会はないであろう。パリを中心とせるフランスはとても古い国だ。活動写真でばかりパリを知っているものは、パリの本物を眼にした時、かれは必ずこれがあの美しいパリかとガッカリしてしまうにきまっている。それほどパリは古くさいのだ」（『むさうあん物語13』無想庵の会、一九六四年）と書いた。

シャ・ノワール —— 12. *Rue Victor Massé*

ロドルフ・サリーの伝説のキャバレー、シャ・ノワールの最初の店は、一八八一年にロシュシュアール大通り（Boulevard Rochechouart）八四番地に開店した。新聞記者としてパリに滞在した鈴木秀三郎の『エロ・グロ・巴里』（平凡社、一九三〇年）に、シャ・ノワールは詳しく紹介されている。それによれば、サリーが自らのアトリエを開放した店は、芸術家たちのたまり場になる。常連の中には、ヴィクトール・ユゴーやエミール・ゾラの姿も見られた。サリーがピアノを入れてからは、音楽家が様々な楽器を持ち込んだという。

手狭に感じられるようになったシャ・ノワールは、一八八五年にラヴァル街（現在のヴィクトール・マッセ街）に移転する。二軒目の店は、サリーが死去する一八九六年まで営業を続けた。階下は大きな酒場で、上の一階が食堂と舞踏場、二階にはステージがあって、楽士が演奏して映画を上映した。一八八二年に創刊された『黒猫新聞』は、二軒目の時期に発展し、一万部以上を発行したという。文芸部・美術部・音楽部・政治部を擁して、アルフォンス・ドーデや、ギイ＝ド・モーパッサンらが執筆していた。現在でも建物の外壁には、図版（右）の記念プレートが掛かっている。

サリー死後の一九〇七年に、ジュアン・シャゴーは三軒目の店を、クリシー大通り（Boulevard de Clichy）六八番地に開いた。内部は一軒目の店を模していたという。鈴木が訪れたのはこの店である。一九二四年に三宅克己（みやけこっき）と渡仏した画家の清水登之（とし）は、パリを去る一九二六年に、図版（左）の「Chat Noir」（『パリを描いた日本人画家』朝日新聞社、一九八六年）を描いた。黒猫という店名は、一九三〇年代の日本各地で使われている。

（和田博文）

諏訪旅館

6. Boulevard de Clichy

諏訪旅館を経営していた諏訪秀三郎は、古い時代のパリを知る日本人の一人だった。彼の経歴については、石黒敬七『巴里雀』（雄風館書房、一九三六年）に詳しい。それによれば、陸軍幼年学校の選抜留学生として、一五歳の諏訪が初めてパリの土を踏んだのは、一八七二（明治五）年だった。二年後にいったん帰国するが、井上侯のお供でパリに戻り、数年間は勉学に励んでいる。帰国命令が出て日本行きの船に乗船したが、パリジェンヌと恋仲で、経由地から引き返してしまった。もちろん軍籍は剥奪されている。

石黒は諏訪から、こんな思い出話を聞いたらしい。ある日、一人の紳士が部屋に、かくまってくれと飛び込んできた。後日その紳士から、ディナーに招待される。紳士とは、イギリスからの帰国時に、熱狂する市民から逃れようとした、ヴィクトール・ユゴーだったと。共和制宣言直後に、ユゴーがフランスに戻るのは一八七〇年。諏訪はまだパリにはいない。だとすると、長編歴史小説『93年』を脱稿し、ガーンジー島から帰ってきた一八七四年の話だろうか？　真偽は定かではないが、一三〇年前のエピソードは、伝説のように今日に残っている。

パリジェンヌと結婚して、生計の道を探した諏訪は、モンマルトルの五間ほどのアパートを借りた。これが諏訪旅館で、一八八〇年頃に開業したらしい。それ以後、一九三三年に諏訪が死去するまで、多くの日本人が、彼の世話になった。松尾邦之助もそんな一人である。『青春の反逆』（春陽堂書店、一九五八年）によれば、彼は三菱パリ支店への就職を希望するが、履歴書の字体を見て断られる。そのときに諏訪が、従業員を探していた貿易商デマルクワに、紹介状を書いてくれ、松尾は窮地を救われたのである。

（和田博文）

★図版は、諏訪旅館がかつてあった、現在のクリシー大通り六番地。

バル・タバラン

36. *Rue Victor Massé*

モンマルトルのヴィクトール・マッセ街に一九〇四年にできたダンス・ホールで、外国人観光客がよく行った。第一次世界大戦後、フランが下がった頃は、日本人を見るとタバランのボーイは「オハヨ、オハヨ。イラツシヤイ！」と叫んだと言う（岩田豊雄『脚のある巴里風景』白水社、一九三一年）。永井荷風がここに足を踏み入れたのは、一九〇八年のことであった。「バル、タバランは夜の戯れを喜ぶ人の、巴里に入りて必ず訪ふべき処の一つなるべし。肉楽の機関備りて欠くる処なきモンマルトルにある公開の舞踏場なり。土曜には殊更に、夜の十二時打つを合図にいと広き場内をば肉襦袢の美女幾十人、花車を引出て歩む余興もありと聞きて」出掛け、その濃厚な一夜から「放蕩の真味」を知って悲哀を感ずるに至ったと「紅燈集」（『趣味』一九〇八年一二月）に記している。藤田嗣治がパリの流行児となったのは、その一〇年ほど後だが、「タバランでは、十二時から、一時間ほど出て、二十フラン払つてゐた。而(しか)もタバランでは、一流のミユジツク・ホールに出演している女優である証明書の様なものがなければ、アトラクシオンに出ることを許さない」（『巴里の横顔』実業之日本社、一九二九年）と変わらぬ盛況だった。

そんなタバランの女性とつきあったというのが大杉栄である。大杉は、ベルリン国際アナーキスト大会に出席するため日本を密かに出て、一九二三年二月にパリに着いた。潜伏期間に、旧知の画家でパリに滞在していた林倭衛の案内でタバランへ行った。大杉によればそこは「あまり上品でない、ごく有名な踊り場だ。そこの、と云つてもちつとも自慢にならないのだが、とにかくそこの女の中のえりぬき」（『日本脱出記』アルス、一九二三年）だったというドリーという踊り子と遊んだらしい。薄紫の衣装がよく似合っていたという。

（宮内淳子）

★図版は「踊場タバランのバー」（『アトリヱ』一九三〇年七月）。矢本正二『巴里通信』（築地書店、一九四三年）には、「キャバレーの内で、図抜けて大きいのもあつて、近年、大入満員のバンタバランなど、凹字型に五六百人の客が飲食出来て、その中に踊り場と一方一面の舞台がある。真中の踊り場全部がせり上つたり、舞台の半分が斜めに山の様に盛上つてきたり、電気仕掛けを百パーセントに応用して、せり上り、せり下りを利用するレヴユーはこゝが本家である」とある。

東駅 — *Place du 11 Novembre 1918*

パリの駅は、それぞれが独立した始発駅であり、終着駅である。そのために、特定の方面へ開かれた個性的な窓口となる。東駅は、ストラスブールやドイツなど、主にヨーロッパの東方面に向いている。そのために、ある時期には、悲惨な別れの光景の舞台となった。

島崎藤村の『戦争と巴里』（新潮社、一九一五年）には、一九一四年七月二八日の第一次世界大戦開戦に際し、八月一日の「めづらしく暑い午後一時頃」の東駅の様子について、「ガール、ド、レストに群り集るは巴里を立退かうとする独逸人若くは墺地利人でした」と書かれている。この日の一五時五五分に、総動員令が出された事実と照し合せると、改めて、藤村が実に緊迫した時日に遭遇していたことに驚かされる。この時の様子は、『新生』第一巻（春陽堂、一九一九年）の岸本の見聞としてそっくりそのまま写されている。

後の第二次世界大戦に当って、東に向かって出征兵を送り出したのもこの駅であった。小松清の『沈黙の戦士』（改造社、一九四〇年）には、「巴里の『東駅』から、眼に泪をうかべなから（ママ）、親兄弟だけに送られて淋しくたつて行つた何百万の出征兵」という記述が見える。また、フランスに居たユダヤ人たちが、アウシュヴィッツに送られたのも、この駅からであった。

フォンテンブロー方面から入る列車もこの駅に着いた。金子光晴の『ねむれ巴里』（中央公論社、一九七三年）には、金子がパリに着いた際の到着駅として書かれている。また石津作次郎は、スイスからこの東駅に到着してパリ入りし、ロンドンに出発する際には北駅から出発した（『欧羅巴の旅』内外出版、一九二五年）。東駅と北駅とは、ほぼ隣接しているといってよいほど近いが、行き先と役割と駅の空気は、全く別だったのである。

（真銅正宏）

★ストラスブール大通りから見た東駅の遠景。一九〇四年一月四日の消印がある絵葉書から。

ムーラン・ド・ラ・ギャレット——3. Rue Girardon

ムーラン、すなわち風車の名を冠した踊場としては、ムーラン・ルージュが最も有名であろうが、風車の風情が残されている点では、このムーラン・ド・ラ・ギャレットの方が、その名の由来に忠実であるといえよう。同じモンマルトルでも、こちらは丘の上にある。

藤田嗣治の『巴里の横顔』（実業之日本社、一九二九年）には、「ムーラン・ド・ラ・ギャレットが、古い二つの風車の間に、立てられた。これは割合に見世物臭くない踊場である。其の昔、只穀物を入れる小屋にすぎなかつたが、その頃は、近所の男や女が、夜仕事をすましてから踊りにくる地味な場所であつた」と書かれている。二つとは、ギャレットとカデの風車である。今でもムーラン・ルージュから真っすぐに坂を上り、突き当って左に折れ、弧を描くようにルピック街の坂道を昇っていくと、やがて左手に一つ、また一つ、風車が見えてくる。風車が踊り場の看板の代りであった理由がよくわかる。例えばゴッホやユトリロが描いたそのままの風景が、今もジラルダン街辺りには確かに残っている。

柳亮の『巴里すうぶにいる』（昭森社、一九三六年）には、ここで行われた仮装舞踏会の様子が書き写されている。「会場は、その年は、モンマルトルの山の上にある『ムーラン・ド・ラ・ガアレット』がそれに宛てられてゐた。そこは、美術界の中心が、モンパルナッスへ移らないで、まだモンマルトルにあつた頃の大舞踏場の名残の一つであった」。そしてこの舞踏会には、キキや藤田嗣治、オシップ・ザッキンなどが参加していた。この記述にも見られるように、ムーラン・ド・ラ・ギャレットの隆盛には、画家たちの街として活気があった時代のモンマルトルの空気が、やはり重ね合されているのである。

（真銅正宏）

★踊り場時代のムーラン・ド・ラ・ギャレットを写した当時の絵葉書。風車が目立つ看板代りであることがよくわかる。

ムーラン・ルージュ——82. *Boulevard de Clichy*

ムーラン・ルージュは一八八九年に開設された舞踏場で、外郭に取り付けられた赤い風車(Moulin Rouge)はモンマルトルを代表するシンボルとなってきた。一九二〇年代後半からは踊り場よりもミュージック・ホールとしての人気が高まり一世を風靡したが、後に火災に見舞われ修理後はキャバレーとして営業を続けた。ミュージック・ホールとして成功してからは、座付きのメンバーが世界中を旅興行しただけにその名は広く行き渡り、日本でも戦前に「赤い風車」という流行歌が広まったことがある。

モンマルトルの踊り場としてはムーラン・ド・ラ・ギャレットの方が古いが、「その次に出来たのがムーラン・ルージュで（略）この踊場も初めは、労働者の男女が誘ひ合はせて踊にくる非常に家庭的な踊場であつた。その頃は、まだムーランルージュとはいはずに、ラ・レーヌ・ブランシュと云つてゐた。次でグール・ノアールと云はれた時代もあつたが、やがて、現在ラ・シガールとして知られてゐるミユジツクホールができたために、衰えてしまつた」（『巴里の横顔』実業之日本社、一九二九年）と藤田嗣治は書いている。

林芙美子は一九三六年一二月一九日の日記に、この踊り場を訪れたことを記している。林の『三等旅行記』（改造社、一九三三年）には、「此『皆知つてる』と云ふのは目下パリーに流行つてゐる唄だ。私が初めて此唄を聞いたのは、ムーランルージユの踊り場だ。何しろ芋を洗ふやうなあの大ホールの上には、硝子板に唄を書いたのが下がつてゐて、四方から読めるやうに明るいので、皆踊りながらそれを見て唄つてゐる」とある。善男善女の芋洗いの様相は、「ムーラン・ルージュの中は人いきれで、茹る様に暑かった。（略）踊り狂ふ数百組の男女が、丼の中の煮豆

★一九四〇年代初期頃と推定されるムーラン・ルージュ（矢本正二『巴里通信』築地書店、一九四三年）。左手には映画館、右手に踊り場(BAL)が見られる。

かなんぞの様に、ギッシリ詰つて踊つてゐる。黒ん坊兵隊、顔を火照らした女中、みんな緩拍子のフォックス・トロットに酔つてゐる」という、松尾邦之助『巴里素描』（岡倉書房、一九三四年）でも同様である。

次にミュージック・ホールとしての盛況ぶりについて述べたいが、ミュージック・ホールのルーツとしては最初にカフェ・シャンタンと呼ばれる小舞台を持ったカフェがあり、さらに寸劇・舞踊を取り入れたカフェ・コンセールに進化、第一次大戦後は低級なオペレッタが流行したが、その単調さを破って一九二〇年頃から席巻し始めたのが、喜劇・舞踊・曲芸・奇術・パントマイムなど演芸の百貨店ともいうべきミュージック・ホールであった。パリのそれは陽気で猥褻、盛り沢山でスピードがあることで世界に冠たる盛名をもち、最初はフォリー・ベルジェールとカジノ・ド・パリが両雄であったが、一九二四年にムーラン・ルージュのミュージック・ホールが新築され、やがてミスタンゲットの登場となる。

岩田豊雄『脚のある巴里風景』（白水社、一九三一年）によれば、彼女の本名はジャンヌ・ブールジョア、極貧の生れで幼くして浮浪児の群れに入るが生来歌好きで、ある日街頭で歌っているのをトリアノン・コンセール座の支配人が見出したのが端緒であった。評判となるのはカジノ・ド・パリ所属時代からだが、ムーラン・ルージュに移って人気は天を突く勢いで、後には支配人の一人となって経営陣に加わった。その名のみ高く既に老いたる女王の印象は、竹中郁の「巴里たより」（『ドノゴトンカ』一九二九年一月）に、「ミスタンゲット嬢か夫人か知らぬ、なんでも五十幾歳とかの老女優、それが目尻さげて、外歯(そっぱ)だして、しかも無類の悪声で流行唄をうたふと見物がやんやと喜ぶ。（略）ありとあらゆる顔の皺を、眼にみえぬ所へまくし上げて、それでああいつまでも若いのだと云ふ。まあその見本をみるだけでも、三十法(フラン)や四十法を投じる価値がある」と、いささかむごい。

（竹松良明）

★ムーラン・ルージュの蛇踊り（酒井潔『巴里上海歓楽郷案内』竹酔書房、一九三〇年）。松尾邦之助の『巴里横丁』（鱒書房、一九五三年）によれば、「このムーラン・ルージュの前で、僕の友人だった美術院の佐藤朝山氏は、和服姿で西行の歌をうたっていたまではよかったが、織るようなパリの綺羅の群集を尻目に、裾をまくって」一寸ここに書くのを憚られるような「奇行」を演じたという。「このような東洋的豪傑は今の日本でも見られない」とある。

モンマルトル墓地 —— *20. Avenue Rachel*

矢本正二の『巴里通信』（築地書店、一九四三年）には、「ゴーモンプラスの横に、モンマルトルの墓場がある。こゝには、芸人や芸術家の墓も多い。モンマルトルで一生を働きつくしたもの、大して有名にもならず、こゝで死んで行つたもの、さうした例も沢山ある。明るい通りからポクリと歯が抜けたやうに、真暗な墓場があるのだが、みんな此の中に眠つてゐるのである」と書かれている。最も華やかな繁華街のすぐそばに、最も暗いはずの墓場が隣接している。これがモンマルトル墓地の特色であり、今もその印象は変らない。

永井荷風の「墓詣」（『三田文学』一九一〇年六月）には、「北の墓地」として、次のように書かれている。「紅裙翻る街道は架橋によりて其の一隅を横ぎりたり。橋の欄に佇めば低き墓地の小高き処に、人は赤き蝋石のアーチを戴きたるゾラの半身像を見るべし。（略）ハイネの白き像のまはりには、詣でし独逸人の名刺雪の如く、花束の間に投捨てられたり。詩人ヴィニーの墓、ゴンクール兄弟の墓にも、吾は已に崇拝の涙を濺ぎ終りて、ゴーチヱーが『詩』の像の前には、（略）名句をも三誦したり」。ちなみに墓地の上に鉄橋が架けられたのは、一八八八年のことである。この後、特筆すべきエピソードとして、語り手は、椿姫のヒロイン「アルフオンシン・プレッシイ」の墓を「二人の若き女」に案内された顛末を語る。

藤田嗣治の辿った巡拝コースの一例は、『巴里の横顔』（実業之日本社、一九二九年）によると、次のようなものであった。まず、荷風と同様、「ゾラ」についての記述に始まり、「ルメートル」「ハイネ」「アレキサンダー・デユーマ・フイス」「テオフイル・ゴーチエ」「ベルリオ」「ジヤック・オッフエンバッハ」「ゴンクール兄弟」「アルフレッド・ドヴイニ」「アルフオンシン・プレ

★一八八〇年頃のモンマルトル。ソール街の坂道を写した当時の絵葉書。

ツシ」と巡る道筋が示され、さらに「アーネスト・ルナン」「フレデリック・ルメートル」の名が挙げられている。ルメートルの名が重なっているのは、誤記であろうか。また、現在のベルリオーズの墓碑は一九七〇年に新たに建てられたもので、藤田の見たものとは別のものということになる。この他、この墓地には、エドガー・ドガの墓もある。チャペル型の墓の扉には、ドガの顔を彫ったレリーフがあり、「de Gas」すなわち、ガス家の墓という文字が見える。何でも、父で銀行家のオーギュストが、貴族風の綴りに勝手に変えてしまったものらしい。おかげで、この墓は、探すのにやや苦労する。

八木熊次郎の『彩筆を揮て 欧亜を縦横に』(文化書房、一九三〇年)には、「巴里に於ける最古の墓地で、カヴエンナッリ家の墓作曲家アレエヴイの墓、ワルチユフ公爵夫人、著述家『メエリー』『トウーレー、ルウヴナー』、詩人『テオフイール、ゴーチエー』の石棺、ショーデーの墓、医師ロスタン、名優サムソンの墓等名工の手になつた彫刻を以て飾られてゐる」と、やや変った墓ばかり紹介されている。埋葬された故人の知名度より、墓の彫刻などを優先させた結果と目される。ここにも、墓詣での違った楽しみ方が示されていよう。

もう一つ、墓碑に彫られた句を読む楽しみがある。例えば滝沢敬一『フランス通信』(岩波書店、一九三七年)には、「モンマルトルの墓地に行つてテオフィル・ゴーチエ(Théophile Gautier)の墓を訪ひ、『鳥は飛び去り、葉は落ち、恋は消えた。もう冬だ。小鳥よ、木々の緑する頃、わが墓に来て歌つてくれ』の一句を読むのも懐しい」と書かれている。

和田垣謙三は『兎糞録』(至誠堂書店、一九一三年)の中で、ハイネの墓について、「予嘗て其墓に詣でしが、墓前に名刺箱の設ありて、各国人の名刺堆く積み累ねられたり。(略)而して邦人にしてハイネに刺を通じたるは或は予並に同行の与謝野寛氏が嚆矢ならんか」と述べている。さて、これより先に詣でた荷風は、刺を通じたのであろうか。

(真銅正宏)

★アンリ・ベールことスタンダールの墓と、ドガの墓。

与謝野寛・晶子

21. Rue Victor Massé

与謝野寛（一八七三〜一九三五）は、まず単身でパリを訪れた。一九一一年の一二月末のことである。かつて弟子でもあった晶子が、歌人として目覚ましい活躍をするようになったのに対し、自らは鉄幹という詩人としての名をも捨て、創作活動から遠ざかりつつあった寛にとって、欧州旅行は、一大決心のもとに断行された一つの冒険であった。また美術関係の友人たちから西洋美術の日本への紹介のコーディネーターとしての役割をも担わされていた。

寛はまずパンテオンのすぐ側のオテル・スフロに旅装を解き、ここに一ヵ月ほど滞在し、やがて梅原龍三郎の紹介で、モンマルトルの下宿に移った。これが、Louis Pirolley の家である。下宿があったヴィクトール・マッセ街は、モンマルトルといっても丘の上ではなく、ムーラン・ルージュなどが面するかのにぎやかなクリシー大通りから、さらに少し南側の通りで、繁華街の裏通りといった趣きである。案外静かな場所で、かつてキャバレーのシャ・ノワールがあった場所にも近く、寛も晶子との共著『巴里より』（金尾文淵堂、一九一四年）に「東京にも見られない程静かな清清した処だとは自分も来る迄は想像しなかつたのである」と書き、また親友小林天眠に宛てた手紙においても、「この地は大坂ならば船場のやうなる街にて純粋の巴里人の住み居る処に候。学生などは一切見受けず、全く富豪の紳士と俳優及びその他の芸人とに取巻かれ居り候」と報告している。同じ家の下宿人も多く、またその移り変りも激しかった。その中には、タバランやムーラン・ルージュに出る踊り子や音楽家たちも含まれていた。

さて、一九一二年の五月になり約五ヵ月後れで晶子（一八七八〜一九四二）がパリにやってきた。幼い子供を日本に残してまで、ひたすら夫を追いかけての訪欧であった。晶子を迎え、各地へ

★モンマルトルにあったキャバレーの一つ、地獄の酒場。モンマルトルには、このような無気味な名や構えのキャバレーが多かった（与謝野寛・晶子共著『巴里より』金尾文淵堂、一九一四年）。

旅するに際し、二人前の旅支度を収めた信玄袋を持つのに汗だくになる寛の優しさは特筆ものである。晶子は、たまに小文や詩を書く程度で、公園で絵を書いたりする毎日を過した。

やがて晶子は、日本においてきた七人の子供たちのことが気になり、ヒステリー気味になって、九月にはパリを発つことになった。寛はさらに約三ヵ月、通算すると晶子より三倍近い時間をヨーロッパに過した。このうち晶子滞在中とそれ以外の時期の寛の表情が違って見えるのは私だけであろうか。『巴里より』においても、晶子という同宿人がいなくなると、寛はまるで羽を伸ばすかのように、単身このモンマルトルの下宿にやったきた頃からの付き合いであるキキイとの「MADAME KIKI」という思い出の文章を、「おれ」という、やや私的な印象の強い人称で書く。ちなみにその他の通信文には、「僕」または「自分」という自称を用いている。一方の晶子は、パリ滞在中、雑誌などに、華やかに、日本の女権活動家兼詩人として紹介されているが、この事実は、寛のパリ滞在の意味を考える上で、実に皮肉なものに思えてくる。晶子の光に、いつも寛がかすんでしまうのである。

一〇月に寛はこの下宿を引き払い、再びオテル・スフロに移った。そして、洗濯料を払わずにきたことに気が付き、この下宿を再び訪ねた際に、晶子が置き忘れていた絵具箱を細君から渡されている。帰国したのちまで晶子の世話を焼いているようなこのエピソードは、二人のパリ滞在が対照的なものであったことを鮮やかに示していよう。

しかしそれでも、二人は一緒には帰らなかった。寛はもっと長く滞欧して、文学上の自己変革を完遂したかったのかもしれない。しかし経済的な事情はこれを許さなかった。年内の滞在がその精一杯であった。否、事実はその帰国の金も足りず、前掲の親友小林天眠に電報為替で送金してもらい、何とか窮状を救われたのである。書簡によると、寛は乗船の際、五〇フランほどしか小遣いを持っていなかったという。

(真銅正宏)

★徳永柳洲のカンパーニュ・プルミエールのアトリエの前で。後列右より、徳永、三浦工学士、与謝野寛。前列右より晶子、桑重儀一(『巴里より』)。

ラパン・アジル

22. Rue des Saules

モンマルトルの丘に残る葡萄畑に向かい、小さな店が建っている。これがラパン・アジルで、夜にはシャンソンが聞ける。もと一八六六年に「暗殺者のキャバレー」という名前で開店したのだが、店の看板を描いたのがアンドレ・ジルで、その絵がシチュー鍋の中で跳ねる兎だったことから、ラパン（兎）・A・ジルという別名もついた。芸術家の溜り場として有名になったのは、一九〇三年から経営を任されたフレデリック・ジェラールが若い芸術家を愛したためであった。彼は気が向けば自らギターを弾いて歌い、詩も吟ずる芸術家気質で、この店の名物店主であった。

ここを訪ねた与謝野寛は「暗殺のキャバレエ」（『巴里より』金尾文淵堂、一九一四年）で、「白髪頭に縁（ふち）の垂れた黒い帽を被（き）て紅い毛糸のぶくぶくした襯衣（しゃつ）に汚れた青黒い天鵞絨（ビロウド）の洋袴（パンタロン）を穿き、大きな木靴を引ずつて」、客に「我父（モンペエル）」と慕われているフレデリックの様子を伝えている。店は、四〇〇年以上経っているという古い平屋で、中は暖炉の煤で黒く、四方の壁は画家たちの落書きでいっぱいだった。貧しげな服装をしているのは大抵画家で、他にも彼らが伴ったモデルたちや詩人たちが集まり、店は夜が更けるほどに立て込んできた。和服を着ていた晶子を見ると、この主人は遠来の客に向けてポール・ヴェルレーヌの詩を歌い、彼女の手帳に短詩を書いたという。一九一二年六月のことだった。

この前の年に、この主人は息子を亡くしている。酔った客と釣銭をめぐって口論となり、客にピストルで殺されたという。まだそういう殺伐とした空気の残る地域だった。モンマルトルのヴィクトール・マッセ街のホテルに滞在していた与謝野寛と晶子は、ラパン・アジルへ行く

★ラパン・アジルの看板。ラパン・アジルは、跳ね兎(Au Lapin Agile)と、これを描いたアンドレ・ジル(Andre Gill)とのことば遊びとなっている。

のに、大通りから一歩迷い込めば生死不明になるという噂の地域を歩かなければならなかった。一九一一年九月一九日の真夜中に起きたというこの事件を、石井柏亭は新聞の記事で知り、まだその息子が生きているときのラパン・アジルで過した一夜のことを思い出している（石井柏亭『欧州美術遍路　上巻』東雲堂書店、一九一三年）。主人は「善く来た」と彼を迎え、暑い時期だったので庭のアカシアの木陰で飲むうち人が集まり、庭がいっぱいになったという。柏亭はそのとき、息子に代金を払った。息子を失って以来、主人は「暗殺者のキャバレー」の名を嫌い、ラパン・アジルが通り名となった。

藤田嗣治はここを、場所が辺鄙なだけに興行的にならずに済んだ酒場だとして、「画家のユトリオ、とか、文士のフランシス・カルコとかジヤン・コクトオとか、ピエル・マコオランの様な人間も最近まで、このキヤバレの常連であつた」（『巴里の横顔』実業之日本社、一九二九年）と回想している。画家たちの中には近所のアトリエ、通称「洗濯船」に住むパブロ・ピカソらの他、アメデオ・モディリアーニ、詩人のマックス・ジャコブ、ギョーム・アポリネール、アンドレ・サルモンらがいて、既成の芸術を攻撃し新しい表現を論じた。キュビスムが盛んに論じられた時期と、ラパン・アジルの最盛期は重なっている。

しかし一九一〇年代に入って盛んになった開発により宅地化も進んで雰囲気が変ると、芸術家たちは別の環境を求めはじめた。第一次世界大戦後は、モンパルナスがその最盛期を迎えるのである。ピカソがモンパルナスへ移ったのは一九一〇年であった。しかしその後もラパン・アジルはモンマルトルの名所であり続けた。正宗白鳥も行き、「私達の行つた晩にも、毛色の変つたいろ〳〵な人間で、部屋が一杯で、酒の匂ひや煙草の煙で息苦しかつた」（「散文的に見て」、『文藝春秋　臨時増刊オール読物号』一九三〇年七月）と記している。しかし観光地のひとつとなったそこは、もはや最新の芸術を発信する場ではなくなっていた。

（宮内淳子）

★ラパン・アジルの絵葉書（与謝野寛・晶子『巴里より』）。

4 オペラ座界隈

エリアの特徴

このあたりは、パリを代表する建築物のオペラ座を中心に、オペラ座通りやグラン・ブールヴァールといった大きな通りが整然と延び、そこにデパートや、カフェ、レストラン、劇場、高級品を売る店などが軒を連ねる。華やかな街並みと、そこに集まる多くの人でいつも賑わう、パリの顔とも言えるエリアである。

戸川秋骨『欧米紀遊二万三千哩』（服部書店、一九〇八年）では、オペラ「ファウスト」を観終えてオペラ座を出てから、「夜は既に十二時であるが、珈琲店（カツフエ）は盛んである。相携えたる者は此処に這入り飲み且つ食ひ更に他の巣窟に這入るのであるとか。余等も亦珈琲店（カツフエ）の道側に天幕を突出したる其下の椅子に倚り、茶を喫して一時間程も往来の光景を眺めて居たが、既に夜半を過ぎて居るに物売の声、新聞売の声杯なかなか賑かなものである」と書いている。深夜でも人通りが絶えず、華やかな光景が展開しているのは現在も変らないが、英文学者の戸川がこれを見た一九〇六（明治三九）年では、日本との違いが際立って見えたであろう。この光景に心を奪われ、ため息をついた日本人は数知れない。オペラの上演されない夜でも、「今夜は演奏のない晩と覚しく、石段の上には番兵の姿も見えず窓に灯もなかつたが、壮麗を極めた大建築は周囲の燈火と空の明りで、殊更粛然として、神聖犯すべからざる殿堂の如くに見られた。／二人は広い四辻を一目に見渡す角のカッフェーに這入る。中には明るい明るい燈火の下に男女の帽子と衣服の色彩の動揺。絶えざる奏楽」（永井荷風『ふらんす物語』博文館、一九〇九年）と、相変らずの人出であった。

パリ右岸と左岸で雰囲気が違うことはよく言われるが、長期滞在者は、そのことを具体的に生活を通して実感していた。黒田清輝『絵画の将来』（中央美術出版、一九八三年）には、カルチェ・ラタンからやってきてオペラ通りへ出ての感想を、「オペラ通に来ると趣が一変する、吾々の書生町に比ぶれば先づ銭に譬へて確かにビタ銭と銀貨との差がある。ビタは平民的で一寸雅致があるが銀の方は紳士的で上品で堂々たる所なきにしもあらずだが其代りに何となく冷めたい」とある。帰国後は東京美術学校に西洋画科を開設し、教授となった黒田も、このときはまだ二〇代の「平民的」な若者であった。

林芙美子も、宿のあるダンフェール・ロシュローを出て、日仏銀行へ寄った帰りにオペラの通りに出たときのことを、「美しい街並で、通つてゐるひとたちも仲々スマートだ。女は話しあはしたやうに色々な犬を連れて歩いてゐた」「白い馬をつけた二頭だての馬車が行く。豪華なレストランがいくつもある。花屋もまるで極楽世界のやうなのがある」（『日記　第一巻』東峰書房、一九四一年）と書いている。ファッション、乗物、レストラン等、どれも彼女の眼を驚かせた。これに対し、夫の岡本一平が人気漫画家で潤沢な旅費が用意されていた岡本かの子は、パッシーに住み、オペラ座界隈には観劇や買い物によく現れたので、ここは彼女の生活の延長上にある地域だった。パリではじめて入ったデパートは、あたりがすっかり暮れた冬の午後七時でも「電光色が、人の肌の下まで透るほど明るいギャレリ・ラファヰエツト」であり、またプランタンのことは「美術的なデパート」で、「華麗な絵硝子の高い丸天井が天蓋の様に上空から人々の頭上へ多彩な軽快な色調をかざします。落ち付いた高級品がスマートな陳列技法によつて飾られて居ります」（「見在西洋」『かの子抄』不二屋書房、一九三四年）と紹介している。

高級なデパートやオペラ座に代表される格式の高さばかりではなく、このエリアには、「カルメン」のような演目を楽しむことができるオペラ・コミック座があった。もっとくだけてレヴューでもというなら、カジノ・ド・パリやフォリー・ベルジェールのようなミュージック・ホールも近い。さらに、人とモノの集まる賑やかな場所に裏の顔があるのはいずこも同じであって、このあたりでは観光客と見て声を掛けてくる手合いも多く、それらは大抵、男性が目当てであった。新聞記者であった杉村楚人冠（そじんかん）が一九〇七（明治四〇）年にパリに立ち寄ったとき、「夜オペラ通を歩けば、人を赤毛布（げっと）と見てか、云々（しかじか）の所に案内せんといふもの、頻りにうるさく付き纏ひ来る。パリならでは世界中何処に行かるるとも見ることを得ざるもの候ふぞと申す。何処にもあらんほどのものを見比べんずこそ思へ、此処のみにて見得べきものを見るの要ありなんやとて断わる」（『大英游記』有楽社、一九〇八年）と、弁をふるって客引きを退けたとある。「赤毛布」とはいわゆる「お上りさん」のことで、このエリアには日々、たくさんの観光客が集まっていたから、これを狙っての商売も横行した。小宮豊隆がフォリー・ベルジェールでレヴューを見終って外へ出たときも、「夜の女が三四人どやどやと押し寄せて来て、口々に我々に誘ひをかける」「此所ではつまり舞台でさんざ挑発して置いて、別働隊が食堂や出口で、見物を虜にしようといふ仕組になつてゐるのである。不図吉原の花魁の道中を思ひ出す。然しあの道中の方が、どの位無邪気で節度があつて詩的な趣味があるか分からない」（『巴里滞在記』岩波書店、一九三四年）とある。一九二三年のことであった。

観光地でのこうした誘いは、どこでも、いつでもあるものとはいえ、パリにおいて、その露骨さに辟易させられる日本人が少なくなかった。悲哀を感ずるまで充分に享楽を堪能し得た永井荷風のような人物は、少数派だったようだ。

荷風は、忘れられないパリの想い出として、芝居帰りの盛装した客がシャンパンなどを飲んでいるカフェ・アメリカンの光景を、「ああ、遊宴限りなき巴里の世は、鉄道と云ひ、工業と称し、貿易と呼ぶ二十世紀に及びても、猶ほかゝるロマンスの民を生む事のいぢらしさよ」（「紅燈集」『趣味』一九〇八年一二月）と語り、あくまで人をパリの美に酔わせる。

（宮内淳子）

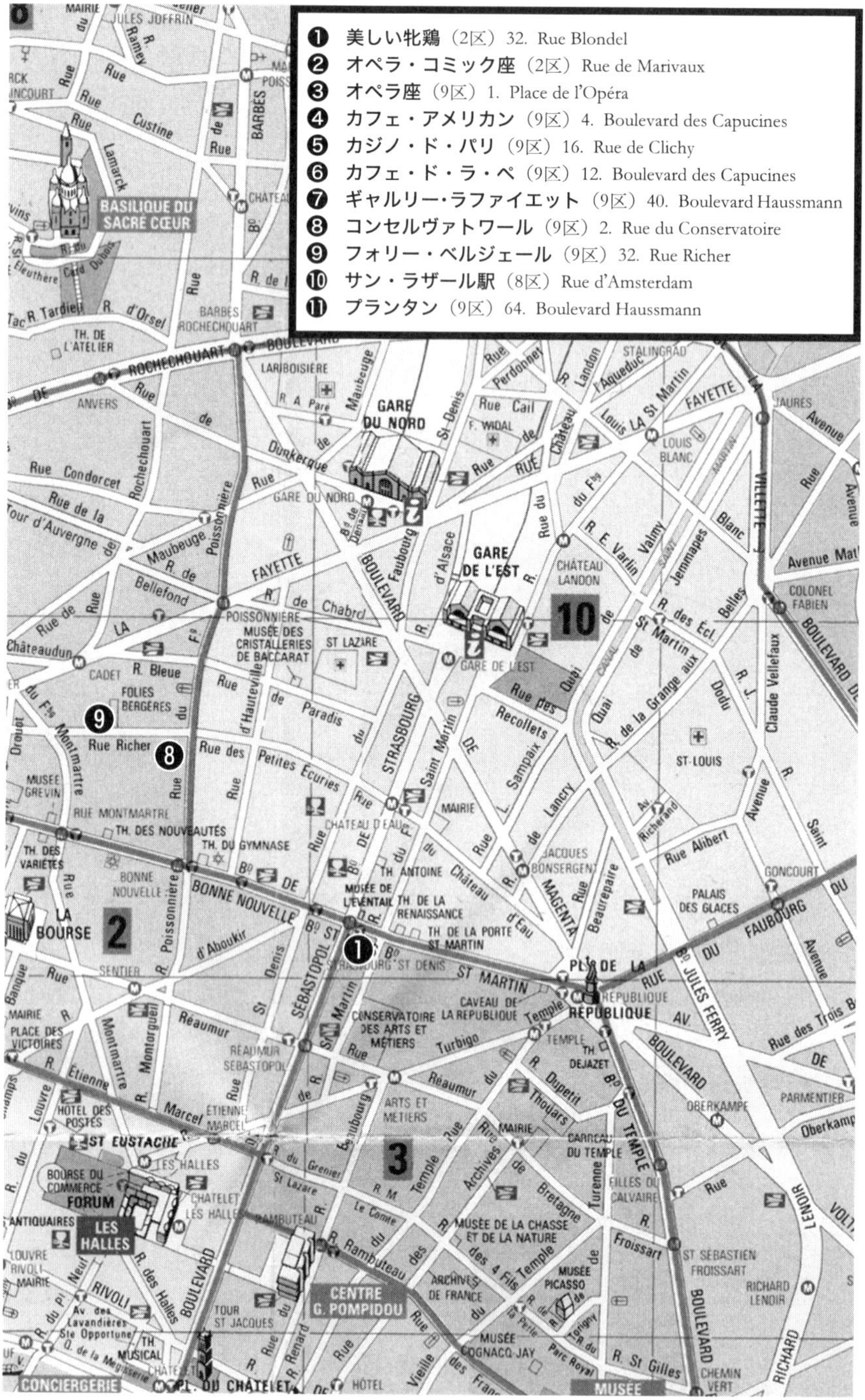

❶ 美しい牝鶏（2区）32. Rue Blondel
❷ オペラ・コミック座（2区）Rue de Marivaux
❸ オペラ座（9区）1. Place de l'Opéra
❹ カフェ・アメリカン（9区）4. Boulevard des Capucines
❺ カジノ・ド・パリ（9区）16. Rue de Clichy
❻ カフェ・ド・ラ・ペ（9区）12. Boulevard des Capucines
❼ ギャルリー・ラファイエット（9区）40. Boulevard Haussmann
❽ コンセルヴァトワール（9区）2. Rue du Conservatoire
❾ フォリー・ベルジェール（9区）32. Rue Richer
❿ サン・ラザール駅（8区）Rue d'Amsterdam
⓫ プランタン（9区）64. Boulevard Haussmann

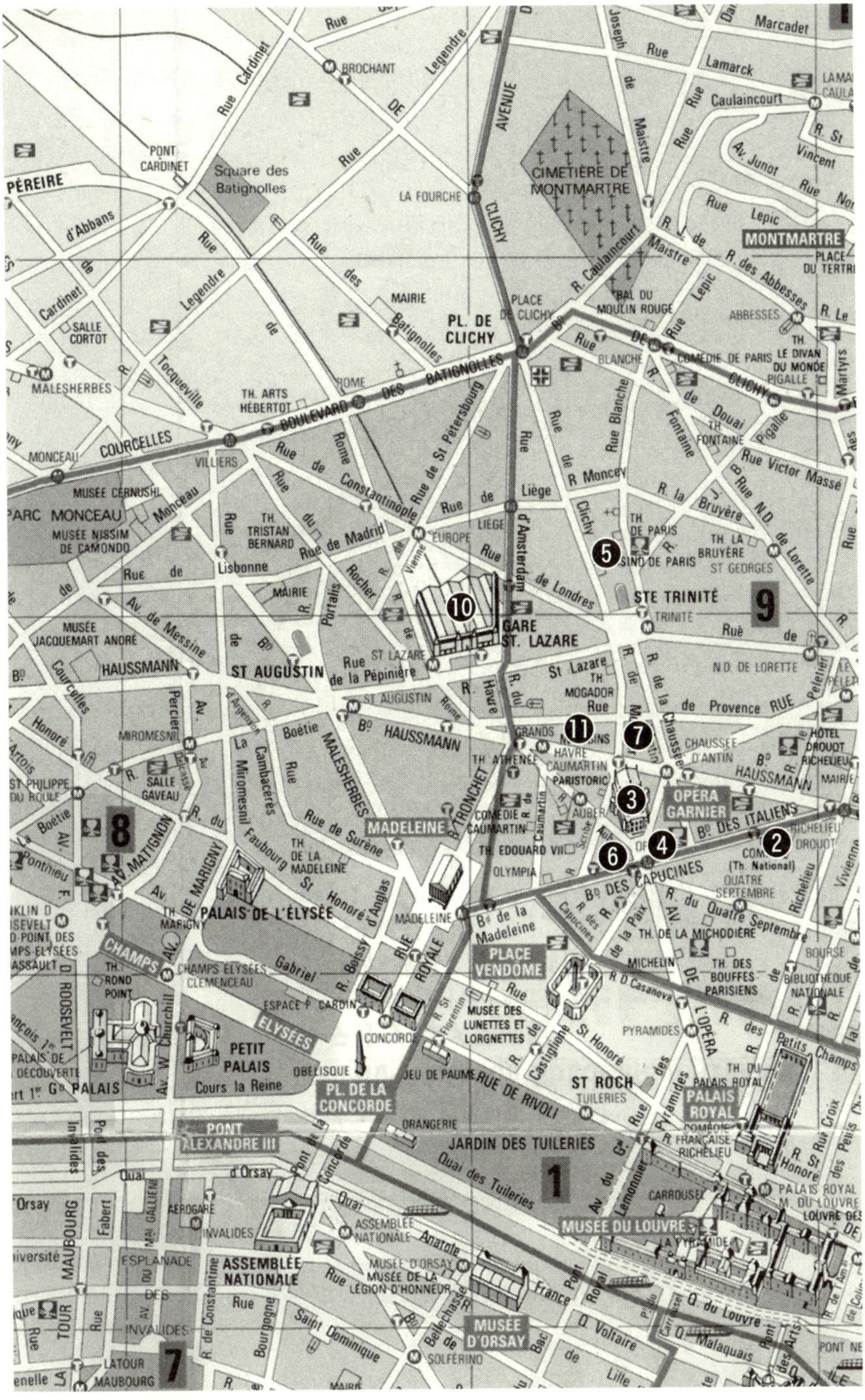
Marcadet
Lamarck
Caulaincourt
BROCHANT
Legendre
AVENUE
CLICHY
Rue Cardinet
PONT CARDINET
Square des Batignolles
PÉREIRE
LA FOURCHE
CIMETIÈRE DE MONTMARTRE
R. Caulaincourt
Av. Junot
Rue Lepic
MONTMARTRE
PLACE DU TERTRE
R. des Abbesses
ABBESSES
d'Abbans
Rue des Batignolles
MAIRIE
PLACE DE CLICHY
PL. DE CLICHY
BAL DU MOULIN ROUGE
BLANCHE
COMÉDIE DE PARIS
TH. LE DIVAN DU MONDE
PIGALLE
SALLE CORTOT
MALESHERBES
Tocqueville
ROME
TH. ARTS HÉBERTOT
BOULEVARD DES BATIGNOLLES
COURCELLES
MONCEAU
VILLIERS
Rue de Constantinople
Rue de St Petersbourg
Rue d'Amsterdam
Rue Blanche
Fontaine
TH. FONTAINE
R. de Douai
Rue Victor Massé
PARC MONCEAU
MUSÉE CERNUSHI
MUSÉE NISSIM DE CAMONDO
TH. TRISTAN BERNARD
Rue de Madrid
EUROPE
LIÈGE
Rue de Liège
R. Moncey
TH. DE PARIS
CASINO DE PARIS
TH. LA BRUYÈRE
ST GEORGES
R. N.D. de Lorette
Rue de Lisbonne
MAIRIE
Rue de Londres
STE TRINITÉ
TRINITÉ
9
MUSÉE JACQUEMART ANDRÉ
Av. de Messine
GARE ST. LAZARE
ST LAZARE
HAUSSMANN
ST AUGUSTIN
Rue de la Pépinière
TH. MOGADOR
R. de la Chaussée d'Antin
Rue de Provence
N.D. DE LORETTE
HÔTEL DROUOT
RICHELIEU
MIROMESNIL
Rue La Boétie
Bd HAUSSMANN
GRANDS MAGASINS
HAVRE CAUMARTIN
CHAUSSÉE D'ANTIN
TH. ATHÉNÉE
PARISTORIC
OPÉRA GARNIER
Bd DES ITALIENS
ST PHILIPPE DU ROULE
SALLE GAVEAU
MALESHERBES
Cambacérès
R. de Miromesnil
AUBER
COMÉDIE CAUMARTIN
TH. EDOUARD VII
OLYMPIA
OPÉRA
Bd DES CAPUCINES
COMÉDIE (Th. National)
QUATRE SEPTEMBRE
8
AV. MATIGNON
Rue de Surène
MADELEINE
TRONCHET
TH. DE LA MADELEINE
Faubourg St Honoré
R. d'Anglas
R. du Quatre Septembre
AV. DE MARIGNY
TH. MARIGNY
PALAIS DE L'ÉLYSÉE
Bd de la Madeleine
PLACE VENDÔME
R. de la Paix
TH. DE LA MICHODIÈRE
MICHELIN
TH. DES BOUFFES PARISIENS
BOURSE
BIBLIOTHÈQUE NATIONALE
CHAMPS ÉLYSÉES
TH. ROND POINT
CHAMPS ELYSÉES CLÉMENCEAU
Gabriel
R. Boissy d'Anglas
RUE ROYALE
R. D. Casanova
AV. DE L'OPÉRA
ESPACE P. CARDIN
MUSÉE DES LUNETTES ET LORGNETTES
Rue St Honoré
PYRAMIDES
Rue des Petits Champs
AV. W. Churchill
PETIT PALAIS
PALAIS DE LA DÉCOUVERTE
Cours la Reine
CONCORDE
OBÉLISQUE
JEU DE PAUME
RUE DE RIVOLI
ST ROCH
TUILERIES
TH. DU PALAIS ROYAL
PALAIS ROYAL
PL. DE LA CONCORDE
PONT ALEXANDRE III
ORANGERIE
JARDIN DES TUILERIES
COMÉDIE FRANÇAISE RICHELIEU
Quai d'Orsay
Pont de la Concorde
1
Quai des Tuileries
Av. du Gal Lemonnier
CARROUSEL
PALAIS ROYAL M. DU LOUVRE
LOUVRE
AÉROGARE
INVALIDES
ASSEMBLÉE NATIONALE
Quai Anatole France
MUSÉE DU LOUVRE
LA PYRAMIDE
ESPLANADE DES INVALIDES
MUSÉE D'ORSAY
MUSÉE DE LA LÉGION D'HONNEUR
Pont Royal
Q. du Louvre
R. de Constantine
Rue de Bourgogne
Rue Saint Dominique
Bellechasse
MUSÉE D'ORSAY
Q. Voltaire
Malaquais
Rue du Bac
SOLFERINO
LATOUR MAUBOURG
7
1
2
3
4
5
6
7
10
11

美しい牝鶏 ―― 32. Rue Blondel

パリにはキャバレーやミュージック・ホールなどの娯楽場のほかに、娼婦の館が至る所にあった。その多くは屋号もなく、ただ家の番地が大きく黒々と書かれているのでそれとわかる。グロ・ニュメロ（大きな数字）といえば娼館をさした。酒井潔の『巴里上海歓楽郷案内』（竹酔書房、一九三〇年）は、ご丁寧にいくつも娼館をリストアップしてくれている。シャトレー・ドー街のマダム・アンドレエ、サン・オーガスタン街のマダム・ディナ、等々。マダムというのはいわゆるやり手婆さんのことである。

娼婦たちはフランス女とは限らない。ドイツやスイスやオランダの女もいる。酒井が会った女の一人は、数ヵ国の国語に通じていて、外国人相手として非常に重宝されていたという。残念ながら日本語ができる娼婦には会わなかったらしい。ただしシャバネ街一二番地にあった「ル・シャバネ」という有名人御用達の娼館には、一人日本娘がいたという噂である。

そのほかに、雑誌や新聞に様々な店の広告が載った。酒井潔のお薦めのひとつはモンマルトルの「ラ・プティト・ショーミエール」。ここでは少年が女装して客を迎える。サン・ドニの「ア・ラ・グロット・デ・ジロンデル」では燕の洞窟という名前のとおり、女たちが燕のように軽快に客の膝の上に乗る。さらに鞭打ちの家、覗きの家。パリは奥が深い。

その中でも、特にアメリカや日本からの観光客を集めたのは「美しい牝鶏」（Aux Belles Poules）と呼ばれる館である。松尾邦之助はこのように述懐する――「日本人を案内して、なんと多くの女郎屋に遊びに行ったことか。サン・ドニの『美しいめんどり屋』には、つづけて五、六回も足を運び、ここのヤリテ婆さんから案内人と間違えられ、『謝礼を受け取ってくれ』とまでい

★「美しい牝鶏」のポスター。横に「バー・アメリカン」「英語OK」と書かれており、アメリカ人観光客が多かったことをうかがわせる(Alphonse Boudard et Romi, *L'âge d'or des maisons closes*, Albin Michel, 1990)。

われた」(『巴里物語』論争社、一九六〇年)。この美しい牝鶏は、別名ハサミヤと日本人の間では呼ばれていた。ここの出し物は、四角いテーブルの隅に置かれた客の一フラン貨幣を、裸の女が局部ではさんでみせるというものだったからである。ほかにも局部に火のついたたばこをはさみ、腹を上へ上へと撫で上げると、口から煙が出る、などという芸当も見せた。もちろん最初に吸ったときに、煙を口の中にためこんでおくのである。こうした稚気のある遊びに飽きると、めぼしい一人を連れて階上の一室にしけこむこともできる。梅原北明は同じような趣向の店を上海で見ているから(『カーマシャストラ』一九二七年一一月)、このような卑猥な芸当は、世界中の裏通りで繰り広げられていたのだろう。

松尾は「こゝには芸術の粉飾も、ローマンスも何もない。たゞ、鶏小屋の牝鶏のように、二、三十名の裸女が(多くが醜婦でグロテスクな女)尻ペタを叩き、淫猥な歌を唄い、パンパンと手を打つやりて婆さんの支配下に集って来て、客にタカる。女もこゝまで落ちたら完全な解放者であるが、彼女らは魂の無いたゞの肉塊である」(『巴里横丁』鱒書房、一九五三年)と、やや手厳しい。一緒に遊んだ木彫家の佐藤朝山は、彼女らの白い裸体を「どうだ、あのヴォリューム、あのマッス……見事なものだ」と誉め、東京日日新聞記者の井沢弘は「あの女たちは、神に近い存在だよ。虚栄の衣をすっかりかなぐり捨てているじゃないか」などと言って弁護した(『巴里物語』)。

パリは一九四六年に公娼を廃止してしまったが、戦後何年かたってパリを訪れた田村泰次郎は、「パリのあちこちに、昔の女郎屋に似たものが復活しかかっていることを、この眼で見た。いまのところ、モンマルトルに三軒、エトワアルのワグラム通りに一軒、そのほか一、二箇所に一軒くらいの割合であるが、たしかに、実質的に女郎屋は復活しつつある」(『人間の街パリ』講談社、一九五七年)と書いている。

(和田桂子)

★「美しい牝鶏」の大広間(*L'âge d'or des maisons closes*)。

オペラ・コミック座 — *Rue de Marivaux*

イタリアン大通りから一歩入った場所にあるこの劇場は、オペラ座に次いで国立第二歌劇劇場としての伝統を誇るが、フォーマルな社交場としてのオペラ座と異なり、肩の凝らない一般市民の観劇の場である。藤田嗣治の『巴里の横顔』（実業之日本社、一九二九年）には、「オペラ・コミックは五十銭も出せば、『カルメン』でも、『お蝶夫人』でも、『ボッカチオ』でも何でもきくことが出来る」とある。しかし、金はともかく、時間がかかる。八時開演のために午後二時頃から並び始める。慣れたもので、「各々、本を読むとか、編物をするとか、チヤンと仕事を持つて押しかけてゐる」。また、「金拾銭也」で椅子を貸して商売するものが現れる。五時頃にはもう一〇〇メートルくらいの列ができている。連中は皆夕食持参で、それも決ってサンドイッチである。食べ始めると、近くのカフェがワインなりビールなりを売りに来る。「これほど熱心だから、中へ入つても盛んに通を振廻して、音譜を一寸間違へても直ぐ気がつく」。

パリ人のオペラ好きについては、柳沢健も『回想の巴里』（酣燈社、一九四七年）で語っている。オペラ・コミックで見たプッチーニの「お蝶夫人」の戯画化された日本の姿が不愉快だったので、翌朝下宿の主人にその感想を述べると、主人は「でも、音楽はすばらしい！」と、「イキナリ高い声を張り上げてその一節を唸り出した」。日本ではプッチーニなどは音楽学校の演奏会などで片仮名の楽詞を懸命に覚えて歌っているのに、この国では「半白の頭髪の銀行員がイキナリと唸り出すのだ。日本の洋楽の普及なり発達なるものも、前途遼遠だな」と慨嘆するが、しかし思えば日本人が風呂で義太夫、浪花節を唸るのと同じだ、と気を取り直している。

オペラ・コミックの「お蝶夫人」については、獅子文六（岩田豊雄）の『舶来雑貨店』（白水社、

★現在のオペラ・コミック座の外観。現在は保存管理されているがほとんど使用されていない。この劇場のルーツは、一七八二年にエティエンヌ・シュワズル公が、イタリアの一座のために現在のイタリアン大通りにあった自分の邸内に作った劇場にあり、イタリアンの名称もこれに因んでいる。

一九三七年）でも、「恐るべき想像力の所産」として少々毒気を抜かれている。「哀れや蝶さんは封建的な裲襠姿、ゴロオの頭には丁髷が載って」、結婚式の場では「列席の日本の官憲は丁髷を頂き裃に威儀を正し、小田原提灯を右手に掲げて牀几に腰かける。やがて式が始まると官憲の一人は、焼海苔の空罐みたいな金属の筒を取出して、カーン〳〵と叩きはじめる」という状況だった。その怪しげな日本風俗の中でただ一つ秀逸だったのは、侍女のスズキを演じた「ゼルメエン・バイー」で、他の女優とは異なり「このスヾキに限つて、その小股な擦足は一流料理亭の姐さんに比すべく端正で」あった。後に、この女優は日本に行ったことがあると聞いて納得したが、その後蝶々さんの主役は変っても、常にスズキはこの女優が演じたとある。

オペラ歌手の藤原義江はヨーロッパ巡演旅行中の一九三一年、オペラ・コミックの新人採用オーディションの誘いを受けて、急ぎイタリアから駆けつけた。当日は日本大使館の荻原書記官（後に大使）が世話役を務めてくれたが、藤原にはフランス語で歌えるオペラは一つもなかった。しかし意外にも「ボエーム」を四回、イタリア語で歌うことで契約が成立した。ルドルフォを演じる藤原の相手役ミミは有名なマダム・グリエルメッティ、この二人だけがイタリア語、他の役はみなフランス語で歌うが、それほど違和感はなかったという。最後の舞台が済んだ夜、「僕は忠実にミミをパッシーの彼女のアパートへ送った。そしてその夜はそこへ泊まった。このルドルフォとミミの情事のスピードは、プッチーニのオペラより一幕だけ早かった」（藤原義江『歌に生き恋に生き』文芸春秋、一九六七年）とある。

また松尾邦之助『巴里横丁』（鱒書房、一九五三年）には、日本では評判の声楽家の関屋敏子が、オペラ・コミックの座主マッソン氏の試験を受け、「アベ・マリアを三分ばかり歌った時、『マドモアゼル、アッセ』（お嬢さん、もうそれでたくさん）」と言われて泣いていた、という話がある。

（竹松良明）

★イタリアン大通りに掲げられたオペラ・コミック座の電飾看板の現在の写真。柳沢健は一九二〇年のクリスマスに初めてオペラ・コミックに行き、ドビュッシーの「ペレアス」を見たが、この一風変った作品を十分には理解できなかった。しかしその後、音楽家の小松耕輔などと一緒に二度、三度と見るうちに、「深い、慰めに充ちた、柔かな」「魂を静かに撫でるものがあるのを感じない訳には行かなかつた」（『巴里を語る』中央公論社、一九二九年）と記している。

オペラ座

1. *Place de l'Opéra*

「芝居は、パリ人にとつて、娯楽ではなしに、生活の一部である。そこで、芸術教育を受け、そこで、エテイケツトを覚え、そこで社交をし、そこで〳〵である」（藤田嗣治『巴里の横顔』実業之日本社、一九二九年）という事情だから、国立劇場も四つあって廉価で舞台を提供しているという。

しかしこの中で、オペラ座だけは別である。岩田豊雄『フランスの芝居』（生活社、一九四三年）には、「オペラ座は欧州第一の輪奐の美を誇り、主として古典的の大オペラを演ずるが、この劇場の現在の社会的役割は、寧ろ上層ブルジョアの社交場たるにあつて、ことに金曜日の夜の如きは、一瞥の下に全巴里の社交界の縮図を見ることができる」としている。だから単にオペラを鑑賞するのみならず、観客もオペラ座にふさわしい服装が求められ、「巴里の大劇場殊にオペラの夜演は夜会（ソワレー）と同様に看做され男子は燕尾服、スモーキング乃至モーニング、女子は胸先や首の廻りや腕先などを露出する『デコルテ』で且つ帽子なしで、出かく可きものとされてゐる」（重徳泗水『現代のフランス』大阪屋号書店、一九二二年）ということなので、一九二〇年にパリにいた徳富蘆花夫妻がオペラ座へ行ったときは、「私は紋付の羽織袴に護謨草履、妻は出立の際横浜で一度着たきりの紫紺錦縮緬、金襴の帯、紫の草履と云う装」であった。もっと気軽にオペラを楽しみたいなら、同じ国立でもオペラ・コミック座の方へ行けばよかった。

上流階級の社交場という点では、公式に海外からの来賓の接待に使うこともできた。また私的にも使われており、日露戦争の頃からパリにいたパリ通の貿易商、伴野文三郎によれば、オペラ座の一階ボックス（八席）を一年買い切った者は、オペラ座のダンサーがいる楽屋を休憩時間に訪ねる特権が与えられ、第一次世界大戦後あたりに、イギリスやペルシャの王族が出入り

★オペラ座正面（矢本正二『巴里通信』）。現在、オペラの上演はバスティーユの新オペラ座で行われており、ここ（オペラ・ガルニエ）ではバレエ中心の演目となっている。

していたのを見たという（『花のパリの50年』教材社、一九五九年）。

　オペラ座は本格的オペラの上演が基本であったが、クラシック音楽や、バレーといった演目もあった。一九〇九年に創立され、パリで大きな反響を呼んだロシア・バレー団は、オペラ座でしばしば公演している。竹内勝太郎がパリに来たのは一九二八年で、早速に訪れたオペラ座で「オペラ！　なんと云ふ堂々とした立派な建築だらう。それこそ最高の芸術の神々の殿堂とするに適はしい建物だ」（『西洋芸術風物記』芸艸堂、一九三五年）と、その感激を記しているが、彼はここにロシア・バレーを見るため通いつめている。

　一六歳でフランス文学者の山田珠樹と結婚した森茉莉は三年後の一九二二年、パリに着く。後年の回想によれば、鑑賞したオペラもさることながら、観客が作り出す雰囲気や、建物そのもの、また「夜の昏さがあたりを籠めると、幕合ひに内部から洩れる薔薇色を帯びた薄紫の照明が、暗い二階の露台（バルコン）を染め、美しい形をした柱を黒く、浮び上らせる。瓦斯燈、両側の家並みの珈琲店（キャフェ）の燈火が点々と数を増し、私と夫とを紛れ込ませた巴里の群集を呑む、既に光の海となつた街」（『靴の音』筑摩書房、一九五八年）といった光景すべてが魅力に満ちていた。

　オペラ座は、ナポレオン三世の命により一八六二年に着工されたが、シャルル・ガルニエの設計によるこの豪華な建物が完成したときは、すでに第三共和政に変っており、一八七五年の落成式はパトリス・マク=マオン大統領の臨席のもとに行われた。巌谷小波『小波洋行土産下巻』（博文館、一九〇三年）には、小波が一八九〇（明治二三）年にオペラ座へ行った折のことを、「其の結構の美を盡くし、壮を極めた所は、兼て想像したにも増して、唯アット感心する許り」とあるが、日本で、ルネサンス風フランス様式の帝国劇場が開場して話題になったのが一九一一年だったことを思えば、小波の驚きも当然のことであった。


（宮内淳子）

★岡本一平『増補　世界一周の絵手紙』（龍文舎、一九二九年）中の、オペラ座の観客。一平は、「男は燕尾服かタキシードでなければ入れない。桟敷には装を凝らしたレデーが油絵のやうだ」という文章を添えている。一平の一回目の渡欧のときのもので、一九二二年のことであった。

カフェ・アメリカン —— *4. Boulevard des Capucines*

ギイ＝ド・モーパッサンの小説『ベラミ』の主人公デュロワは、友人フォレスティエに連れられてフォリー・ベルジェールを見物する。フォレスティエは、フォリー・ベルジェールのショーが終るとカフェ・アメリカンで夜食をとる男たちを目当てに、たくさんの商売女が来ていると告げる。「アメリカンの夜食の時刻に出張つて来る奴だ。一ルイか二ルイどこの女だが、五ルイも出す外国人をねらつてゐるんだ。そしてからだのあいてゐる時に常連に知らせるといふ寸法さ。十年も前からみんな顔の知れてゐる連中だ。毎晩見かける。一年中、いつも同じ場所で」（杉捷夫訳『ベラミ　上巻』岩波書店、一九三九年）。

一八八四年に執筆開始されたこの小説では、カフェ・アメリカンはカプシーヌ大通りに乱立するカフェのひとつで、パリっ子のみならず外国人と彼ら目当ての売春婦でにぎわう場所として描かれている。一九二七年に書かれた滝本二郎の『欧米漫遊留学案内　欧州の部』（欧米旅行案内社）でも、一流レストランとしてカフェ・ド・パリやプリュニエ、ヴォワザンなどが並べられ、カフェ・アメリカンやカフェ・ド・ラ・ペなどは「余り高価でない二流流行料理店」として挙げられている。

いつも賑わいを見せ、気張ることなく入っていけるこのカフェは、西園寺公望のお気にいりの店でもあった。西園寺は一八九七年ごろに、光妙寺三郎とパリで出会った頃をしのぶ「星旗楼題壁」と題する詩を残しており、「琴情詩景夢茫々。二十年前旧酒楼」と歌っている（国木田独歩編『陶庵随筆』新声社、一九〇三年）。この「星旗楼」がカフェ・アメリカンのことだと気付いたのは木村毅である。木村はこのカフェ・アメリカンを舞台にした一幕を含む全五幕一一場の史

★カフェ・アメリカンの大広間（『西園寺公望』）。

劇をつくった。第三幕のト書きはこうなっている。「一八七五年(明治八年)の巴里。カフエ・アメリカンの一室。午後三時頃、至つて閑散で、只、奥の隅の大鏡と程遠からぬ卓子に光妙寺三郎とゴオチエ夫人とが相対して腰をかけてゐる」(『西園寺公望』書物展望社、一九三三年)。光妙寺はここでジュディット・ゴーティエに、『微笑を売る女』(*La Marchande de sourires*)の脚本をもう一度西園寺に手直ししてもらえるよう取り計らってほしいといわれる。『微笑を売る女』は西園寺の協力でジュディットがつくった脚本で、実際に一八八八年にオデオン座にかけられ、大好評を博している。そこへもうすぐ帰国しようという中江兆民が現れ、ついで西園寺もやって来る。送別の小宴が進行するうち、光妙寺が誤ってカフェの大鏡にひびを入れてしまう。ギャルソンの対応に腹をたてた光妙寺は、二〇〇フランを渡したあと、西園寺とともに鏡を打ち壊してしまう。このエピソードは、白柳秀湖『西園寺公望伝』(日本評論社、一九二九年)や竹越与三郎『陶庵公』(叢文閣、一九三〇年)に記されているとおりで、西園寺や光妙寺は、こうしたパリ武勇伝の類にはこと欠かなかったようである。

永井荷風もカフェ・アメリカンでの忘れられない情景を「紅燈集」(『趣味』一九〇八年一二月)に描いている。「凡そ、悲しきも、嬉しきも、目に触るゝ巴里の巷の、活ける浮世の芝居のさま、一ツとして我が心を打たざるはなき中に、殊更われの忘るゝ事能はざるは、料理屋カッフェー、アメリカンの夜半に、シヤンパン飲みて舞ひゐたる、一対の若き舞踏者を見し事なり」。カフェ・アメリカンでワルツを踊る若く美しい男女の姿を、荷風は長く記憶に留めたのだった。カフェの内装はというと、「白き壁と柱の飾りを金色に塗り立て、天井よりは見事なる燭花を下げ、窓々には天鵞絨の帷幕重々しく、さほどには広からぬ一室なり。四方には真白き布したるテーブルを据え、芝居帰りの夜装せる男女酒を飲めり」とある。このカフェ・アメリカンも既になく、その番地に今はグラン・カフェが進出している。

(和田桂子)

★カフェ・アメリカンがもとあった場所に今はグラン・カフェのモダンな店構えが見える。

カジノ・ド・パリ――16. *Rue de Clichy*

一九世紀にスタートしたミュージック・ホールは、一九二〇〜三〇年代に機械仕掛けの華やかなスペクタクルで、集客力を誇っていた。ムーラン・ルージュ、フォリー・ベルジェールと並んで、多くの日本人が足を運んだのはカジノ・ド・パリ。ここで誕生したスターが、ミスタンゲットとモーリス・シュヴァリエで、岩田豊雄『脚のある巴里風景』（白水社、一九三一年）も、ミスタンゲットが売り出した頃は、カジノ・ド・パリがミュージックホール界を代表していたと述べている。その後、彼女はムーラン・ルージュに移り、経営と舞台の両方に携わることになる。

ミスタンゲットに代わって、一九三〇年にカジノ・ド・パリで、衝撃的なデビューを果たしたのがジョゼフィン・ベーカーである。四時間以上続くショーを、「御上りさん」になって見物した市河三喜と晴子は、『欧米の隅々』（研究社、一九三三年）に、彼女の魅力をこう記した。「ニグロの血の多分に混った鼠色の肌に、金色に染めた爪、エヂプトの壁画からぬけて来た様な眼が、甚だグロテスクに、然し印象強く見える」と。

竹中郁「巴里たより」（『ドノゴトンカ』一九二八年一一月）によれば、女性のフランス語教師は彼に、「いけません、そんな所へ往っては」と諭したという。彼女の良識を基準にすると、舞台での「裸踊り」は「不道徳（イムモラル）」だった。場内の売春婦も少なくない。松尾邦之助『巴里横丁』（鱒書房、一九五三年）によれば、カジノ・ド・パリにも、フォリー・ベルジェールにも、散歩席と称する立見席がある。「こゝには必ず、本物の売春婦が金魚のように現れ、ショウを見物に来ている独身者や、田舎の旦那を誘惑してい」たという。

（和田博文）

★鈴木秀三郎『エロ・グロ・巴里』（平凡社、一九三〇年）に収録された、「キャジノ・ド・パリの下稽古を見るミスタンゲ」。

カフェ・ド・ラ・ペ——*12. Boulevard des Capucines*

一九世紀のフランスの建築家シャルル・ガルニエの名前は、パリのオペラ座と共に記憶されている。その後の劇場建築のモデルとなったオペラ座は、一八七五年に竣工したが、華麗な様式を特徴としていた。オペラ座の南側には、ル・グラン・ホテルがあり、カフェ・ド・ラ・ペは、ホテル一階に位置している。創業は一八九一年で、やはりガルニエが内装を担当した。今日の英語圏向けカフェ案内である、クリスティーン・グラフの、The Cafés of Paris（Constable and Company Ltd, 1998）も、エスプレッソは高いが、優雅な第二帝政時代のインテリアは見る価値があると紹介している。

内装以外に有名なのは、歩道に張り出した長いテラス。テラスは都市の表情を眺める絶好のポイントである。妻と共にパリを訪れた正宗白鳥は、大通りを散歩した後で、しばしばこのテラスに腰を下ろした。「散文的に見て」（『文芸春秋』臨時増刊オール読物号、一九三〇年七月）に、彼は記している。このあたりはパリの中心だから、往来する人々を眺めていると、パリの風俗がおのずから分ってくると。銀座のモダンガールと違って、若い女性のファッションが「ケバ〳〵しくはない」と、白鳥は感じていた。

テラスは眺める場所であると同時に、眺められる場所でもある。パリはコスモポリタンな都市だが、このカフェは場所柄、外国人観光客が多い。テラスの人々を観察したのが、岡本かの子『世界に摘む花』（実業之日本社、一九三六年）。「眉毛と髪の毛がまつ白な北欧の女。頬骨が東洋風に出張つてゐてそれで西洋人の近東の男。坊主狩りでチョッキを着ないドイツ人」と描写は続くが、もちろん白鳥もかの子も、そんな外国人の一人だった。

（和田博文）

★竹中郁は「季節を知らぬ随筆」（『文芸汎論』一九三四年四月）で、語学学校に行く前の一時を、モンパルナス大通りに面したセレクトのテラスで、往来を眺めながら過したと述べている。だが竹中がコーヒーの味を推賞するのは、セレクトではなかった。カフェ・ド・ラ・ペと、サン・シュルピス広場の角の一軒が、最高の味だという。図版は、『世界知識』一九三二年一月号に掲載されたカフェ・ド・ラ・ペ。

ギャルリー・ラファイエット――40. Boulevard Haussmann

パリ一の規模を誇るデパート、ギャルリー・ラファイエットは一八九五年創業である。本館一階には松坂屋が入っているが、ラファイエットと松坂屋は一九三七年には既に服飾の交換をしていた。日本が最新のパリ・モードを学び、パリがキモノ・ドレスの原型を知るのには格好の提携であった。森茉莉はここでよく洋服を買った。滝沢敬一はここの喫茶店に入ろうとして「男子禁制」となっているのに驚いた。「神聖なる店の品位を保つ為とすれば頭の上の roof garden ならば同席お構ひなしとあつて辻褄が合はなくなる」(『フランス通信』岩波書店、一九三七年)と腑に落ちない様子である。

クリスマス前ともなれば、各百貨店はショー・ウィンドーに趣向をこらす。吉屋信子(『異国点景』民友社、一九三〇年)によれば、ラファイエットでは「人形で子供の童話の国の動く飾りを窓一面にして列を二三丁作つて守衛達が付切りで人を整理して見せて居た」という。岡本かの子もラファイエットの人形を見に列に並んだ。「遅々たる行列の進みが百貨店の外の入口まで届くと黒服の店員に管理されて人数の一くぎりづゝが内側の入口の床石に誘はれる。ここは三面飾窓で囲まれて兎の口のやうになつてゐる。飾窓の二面は普通の新衣裳の飾人形だが、残つた一つの入口に向つて右の飾窓のがみんなの目あての『エツフェル塔見物』の機械人形だ」(『世界に摘む花』実業之日本社、一九三六年)。西條八十の小品「マドレエヌの人形――パリのクリスマスの想い出」(『少女の友』一九四九年一二月)では、パリで一番大きな百貨店で日本人形を買おうとした「わたし」が、それをマドレーヌという少女に譲り、そのお返しにマドレーヌの家に招待される。おそらくこの舞台もラファイエットであろう。

(和田桂子)

★ギャルリー・ラファイエットのPR誌の表紙(刊行年不記載)。

コンセルヴァトワール —— *2. Rue du Conservatoire*

パリの音楽教育の代表であり、また世界的に著名なオーケストラを持つことでも知られる国立音楽院（Conservatoire National de Musique et de Declamation）は、一九三二年六月二九日にピアノ科競争試験で原智恵子が一等を獲得したことで、日本にもその名が浸透するようになったと言われている。滝沢敬一の『フランス通信』（岩波書店、一九三七年）によれば、その振袖姿での演奏の効果もあって、翌日の新聞を賑わせたとある。この競争試験は毎年六月末から七月初旬に公開の形で行われ、ピアノ・ヴァイオリン・声楽・歌劇などでは会場は満員になる。

この国立音楽院はパリの本校の他にフランス各地に一五の分校があり、分校でも一等を取れば先生にもなれるし、舞台にも立てるといわれるが、高い抱負をもつ者はさらに本校で勉強しなおす場合が多い。本校で優秀な成績を収めた者だけが本当の音楽家の道を進めるのである。しかし、芸術の国フランスでも音楽で食べていくことは至難である。音楽学校の教授の俸給は巡査や車掌とあまり変らず、夜はオペラや音楽会で稼ぎ、夏には避暑地の大ホテルの楽師に雇われて生計を立てるのが一般である。音楽学校が無月謝にもかかわらず金がかかるのは、教授の個人レッスン料によるもので、教室だけで励んでもよい成績は取れないといわれる。

また、川路柳虹「マチネ・ポエチック」（『詩を想ふ』草原書房、一九四七年）によれば、国立劇場（コメディ・フランセーズ）の昼興行の呼び物とされる詩の朗読会に出演する俳優たちは、決まってコンセルヴァトワールの朗読法という科目でそれを学んでいるという。その基本は発声法や表情、また句の切り方など様々だが、伝統的な技法に準拠しながら、各自の個性に基づいたアクセンチュエーションによって研鑽を積んでいくといわれる。

（竹松良明）

★現在のコンセルヴァトワール。滝沢敬一の『フランス通信』によれば、演劇科や歌劇科には男子学生も多いが、一般には女子学生の占める率が高い。それは、「男一匹余程の天才でない限り、ピアノなどたたいて居たのでは、生涯うだつが上らないからである」。さらに、上流の令嬢は官立学校などには入学しないし、中流家庭でも娘のピアノは町の先生に託す習慣があり、従ってここの女子学生たちに「所謂良家の子女の多くないことは明らかである」と記している。

フォリー・ベルジェール——32. *Rue Richer*

フォリー・ベルジェールというパリで最初のミュージック・ホールができたのは一八六九年である。最初は手品やアクロバットなどの興行であったが、一八八六年には美女を出演させるレヴューという形になった。一九二二、三年にはレヴューといえばヌードのものが全盛となった。胸を露にし、腰を露にし、ついには全裸と称するレヴューも登場した。ところが全裸の全盛は長く続かなかったらしい。パリっ子たちはすぐそれに飽きてしまったのだ。「そこで『フォリイ・ベルジエエル』座が西班牙の黒レエスを裸体の上へ着せてみせた。雪白な膚の上に荒い黒の花模様が浮出すのは、裸体以上に裸体の効果があつて、頗る喝采を博した。それ以後、全裸体は特別必要のない限り現れなくなつて、現在では裸体の一部分を奇抜に装飾化する方に傾いてゐる」(『脚のある巴里風景』白水社、一九三一年)と獅子文六は報告している。ヌード以外の芸のレベルも高く、ここに出演した芸人の中にはチャールズ・チャップリンやミスタンゲット、モーリス・シュヴァリエ、ジョゼフィン・ベーカーなどがいる。

レオン・ドーデは『わが戦場』(堀田周一訳、牧野書店、一九四〇年)の中でこう書いている。「私は学生時分にも文学者として世に出て間もない時分にも、この様な悪所には屡々通つた。その絵の様な美しさは、これに比肩するものを他に見出し得ないのであるが、此処の運動場と呼ばれるところを散歩してゐる紳士淑女とは絶対に識り合ひにならぬ注意が肝要である」。

「運動場」というのはプロムノワール(遊歩場)と呼ばれる立見席のことで、ここには売春婦がたむろしていた。ここに頻繁に出入りした武林無想庵の描写で、その「運動場」の様子がわかる。「休憩時間となる。近室からはセンセエショナルな腹おどりのアラビヤ音楽が、そゝるよ

★フォリー・ベルジェールの花形ダンサー、テラギノの写真(酒井潔『巴里上海歓楽郷案内』竹酔書房、一九三〇年)。「例へば、異邦人が目隠しでもされて、突然フオリイ・ベルヂエの大広間へ運ばれたとする。そして目隠しを外されて、さあ此処はどこだと訊かれたとしよう。勿論寄席の名を云ひ当てるなどの芸当は千里眼でない限り出来つこないが、四辺に漂つてゐる女性的な要素から、此処は巴里であつて、巴里以外のどこでもないといふことは、即座に答へられるだらう」と酒井は書いた。

うにきこえてくる。ホールへ高いビールを飲みにいく者もあるが、大部分は立見場へのこり、壁面のベンチへ腰かけてタバコをふかしている間々に、女たちの姿もちらほら見える。むろんみんな素人じゃない」（『人間探求』一九五二年五月）。ギイ＝ド・モーパッサンの『ベラミ　上巻』（杉捷夫訳、岩波書店、一九三九年）には女たちの様子がこう描かれた。「飾り立てた女の群が、いやにくすんで見える男の群集に混つてうろついてゐる、弧状の遊歩場に続く入口の広い廊下に、色香の褪せた上から白粉だけをごてごて塗つた、飲物と色事を売る三人の女の坐つてゐる三つの売場の前で、一群の女が客待ちをしてゐる」。長田秋涛の『世界の魔公園巴里』（文禄堂書店、一九〇四年）にはこう書き記されている。「万目を眩するに足るべき彼等の異彩は。赫灼として場内に妖しの光を輝かし。巴里市の花の中。更に幾十朶の妖しの花を開かす也」。どうかするとステージの上よりも、うしろにたたずむ女たちの方が注目を集めたかもしれない。

　劇場の管理者の方でも、あまりの風紀の低下に手を焼いたのか、一目でそれとわかる女性は入場を拒否するようになった。すると今度は堅気の服装で涼しい顔をして出入りする。滝沢敬一はそのとばっちりを受け、夫人と一緒に立見席に入ろうとした時に断られたと『フランス通信』（岩波書店、一九三七年）に書いている。立見席への女性の入場を全面的に禁止し、連れのある場合には上等席を取ってもらうことに決まったからである。

　それにしてもフォリー・ベルジェールは人気が高かった。正宗得三郎は「初めて見た時はこんな面白い処が巴里にあるかと驚嘆した。田舎から——日本から始めて巴里に着いた夜、どこか巴里らしい処を、巴里の第一印象を得度いと思ふ人を案内するに最も適した処である。その証拠には、誰でも満足する」（『画家の旅』アルス、一九二五年）と書いた。

　このミュージック・ホールは今もショーを続けている。ただし、世界各国から集まる観衆は、当時よりもぐっと落ち着いているようだ。

（和田桂子）

★フォリー・ベルジェールの一九二二年のプログラム。

サン・ラザール駅

Rue d'Amsterdam

永井荷風がアメリカからフランスのル・アーブル港に着いたのは一九〇七年七月二七日、翌日の昼にサン・ラザール駅に降り立って初めて憧れのパリの土を踏んだが、この時はパリに一泊しただけで、直ちに横浜正金銀行リヨン支店に向かわなければならなかった。夢に見続けた、しかしその割には短い二ヵ月間のパリ生活が始まるのは、その八ヵ月後のことである。

滝本二郎とマダム・ド・ブレストの共著『欧米漫遊留学案内・欧州の部』（欧米旅行案内社、一九二八年）によれば、ル・アーブルには日曜を除く毎日イギリスのサザンプトンから船が入り客の多くはサン・ラザールに向かう。その他にロンドンからパリに行く経路として、カレー港経由が北駅到着、「チイープ」港経由がサン・ラザール着、飛行機はクロイドン空港発ブールジェ空港着である。荷風は帰国の際にもサン・ラザールから「チエップ港」経由でロンドンに向かっているから、パリとの初顔合わせと訣別の感慨は共にこの駅頭のことであり、『ふらんす物語』（博文館、一九〇九年）には次のように記されている。

「サンラザールの停車場に着した。此の界隈は巴里中でも非常に雑沓する処で、掏盗児の多い事は驚く程だ。時計でも紙入でも大切のものは何一ッ外側の衣嚢へ入れて居てはいけないと、船中で或フランス人に注意されてゐたので、自分も其の気でプラットフオームへ出たが、成程雑沓は為ておるものゝ、然し其の度合は紐育（ニューヨーク）の中央停車場なぞとは全で違ふ。人間がみなゆつくりして居る。米国で見るやうな鋭い眼は一ツも輝いて居ない」。パリでの初の一夜は駅前のローム街にある小さなホテルに、「PRIX MODERES（廉価）」の表示に惹かれて泊った。懐が寒かったのであり、後のパリ滞在の短さも自然に納得される。

（竹松良明）

★戦前のサン・ラザール駅の絵葉書。木村尚三郎『パリ』（文芸春秋、一九九二年）には、終着駅型のパリの駅の配置には、「地方から直接に市心にまでは足を踏み入らせないという、自己防衛のパリの意志が明確に示されている。このことは、他のフランスないしヨーロッパ諸都市にも原則として共通しており、鉄道駅は町はずれか町からかなり離れている場合が少なくない」とある。

プランタン —— 64. *Boulevard Haussmann*

プランタン百貨店の創業は一八六五年五月である。一八八一年三月に火災にあったが、一八八九年に拡張工事を加えて再建された。その後も時代の要求に答えて拡張・新装を繰り返したが、一九二一年九月に再び火災にあう。再建工事は一九二四年六月に終った。

柳沢健がこのデパートに行ったのは、この再建工事が完了してまもない頃である。食通の柳沢は、ここの階上にある食堂をめあてに足を運んだのだった。「その階上の食堂はきれいなことゝ味付けが上手なことゝ廉価なことで（それに、フラスコで出す酒の味もなかなかいゝ！）、ワザワザ足を運んでも損のない場所であつた。昼こゝで家人と食事を共にしてから、気に入つたネクタイの一二本を買つたり、新刊小説の二三冊を求めたりして事務所に帰つて行くことも、一月に何回かはあつた」（『回想の巴里』酣燈社、一九四七年）と彼は書いている。

林芙美子が「三越みたい」なプランタンを訪れたのは、一九三一年一二月のことだ。「やけくそでマガザンの中を歩くと、売り子が『マドマーゼール！』と呼びかけて来る。おそろしくなつて下駄で早足だ。この様なところを華のパリーと云ふのだらう、何しろ陳列の中は裸のロウ人形が、桃色のコルセット一ツで並んでゐる。腰のくびれたオーヴアが流行らしいし、無地よりも小さい絣地が小意気だし、シヤツポは、ドンキホーテの帽子のやうにピンとした小鳥の羽根が額の前にくつついて、これだけはパリー女を優しく見せる」（『三等旅行記』改造社、一九三三年）。早足のわりにはよく見ている。片岡直方が『欧米漫談』（伊藤淳一郎、一九二九年）に書いたように、「花の都の称へがある位にショー・ウインドウの構造から、物品の陳列の模様から、人目を惹きつける様に華やかに出来て」いた証拠だろう。

（和田桂子）

★現在のプランタン百貨店。武林無想庵は一九二〇年一一月に初めてこの店を訪れ、「角の入口にそびえた塔上には、美しい五色のモザイクにかこまれて、Au Printempsとあった」と書いているが、現在もモザイクにAu Printempsと浮かんでいるところは同じである。「オー・プランタン！春へだ！（略）フランス人は、こうした千客万来をこい願う店屋の名前には、われ〱にはちょっと気がつかない、『オー』すなわち『へ』という方向を指し示す前置詞をつけくわえることを忘れない、はなはだデリケートな感覚を持合せているもののようだ」と無想庵は感嘆した（『むさうあん物語　24』無想庵の会、一九六三年）。

5 カルチェ・ラタン

エリアの特徴

カルチェ・ラタン（ラテン区）を地図上で明確に限定することはできないが、一般に北はセーヌ河、西はサン・ミッシェル大通り、南は大目に見てポール・ロワイヤル大通りまで下ることができる。東は極めて曖昧だがパリ大学理学部までは含まれ、その南の広大な植物園あたりからはサン・マルセル地区に隣接していく。そう見れば、この区域の東を除く三方はパリ第五区に準じることになり、大変分り易い。ラテン区の名称は中世期に、ソルボンヌ大学の先生や学生たちがラテン語で会話をしたことに由来するが、そこにインテリ臭い気障な連中を想像するのは早計で、古くはフランス人同士でも各地方の言語の違いから会話に不便があり、まして西欧各国からの留学生の多いソルボンヌならではの公用語であった。留学生たちは言わばよそ者であり、必要から結束された彼らの組合がラテン語のウニヴェルシタス、英語のユニヴァーシティであった。この組合が一二一五年に公認されて、イタリアのボローニャ、イギリスのオックスフォードと肩を並べるパリ大学の成立となる。

この街を描いた永井荷風の著名な文章がある。「幾年以来（このかた）自分は巴里の書生町カルチエエ、ラタンの生活を夢みて居たであらう。（略）欧州各国、遠くはトルコ、エヂプトの辺から何れも此の街に集り来る書生の群れは万を以て数へる程である。毎年幾千人が業を終へて去れば入交つて又幾千の青年が入込むので、人は代り時は移り思想は定めなく動いて行つても、此の街にのみ永遠に変らぬものは青春の夢——如何なる煩悶にも絶望にさへも自づと一種の力と暖みを宿す青春の夢である」（『ふらんす物語』博文館、一九〇九年）。『ふらんす物語』に描かれたパリは一口に言えば歓楽の都であるが、世紀末の面影を多分に残したパリの裏町を背景に、砂糖とミルクをたっぷりと溶かした濃厚な珈琲のような香り高いこの作品は、儒教道徳からまだ十分に抜けきれない明治の日本人に、まさに歓楽の一語に込められた西欧的人生哲学を示した最初の書と言ってよい。そこに描かれた歓楽には従来の卑俗な悪所通いとは異質なもの、くたびれた現実の木綿の手触りにはないシルクの輝きがあり、その夢見るような感覚こそはそのまま未だ見ぬ西欧への日本人の憧憬のモティーフそのものであった。

カルチェ・ラタンは文教地区ではあるが元来それほど風儀のよい場所ではない。川路柳虹の「夜の舞踏場」（『文章倶楽部』一九二九年二月）には、いずれ本国では教授、助教授といったソルボンヌの留学生たちの群れを狙って、「この辺の書生相手の魔性の女が濃化粧で毛皮を肩に引掛け、手提をぶら下げ絹の肉色の靴下を膝まで露はにして闊歩してゐる。この魔性の女を『野鴨（ブール）』といふ」とあり、外国人の多いこの一帯は彼女たちの格好の営業区でもあった。ほぼ同様のことを森茉莉は別角度から見ている。「私はソルボンヌとプラス・モオヴェエルとが隣接した町にあるということが、いかにもヨーロッパ的であり、特に巴里的であると思う」（「巴里的なこと」、『北海タイムス』一九六七年一〇月七日）というが、これを見ただけでその趣旨が予測できる人はかなりのパリ通である。かつては掃き溜めに譬えられた悪風儀のモベール人種とソルボンヌのインテリたちが、何の抵抗も感じずに交り合い共存している、その人間的な幅と柔軟性を称えた表現である。東京帝国大学のために根津遊郭を洲崎に移した日本とは異なる。

改めてエリアを概観すれば、ノートルダム大聖堂、モルグ、森茉莉の宿所を除けばすべて第五区に収まる。ノートルダム大聖堂から民謡酒場カヴォ・デ・ズブリエットのそばのサン・ジュリアン・ル・ポーヴル教会、またクリュニー美術館のある北部一帯は、古代ローマ時代からの歴史的遺跡をとどめた貴重な地域で、サン・ミッシェル大通りに比べると肩身の狭いサン・ジャック街は、実に二〇〇〇年の昔からある街道である。サン・ジャック街を南に下ると右にソルボンヌ大学、左にコレージュ・ド・フランスがある。ソルボンヌが文科と理科の大学なので、中庭にはヴィクトール・ユゴーとパストゥールの像が仲良く立っている。コレージュ・ド・フランスは、スコラ哲学ばかりで頭の固いソルボンヌに対抗して一六世紀に創設された自由な学問所であった。スフロ街からサン・ミッシェル大通りに出る角にはかつて「パンテオンの居酒屋」があり、『メルキュール・ド・フランス』の執筆者たちがよく集まっていた。スフロ街にはサルトルやボーヴォワールがよく顔を見せたピカール書店、ソルボンヌ広場には有名なプレス・ユニヴェルシテ書店がある。この付近にはかつて「泉（ラ・スルス）」「フランソワ一世（プルミエ）」「仔牛（ヴァシェット）」など名のあるカフェがあったが、戦時下のレジスタンスの連絡場所は主にカルチェ・ラタンのこうしたカフェであったという。

パンテオンは第五区の中心部をなすサント・ジュヌヴィエーヴの丘にあり、古くは五世紀にアッチラの率いるフン族の侵攻からパリを守った聖女ジュヌヴィエーヴを祀った教会のあった場所である。パンテオンのすぐ東にリセ（高等・中学校）の名門であるアンリ四世校があり、ソルボンヌ大学向かいのルイ・ル・グラン校、サン・ミッシェル大通りを隔てたサン・ルイ校と共に、パリの優等生たちを毎年輩出している。ルイ・ル・グラン校は古くは別の名称だったが、ルイ一四世がいたく気に入り「これこそ我が学校」と称えたその晩のうちに看板の名を変えてしまったという。

この学校からは、モリエール、ヴォルテール、ディドロ、ドラクロワ、ボードレール、ユゴーが出ているだけに、間違えても疎かにはできない。パンテオンから南にユルム街を下るとエコール・ノルマル・シュペリウール（高等師範学校）があり、フランスの秀才中の秀才が油汗絞って勉強しても中々入れず、ダンテの地獄の門よりもアンドレ・ジッドの『狭き門』よりも狭いことでよく知られている。

（竹松良明）

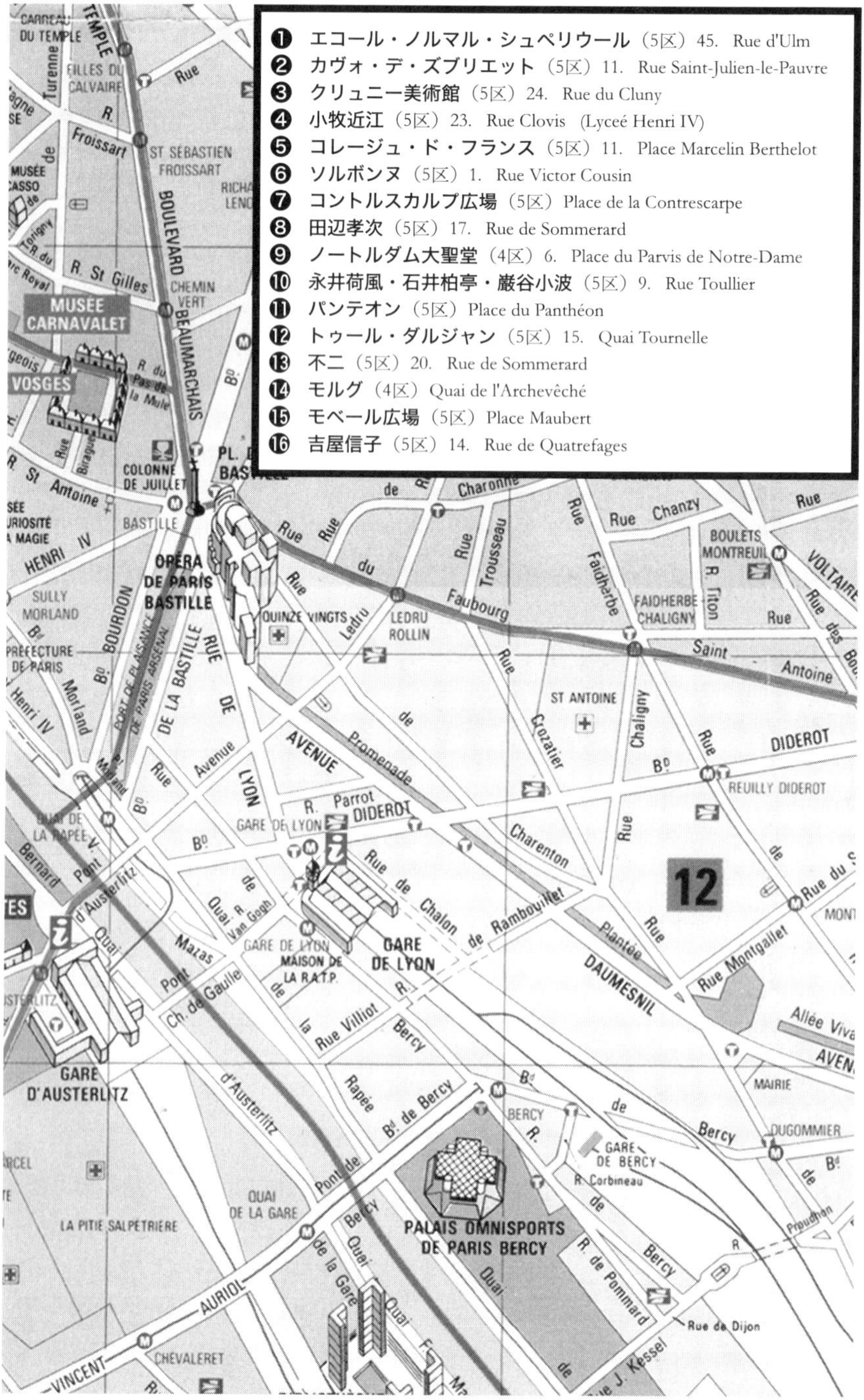

❶ エコール・ノルマル・シュペリウール（5区）45. Rue d'Ulm
❷ カヴォ・デ・ズブリエット（5区）11. Rue Saint-Julien-le-Pauvre
❸ クリュニー美術館（5区）24. Rue du Cluny
❹ 小牧近江（5区）23. Rue Clovis (Lyceé Henri IV)
❺ コレージュ・ド・フランス（5区）11. Place Marcelin Berthelot
❻ ソルボンヌ（5区）1. Rue Victor Cousin
❼ コントルスカルプ広場（5区）Place de la Contrescarpe
❽ 田辺孝次（5区）17. Rue de Sommerard
❾ ノートルダム大聖堂（4区）6. Place du Parvis de Notre-Dame
❿ 永井荷風・石井柏亭・巌谷小波（5区）9. Rue Toullier
⓫ パンテオン（5区）Place du Panthéon
⓬ トゥール・ダルジャン（5区）15. Quai Tournelle
⓭ 不二（5区）20. Rue de Sommerard
⓮ モルグ（4区）Quai de l'Archevêché
⓯ モベール広場（5区）Place Maubert
⓰ 吉屋信子（5区）14. Rue de Quatrefages

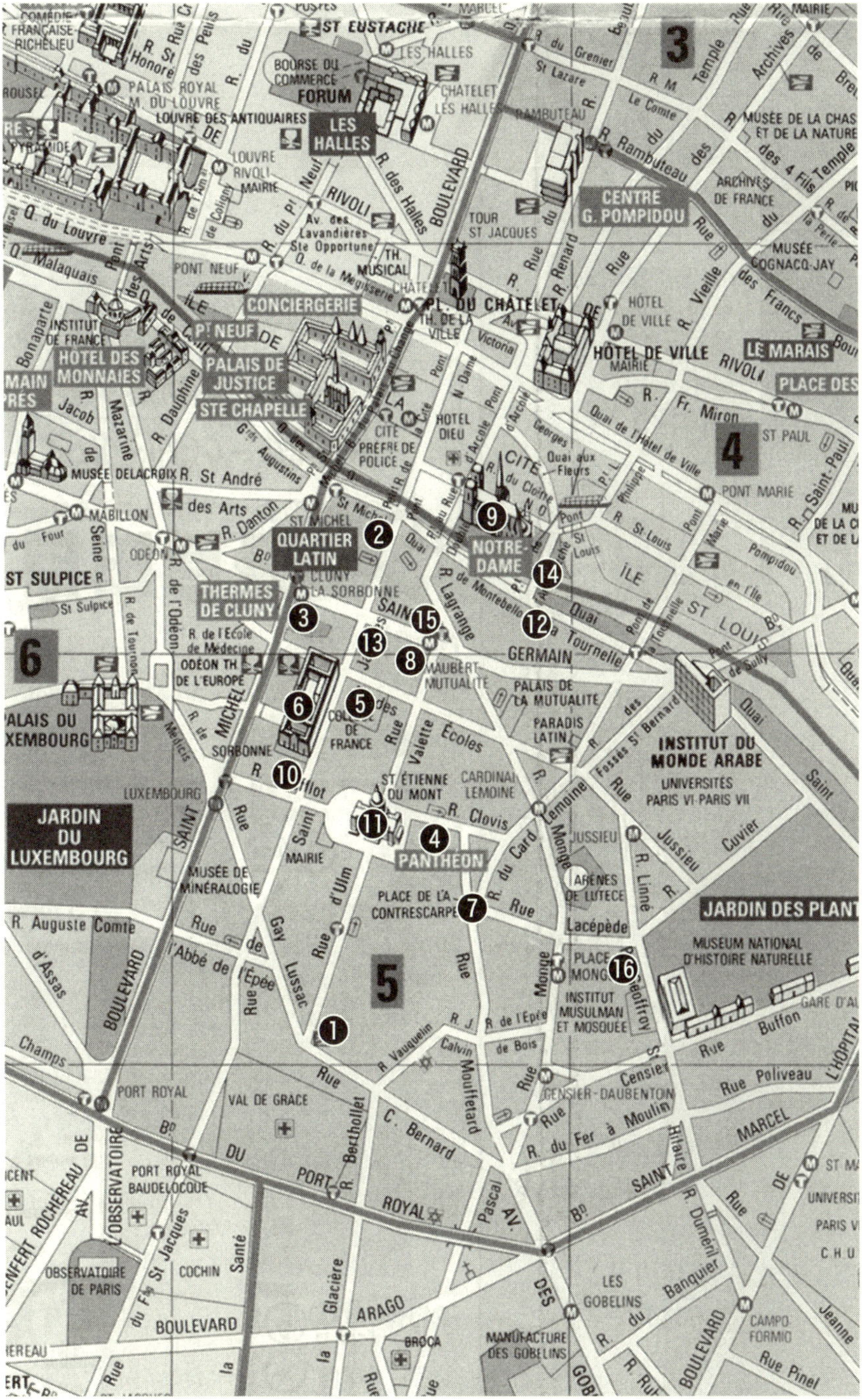
ST EUSTACHE
LES HALLES
BOURSE DU COMMERCE
FORUM
CHATELET LES HALLES
RAMBUTEAU
PALAIS ROYAL M. DU LOUVRE
LOUVRE DES ANTIQUAIRES
LES HALLES
LOUVRE RIVOLI
RIVOLI
BOULEVARD
TOUR ST JACQUES
CENTRE G. POMPIDOU
ARCHIVES DE FRANCE
MUSÉE DE LA CHASSE ET DE LA NATURE
MUSÉE COGNACQ-JAY
Q. du Louvre
Malaquais
PONT NEUF
TH. MUSICAL
PL. DU CHÂTELET
CONCIERGERIE
INSTITUT DE FRANCE
Pt NEUF
HÔTEL DES MONNAIES
PALAIS DE JUSTICE
STE CHAPELLE
HÔTEL DE VILLE
LE MARAIS
PLACE DES
HÔTEL DIEU
PRÉFRE DE POLICE
CITÉ
Quai aux Fleurs
ST PAUL
PONT MARIE
MUSÉE DELACROIX
R. St André des Arts
MABILLON
ST MICHEL
QUARTIER LATIN
NOTRE-DAME
ÎLE ST LOUIS
ST SULPICE
ODÉON
THERMES DE CLUNY
CLUNY LA SORBONNE
R. Lagrange
Quai de la Tournelle
GERMAIN
ODÉON TH DE L'EUROPE
R. de l'École de Médecine
MAUBERT MUTUALITÉ
PALAIS DE LA MUTUALITÉ
PARADIS LATIN
INSTITUT DU MONDE ARABE
UNIVERSITÉS PARIS VI-PARIS VII
PALAIS DU LUXEMBOURG
SORBONNE
COLLÈGE DE FRANCE
Écoles
ST ÉTIENNE DU MONT
CARDINAL LEMOINE
R. Clovis
JUSSIEU
JARDIN DU LUXEMBOURG
LUXEMBOURG
PANTHÉON
MUSÉE DE MINÉRALOGIE
PLACE DE LA CONTRESCARPE
ARÈNES DE LUTÈCE
JARDIN DES PLANTES
MUSEUM NATIONAL D'HISTOIRE NATURELLE
Lacépède
PLACE MONGE
INSTITUT MUSULMAN ET MOSQUÉE
R. Auguste Comte
Rue d'Ulm
Gay Lussac
Rue Mouffetard
Rue Buffon
Rue Poliveau
CENSIER-DAUBENTON
R. du Fer à Moulin
PORT ROYAL
VAL DE GRACE
C. Bernard
R. Berthollet
MARCEL
PORT ROYAL BAUDELOCQUE
COCHIN
Santé
OBSERVATOIRE DE PARIS
BOULEVARD
ARAGO
BROCA
MANUFACTURE DES GOBELINS
LES GOBELINS
CAMPO FORMIO
Rue Pinel
3
4
5
6

エコール・ノルマル・シュペリウール —— 45. *Rue d'Ulm*

師範学校（エコール・ノルマル）は他に幾つもあるが、シュペリウールのついた高等師範学校はただ一つである。フランス大革命直後に教員養成のために設立されたが数ヵ月で閉鎖され、一八〇八年にナポレオン一世によって再び開校された由緒ある学校である。高等中学校（リセ）ならびに大学の文科、理科の教授を養成するのが目的だが、特異な点は入学後は試験というものがなく、国家試験によって教員資格を獲得させるシステムにある。ソルボンヌに通った日本人は数多いが、フランスの知的超エリートを育成するこの学校に関わった者は極めて少なく、この意味では河盛好蔵のエッセイ「ノルマリヤン」（『文学界』一九四二年九月）は当時として貴重な文献であった。河盛の『巴里好日』（文化出版局、一九七九年）によれば、一九二八年春に渡仏した河盛はフランス語の個人教師としてノルマリヤン（高等師範学校生）を紹介してもらい、この学校の勉強室でレッスンを受けた。その謝礼は一回三〇フラン（当時で約三円）と相当高額だが、それは学校の規定で決められた額であったという。

「ノルマリヤン」によれば、その修業年限は以前は三年、現在では四年で、第一学年はリセ教員資格試験に励み、二、三学年はゼミナール式自由研究、最高学年はアグレガションという大学教授資格試験に没頭する。「学生は、大学入学資格試験を通過した所謂バシュリエのうち、直ぐに大学へ行かずに、更にリセの、エコール・ノルマール受験準備クラスに席を置いて勉強してゐる学生のなかから選抜して、文科廿名、理科十二名が入学を許される」が、その六割は「リセ・アンリ四世及びリセ・ルヰ大王の二校」だという。哲学者のアランがリセ・アンリ四世校でこの準備クラスの先生を長く務めたことは良く知られている。

★一九世紀のエコール・ノルマル・シュペリウールの全景画(Nicole Masson, *L'École normale supérieure - Les chemins de la liberté -*, GALLIMARD, 1994、阿部良雄氏提供)。

「ノルマリヤン」には、この学校が送り出した人材はフランスの各時代、各界に無数にいるが特に精彩を放ったのは、『英文学史』のテーヌが在学した一九世紀半ばと、アンリ・ベルグソン、ジャン・ジョレス、ロマン・ローラン、シャルル・ペギーの一九世紀末から二〇世紀初めだと記している。他にパストゥールやサルトルもいるが、ともかくも世界一入学が難しいとされるこの学校が、日本人学生を寄宿生として初めて招待することになり、選ばれて一九五八年一〇月から三年間ノルマリヤン生活を送ったのが、後に東京大学教授となるフランス文学者の阿部良雄で、その内容は阿部の『若いヨーロッパ』（河出書房新社、一九六二年）に詳しい。

それによれば、入学者数は文科系三〇数人、理科系約五〇人と増えてはいるが、依然「この学校の入学試験は、通っただけであとは学位を取らずにやめても一生『高等師範出身』と肩書に刷り込んでいばって通れるぐらい権威がある」という。また彼等は学生といっても「教授資格獲得の後十年間は国家のために勤務するという契約によって、在学中から公務員としての俸給」があるので、その額は月に四万八〇〇〇から六万フラン、一方阿部はフランス政府給費留学生として月四万フランをもらい、その中から二万三〇〇〇フランの寄宿料を収めた。

そしてこの学校の実態が「下宿屋」だと言われるのは、『若いヨーロッパ』によれば一九〇三年の法令が「エコール・ノルマル文科の校内講義をことごとく廃止」したという歴史的因縁によるものである。一九世紀末、パリ大学文学部の沈滞の傍らで、この学校の文科部門が事実上「もう一つの文学部」と目されたからである。それから六〇年、「校内講義もいくらか復活された」が、基本的にはその独特の「寮生活が『ノルマルかたぎ』といわれる特殊な精神的雰囲気」を育ててきたのであり、そこには「事実」と「技術」のみの新時代の精神に抵抗する「冷笑的（シニック）で懐疑主義的（セプチック）な面」もあるが、本質的には「狂信を排してつねに平衡をたもとうとするフランス精神一般の、ひとつの鋭いあらわれ」であるという。

（竹松良明）

★図書室内部の情景（*MAÎTRES & ÉLÈVES, CÉLÉBRITÉS & SAVANTS - L'École normale supérieure 1794-1994* ., ARCHIVES NATIONALES,1994、阿部良雄氏提供）。

カヴォ・デ・ズブリエット——*11. Rue Saint-Julien-le-Pauvre*

パリで最も古い一角であるサン・ジュリアン・ル・ポーヴル教会の近くにあるこの酒場は通称「赤い地下の牢獄」と呼ばれ、少なくとも一九三〇年代からパリ案内記に載るほどの名所であった。一九二九年に「血汐の痕のやうな赤い色をした」その扉を恐る恐る押した正宗白鳥は、店内が「予想したやうな奇抜怪異な光景では」なく、ただの酒場であることにやや憮然としながら「分らない音楽と分らない話声を聞いてゐた」。天然の洞穴を利用したこの内部は「十二世紀頃からの牢獄」で、「詩人ヴヰヨンもこの牢獄に囚へられてゐたやうである。ダンテは囚人ではなかつたが、この土窖に起臥してゐた」（「髑髏と酒場」、『改造』一九三一年八月）とある。「訳ありげな次の部屋」を覗くと、「数十尺の底に、いくつかの小窖」が見えたが、日本を離れるまで一度も履いたことのなかった靴が滑るのを恐れて降りてみることは断念した。

一九二八年九月から翌年二月までパリに滞在した竹内勝太郎は、街角に立つ警官に何度もその所在を尋ねながらようやくこの店にたどり着き、店内は「ガルソンが凡て十五六世紀の服装、歌姫（ひめ）も十五六世紀のドレス」の古風な民謡酒場であることを知ったが、折りよく「アメリカ人の一団を引きつれた案内者がやつて来たので、幸ひその尻について」（『現代仏蘭西の四つの顔』アトリヱ社、一九三〇年）地下に入った。「様々な責め道具、鉄の鎖や拷問の腰掛、首枷、足枷」、奥から発掘された人骨を収めたケース、また「或る小さな密室には水の一杯に溜つた井戸があつて一本の鉤縄がぶら下つてゐる。此の水は地底を潜つてセーヌ河につゞいて居り、罪人が水びたしの幾日かの後死んでしまうと、首を吊した縄を切り放す。彼は程経て水死人となつてセーヌの下流に浮き上る」と書いている。

（竹松良明）

★滝沢敬一『フランス通信』（岩波書店、一九三七年）所収のカヴォ・デ・ズブリエット店内の写真。一九三三年六月にここを訪れた滝沢は、「奥には水責めの室まであつてぞつとする」が、「ここはフランスの古い民謡や童謡のみを歌つて聞かせるカバレで、現代のエログロ趣味とは大分の距りがある」と書いている。

クリュニー美術館 —— 24. *Rue du Cluny*

中世美術の宝庫として著名なクリュニー美術館は、一五世紀にクリュニー修道院の一部として建てられたもので、よく知られている「貴婦人と一角獣」のタピストリーもさることながら、「ローマの部屋」にある、ユピテル神に捧げられた石柱の一部が見ものである。ノートルダム大聖堂の地下から一七一一年に発掘されたこの石柱は、古代ローマ帝国ティベリウス皇帝の時代、すなわち紀元一世紀の頃にセーヌ河の船乗りたちが奉納したものであった。この美術館に隣接する共同浴場跡も紀元二〇〇年頃のもので、ローマ人によるガリア支配の時代にパリがルテティアと呼ばれていた地であったことを偲ばせる。

巌谷小波の『小波洋行土産　下巻』（博文館、一九〇三年）には、「ミユーゼ、デ、クルーニイ、云はゞ考古博物館である。こゝには諸種の古美術が、類をわけて陳列してあるが、殊に珍とすべきは、羅馬（ローマ）時代の浴場の遺跡が、その一部として残つてある事と、及び総体の建物が、皆古色を帯びて居る事である」と記されている。

詩人の竹内勝太郎は一九二八年の一〇月一〇日にここを訪れている。『西欧芸術風物記』（芸艸堂、一九三〇年）では、「ミユゼエ・クルニイは素的だつた。これは古いゴシックの寺を改築してミユゼエにしたのだが、一室だけ修理を加へず昔のままに保存したのがある。このやり方は大変面白いと思ふ。ゴシックの木彫石彫の美しいものが沢山あるのに驚いた。天使や聖徒もいいが、茲（ここ）には動物や植物にとても素晴らしいのがある」と感嘆している。竹内はシテ島のコロンブ街（Rue de la Colombe）にある、一二世紀頃のゴール人が造った護岸壁跡を見た時も、「この上もなく満足してそこを去つた」と記している。

（竹松良明）

★クリュニー美術館と庭園の絵葉書。中村恒夫『巴里画壇の全貌』（崇文堂出版部、一九三四年）には、ここは「一五一五年以後相次いでルイ十二世王妃マリイ、スコツトランドのジヤツク五世、ルイ十三世の名宰相マザラン等の住居となり、大革命に際して国家の所有に帰したが、一八三三年に至り会計検査院顧問官デユ・ソームラルの手に入り、其の中世期及びルネツサンス工芸品約千五百点の保存所に当てられ、一八四二年デユ・ソームラルの没後国有となつた」とある。

小牧近江 —— 23. Rue Clovis (Lyceé Henri IV)

アンリ四世校は一九世紀初めまで聖ジュヌヴィエーヴ修道院があった場所に建てられ、詩人のアルフレッド・ド・ミュッセ、批評家のサント・ブーヴ、またパリを改造したオスマンなどを出した名門校である。小牧近江（おうみ）（一八九四〜一九七八）は一九一〇年一〇月、一六歳でここに入学した。日本からの往路は衆議院議員の父が万国議員会議出席のために同行していた。

小牧の自伝『ある現代史』（法政大学出版局、一九六五年）によれば、小牧はこの年の三月まで四年間暁星中学で学んでいたからフランス語は多少できたらしい。しかし最初に編入されたのは八、九歳の子供のクラスだった。先生が2×2は何か、と尋ねたので、おずおず4と答えると「よくできた」と褒めてくれた。「つまり、日露戦争後の日本は、中国の属国ぐらいに思われ、教育水準が疑われていたわけです」という。半年と経たないうちに上のクラスに進級できた。

この学校は宿題が多く、また暗記中心の勉強ではあったが、日本と違うのは教師の権限が絶対で父兄に発言権がないことであった。成績発表の日にある少年の母親がそれを見て少年の尻を打とうとすると、教師が「あなたには校内でお子さんを打つ権利がない」と叫んだという。「教師の権限と責任の明確さに、私は打たれました」とある。小説『異国の戦争』（日本評論社、一九三〇年）には、木曜の休息日に寄宿生たちが引率されてチュイルリー公園で半日を遊び、夕方にはまた子羊のようにぞろぞろとサン・ミッシェル大通りを歩かされる一七歳の少年の気恥ずかしさが描かれている。しかしその生活も長くは続かず、父の事業破綻によって一九一二年に突然放校の憂き目にあい、その後は日本大使館などで働きながらパリ法科大学を卒業、一九一九年に帰国し、二年後に雑誌『種蒔く人』を創刊した。

（竹松良明）

★戦前のアンリ四世校の絵葉書。『ある現代史』によれば、小牧と父親はシベリヤ鉄道でパリに向かったが、その時は土崎築港で知られた古市公威や物理学の長岡半太郎が一緒だった。長岡は、子供をパリなどへやるな、ドイツがよい、と説いたが、父親は「パリでシクジルような子は、日本においてもダメな子だ」と主張したという。

コレージュ・ド・フランス——11. *Place Marcelin Berthelot*

コレージュ・ド・フランスは、学ぶことの本義を制度化した高等教育機関である。頑迷なスコラ哲学の拠点だったソルボンヌに対抗して、ルネサンスの精神を体現しようと、フランソワ一世が創立したのは一五三〇年。自由の伝統は引き継がれ、授業料は無料、試験はなく、卒業も資格もない。知の世界に触れたい者が、時間がとれるときに、聞きたい講義に出席するのである。そしてここではしばしば、ポール・ヴァレリーやアンリ・ベルグソンなど、時代の知を代表する学者の話を聞くことができた。

河盛好蔵は伊吹武彦から、ジョゼフ・ベディエの講義を受けるように勧められる。ベディエは春風駘蕩な人柄で、講義の合間の思い出話も面白かった。毎週一回の講義を楽しみに、河盛はパンテオンの下宿から通っている。『ふらんす手帖』（生活社、一九四三年）には、フランス文学の研究方法を、朧げながらも会得できたのは、教授のおかげだと記されている。桑原武夫もベディエの講義を聞いた一人だった。毎回講義の前に、別刷り活版印刷の教材を、職員が配布してくれる。前回欠席した者には、その資料も渡された。フランスの文化を尊重する姿勢に、桑原は感服している。

仏文学者の高橋広江は、コレージュ・ド・フランスでヴァレリーの講義を聴講した。『パリの生活』（第一書房、一九三九年）によれば、最初の講義時には、アンドレ・ジッドが駆けつけて、ヴァレリーへの友情を示している。二回目の講義は、定員二五〇人ほどの教室が一杯になり、立っている人々も多かった。詩の形式と心理の関係についての話だったが、白髪の年老いた女性が熱心に耳を傾けていたという。

（和田博文）

★滝沢敬一は『フランス通信』（岩波書店、一九三七年）で、横の小門から入ると、開校以来の、四〇〇年間の教授名が、壁に記されていると述べている。外国人で教授に任命されたのは、古今を通じてわずか二人だけだという。一人は、一八四〇年にスラヴ語とスラヴ文学を担当したポーランドの詩人アダム・ミキエヴィッツ。もう一人は、相対性理論を発表してノーベル物理学賞を受賞しながら、ナチスに逐われた、ユダヤ系ドイツ人のアルベルト・アインシュタイン。図版は、同書掲載のコレージュ・ド・フランス。

ソルボンヌ —— 1. Rue Victor Cousin

フランス最古の大学であるパリ大学の成立は一二一五年、そこに集まる国内外からの神学生のために聖職者のロベール・ド・ソルボンが一二五三年に建てた寮「ソルボンヌの家」が、ソルボンヌの名の起源である。やがてここはパリ大学神学部に発展するが、一九世紀前半に文学部と理学部を加えてパリ大学の別称となり、神学部は一八八五年まで存続した。現在のパリ大学は第一から第一三大学に再編成され、その第四大学に当たるソルボンヌは文明、言語、文学、芸術の四部門を担当している。

一九一六年から約四年間パリに留学したフランス文学者の吉江喬松（よしえたかまつ）は、第一次大戦下のソルボンヌの情景を次のように記している。「午後四時から二時間ソルボンヌへ行つた。ドニイ教授の戦争論の引きつづきである。戦争と共に講義も伸展してゆく。何を説いてゐてもソルボンヌの中は別の天地である。ここに静かさと、秩序と、興味とがある。如何なる講義にでも、それが公開であるならば、必ず聴衆がある。老人が、老婦人が、若き娘達が、十五六歳のリセアンまでが皆集つて来る。ただゐないものは、青年である。若しゐれば外国人である」（「爆弾下の巴里」、『仏蘭西印象記』精華書院、一九二一年）。

一九二二年に渡仏してソルボンヌ付属の高等社会学院（オート・エチュード・ソシアル）で学んだ松尾邦之助は、ミシェル・ルヴォンの「日本文学講座」なる講義を聞いた。この先生はかつて東京大学で法律を教え、その傍ら研究した日本文学を現在は担当している。パリ大学に日本文化の講座の一つくらいは欲しいという日本側の要請で開講されたという。二、三人の聴講者を前に、先生は「貝原益軒のテキストをうつむいたまゝ機械的に説明してゐた」（『フランス放浪記』鱒書房、一九四七年）という。ま

★ソルボンヌ大学の外観（滝沢敬一『フランス通信』岩波書店、一九三七年）。『フランス通信』の記述によれば、パリ大学の複数の図書館の内で最も有名なラ・ソルボンヌ図書館は、一七六二年の設立、蔵書数九〇万部、定期刊行物三〇〇〇種、そして「日曜、祭日、休暇中は閉館し、夏七八月にかけ一ケ月間は十月に教授選抜試験をうける学徒だけに開かれる。不自由なものだ」とある。

た「ラテン区の本屋に当時列んでゐた日本文学書といつたら、このルヴォン教授の書いた『日本文学アントロヂ』一冊と云つても過言ではなかつた」と記している。

一九二八年から一九三〇年までパリに留学した河盛好蔵は『巴里好日』（文化出版局、一九七九年）に、「あのころのソルボンヌの教授陣は天下の偉観であった。フランス語史のブリュノー、中世仏語のコーエン、モラリスト研究のストロウスキー、比較文学のバルダンスベルジェ、十八世紀文学のモルネー、小説史のル・ブルトンの諸教授が教壇に立っていたのであるから一種の黄金時代と云ってよかった」と回顧している。中でもストロウスキーの講義を熱心に聴いたが、「教授の発音は不鮮明で私には聞き辛かった。たまに今日は実によく分かったと思うことがあると、それはこちらがよく知っていることを聞いた時であった」。

戦前の良き時代、パリ大学の夏休みは六月末から一〇月一杯まで、さすがにヴァカンス発祥の国だけのことはある。一九三七年春から二年間パリで勉強した桑原武夫の『フランス印象記』（弘文堂書房、一九四一年）には一一月の第一土曜日に挙行されるパリ大学開講式の模様が詳しく描かれている。「定刻になると頸から胸に銀鎖をからませた大学の式部官（？）が列国使臣を平土間第一列に案内する。杉村大使の温顔と巨躯は何処でも注目をひくのであつた」。そして国立劇場のオーケストラの楽長シャルパンチエが指揮棒を構えた瞬間、正面の扉が開き「大統領ルブランが、文部大臣ジャン・ゼイ、学長ルウシを従えて登場」という荘厳さである。

一九三八年頃から画業の傍らソルボンヌの社会学や民俗学の講義に通っていた岡本太郎は、「巴里の学生生活」（『夢と誓い』宝文館、一九五二年）に、「――丁度、三九年の春、かなり難しい筆記試験にはまんまとパスしたが、口答試問が不首尾だった。その秋、戦争勃発のため一時危まれたパリ大学も再開と決ったので、再び口答試問を受けたが、試験官の考古学者、ヴェーゾン・ド・プラデンヌ教授が、いかめしい軍服で出て来た」と記している。

（竹松良明）

★ソルボンヌ寺院とその前のオーギュスト・コント像（『フランス通信』）。森三千代の小説『巴里アポロ座』（隅田書房、一九四七年）には、「ソルボンヌ大学の外壁に沿つて、オーギュスト・コントの銅像の広場に出た。この近辺ほど、彼女にとつてなつかしい場所はなかつた。（略）ベレや大黒帽の男女の学生達が、節子のまはりをぐるりと輪になつてかこんだ」という一場面がある。

コントルスカルプ広場 ——*Place de la Contrescarpe*

コントルスカルプ広場はアンリ四世校のすぐ東、一見では何の特徴もない平凡な広場で観光客の立ち止まるような場所ではない。周辺にはごく庶民的な商店が並び、賑やかでもなく寂しくもなく、ごく尋常な街の一角にさりげなく開けたこの広場は、見るほどに何か心休まるような程よい落ち着きと、そして広過ぎず狭過ぎず丁度頃合いの大きさを保っている。仏文学研究の大先達の一人である辰野隆(ゆたか)は、この平凡な辻のもつそれとない魅力を鋭い嗅覚で見出した。

「パンテオンの裏からモンジュ街に下る途中に、コントル・スカルプという広場——というよりも狭い辻と云った方が当っている——がある。辻の中央にあまり清潔でない共同便所(ヴェスパシエンヌ)がある。春夏秋冬小便臭い辻だが、労働者相手のビストロが一軒あるばかりで、辻の周囲は古びて、汚れて、少し傾いたような裏店式の建物が並んでいる。僕の下宿からオデオン座やリュクサンブール美術館へ往くには、此処を通るのが近路なので、小便臭い辻も通い馴れると段々親しみを増していった。夕刻、この辻が西日に照らされて、古色を帯びた周囲の屋根や壁の明暗にピトレスクな味が出て来ると、それがユトリロになったり、ヴラマンクになったりする」(「パリの臭い」、『燈前茶後』日本出版協同株式会社、一九四九年)。

辰野は一九二一年に東京大学文学部助教授になると同時に文部省留学生として五月に渡仏、まずリヨン大学で学ぶが、同年の冬からはパリに滞在、一九二三年三月に帰朝した。この広場から程近い安下宿に住んだが、月に部屋代が一八〇フラン、食費代二五〇フラン、その他で計五〇〇フラン未満の下宿代金は、当時のレートでは八〜九〇円である。辰野には懐かしいパリの匂いとなったその共同便所も、現在はこの辻に見当らない。

(竹松良明)

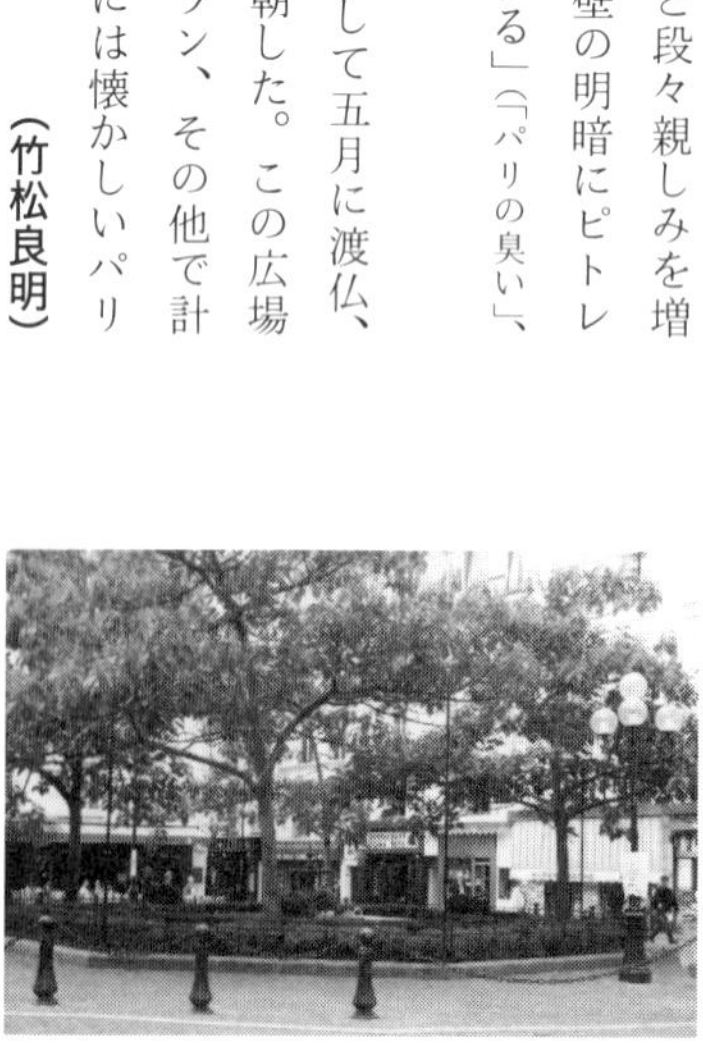

★現在のコントルスカルプ広場。辰野隆はよほどここが懐かしいらしく、「パリの散策」(『ふらんす人』青木書店、一九四一年)にも同様のことを記している。講談社文芸文庫の『ふらんす人』(一九九一年)の鈴木道彦の解説には、「私もコントレスカルプ広場が好きで、半年近くこの周辺に住んでいたし、何十回となくここを横切った。アラン・レネの『戦争は終わった』の舞台になり、六八年の「五月革命」には「参謀本部」とまでいわれたところで、今はキャフェも三つあるはずだが、こんな場所に辰野先生が注目されたということは、私にとって新鮮な驚きだった」とある。

田辺孝次 —— 17. *Rue de Sommerard*

東京美術学校助教授の田辺孝次（一八九〇〜一九四五）が、文部省留学生としてパリに渡るのは一九二四年。三年後に帰国するまで、彼はパリを拠点として、ヨーロッパ各地に足を向けた。パリではソンムラール街に下宿している。ソルボンヌのすぐ北東で、聴講生の田辺には便利な場所だった。居心地も良かったらしい。ご子息の田辺徹氏によれば、一九三七年に文部省から出張を命じられ、再びパリを訪れたときも、以前と同じ二階の部屋に住んだという。

田辺孝次『巴里から葛飾へ』（東邦美術協会、一九三六年）には、最初のパリ生活の様子が描かれている。ルーヴル美術館やリュクサンブール美術館に通い、各地の寺院でゴシック美術を見学する。その一方でパリの日本人との交際も深まっていく。一九二五年九月の日本美術家及同好会では、幹事を務めた。藤田嗣治など四〇人以上の美術家の他に、柳沢健らが集まっている。同月二八日には、ローマを目指す朝日新聞社の訪欧飛行機、初風と東風がブールジェの飛行場に到着した。一〇〇人余りの日本人と一緒に、彼も日の丸の小旗を振り、胸を熱くしている。大使館や日本人会で歓迎会が続き、田辺も祝賀演説を行った。

パリ在留日本人画家は、前年から急速に増えている。この年のサロン・ドートンヌで陳列された約一五〇〇点のうち四二点は、日本人二九人の作品だった。日本人会で初めての日本美術展覧会も一二月三日から開かれ、八五点が展示されている。アルゼンチンの美術展を見たときに、田辺は失望して、「文化の侵染性」を考えさせられた。フランスの美術と差異がなかったからである。古代美術の繰り返しはだめだが、「日本の美術はどこまでも日本の美術であって欲しい」と田辺は願っている。

（和田博文）

★図版は「ロダン美術館内庭の著者」（田辺孝次『巴里から葛飾へ』東邦美術協会、一九三六年）。

ノートルダム大聖堂——6. *Place du Parvis de Notre-Dame*

ノートルダム大聖堂は、ヴィクトール・ユゴーの小説『ノートルダム・ド・パリ』の舞台となった。ノートル・ダム、すなわち我らが聖母に捧げられた聖堂である。ここでナポレオン一世の戴冠式やナポレオン三世の結婚式も挙行されている。一一六三年にゴシック様式で着工されたこの建物は、一四世紀初頭に完成したが、一九世紀には大規模な修復を施された。その姿の美しさはパリを代表するものであったらしく、多くの文学者に讃えられた。藤田嗣治はモンテブロー河岸の小さな橋から河をへだてて見ることだと『巴里の横顔』（実業之日本社、一九二九年）に書き、島崎藤村は『新生』（春陽堂、一九一九年）の主人公岸本に、オステルリッツ橋のたもとから見る景色が好きだと言わせている。とにかくセーヌ河を隔てて斜めうしろからの姿が美しいことは竹内勝太郎（『現代仏蘭西の四つの顔』アトリエ社、一九三〇年）や辰野隆（『ふらんす人』青木書店、一九四一年）も指摘している。

横光利一の『旅愁　第二篇』（改造社、一九四〇年）に登場する塩野という青年は、一日のうちたった二〇分ほど、ノートルダム正門のキリストの浮彫が生きているように見える時間帯があるのを発見して、撮影のために通いつめた。大聖堂正面には聖アンナの門、審判の門、聖母マリアの門、という三つの門があり、塩野が見つめるのは、中央にある審判の門の上部に彫られたキリストの像である。これが西日を受けて生気を帯びる瞬間が、絶好のシャッター・チャンスというわけだ。

ノートルダムはアルベール・マルケや佐伯祐三らの絵画の対象ともなった。その頃は夜はひっそりしていたが、一九三七年から三九年にはライトアップされたらしい。電光に照しだされた

★「ノートル・ダムは、正面よりも、遠く背後からの眺めが良い。とは誰も言ふ。それを見るにはサンミツセル橋から河に添うて四五丁川上へ逆上らねばならぬが、そのへんの橋上から、或は古本屋の露店の肩越しから、又は河原に下りての汀から、眺め得るノートル・ダムの美しさはまつたく此の世のものとは思へないのである」と蕗谷虹児は「巴里画信」（『令女界』一九二六年一一月）に書いた。その「古本屋の露店の肩越しから」眺めたノートルダムを蕗谷はスケッチに残している（『令女界』一九二六年一〇月）。

白いノートルダムも神秘的でいいものだと、田村泰次郎は『人間の街パリ』（大日本雄弁会講談社、一九五七年）に書いている。

高村光太郎は、嵐ふきすさぶ日のノートルダムを、「雨にうたるるカテドラル」（『明星』一九二一年一一月）と題してこんな風に歌っている。「おう又吹きつのるあめかぜ。／／外套の襟を立てて横しぶきのこの雨にぬれながら、／あなたを見上げてゐるのはわたくしです。／毎日一度はきつとここへ来るわたくしです。／あの日本人です。／（略）／ただわたくしは今日も此処に立つて、／ノオトルダム　ド　パリのカテドラル、／あなたを見上げたいばかりにぬれて来ました。／あなたにさはりたいばかりに、／あなたの石のはだに人しれず接吻したいばかりに。」光太郎がノートルダムを見たのは一九〇八年。この「雨にうたるるカテドラル」はそれから十数年後の一九二一年に書かれた。狂おしいほどの情熱が持続したと見るべきか、あるいは嵐も情熱さえもフィクションか。評価の分れるところである。

大聖堂の中に入ったら、バラ窓と呼ばれる丸い窓のステンドグラスは見逃せない。藤村は「自分はあの窓を指して巴里にある最も美しいものゝ一つと言ふに躊躇しない」（『戦争と巴里』新潮社、一九一五年）と感嘆している。ひんやりとした堂内を歩いた後、体力に自信のある人は、林芙美子がしたように三八六段の階段を登って頂上に行ってみてもいい。一九三二年三月四日の芙美子の日記（『巴里の日記』東峰書房、一九四七年）にはこう書かれている。

「高い屋上に出ると、心臓がはげしくなつてきてしばらく休んだ。鳩が沢山ゐるし、怪物の彫刻も薄陽に光つてゐる。巴里の屋根々々は赤い煙突ばかりのやうにみえた。眼の下のセーヌ河も緑の帯のやうなり。この空は日本へ続いてゐるのねと云つてM氏を笑はせる」。M氏とは松尾邦之助のこと。松尾夫妻と芙美子が見たキマイラと呼ばれる欄干の怪物は、今日も息を切らして登ってくる者を待ち構えている。

（和田桂子）

★キマイラの写真。石井柏亭『欧州美術遍路上巻』（東雲堂書店、一九一三年）に「ノートル・ダムの彫刻」として挿入されている。

9. Rue Toullier
永井荷風・石井柏亭・巌谷小波

巌谷小波（一八七〇～一九三三）の『小波洋行土産　下巻』（博文館、一九〇三年）には、一八九〇年八月二七日深夜にパリに到着し、とりあえず駅近くの「ホテル・ビオレー」に宿を取ったが、翌日、ホテル・スフロへと転宿したことが書かれている。同じように永井荷風（一八七九～一九五九）もまた、『西遊日誌稿』の一九〇八年三月二八日の項に「十二時パリーに着く。停車場近くの宿屋に一夜を過し、明朝はカルチエーラタンに移らんと思ふ」と書いている。カルチェ・ラタンで選んだのはやはりホテル・スフロであった。このように、ホテル・スフロが、明治期の日本人たちにとって、パリに滞在する際のひとつの拠点であったことは間違いない。

ホテル・スフロがあったトゥーリエ街は、パンテオンとリュクサンブール公園とをつなぐスフロ街のちょうど中間あたりを北に延びた小路で、サン・ジャック街の一本西側にある。ソルボンヌもほんの目と鼻の先で、どこに散歩に行くにも便利な、格好の場所であった。

与謝野寛の『巴里より』（金尾文淵堂、一九一四年）には、「パンテオンの側のオテル・スフロウに泊つてから一箇月近く経つた。此宿は最初和田英作君などの洋画界の先輩が泊つて居た縁故で巴里へ来る日本人は今でも大抵一先づ此処へ落ち着く。其頃のスフロウは随分きたない宿だつたと聞くが、今は電灯やスチイムの設備も出来て居る。併し持主が二度も変つたので宿の者に以前諸君の遺した記念になる話を知つて居る者も無い」という記述が見える。画家たちの多くは、アトリエの必要性から、時期を見計らってホテル住まいを切り上げる。そのために、このホテルもまた、長期滞在者ではなく主に旅行客が滞在することとなった。与謝野寛も「一緒に泊込んだ満谷君等の四人はもう既に画室や下宿を見附けて引越して仕舞つた。僕も梅原君の世

★アメリカ合衆国からフランスへ渡る直前の一九〇七年七月一〇日に、ニューヨークで写され、巌谷小波に送られた永井荷風の写真（小門勝二『ふらんす物語夜話　上』散人出版会、一九七〇年）。

話でモンマルトルの方に下宿は見附かつて居る」と、画家たちと同じようにふるまった。ちなみに寛と同宿の四人とは、満谷国四郎、柚木久太、徳永柳洲、長谷川昇という面々である。やがて寛はモンマルトルのヴィクトール・マッセ街二一番地の宿に移り、追いかけるようにパリにやってきた晶子をここに迎え、夫妻はこの宿にしばらく滞在することとなった。やがて晶子が一足先に帰国し、自らの帰国の時期も近付いてくると、寛は、このモンマルトルの下宿を引き払って、再びホテル・スフロに移った。モンマルトルの宿の居心地は決して悪くなかったようなので、帰国寸前までそこに過せばよさそうなものであるが、帰国準備を整えた後には、ホテル・スフロは、出発の日までの短期の時間を過す場所としても、便利な役割を果したのである。あるいは生活者の立場から旅行者の気分に戻ろうとしたのかもしれない。

与謝野寛と同じ時期にパリに滞在した画家石井柏亭（一八八二〜一九五八）もまた「巴里に着いてかねてその名を知っていたパンテオンに近い小宿オテル・スフローに宿をとったが間もなく和田三造の案内で貸間を探し、ブールヴァール・ポール・ロワイヤール（モンパルナスの大通をゴブランの方へ向って行く途中の）電車道路に面したところに一室を約束することが出来た。それはジュール・ウヴラールという老人の持家であった」（『柏亭自伝』中央公論美術出版、一九七一年）と、平均的な日本人の滞在順序を経ていた。当時スフロには相見香雨が滞在しており、小林万吾も初めはスフロを宿としていたらしい。「何しろ、もと浅井が泊ったりしてスフローは一九〇〇年ごろからの日本人定宿の一つであった」とも書いている。しかしながら、『欧州美術遍路上巻』（東雲堂書店、一九一三年）のなかでは、この宿に関して、「ダンフエル・ロシユローの和田の画室はよく日本人の集合所になる。尤も日本人と云つても今代の変つたヲテル・スフローを根城として夕方其黄色い面をサン・ミシヱルの料理屋ウイベルに列べる一味の留学生とは自から別の種類に属する」と、やや皮肉な視線をも向けていたのである。

（真銅正宏）

★現在のトゥーリエ街九番地の建物。当時ホテルであった面影は残っていない。ソルボンヌとパンテオンとリュクサンブール公園のちょうど真ん中に位置している。

パンテオン

Place du Panthéon

パンテオンは、古代ローマのパンテオン神殿に倣って、フランス歴代の偉人を国葬するために作られた寺院である。セーヌ左岸のうちでも最も高いところに位置する。もともとはパリの守護神とされる聖ジュヌヴィエーヴの墓所のあった場所だという。川島理一郎の『旅人の眼』（龍星閣、一九三六年）には、「パンテオンは十八世紀に完成した。敷地は三百六十七呎に二百七十六呎と云はれコリニシアン式の建物でドームの頂上まで高さ三百八十四呎である。昔、聖女ジエネヴイエーブを祀つた寺のところに建てたもので、その前庭に一時ロダンの「考へる人」が置いてあつたが、今日はロダン美術館に収められてゐる」と紹介されている。確かに与謝野寛・晶子『巴里より』（金尾文淵堂、一九一四年）には、「ロダンの作で有名な『思想家』が入口の正面の空地に円い屋根、円い柱の大伽藍を背負ふ様に少し屈んで、膝の上の方肱に思慮と意志との堅実相な顔を載せて居る」と書かれている。なお、スフロ街とは「この堂宇を上げた技師の名を残す」（太宰施門『LES PARIS』政経書院、一九三四年）ものである。

島崎藤村は、住んでいたポール・ロワイヤル大通りからさほど遠くなかったこともあり、たびたびここを訪れている。『仏蘭西だより』（新潮社、一九二二年）には、「そこを訪ねてピユウギス・ト・シヤヴンヌの壁画の前に立つ時ほど深い静寂な心持を経験することは無い」とまで書いている。シャヴァンヌの壁画は、サント・ジュヌヴィエーヴの事蹟を描いたものである。この他の歴史画や宗教画の壁画も有名で、例えば巌谷小波は、『小波洋行土産　下巻』（博文館、一九〇三年）に、「中にもジヤンダアクの一代記は、尤も人口に膾炙して居る丈、それ丈人足を止めるのも妙だ」と書いているし、浅野研真は『ヨーロッパ新風景』（正和堂書房、一九三一年）に、

★東京朝日新聞社蔵版、石川周行『世界一周画報』（東京朝日新聞会社、一九〇八年）のパンテオン正面。ロダンの「考える人」らしき像が見える。

「パンテオンの有名な壁画の内、入つて右側の最初のものを見よ。それはポンナーによつて描かれたる『サン・デユニーの殉教』ではないか！」と書いている。ただし藤田嗣治などは、「此の寺院の壁画は、遺憾ながら全体として統一を欠いてゐる。といふのは、各派の画家に依嘱した為に、甲の壁画と乙の壁画との与へる感じが全く違つてゐるのだ」（『巴里の横顔』実業之日本社、一九二九年）と厳しい意見を述べている。

政治家や科学者に加え、著名な文学者や画家などが六〇名以上葬られている。最近では、アレクサンドル・デュマ（ペール）が、生誕二〇〇年に当たる二〇〇二年の一一月三〇日に、故郷の埋葬地から移された。作家としては、ヴォルテール、ジャン＝ジャック・ルソー、ヴィクトール・ユゴー、エミール・ゾラ、アンドレ・マルローに続いて六人目とされる。パンテオン内部においても、ユゴーとゾラの棺に並べて安置された。

ただし、墓らしくない墓である印象を、訪問者に与えることも確かである。井上嘯風の『欧米籬覗』（非売品、発行人松原曠、一九一一年）には、「予等は此寺院に入つて四方を見るに、墳墓らしきもの目付からず、ハヤ辞し帰らんとする時、守衛が一隅の戸を排して出来り、尋で一組の人士がドヤ〳〵と、之に尾して出て来たのである」と書かれている。また井上は、国士廟にしては、「概見した所では、先づ比較的質素の評を下さなくてはならぬ位で、普通の寺院と大差がないと云ふのが、寧ろ当つて居やう」とも書いている。

パンテオンのドームにも登ることができた。岡田三郎の『巴里』（新潮社、一九二四年）には、「石でかこまれた狭い暗い洞穴のやうなところを、螺旋形にほとんど五百にも近い階段を足さぐりでのぼつて行く。（略）やうやくあの天辺の狭い廻廊のやうなところへ出ると、一時に、雲に迷ふ眼路のはてまで屋根と並樹のつらなりにうづめられた巴里が眼下に展開される」と、そこに登る楽しみについて書かれている。

（真銅正宏）

★パンテオン内部の、サン・ジュヌビエーヴの聖伝を描いたシャバンヌによる連作壁画の一面（『世界実観　第二巻　仏蘭西』日本風俗図会刊行会、一九一五年）。

トゥール・ダルジャン——15. Quai Tournelle

世界中知らぬ人のないこのレストランは、一五八二年に開店した。特に一八九〇年に給仕長のフレデリック爺さんが考案したという家鴨の血煮は、この店の看板メニューとなっている。獅子文六（『舶来雑貨店』白水社、一九三七年）によると、「味噌のやうな血液の煮こごりは既に出来てゐるのだが、それをシャンパンだのフィンだの其他香味料を入れて、客の前でソオスにのばすのである。鍋もアルコオルランプも銀器で、万事手綺麗である。ソオスが煮えると、焼家鴨の胸肉を切つて、暫時鍋の中に入れる。ここの具合がちよいと鋤焼に似てるので、日本人のノスタルジイを唆り、御贔屓が多かつたのだと、僕は観察する」のだそうだ。

一九一二年にこの店はカフェ・アングレのアンドレ・テライユに任された。そのためカフェ・アングレの誇る酒蔵がそっくりトゥール・ダルジャンに移ってきた。「そこの狭い石段から眺めるシヤトウ・モウトン・ロスチルドと名づけられた一八六九年のボルドウ酒やロマネー・コンチといふ一八七〇年のブルガンデイ酒やはその名前の壜を見るだけでフランス人の飲食物に対する執拗な愛欲を観察するに役立つ」と岡本かの子は「食魔に贈る」（『中央公論』一九三二年三月）に書いた。

トゥール・ダルジャンでは客に出す鴨に番号がふられているので有名だ。この番号を記したカードが客に手渡されるのだが、福引券と間違える日本人もいたらしい。ちなみに一九四八年五月一六日にエリザベス女王が食したのは一八五三八七番で、一九三六年五月七日に高浜虚子が娘、息子および三菱商事の上野義雄、結城素明の弟森田菊次郎と共に食したのは一二九六七七番と一二九六七八番であった。

（和田桂子）

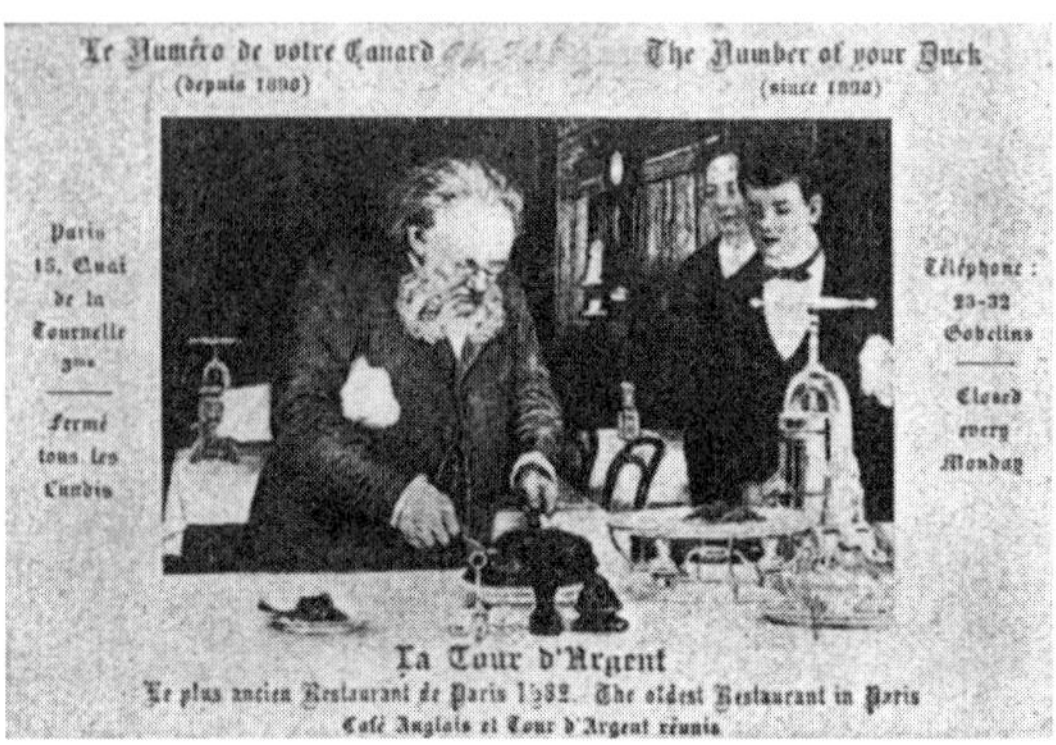

★給仕頭が鴨を切り分けている様子（片岡直方『欧米漫談』伊藤淳一郎、一九二九年）。写真の上部にフランス語と英語で「あなたの鴨の番号」とあり、真中に薄い字で番号らしきものが書かれている。当時はこのようなカードを客に手渡したものと思われる。

不二 —— 20. Rue de Sommerard

日本料理や会席仕出しを謳い文句にしたFOUJIには、複数の表記が見られる。たとえば『巴里新報』一四六号（一九二九年一月一三日）の広告（図版右）は、不二と記載し、富士山と思しき山の絵を載せている。同じ『巴里新報』でも、一四九号（同年四月二五日）の広告（図版左）には、富士と書いてある。いずれにしてもパリ大学の北東で、すぐ近くの場所だから、学生街に出入りする日本人には、便利な店だっただろう。

柳沢健『巴里の昼と夜』（世界の日本社、一九四九年）の座談会で、「私がパリに行つた頃、モンマルトルに女一人で『ふじや』とか言う小料理屋をやっている人」がいたと、藤田嗣治は発言している。藤田が初めてパリを訪れたのは一九一三年。店主は日本人女性としては、草分けの滞在者の一人だろう。女性は三味線を弾き、刺し身や干し魚を出してくれた。和田三造が贔屓にしていたらしいが、モンマルトルにあり、広告の店とは場所が違う。広告の店は一九二六年二月に開店すると、『巴里週報』第二五号で予告されている。

広告の店には、松尾邦之助も行ったことがある。『巴里素描』（岡倉書房、一九三四年）で彼が描いたのは、カルチェ・ラタンの不二屋。「紫のふさのついた大きな宮島杓文字」や、郵船会社のポスターが壁にかかっていて、定食一〇フランのメニューを見ているうちに、日本に帰ったような気がしてくるという。暇な時間帯なのか、二人のボーイが碁を打っている。「三は女子の腹にあり、四は婆々の顔にあり」と歌っているから、日本人だろう。二〜三人の売春婦と共に、スキヤキを囲むのは、六〜七人の日本人。奥の方で丼物を食べているのも、やはり日本人である。

（和田博文）

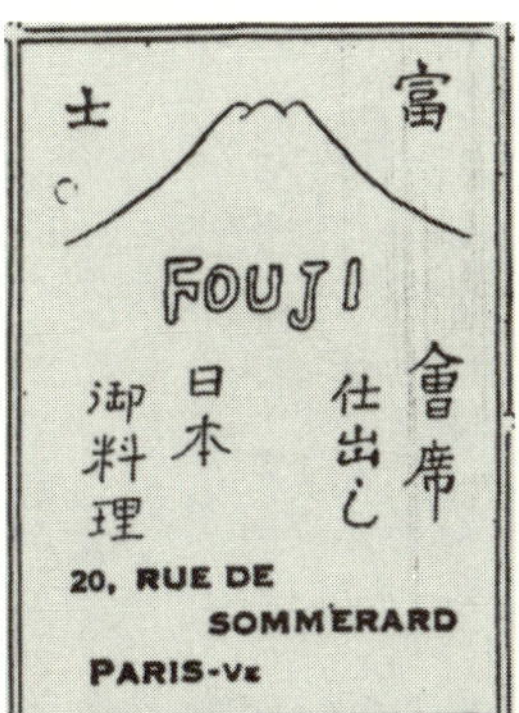

モルグ —— *Quai de l'Archevêché*

モルグと聞いてすぐに頭に浮ぶのは、おそらくエドガー・アラン・ポーの「モルグ街の殺人」ではないだろうか。この小説の中で、モルグ街はリシュリュー街とサン・ロック街の間にあるみすぼらしい通りとされている。リシュリュー街とサン・ロック街は現存するが、モルグ街というのはポーがつくった架空の通りである。いかにも死体の匂いのする通りではないか。

モルグは大革命以前にはグラン・シャトレ（Grand-Châtelet 最高裁判所）に設置されていた。一区と四区にまたがる今のシャトレ広場である。溺死したり殺されたりした人の死体が無造作に横たえられていたという。グラン・シャトレの取り壊しに伴ってモルグは一八〇四年に一五区のマルシェ・ナフ（Marché-Neuf）に移転した。かつて魚や野菜の市がたったところだが、古くからの屠殺場もあった。ここがモルグに改装された。死体洗浄の部屋、解剖の部屋のほかに死体掲示場もあった。一八六四年に、モルグは四区のケ・ド・ラルシュヴェシェ（quai de l'Archevêché 大司教埠頭）に再び移転する。ノートルダム大聖堂の裏手である。

辰野隆（たつのゆたか）はパリの雨の日のセーヌ河岸を思い出してこう書いた。「ベルナルデーヌの街から河岸に出て、橋を渡ると、左には黒いノートル・ダムが高く聳え、右には低い死体収容所が蟠（わだかま）っている」（『え・びやん』白水社、一九三三年）。モルグはたしかに平屋で、低く「蟠って」いる。ここではガラス窓ごしに誰でも死体を見ることができるようになっていた。見せ物にしようというわけではない。死体を民衆に公表して、もの言わぬ死者の身元を早く判別しようというねらいである。

パリを訪れた巌谷小波は、一九〇〇年八月三〇日に久保田米斎に連れられてこのモルグを見

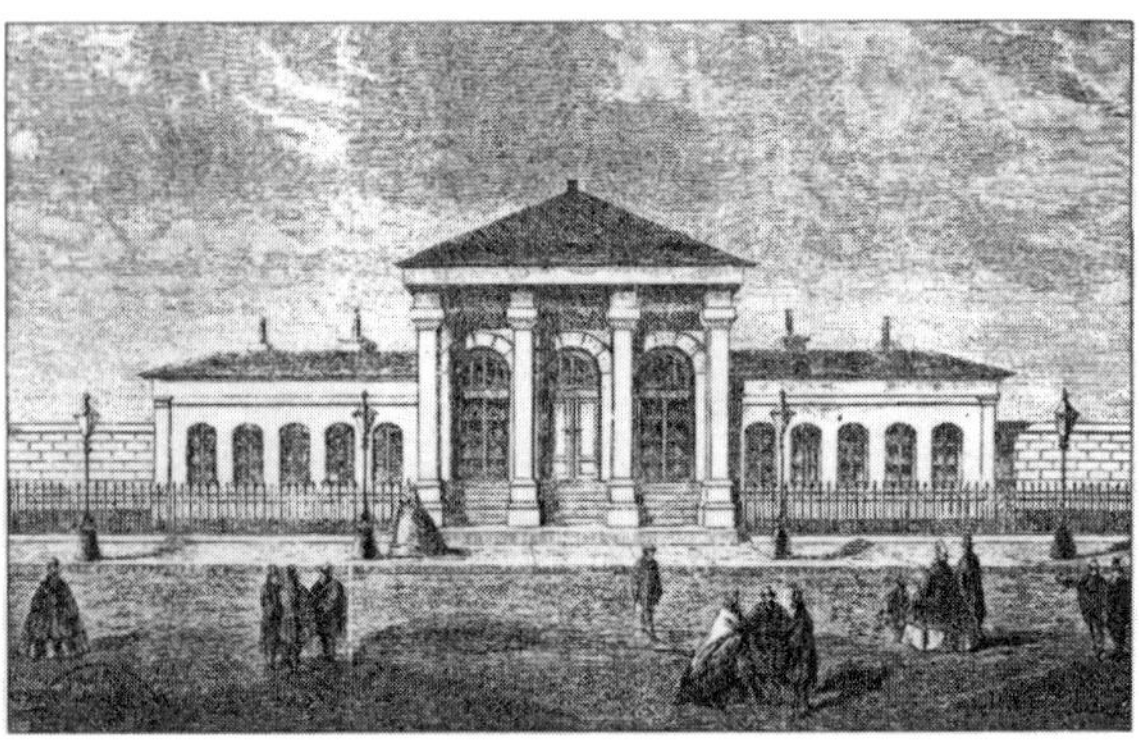

★一八六五年ごろのモルグ（Alfred Fierro, *Dictionnaire du Paris disparu*, Parigramme,1998）。ケ・ド・ラルシュヴェシェに移転してすぐの頃。

学し、こう書き残している。

午前米斎君の案内で、巴里随一の古寺院、ノウトルダムを見物し、それから其の後の、変死人掲示場を見た。これは仏蘭西の探偵小説には、よく引合に出る所なので、即ち変死人の素性の解らぬものを、薬剤の作用で腐らぬ様にして、其まゝ諸人に見せる所である。此日は珍らしくも大入りで、男女の死体が七八個あつた。それが何れも変死当時の有様で、硝子越しに列べてあるのだから、随分気味のよくないものだが、さて又『恐い物見たし』で、見物人は押合ふ許り、尤もあまり残酷な死体は、正物の代りに写真が出してあつたが、鼻を剥ぎ、髪毛を抜き取り、其上手足を切り放した死骸などは、たとひ写真で見ても、余等の様な気の弱いものは、戦慄をせずには居られない。聞けばその写真は疾うから此処に掲げられて、大金の懸賞で、その解死人を探して居るのだが、未だに手掛りが無いとやら。これが其中解つたら、又面白い探偵実話が出来やう」(『小波洋行土産　下巻』博文堂、一九〇三年)。

見せ物にする意図はなかったと書いたが、小波の記述を見るかぎりでは、恐いもの見たさの群衆の心理をある程度は意識していたと考えられる。小波の説明に「薬剤の作用で腐らぬ様にして」とあるのを、大塚要が「これは薬剤の作用に非ず冷蔵庫の一種にて冷却したる空気の作用に御座候」と訂正した(『小波洋行土産　下巻』)。一八八一年から、モルグでは冷蔵装置を利用していたようである。

一九一四年になると、一二区のプラス・メザにできた法医学研究所がモルグに取って代り、死体が無遠慮な群衆の視線にさらされることはなくなった。

(和田桂子)

★一九〇〇年ごろのモルグ(Jacques Hillairet, *Dictionnaire historique des rues de Paris*, Les Éditions de Minuit, 1997)。小波が見学したのはちょうどこの頃のモルグ。ガラス窓のむこうには一二の黒大理石のテーブルがあり、その上に遺体が乗せられていた。

モベール広場 ― *Place Maubert*

サン・ジェルマン大通りに面した広場で、二〇〇メートルほど歩けばセーヌ河に出て、向かいにノートルダムが見える。またこの広場をセーヌと反対の方向へ歩けばソルボンヌやパンテオンがある。長田秋濤は明治二〇年代のパリに留学し、三〇年にも渡欧して、パリという都市の裏事情を綴った『世界の魔公園巴里』（文禄堂書店、一九〇四年）を刊行したが、そこで遊郭のひとつとして「軽浮淫佻者流の住民最も多き区の附近若くは中央に在り。モーベル辻に在るが如き其の一例として見るを得べく。古き家屋の櫛比せる処。労働者の借家と遊民との多き所に交はる」と、この地を紹介している。

風紀が良いとは言えない土地柄だが、一九二二年にパリに来た森茉莉は、「ソルボンヌの前の通りをプラス・モオヴェエルの方へ寄った四つ角の直ぐ裏手に建っていた五階建ての安下宿」（『記憶の絵』筑摩書房、一九六八年）であるホテル、ジャンヌ・ダルクに夫と共に住んだ。より高級なホテルに滞在することもできたが、敢えてカルチェ・ラタンに住んで本当のパリを味わうというのが山田の主義であったという。あるとき、ホテル付近で口喧嘩を始めた茉莉は、夫を残してどんどん歩き、モベール広場に入り込んだ。人通りのない夜のモベールは危険な場所とされている。カフェのギャルソンと眼が合ったとき、茉莉は引き返すことにした。「プラス・モオヴェエルの珈琲店の多くは珈琲店は表向きで、裏では賭博、誘拐なぞの犯罪が行われているのだと、きいていたからだ。私はその大きな目を明瞭と、想い浮べることが出来る。獲物を狙い待機している目ではあったが、雑魚なんかはなんとなく逃がしてしまう、というような余裕のある、悪党としての大人の目である」（『記憶の絵』）という印象深い眼であった。

（宮内淳子）

★現在のモベール広場。

吉屋信子

14. Rue de Quatrefages

吉屋信子（一八九六〜一九七三）は一九二八年九月に東京駅を出発、満州を見物した後シベリア鉄道で一〇月にパリに到着した。マネージャー役の門馬千代子との二人旅である。ベルリンに立ち寄った後主としてパリに滞在、その間にイタリアに旅行し、ロンドンを経てアメリカに渡り翌年九月に帰国した。その旅の記録は『異国点景』（民友社、一九三〇年）に綴られている。パリの北駅に到着後、「約十日あまりをエトワールの大通りのホテル・モン・フロリーに泊つた」とあるがホテルの位置などは不明である。その後「セーヌ河畔のケイド、ジヤベルのマダム・ブルンヌの家庭に入つた」とあるが、これは一五区のミラボー橋に近い現在のジャヴェル港（Port de Javel）に相当する場所と思われる。この家の模様はほとんど記されず、わずかに「この家庭では、食卓に花を絶やした事は一日もなかつた、花を家のうちに置かない日は考へられないほど花を人生に必要とする彼等だつた」と書かれている。

石黒敬七が編集発行していた『巴里新報』の一四六号（一九二九年一月一三日）の消息欄に吉屋、門馬の移転先としてキャトルファージ街一四番地が記載されている。五区のモンジュ広場の右手にあたるが、ムーヴレと呼ばれる家具つきのアパルトマンで、その二階の右側の部屋であった。「私達の借りたのはとても小さいの、でもお台所も浴室もトワレットもちやんとあり」、奥は寝室になっていて、「昇降機も蒸気暖房もあるし、門番も親切」で、月に門番のチップまで入れて一〇〇円と少しだそうである。この建物は七階まであるが、ある時三階の台所から煙が出て火事騒ぎになると、窓という窓から「まあ何といふ沢山のいろ〳〵様々の顔」が覗いて、「その素晴しい顔の観物」に有頂天になったという。

（竹松良明）

★マダム・ブルンヌの家庭でのスナップ写真。中央が吉屋（『異国点景』）。『異国点景』には、吉屋のアパルトマンの屋根裏には多く下の各家庭の女中たちが住み、また地階にはギャルソニエと呼ばれる独身男用の、一部屋か二部屋に浴室がついた構えが設けられていると記されている。

6

リュクサンブール公園とサン・ジェルマン・デ・プレ

エリアの特徴

サン・ジェルマン・デ・プレ地区の中心はもちろん、パリ最古の修道院付属教会として著名なサン・ジェルマン・デ・プレ教会である。この一帯にはカルチェ・ラタンほどの活気と賑わいはないが、古くから芸術家好みの上品な落ち着きと見識の高さの中に、特有の雰囲気を形成してきたエリアである。それにはまずボナパルト街の美術学校、ピュジェとプッサンの胸像が門柱の上から行人を睥睨するこの厳めしい学校のもつ権威、さらにアカデミー・ジュリアンやグランド・ショーミエールなどの美術研究所、またボー・ザール街（美術街）に並ぶ画商・画廊・美術複製店などの存在が大きい。学士院から南下するセーヌ街には古本屋や古道具店も多く、これらの店には各々いかにも芸術の街の街作りに長年貢献してきたらしい、気難しそうな店主が鎮座している。

美術学校の裏側にはアナトール・フランスが子供の頃住んでいた屋敷があり、その父親はここで本屋を営んでいた。幼い頃から親しんだマラケー河岸をこの作家は終生愛し、その作品にはこの一帯の骨董屋、古本屋のたたずまいが見事に描きこまれている。サン・シュルピス寺院に近いヴュー・コロンビエ座も、ある意味でこのような飴色にくすんだ芸術的気分を背景にした成立と言えるだろう。ヴュー・コロンビエ街はそもそも劇場を開くのにふさわしいような華麗な場所ではなく、まず庶民的で平凡な、いわゆるけちな通りの一つに過ぎない。しかし商業演劇から断然袂を別とうとしたジャック・コポーの改革精神の背景として見れば、これ以上の場所はないという印象さえ湧いてくる。

サン・ジェルマン・デ・プレ広場に面するドゥ・マゴは一九三〇年代にシュールレアリストを始めとする多くの文学者が集まり、ドゥ・マゴ文学賞まで創設されたが、近くにはその二階からアクション・フランセーズ運動が生れたことで有名なカフェ・ド・フロールがあり、モーリス・バレス、ポール・ブールジェ、ギョーム・アポリネール、アンドレ・サルモンなどの姿がよく見られた。また付近には店主の名によるカーズ文学賞を設定したビール店リップもあり、いわゆる文学カフェ特有の濃厚な紫煙と熱い議論に満ちた雰囲気に特徴を見せていた。しかし、パリに滞在した日本人たちの多くはこれらの店よりも、ロトンドやドームに代表されるモンパルナスのカフェに集まることを好んでいたらしい。

アンドレ・マルローに親交した小松清などはやや例外的だが、おそらくこれらの文学カフェの雰囲気は、モンパルナスの有名カフェのもつ華やかな社交色に比べれば、より濃厚で熱くまた幾分閉鎖的で手強いものであったろうと想像されるのである。そしてサン・ジェルマン・デ・プレがパリの有名スポットとなるのは、第二次大戦直後の数年間である。これらの文学カフェと、近所に次々と開店した地下酒場が、サルトルとボーヴォワールに代表される実存主義者のメッカとして、当時のアプレ・ゲール青年たちの空ろな心を惹きつけた。男は格子縞のシャツに深い顎鬚、女はおかっぱのボサボサ髪という特異なスタイルがこの一帯の名物となったが、それも長いことはなく一九五〇年を頂点として、以降は急速に沈静していった。

サン・シュルピス教会に近いホテル・レカミエをパリの主たる宿としていた木下杢太郎は「巴里日記」(『其国其俗記』岩波書店、一九三九年)に「晩餐後転ろ(そぞろ)に旅舎の近くを散歩した。わたくしの愛するサン・シュルピスの広場。即ちリユウ・フエルウ、即ちリユウ・ボオジラアル。リユクサンブウル美術館の入口には――既に閉されたる柵を透かして見られるが、『入門。一法(フラン)。』と書かれた新しい標札が下つて居る」と記している。杢太郎はこの一帯の、眠ったようにひっそりとして人通りの絶えた小路も多いその閑静さをこよなく愛していた。この閑静さは、この地区の南東部を占める広大なリュクサンブール公園によって更に確かなものとなる。パリの都会生活者たちの疲れた心を長年癒し続けてきたこの公園は、そこを逍遥し又腰を下ろす無数の人々の喜怒哀楽、その無量の思いをその深い緑陰で優しく包み込む。しかし、狭くても自宅内に相応の庭を造って楽しむ日本の風習とは異なり、公共の庭園を各自が安息の場とする西欧の感覚は、古い日本人にはいささか違和感を覚えるものでもあったらしい。

島崎藤村は『エトランゼエ』(春陽堂、一九二二年)に、「曾て読んで見たテエヌが英国旅行記の中には倫敦と巴里の公園を比較して、自分等の公園はまるで室内も同じことだとしてあつた。この旅に来て初めて私はその意味を強く感じる。(略)樹蔭を散歩する人達は、と見ると、離れぐに連立つて歩いておるものなぞは殆ど見当らない。夫と妻、姉と妹のやうな親しい間柄では互に腕を組合せ、男は女を、年若なものは年老いたものを助けるやうにして、共に静かな歩調を運んで居た。八つか九つの学校生徒までが、そんな幼い年頃からして一緒に並んで歩くことを習ひ覚えるかのやうに、子供同士で公園内の梨畑の側を歩き廻つて居るのにも逢つた。全く、あのテエヌの言葉のやうに、こゝにある公園はまるで室内だ。旅の私にはまだ皆と同じやうに是程の屋外の生活を共に楽しむといふ心は持てなかつた」と記している。そして、このような黙しがちな遠い旅人の心で捉えたパリの風景に、類のない深い陰翳の妙味があることは確かである。

また、湯浅年子は『フランスに思ふ』(月曜書房、一九四八年)の中に、この公園の忘れがたい情景を描いている。それはドイツ軍が明日はパリに入城かという日で、大通りは南へと避難する車で溢れ、リュクサンブール公園はひっそりと静かである。「ところがよくみるとあなたの木陰、こなたのベンチに、二人打連れて並ぶパリジャンの姿があるのである。(略)この最後の一瞬にも、この様に心のゆとりのある人達」は西欧でもパリでしか見られなかった、と深い感慨を寄せている。

(竹松良明)

❶ アカデミー・ジュリアン（6区）31. Rue du Dragon
❷ アリアンス・フランセーズ（6区）101. Boulevard Raspail
❸ 岩村透（6区）66. Rue de Seine
❹ ヴュー・コロンビエ座（6区）21. Rue du Vieux Colombier
❺ オデオン座（6区）Place de l'Odéon
❻ カフェ・ヴォルテール（6区）1. Place de l'Odéon
❼ カルメ（6区）70. Rue de Vaugirard
❽ 木下杢太郎（6区）3. bis Place Saint-Sulpice
❾ グランド・ショーミエール（6区）14. Rue de la Grande Chaumière
❿ コンセール・ルージュ（6区）6. Rue de Tournon
⓫ 西園寺公望（6区）23. Rue Racine
⓬ サン・ジェルマン・デ・プレ教会（6区）Place Saint-Germain-des-Prés
⓭ サン・シュルピス教会（6区）Place Saint-Sulpice
⓮ 武林無想庵（7区）28. Rue de Lille
⓯ 蕗谷虹児（6区）93. Rue de Vaugirard
⓰ ドゥ・マゴ（6区）170. Boulevard Saint-Germain
⓱ ボン・マルシェ（7区）24. Rue de Sèvres
⓲ 正宗白鳥（6区）6. Rue Blaise Desgoffe
⓳ 柳亮（6区）6. Rue Sainte-Beuve
⓴ リュクサンブール公園（6区）60. Boulevard Saint-Michel
㉑ リュクサンブール美術館（6区）60. Boulevard Saint-Michel

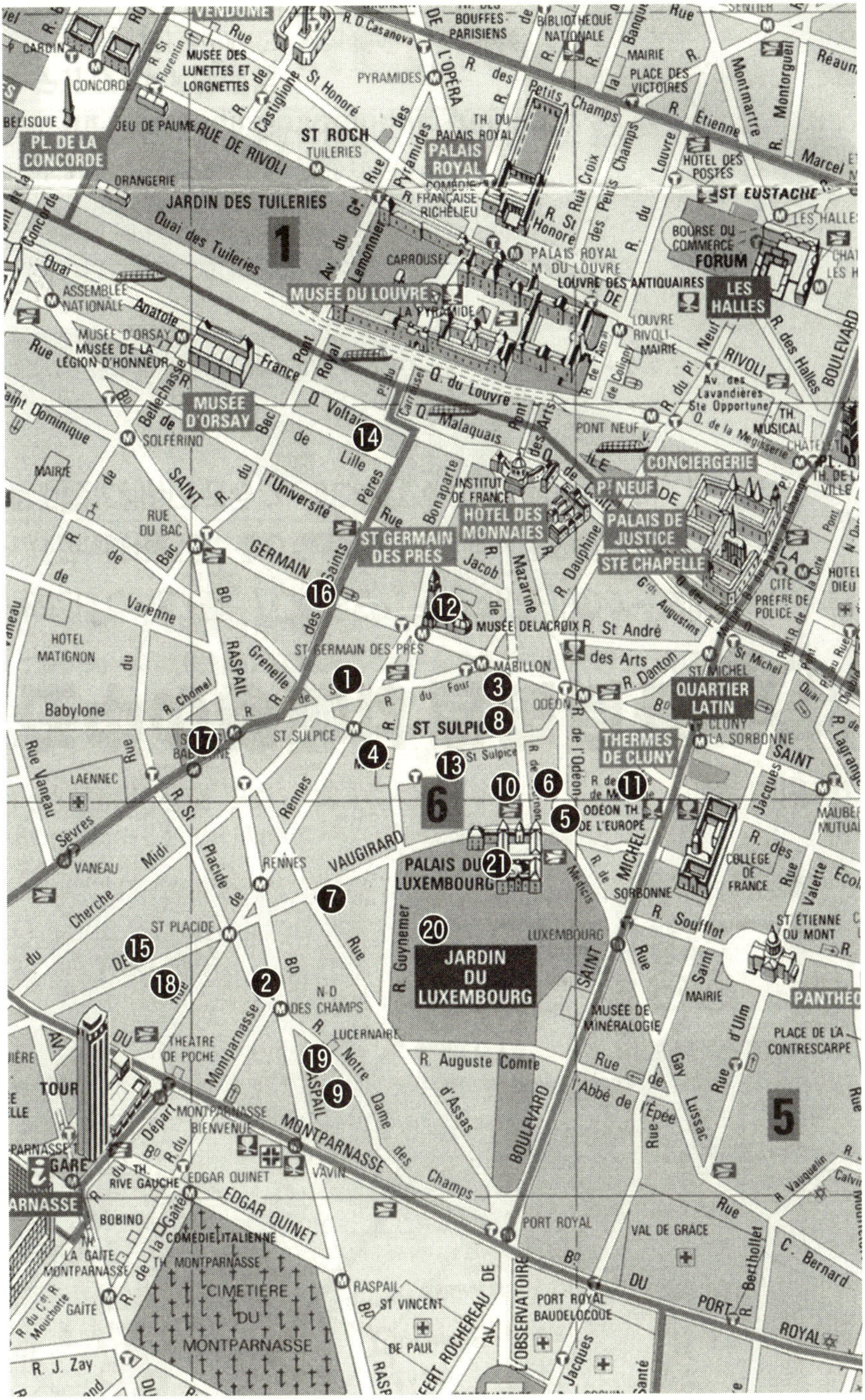
PL. DE LA CONCORDE
JARDIN DES TUILERIES
RUE DE RIVOLI
ORANGERIE
JEU DE PAUME
Quai des Tuileries
MUSÉE DES LUNETTES ET LORGNETTES
ST ROCH
TUILERIES
PYRAMIDES
BOUFFES PARISIENS
BIBLIOTHEQUE NATIONALE
PALAIS ROYAL
COMÉDIE FRANÇAISE RICHELIEU
PALAIS ROYAL M. DU LOUVRE
LOUVRE DES ANTIQUAIRES
MUSÉE DU LOUVRE
LA PYRAMIDE
CARROUSEL
MAIRIE
PLACE DES VICTOIRES
HOTEL DES POSTES
ST EUSTACHE
BOURSE DU COMMERCE
FORUM
LES HALLES
LOUVRE RIVOLI
ASSEMBLÉE NATIONALE
MUSÉE D'ORSAY
MUSÉE DE LA LÉGION D'HONNEUR
MUSÉE D'ORSAY
SOLFERINO
Q. Voltaire
Q. du Louvre
Q. Malaquais
PONT NEUF
CONCIERGERIE
INSTITUT DE FRANCE
HOTEL DES MONNAIES
PALAIS DE JUSTICE
STE CHAPELLE
ST GERMAIN DES PRES
MUSÉE DELACROIX
R. St André des Arts
MABILLON
ODEON
ST MICHEL
QUARTIER LATIN
CLUNY LA SORBONNE
THERMES DE CLUNY
ST SULPICE
HOTEL MATIGNON
Babylone
RUE DU BAC
Varenne
LAENNEC
VANEAU
ST PLACIDE
RENNES
VAUGIRARD
PALAIS DU LUXEMBOURG
ODÉON TH DE L'EUROPE
SORBONNE
COLLEGE DE FRANCE
R. Soufflot
ST ETIENNE DU MONT
PANTHEON
JARDIN DU LUXEMBOURG
LUXEMBOURG
N.D DES CHAMPS
LUCERNAIRE
R. Auguste Comte
MUSÉE DE MINÉRALOGIE
PLACE DE LA CONTRESCARPE
THEATRE DE POCHE
TOUR
GARE
MONTPARNASSE BIENVENUE
VAVIN
EDGAR QUINET
RIVE GAUCHE
BOBINO
COMÉDIE ITALIENNE
LA GAITE MONTPARNASSE
TH. MONTPARNASSE
CIMETIERE DU MONTPARNASSE
RASPAIL
ST VINCENT DE PAUL
PORT ROYAL
PORT ROYAL BAUDELOCQUE
VAL DE GRACE
BOULEVARD
R. J. Zay
1
5
6
1
2
3
4
5
6
7
8
9
10
11
12
13
14
15
16
17
18
19
20
21

アカデミー・ジュリアン —— *31. Rue du Dragon*

★かつてアカデミー・ジュリアンが位置した現在のシェルシュ・ミディ街五五番地(右)と、ドラゴン街三一番地(左)。ジュリアンは、パリ市内のあちこちに支店を出し、また時代によって転々と移った。例えばシャンゼリゼ近くのベリー街五番地にも、女子部があったという。

岩村透『巴里の美術学生』(画報社、一九〇三年)には、パリの諸々の美術学校について、詳しい説明がなされている。そのうちジュリアンについては、まずその場所について、「僕の行つた時にはジユリアンの学校がリユー、ジユ、フオブルグ、サン、ドニと云ふ町にあつた。之はポルト、サン、ドニを這入つてまつ直に五六丁行つた右側の処で番地は確か四十八番と思つた、(略)此時には学校が三軒に別れて居つた、一がプラス、ヴアンドームの近辺でリユー、サントノレ、それからリユー、フオンタンヌと、次に我々のと外に女学生の為めに設けてあつたのが巴里中に三箇所、都合五箇所でやつて居つた。詰りアカデミー、ジユリアンと云ふのが五箇所に支店を出して生徒を教育して居つたのである」との記述が見える。

高村光太郎は、一九〇八年頃、ジュリアンの学生であった荻原守衛に連れられてここを訪れた。その様子は、「ジユリアン研究所は極く普通の建物であり、教室は二階にあつたが、なかなか広く、生徒の粘土習作がたくさん布をかぶつて仕事台の上にまだあつた」(「荻原守衛——アトリエにて5」、『新潮』一九五四年六月)といったものであった。また与謝野寛・晶子の『巴里より』(金尾文淵堂、一九一四年)には、「画室の入口の扉を押すと月謝を納める所がある。狭い、穢い、薄暗い冷たい所だ。(略)も一つ扉を抽くと階下は外の先生の出る画室で、朝の生徒が三十人程一人の男のモデルの裸を囲んで画架を立てて居る。引返して二階へ上つた。其処がロオランスの画室だ」と書かれている。獅子文六の『達磨町七番地』(白水社、一九三七年)には、画家たちが「アカデミイ・ジュリアンで探してきたモデル」を口説くことについても書かれている。

いずれも当時のジュリアンの貴重な証言であろう。

(真銅正宏)

アリアンス・フランセーズ——101. *Boulevard Raspail*

二〇世紀の初頭、パリに多くの日本人芸術家が集まった時期があったが、彼らは小さな共同体に閉じ込もる傾向があった。これは日本人の特徴なのか、また彼らの貧困と語学力不足のせいなのか。アリアンス・フランセーズは、一八八三年に設立された植民地ならびに外国に対するフランス語普及のための全国協会で、当時、パリで初歩のフランス語を学ぶにはここが便利であった。

一九三一年一一月、パリに単身やってきた林芙美子は、翌年三月からアリアンス・フランセーズの夜学に入り、彼女の『日記 第一巻』（東峰書房、一九四一年）に書かれたことを信じるならば、五月にパリを離れるまで教室へ通っている。「私のクラスは十人足らずですが呑気ですよ。一ヶ月百法の月謝で、大変安いと思ひます」（『三等旅行記』改造社、一九三三年）とある。芙美子は、この教室で、エストニア人、アメリカ人、インド人、ポーランド人といった友人を得、旅行者のままではわからない国際都市の一面を知った。一九二九年末から一九三二年にかけてパリに滞在した森三千代も、パリ大学の聴講生になる日を夢見て、ここで勉強した。「授業が終ると、動詞の変化を口のなかでくり返しながら、ボージラールの道をコッコツ踏んで、ツールノン街のダンス教場へ向ふのでした」（『をんな旅』富士出版社、一九四一年）とあるので、三千代は昼の教室に通っていたらしい。生活は貧窮を極めたが、ともにパリにいた夫の金子光晴は、三千代の衰えぬ意欲を見て、「女よりも、男の方がそんなときみじめさを極める」（『ねむれ巴里』中央公論社、一九七三年）としている。なるほど、不如意な生活を送りながら感傷に流されず、できるだけ外国生活を充実させようとする前向きな姿勢が、この二人の女性に共通している。

（宮内淳子）

★アリアンス・フランセーズの校内を写した当時の絵葉書。

岩村透

66. Rue de Seine

岩村透（一八七〇〜一九一七）は、今橋映子『異都憧憬　日本人のパリ』（一九九三年、柏書房）の現地学籍簿調査によると、「一八九一年八月十七日からの一年間」、アカデミー・ジュリアンに在籍し、絵の修業をしていたという。ちなみにセーヌ街六六番地というのは、学籍簿に載せられた住所で、セーヌ川からリュクサンブール公園へと南北に結ぶ通りにある。当時パリには黒田清輝や久米桂一郎がいたが、パリではこの二人とは、教師が違ったこともあり、顔を合わせた程度であまり親しく付き合ってはいない。黒田の一八九二年一一月五日の日記（『黒田清輝日記第一巻』一九六六年、中央公論美術出版）には、岩村が近々日本に帰ることになって初めて、当時グレーにいた黒田を訪ねたことが書かれている。一一月一〇日付の黒田の母宛の書簡によると、「おとつあんがごびようきなのでかへるのだそうです　だがまたぢきにこつちへくるとゆつてをりました」とあり、一時帰国のつもりであったらしい。この前年夏、それまでいたアメリカからパリに移った岩村には、あるいはまだ修業の途上という意識があったのかもしれない。

一九〇〇年には、万国博覧会開催中のパリを再び訪れた。この時には既に、東京美術学校の西洋美術史の講師の肩書があった。当時パリにあった黒田清輝、久米桂一郎、浅井忠、岡田三郎助、和田英作らと交流し、翌一九〇一年二月に帰国した。ただし岩村のパリ滞在は、いずれも、画家としてはやや個性的な一面があった。それは、絵を書くこととの距離感である。彼は絵を描かない美術史の教師として、学生たちの指導に当った。『巴里の美術学生』（画報社、一九〇三年）で、当時のパリの画学生を見事に描いた岩村は、しかし自らをその中に見ていたというより、美術史家のように、極めて冷静にこれらを見つめていたのである。

（真銅正宏）

★パリ万国博覧会に集まった白馬会会員たち。前列岩村透。中列左より久米桂一郎、黒田清輝、合田清。後列左より佐野昭、和田英作、岡田三郎助、小代為重（『黒田清輝日記第二巻』一九六七年、中央公論美術出版）。

ヴュー・コロンビエ座——21. *Rue du Vieux Colombier*

この劇場はジャック・コポーが、劇場の産業化と緞帳（どんちょう）役者趣味の一切を排除して演劇の改革を実践するために創設し、一九一三年一〇月に第一回公演が行われている。しかし発足から間もなく第一次大戦となり、コポー以下俳優の多くが戦役に赴かねばならなくなったが、やがて一九一七年から一九年までニューヨークで活動し、この劇場の名は世界に広められた。一九一九年にパリに戻り、翌年のシェークスピアの「冬物語」公演からこの劇場の黄金時代が始まる。

辰野隆（たつのゆたか）の「パリの芝居」（『さ・え・ら』白水社、一九三一年）によれば、当時のパリの劇界を支配するのは「学者肌」のコポー、ウーヴル座の「親分肌の」ルニュ・ポー、そしてオデオン座のジェミエである。そして辰野はコポーの演技を何度も見たが、一度としてその演技に感動したことはなかったと記している。演出者として、俳優の教師として無比の才能を示しながらも、役者としては頭と手足はあるが「胴を有せぬ理智的な飛蝗（いなご）」に過ぎないので、「ヴィユ・コロンビエは所謂芝居ではない。劇の正道を行く者が本質的に、偏せずに、ギリシア劇から現代劇迄を研究する舞台であるというのがコポーの主義でも理由でもあるらしい」と述べている。

岸田国士は「芝居と僕」（『劇作』一九三七年一〜九月）に「一九二十年から二十三年にかけての巴里は、凡そ五十年に一度といふ演劇的開花期であつた」と書いているが、この得がたい時期に岸田がこの劇場の研究生としてつぶさにコポーの指導ぶりを見届けられたことは天の配剤であった。岸田はコポーの仕事の本質の中に西洋演劇の伝統の深さを実感し、そして日本にはまだ真の意味での新しい芝居は生れていないことを確信したのである。

（竹松良明）

★現在のヴュー・コロンビエ座。柳沢健『巴里を語る』（中央公論社、一九二九年）によれば、柳沢は一九二一年の初夏に初めてこの劇場に行き、「シャルル・ヴィルドラックの処女作たる『テナシテイ号』を」見て、「最初から最後まで一糸もみだれぬ」一座の演技に感動し、「はじめて自分が求めあぐんでゐた」ものに出会ったような気がした、と記している。

オデオン座 —— *Place de l'Odéon*

一八世紀末に建てられたこのギリシア神殿風の劇場は、周囲にドリア式円柱を連ねた回廊を持ち、そこには古くから近くのフラマリオン書店が出店を出していた。立ち読みが自由とあって多くの常連が集まり、アルフォンス・ドーデやヴィリエ・ド・リラダンの名も挙げられるが、島崎藤村もポール・ロワイヤル大通りの下宿からの散歩がてらよく店頭に足を止めていた。「そこの廻廊にはフラマリオンの書店が一手で本の店を並べて居る。自分はルユキサンブウルの公園の内を通り抜けて、あの廻廊に上ることを散歩の時の楽みの一つにして居る。時には廻廊の一面と隣合つたフラマリオンの本店を訪ふこともある。ヹルアーレンの戯曲でも、グリツファンの詩集でも、ノアイユ夫人の叙情詩集でも、好きなものが並べてある。今は巴里の出版界も新刊物と言へば戦争に関した書物ばかりだ」（「春を待ちつゝ」、『戦争と巴里』新潮社、一九一五年）と、第一次大戦下のパリの冬の風景の中にそのたたずまいを描いている。

一九一三年四月にマルセイユに上陸し、以後八年間ヨーロッパ各地を放浪した石川三四郎は、島崎藤村とオデオン座でゾラの「居酒屋」を観たという。石川の『自叙伝・一自由人の旅』（理論社、一九五六年）によれば、藤村は「深く煩悶懊悩することがあったと見えて、『この床に頭をたたきつけて死にたいと思うこともしばしばです』というはげしい悲痛の言葉を吐きだすこともあった」という。「やはり藤村は詩人だな」と思った石川だが、後に『新生』を読んで合点される節が多かったという。

与謝野寛・晶子『巴里より』（金尾文淵堂、一九一四年）には、オデオン座で「パウル・アンテルム」の新作劇「日本の誉」を観た記述があり、「その芸術的価値は兎も角、目先が異つて居るの

★オデオン座回廊のフラマリオン書店（『世界知識』一九三五年九月）。松尾邦之助『青春の反逆』（春陽堂書店、一九五八年）には、関東大震災の三日後の九月四日、パリのオデオン座その他の国立劇場では幕間にフランスの芸能人が同情演説を行い、女優が客席を一巡して義捐金を集めたという。松尾はその光景を見て、「目に熱い涙がにじむのを禁じ得なかった」とある。

で大入を続けて居る。筋は忠臣蔵を大分穿き違へて、否わざわざ曲解して仕組んだものだ」という。詳しい筋も記されているが、一読して煩雑なその趣向は到底異邦人の理解の外であろうと確信される。ひたすらジャポニスムの異国情緒にのみ頼った興行かと思われるが、獅子文六（岩田豊雄）の『舶来雑貨店』（白水社、一九三七年）にも、「オデオン座の日本劇『ラ・バタイユ』が一体何だつて巴里人の人気を惹いたものか。一九二四年の初演から、今日でもなほオデオンの上演目録にはひつてゐる」とある。早川雪洲の映画で有名になった作品だが、劇の方では主人公ヨリサカ大佐が対馬沖海戦で負傷する場面、英国士官に指揮を頼むその台詞などは、大時代風が勝ちすぎてほとんど近代以前の代物であったらしい。

正宗白鳥はここでモリエールの「守銭奴」を観て、主人公アルパゴンが締めている革帯に着目した。「その帯全部に多数の鍵がぶら下つてゐる」。いかにも「金銭欲の強烈な男の面目がそこに現れてゐる」と記し、同時にその頃の日本の家庭一般がまだ鍵と無縁の生活を送っている事実を伝えてもいる。歌舞伎の見巧者でもあった白鳥だが、言葉の分らない本場の西洋劇を見て、子供のように鍵束に気をとられている素朴なその表情が彷彿とされよう。

柳沢健は一九二〇年に渡仏、パリの土を踏んで初めて観た芝居がオデオン座の「アルルの女」であった。『回想の巴里』（酣燈社、一九四七年）によれば、切符を買うのに大勢の列に着くのが無難と心得たが代金が馬鹿に安い。入場すると息が切れるほど階段を昇らされ、「場所から言へば最高、値段から言へば最低、――所謂ギャルリーといふ所」に押し上げられた。あたりは鮨詰めで爪立ちしても及ばない。諦めて夕刊を敷いて腰を下ろした。やがて日本で何度も聴いたお馴染みの開幕楽が鳴り響くと、それをこのパリで、しかもオデオン座で聴いている自分の現在に感動し、「三時間近くも自分は、この人込みのなかで、新聞紙の上で、正に最上の酒にでも酔つた気持で過したものである」と記している。

（竹松良明）

★一九二〇年代のオデオン座（竹内勝太郎『西欧芸術風物記』芸艸堂、一九三五年）。『西欧芸術風物記』には、「私は今日オデオンの平場に腰を据えて始めて仏蘭西演劇の正しい流れがここに伝へられつつあることを知つた。茲の舞台監督ゼミエの大才は前から聞かぬではなかつた。然しその舞台に接して見てその偽りでないことが証明されたのだ」と記されている。

カフェ・ヴォルテール—— 1. Place de l'Odéon

カフェ・ヴォルテールは古くから多くの文人に愛されてきた。混乱しやすいのは、七区のセーヌ河添いにヴォルテール河岸があり、その一九番地にはシャルル・ボードレールやオスカー・ワイルドも泊ったというオテル・ド・ケ・ヴォルテールがあり、さらにヴォルテールが没した二七番地のヴィレット侯爵邸跡に、今はカフェ・ヴォルテールという新しいカフェができている点である。つまりヴォルテールという名はたいてい七区に見られるということだ。ではなぜ六区のオデオン座に面したこのカフェに、カフェ・ヴォルテールという名がついたのかというと、現在カシミール・デラヴィンニュ通りと呼ばれているこの通りが、一七七九年から一八六四年まではヴォルテール通りという名で呼ばれていたためである。

カフェ・ヴォルテールには第二帝政期のはじめから、ユージーン・ドラクロワやアルフレッド・ド・ミュッセが集い、一八六〇年からはレオン・ガンベッタの贔屓となった。その後、ポール=マリ・ヴェルレーヌ、ステファーヌ・マラルメ、ポール・ゴーギャン、オーギュスト・ロダンが頻繁に訪れ、さらにヴァレリー・ラルボーやポール・ヴァレリーらの社交場となった。

一九二〇、三〇年代、このカフェの贔屓は主にオデオン座の役者たちだった。柳沢健は芝居がはねたあとの役者たちをしょっちゅうこのカフェで見かけている。松尾邦之助がオデオン座の女優ラシェル・ベラントとここで食事をし、テラスでカフェを飲んでいると、藤田嗣治が別の女優を連れてオデオン広場を歩いているのが見えた。松尾が『我が母』の著者チェン・チェンと武林文子を会わせたのもこのカフェであった。こうした賑わいを見せながら、カフェ・ヴォルテールは一九五六年まで営業を続けた。

（和田桂子）

★ヴェルレーヌの頃のカフェ・ヴォルテール。正確にはカフェ・レストラン・ヴォルテール(Laure Murat, *Paris des écrivains*, Éditions du Chêne, 1996)。

カルメ——70. Rue de Vaugirard

一九二九年にパリを訪れた正宗白鳥は、オデオン座の回廊の書店で手に入れたあるアメリカ人のパリ見物記を読んだことから、ヴォージラール街七〇番地にあるカルメという修道院に特別な興味を覚えた。小説「髑髏と酒場」（『改造』一九三一年八月）の前半部、つまり髑髏にまつわる話として描かれているこの修道院は、大革命運動の絶頂期である一七九二年九月二日の惨劇以来、あたかも時間が止まったように「少しの変化もなく、そのまゝの存在を続けてゐる」と書かれている。その日、日曜の午後の静かな中庭で、僧院長以下一六〇人の僧侶が何の抵抗も示さぬままに革命の犠牲となったのである。白鳥を案内した僧侶は目も霞んだ総入れ歯の老人で、「その説明の言葉は、殆んど聞き取れなかつたが、説明書と空想とによつて、私は異国の昔の恐怖時代を心に描いた」とある。

　扉を破って突入した一二人の兇漢のうちの頭目は、部下を俄か裁判長に仕立てて革命裁判を断行した。「お前は信仰を棄てゝ俺達の主義に服従する誓ひを立てたか。」「否。」「これから誓ふか。」「否。」「死刑。」という具合で荒仕事は恐ろしい速さで進捗した。一人として助命を嘆願するものはなかったという。案内されて地下の墓所に入ると、金網の中に整然と髑髏が行儀よく並んでいた。「よく見ると、それ等の髑髏には、斧の痕、ナイフの痕、剣の痕、あるひは弾丸の痕が残つてゐるのだ」とある。死刑を宣告された僧侶たちは、「兇漢群の揮りまはした自由平等博愛の標語に冷嘲を与へた」と説明書にあったが、「近代道徳の精髄のやうに煌いてゐる三つの言葉も、夢の深い中世紀の人の心構へから見たら、さかしら立ての薄つぺらな言葉に見えるのであらう」と、白鳥らしい意味深長な感慨を催している。

（竹松良明）

★一九〇七年当時のカルメ修道院（Jacques Hillairet, *Dictionnaire historique des rues de Paris*, Les Éditions de Minuit, 1997）。

木下杢太郎 —— 3. bis Place Saint-Sulpice

隅田川をセーヌに、川沿いの店をカフェに見立てて、若い芸術家が集ったパンの会は一九〇八年に出来た。中心で動いていた木下杢太郎（一八八五〜一九四五）はこのとき二三歳で、パリ憧憬のもっとも強い時期であった。杢太郎が実際にパリの地を踏んだのは一九二一年一〇月、三六歳のときで、日本には妻子がいた。医学研究のための自費留学であり、もはや若い日の憧憬を満たすような行動をするゆとりは、彼になかった。「芝居へも行かず、古典も読まず——そしてくだらぬ仕事で忙殺される。これが我輩の巴里の生活だ」と、一九二三年七月四日の日記に書いているが、このとき彼はフランス語で学術論文を書いていたのである。彼の専門は皮膚科で、ヨーロッパ留学期をはさんだ一九一八年から一〇年間ほどの間に、真菌性疾患の研究で目覚ましい成果をあげた。留学中は皮膚科で有名なサン・ルイ病院で臨床にあたり、パリ大学で講義を聞き、リヨンでは研究に明け暮れた。そして皮膚糸状菌の植物学的性格に基づく分類を発表（一九二三年、M. Langeron と共著）して、高く評価されたのである。

「わたくしの選んだ学問は絆んだ絹糸のやうにややこしいもので、それに筋道をつけるだけでもたやすく人の一生が過ぐべきものである。独逸にも仏蘭西にも、その正当な系統学がまだ出来てゐなかつた。夜、旅舎に帰り、そしてわたしは長嘆した。神は何と思つて、わたくしにこんなに、同時にいろいろなものを愛する心を賦与してくれたことかと」（「大寺の前の広場」、『サンデー毎日』一九二二年六月一一日・一八日）とある通り、医学研究に精力を注ぎつつ、名画を見て歩き、グランド・ショーミエールでデッサンをし、劇場へ行き、ブルターニュに旅し、日本の切支丹研究のためギメ美術館へ行き、さらにスペイン、ポルトガルにも赴いた。驚くべき刻苦奮励ぶ

★現在のサン・ルイ病院の中庭。

★木下杢太郎「巴里の点心舗」（『スヰート』一九二九年四月）によると、凱旋門近くのマルソー通りにあったポテレ・シャボオという店の一階でよく菓子や軽食を食べたという。また、レカミエ・ホテルそばの店やパレ・ロワイヤル広場のシプストという店でも、菓子やサンドイッチなどを好んで注文した。パリで繁盛していた菓子屋はリヴォリ通りの「リュンペルマイエ」で、そこのモンブランが好きだったと言う。ほかにも、ミルフィーユやマロン・グラッセなど好んだ菓子があげられていて、甘いものの好きな杢太郎がパリの菓子を楽しんでいたことがわかる。

りで留学中でなければできないことと取り組み、多忙な日々を送っていた。

だからこそ、杢太郎は静かな時間の流れるパリ風景を大切にしていた。パリでの宿は、サン・シュルピス教会そばのレカミエ・ホテル滞在がもっとも長く、一九二二年一月二三日から一年余りを過した。それまでいたモンパルナス付近の部屋に比べると「この宿の方が静かで居心地が好い。そして甚だ詩的である」(「大寺の前の広場」)と言い、また、「ここの街区ほど物静かな(そして古風を保つてゐる)処は見つかりません。夜は勿論、昼とても物の音一つせず、時としては余りと思ふほどの寂しさです」(「巴里の宿から」、『明星』一九二二年九月一日)とある。「サン・シュルピスの広場から」(『サンデー毎日』一九二二年六月二五日)では、サン・シュルピス教会に捨子があり、心配そうに見守る人々と、それを警官が保護するまでを、淡々と「まだ写真術と云ふものが発見せられぬ時代の巴里案内の本の中に出ても来さうな物静かな光景」として描いている。

このホテルを中心とした散歩を杢太郎は愛した。「リュウ・ド・セイヌ」(『大阪毎日新聞』一九二四年七月一〇〜一二日)は、サン・シュルピスからマラケー河岸までの、小さな路とそこに軒を連ねる古本屋などを描いたエッセイである。ジャコブ街とセーヌ街が交差するあたりに入ると「如何にも古風な静な街になる。春の日が朗かに、古く汚れた白壁に当つて、その黄い反射が空の緑に対照するのを見ると、まるで十八世紀の銅版画の裡の風情である。ああ、巴里には江戸がある。是故に自分はこの都を愛する」とある。

華やかなパリを堪能するには、あと一〇年早く来るべきだった、自分の青春はもはや過ぎてしまったと、繰り返し述懐していた杢太郎であるが、これら、観光地から外れた裏道の物静かで寂しいパリの風景を味わうには、齢を重ねた、このときの杢太郎でなければならなかったと言えるだろう。

(宮内淳子)

★現在のレカミエ・ホテル入口。

グランド・ショーミエール —— 14. *Rue de la Grande Chaumière*

画家になるためには国立美術学校へ進むのが常道と考えられていた時代に、そこへ入る勉強のため、また一八九八年まで国立美術学校への入学が認められなかった女性が絵を学ぶため、アカデミーと呼ばれる私立の画塾が生れた。そのひとつがグランド・ショーミエールで、一九〇六年の創立である。他にもモンパルナスにはアカデミーが多く、同じグランド・ショーミエール街の一〇番地にあるアカデミー・コラロッシは一八七〇年からここにあった。

グランド・ショーミエールは、一時代を作ったエコール・ド・パリの画家たちの多くが通っていたことで知られる。日本人も学んでいる。彼らは独学が多かったので、コース別で、ずっと通って専門家の指導を受けることもできるし、短時間のクロッキーだけでもよいというアカデミーは都合がよかった。美学者の児島喜久雄と医学者であり文学者でもあった木下杢太郎が連れだって、ここの回数券を買ってデッサンに通ったこともあった（児島喜久雄「太田正雄君と私」、『科学思潮』一九三二年一月）。詩人の竹中郁が小磯良平とグランド・ショーミエールへ行き、「研究所といっても、狭い入口を入って回数券を買って奥へ入ると粗末な階段教室のしつらえで、西日が差込んでいた。十坪かそこらの広さしかなかった」（『小磯良平素描集』ウメダアート、一九七九年）という所で、二人並んでクロッキーをしたのは一九二八年のことだった。石井柏亭、三宅克己、有島生馬、蕗谷虹児らも、このアカデミーの思い出を語っている。

「モデル市」といって、美術家がモデルを求めて契約するための場が各地にあったが、中村恒夫『巴里画壇の全貌』（崇文堂出版部、一九三四年）が書かれた時代には、グランド・ショーミエール入口で週一回開かれていたという。

（宮内淳子）

★グランド・ショーミエールの教室（『世界知識』一九三三年一〇月）。

コンセール・ルージュ —— *6. Rue de Tournon*

コンセール・ルージュと呼ばれる音楽堂は、もともとカフェ・ルージュという名でサン・ミッシェル大通り六九番地にあった。しかしこの敷地でソー駅（リュクサンブール駅）の建設が一八九四年より始まったため、カフェ・ルージュは移転を余儀なくされる。二〇世紀のはじめには、トゥールノン街六番地にあり、この頃にはコンセール・ルージュと呼ばれていたようである。その後、一九二六年にオデッサ街三番地に再び移転した。

　永井荷風は「書かでもの記」（『花月』一九一八年一〇月）に、コンセール・ルージュ（小紅亭）に行った時のことをこう書いている。「木戸銭安く中売の婆酒珈琲なぞ売るさまモンマルトルの卑しき寄席に異らねど演芸は極めて高尚に極めて新しき管弦楽又はオペラの断片にて毎夜コンセルヴァトアルの若き楽師来つて演奏す。折々定連の客に投票を請ひ新しき演題を定め或は作曲と演奏との批評を求むるなぞこの小紅亭の高尚最新の音楽普及に力をつくす事一方ならぬを察すべし。おのれドビユツシイ一派の新しき作曲大方漏らすことなく聴き得たるはこの小紅亭なり」。荷風が上田敏をはじめて見たのもここであった。

　有島生馬もここで開催された演奏会に行っている。「大オルガンの地響のやうな声、ヴアイオリンの物狂はしい叫は煙の立上るやうに入乱れて室の内に厳かな耳の世界を作つてゐた。聴衆は水のやうに静まつて耳を傾けた。深い歎息を漏し、啜泣きをする人もあつた。その中で自分の心はいつか公衆の感覚から離れ、ひとり勝手にオルタンスの上をさまよつた。はつと驚いては又音楽に帰つた」（『死ぬほど』春陽堂、一九二〇年）と彼は書いている。気安く入れ、ビールなど飲みながらクラシック音楽を堪能できる稀有な場所であったようだ。

（和田桂子）

★現在のトゥールノン街六番地。河盛好蔵（『巴里好日』文化出版局、一九七九年）の調査によると、コンセール・ルージュは「正面の向って左側にある厩舎を改造したもの」だったようだ。「三つの拱門を持ったこの建物は現在ではギャレージになっている。入口を入ると右側に演奏台があって、トゥーシュ四重奏団はそこで毎晩音楽を聴かせた。木曜日には三時から四時半までマチネがあった。三十人ばかりの聴衆の坐れる席があり、五十サンチームの入場料を払うと、古典音楽を三曲聴くことができた。時間は約一時間半。それを一杯三十サンチームのビールを飲みながら聴」いたという。

西園寺公望——23. *Rue Racine*

西園寺公望（一八四九～一九四〇）が官費によるフランス留学を許され、パリを初めて訪れたのは一八七一年である。その後すぐにマルセイユへ行き、結局そこに半年以上滞在することになる。一八七二年にパリに戻ったときには、すっかりマルセイユなまりのフランス語をしゃべっていたという。やがて一八七五年、パリ大学法学部に第一回目の受講登録を行い、一八七八年には第二学年修了資格を取得する。この間ラシーヌ街二三番地に下宿していた。その頃のことを西園寺はこんな風に述懐している。「マルセーユから帰つて、その上で正式にソルボンヌ大学に入つて専ら法律を学んだ。経済のことも幾らかあつた。学校の試験も正式に受け、そして卒業した。大学の課目の一つとして水彩画があつて、いや〱ながらではあつたが、それまでやつているのです。中江だの、今村（和郎）などは、留学でも正式に入学したのではない、入ろうとしても実は入れなかつた。勉強よりも高談放論の方だつた」（小泉策太郎筆記、木村毅編『西園寺公望自伝』大日本雄弁会講談社、一九四九年）。

その間に、官費を辞退して自費留学としたようだ。「家から取寄せたり、公使館へ傭われて月給をもらつたりして、不自由はしなかつたが、固より豊かではないから、人の想う程の贅沢は出来なかつた。女を宿にひきつけていたという噂があるつて。……いやそれは試験前などで、わざ〱女のところまで出かけてゆく時間が惜しかつたからで、贅沢のあまりではない」（『西園寺公望自伝』）などといった話も残っている。

ジュディット・ゴーティエと知り合うのもおそらくこの頃であり、彼女の頼みで『蜻蛉集』や『微笑を売る女』の執筆に手を貸すようになるのはその数年後である。

（和田桂子）

★一八七六年パリ留学時代の西園寺公望（安藤徳器『陶庵公影譜』審美書院、一九三七年）。

サン・ジェルマン・デ・プレ教会—— *Place Saint-Germain-des-Prés*

この教会について、藤田嗣治の『巴里の横顔』（実業之日本社、一九二九年）には次のように紹介されている。「アナトール・フランスの物語りによく見える寺院である。パリの中でも一番古く、古風な趣に富んでゐる。サン・ジェルマンの大通りにあつて、西紀五四三年の建造にかゝり、当時、最も勢力のあつたベネデイクテイン派に属してゐたゝめに、メロヴアンジアン諸王の墓所となつた」という簡単な記述であるが、パリ最古の教会として有名なこの建物に特別な感慨を寄せている気配は感じられない。至るところに由緒ありげな教会が散見されるパリにあっては、つい保護色に隠れがちなそのたたずまいの何気ない自然さを称えるべきであろうか。

この教会はフランク王国メロヴィング朝の始祖で、五〇八年にパリを首都に定めたクロヴィスの子であるシルデベールが建てたパリ最古の修道院を前身としている。スペイン遠征の壮図を遂げたシルデベールは、帰国後に十字架などの聖品を安置するために、当時は一面の草原であったこの地に「野原のサン・ジェルマン」の意をもったサン・ジェルマン・デ・プレ修道院を造り、自らパリ司教聖ジェルマンとなったのである。それが五五〇年頃のこととされている。

その後この教会は、ベネディクト会系の修道院を一手に統括するほどの権威を誇ったが、北方から侵入したヴァイキングに悩まされ、必要上堅固な城壁を廻らし、壕を掘ってつり橋をかけ、まさに城砦としての威容を整えていた。周辺の僧院の建物は大革命で焼かれ、残った鐘楼と教会堂だけが一二世紀のロマン様式の姿を現在に伝えている。またこの僧院がプロテスタントに対抗するために、初代神父たちのラテン語の文書を整理、校合したことで、後の古文書学や書誌学の基礎が固められたこともよく知られている。

（竹松良明）

★戦前のサン・ジェルマン・デ・プレ広場（矢本正二『巴里通信』築地書店、一九四三年）。左側に見えるカフェはドゥ・マゴであり、同書のキャプションには「左角のカフエーに最近毎日ピカソがきてゐた」とある。

サン・シュルピス教会——*Place Saint-Sulpice*

もとは一二世紀にサン・ジェルマン・デ・プレ修道院が、ここに住む農民のために建てた小さな教区教会だったが、今ではパリでも最大級の教会となっている。一六四六年に始められた大修理が、一〇〇年以上の年月を費やして今の形を作り出したのだ。この教会で有名なのはユージーン・ドラクロワによって描かれた壁画と、パイプ数六五八八という壮麗なパイプオルガンである。建物自体は、必ずしもパリっ子たちに愛されていたわけではなかった。レオン・ドーデは『巴里左岸』（堀田周一訳、牧野書店、一九四一年）の中で、教会の外観についてこんな風に書いている。「実際の話、この塔が美しいとは云ひ兼ねる。それに、神学校がまた美しくない。そこへもつて来て区役所がある。しかし、フェルウ街の古い鄙びた風景に何とも云へぬ味があり、それが中央の池と相俟つて、それで全体としては我慢が出来るのである」。

木下杢太郎は一九二二年にこの教会近くのホテル・レカミエに宿泊し、教会の鐘の音を聞きながら暮した。また教会のミサにも参列している。「わたくしは三十分間群衆に交つてメスを聴いた。人人が立つて頭を下げる故わたくしもさうした。そしてそれが祈祷の時であるだらうと想像した。わたくし自身は一体何を祈念しようかと考へたが、『わたくしに静かな生活を与へて下さいまし』といふよりほかはなかつた」と彼は『其国其俗記』（岩波書店、一九三九年）に書いている。一九二五年一二月二四日の真夜中から二五日の暁にかけては、深尾須磨子もミサに参列した。石黒敬七（『巴里雀』雄風館書房、一九三六年）によれば、サン・シュルピス教会前には広場があり、毎年五月にそこでサン・ジェルマンの市が開かれたらしい。骨董や見世物あり、素人古代劇ありで、なかなかの人気であったという。

（和田桂子）

★ドラクロワによる壁画「天使と争うヤコブ」の一部を木下杢太郎が模写したもの。この壁画について杢太郎は、「此に在るのはさう驚くべき出来ではなかつた」と書いている（『其国其俗記』）。

武林無想庵

28. Rue de Lille

武林無想庵（一八八〇～一九六二）のパリでの住居はどこかと聞かれると、どこを挙げていいのか迷う。ホテルを除き、はっきり番地までわかっている住所だけでも、プラス・デ・テルヌ（Place des Ternes）五番地、ポール・ソーニエール街（Rue Paul Saunière）一番地、ローリストン街（Rue Lauriston）九七番地、デュバン街（Rue Duban）二二番地、モンマルトル街（Rue Montmartre）二四番地など数多い。ここで取り上げるのはリール街二八番地であるが、これは無想庵の書き物の題名になっている（「リユ・ド・リイル二八番地まで」、『改造』一九二六年一月）。

無想庵がリール街に住むようになったのは一九二五年九月一日のことである。妻文子、娘イヴォンヌは、ダヴィウー街（Rue Davioud）の貸家に、文子の愛人川村と一緒に住んでいた。無想庵は原稿を書くための静かな環境を求めて、郊外のセーヌ県シャトネー（Chatenay）に一人で暮していたのだが、パリに出てくる用事にかこつけてはダヴィウー街を訪れて文子を困らせた。とうとうパリ市内に住む所を見つけるように文子に言われて、ここになったというわけだ。

「愛する妻子は他人に奪はれ、その日その日の生活費は妻から恵まれてゐるといふ、屈辱の極にある身の上ではないか？　人間の皮を着たら、一刻だつてこのまゝでは生きてゐられぬ筈ではないか？　自殺するなり、姦夫姦婦をぶち殺すなりして、ヘロイックの行動に出なければどうしても爰はすまされぬところではないか？　それだのに、なぜかう意久地なくグヅグヅのだらしない生活をつゞけてゐるのか？　自分でさへ全く自分の気がしれぬ」と「リユ・ド・リイル二八番地まで」には書かれている。「続コキユーの嘆き」という副題がついており、Cocu すなわち妻を寝取られた男の情けなさをあえて筆にしたものだった。

（和田桂子）

★ウージェーヌ・シュー著、武林無想庵訳『巴里の秘密』の内扉に掲げられた無想庵の顔写真。この本は『世界大衆文学全集』の第一二巻として一九二九年に改造社から出た。無想庵が翻訳に着手したのは一九二八年。この頃には親子三人で暮せるようになっていた。

蕗谷虹児 —— *93. Rue de Vaugirard*

蕗谷虹児（一八九八〜一九七九）が挿絵画家として活躍を始めたのは一九二〇年頃からで、『少女画報』『令女界』などで人気を博した。苦難の多い少年時代を送ってきた虹児に挿絵画家としての道を開いてくれたのは竹久夢二であったが、夢二にアール・ヌーヴォーの影響が濃かったように、虹二もまた、細い体に眼の大きな女性をその様式で描いた。パリへ行ってからは次第にアール・デコの様式に傾き、虹児の独自性を深めていったが、夢見るような、生活感が希薄な美女である点に変りはない。これらは抒情画と呼ばれて、少女たちにもてはやされた。しかし、虹児は挿絵の仕事で終りたくない、画家になりたいという野心を持っていた。パリへ赴いたのは、そのためである。一九二五年九月二一日に妻のりんを伴って神戸を出港し、一〇月三〇日からパリ生活が始まる。虹児は日本画家の尾竹竹坡に学んだ時期があり、そのときの兄弟子であった戸田海笛がパリにいたので、彼を頼った。その紹介でシテ・ファルギエール（14. Cité Falguière）にアトリエを借りた時期もあった。その後、ヴォージラール街九三番地のアパートに引っ越したのは、一九二六年九月に、日本に置いてきた幼い長男が病死したという悲しい知らせがあり、気持ちを切り替える必要があったためという。

パリでの生活は、「巴里画信」（『令女界』一九二七年五月）によると、「午前中は、生活と研究費のために挿絵を描き、午後夕方までは、出品画製作、でなければ博物館通い。そして夜は、研究所」という日課だった。生活のため、『令女界』『少女倶楽部』『少女画報』などの挿絵を描き続けていた。絵には、たとえば、マロニエの花咲く下に立つ女学生に「彼女たちは、囀ることと、飛び廻ることに、疲れを知らない小鳥です」、またリュクサンブール公園を散歩する細身のコート

★『令女界』一九二七年七月号に寄せた「パリのアトリエから」と題された五枚の絵のうち「パリのモデル」を描いたもの。

の女性には「巴里娘は小柄で、清流を遡る小鮎の様に美しい」（『令女界』一九二六年八月）といった虹児の文章や詩が添えられており、読者はますますパリへの憧れを掻き立てられた。他にも、「巴里流行通信」と題されたファッション中心の絵や、パリ名所の風景画もよく掲載された。

少女雑誌でパリ・イメージがもてはやされたのは、『令女界』一九二七年七月号が「フランス特集」であることにも現れている。しかし、虹児は日本に送る挿絵の仕事に時間を取られるのに苦しんでいたし、また「これは面白いと描き度くなる巴里の面白味は大抵日本へ行けば発売禁止の材料だつたし、巴里の娘は、甚だ健康で、お星さまなんか眺めない――旧虹児式（?・）のセンチメンタルな容子など嘘にも見せてくれない」（「私の巴里四年」、『アトリヱ』一九二九年一二月）という悩みがあった。日本の読者が求めるパリ・イメージと実際のパリの女性との間には違いがあったのに、新しい試みをすれば、日本の編集者から「読者のために以前のような描法で描け」と叱られた。この葛藤の中で虹児は腕を上げたが、本意は油絵にあり、早くパリで画家として認められたかった。

一九二六年、春の公募展サロン・ナショナルに初入選し、秋の公募展サロン・ドートンヌに「混血児とその父母」が初入選。翌年にも続けて入選を果した。日本画の味わいを残した虹児の画風が、かえって新鮮に思われたのではないか。パリの絵入り雑誌『ファンタジオ』や少年雑誌『ラ・ジュネス・ヌーヴェル』からの挿絵の依頼も来た。一九二九年五月にはシャンゼリゼの画廊ジヴィで初の個展を開き、画家としての将来が開けたかに見えた。ちょうどそこへ金融恐慌の影響で日本に残してきた弟たちの生活が破綻しそうだという連絡を受け、虹児は妻子を残して急ぎ帰国せねばならなかった。思った以上に実家の借金がかさんでいたため、虹児はそのままパリに戻れず、挿絵の仕事を続けることになった。皮肉な結果であるが、そのために、日本の読者は、戦後に至るまで虹児の挿絵を楽しむことができたのである。

（宮内淳子）

★「一九二八年八月五日　巴里産科院より帰宅の日」「ポジラールの画室にて」という書き込みのある写真。パリで次男が産まれたときの写真で、右上より柳亮、戸田海笛、りん、右下より関沢秀隆、向井潤吉、中村常雄、虹児、横手貞美。生まれた男児は藤田嗣治により青瓊（セイヌ）と名付けられた。虹児の部屋は、単身でパリに来ている男性たちの安らぎの場所だった。

ドゥ・マゴ —— 170. *Boulevard Saint-Germain*

二つの木彫りの支那人形で有名なこのカフェの歴史は古く、一八一三年に六区のビュシ通り(Rue de Buci)に、大好評の劇「中国の二匹の猿」(一説には「中国の二つの人形」)の題名を付けた小間物店が開店したのがルーツである。マゴ(magot)はヘブライ語で「野蛮な」を意味するという。六十年後にサン・ジェルマン・デ・プレ広場の角の現在地に移転し、やがてカフェに変るが、一九二九年に「藁くじ」(courte paille)という文芸雑誌が発行所をこの店にして創刊されてから、ピエール・ボスト、アンドレ・シャンソン、アンドレ・サルモンなどが集まる場となった。一九三三年にドゥ・マゴ文学賞が創設され、第一回受賞はレイモン・ケノーの「はまむぎ」、以後賞金はこのカフェの主人のブーレーが負担し続けた。第二次大戦後はジャン＝ポール・サルトルらの実存主義者が揃って全身黒づくめで議論する場となり、もちろんシモーヌ・ド・ボーヴォワールの姿も見られた。

一九三七年に報知新聞社特派員として二度目のパリ滞在を始めた小松清は、その後日仏文化交流誌『FRANCE-JAPON』の編集に多忙であったが、当時の記録『沈黙の戦士』(改造社、一九四〇年)に、「クララ・マルロオから、電話がかかつてくる。(略)カフエ・ド・ドゥマゴで会ふことにする。クララとアンドレのいさかひは、まつたく悲惨ではあるが、何とも手のつけやうのないほど絶望的なものと思ふ」とある。アンドレ・マルローと小松の交友は長いが、その私生活にまで深く関与する親密ぶりがよく示されていよう。クララと話していると、超現実派の残党らしき取巻き十数人を従えたアンドレ・ブルトンが肥満体に軍服姿で入ってきた。店内のジャーナリストたちはそれに「冷い視線をちよいとなげるだけ」であった。

(竹松良明)

★『世界地理風俗大系 第十二巻』(新光社、一九二九年)所収のドゥ・マゴの外景。元来この場所は文学と縁が深く、ドゥ・マゴがこの角に移る以前はここはタランヌ街であったが、この角の建物の四階には百科全書派のドニ・ディドロが住んでいた。広場の反対側にあるディドロの像は、元はドゥ・マゴの近くにあったという。

24. *Rue de Sèvres*

ボン・マルシェ

一八五二年にルイ＝ナポレオンは、ナポレオン三世として帝位についた。第二帝政の発足である。呉服店を営んでいたブシコーは、同じ年にボン・マルシェを創業した。パリで最初のデパートの誕生である。オスマン男爵の都市改造計画によって近代都市に生れ変り、人口も飛躍的に拡大する、第二帝政下のパリでは、ルーヴルやプランタンなどのデパートが、続々と開業していった。最新モードを提供し、豊富な品揃えを誇るデパートは、消費の楽しみをパリ市民に与えたのである。

滞仏八年目の一九二〇年、藤田嗣治は秋のサロンに、キキをモデルにした初めての裸体画を出品する。絵は評判になり、展覧会の初日に八〇〇〇フランで売れた。『地を泳ぐ』（書物展望社、一九四二年）によれば、初めて大金を得た藤田は、貧しいキキが二フラン貸してほしいとやって来たとき、目を閉じさせて、三〇〇フラン握らせる。驚いたキキは、ゲーテ街の安い店に走り、下着から上着まで、八〇フランで新調した。藤田はさらに、彼女をボン・マルシェに連れていく。好きな帽子を選ばせたのだが、一時間半後にようやくキキが決めたのは、わずか二・五フランの藁帽子だったという。

パリを訪れた日本人女性も、デパートで目を輝かせている。日本のデパートは広告が下手だと指摘したのは、林芙美子『三等旅行記』（改造社、一九三三年）。新聞に出るコピーといえば、蔵払いばかりである。パリではデパートごとに、玩具の月だったり、子供服の月だったりした。入口に置かれた無料月刊雑誌で、林はモードを確認し、その月に売り出す品物を調べている。ボン・マルシェで過した時間は、楽しいパリの記憶となった。

（和田博文）

★図版は、ボン・マルシェの絵葉書で、婦人服の展示室。和田垣謙三は『西遊スケッチ』（至誠堂書店・至誠堂小売部、一九一五年）に収録した「Bon Marché」で、「如何なる註文にも応ずると云ふので、曾て或る人戯れに一頭の象を註文した。今日の何時までに届けると云つて向ふを凹ませやうと云ふ考であつた。所が約束の時刻になると子供達の喚き叫ぶ声が耳を聾せんばかり。何事ならんと窓を開けて見ると、こはしたり大きな象がノソリ〳〵ト我家を指して引かれて来た」と書いている。

正宗白鳥

6. Rue Blaise Desgoffe

白鳥（一八七九〜一九六二）は、一九二八年一一月に、夫人とともに日本を発ち、長期の外遊に出た。このとき四九歳。念願の西洋の旅を、元気なうちにしておきたいという思いに駆られてのことであった。まずアメリカに滞在し、一九二九年三月に大西洋を渡ってフランスに着いた。着いて早々、パリの人間の吝嗇さ、チップの煩雑さ、白人優位の態度などに幻滅を味わっているが、これは別にパリだけが特別だったのではなく、白鳥独自の距離感で現実を見た結果であり、むしろ念願の外遊中でも舞い上がらず、従来の軸がブレていないことに驚くのである。幻滅したと言いつつ、フランス語の個人教授を受け、美術館や劇場に通い、街をよく見て歩くという積極性を見せる。リュクサンブール公園では、ヴェルレーヌやショパンの像以上に、ここに集まる老人や貧しげな主婦の様子に心ひかれる。すべて、これまで通りの態度である。

長く泊っていたのはモンパルナス停車場近くの裏町、ヴォージラール通りとレンヌ街にはさまれた小さな通りにあるヴィクトリア・パラスというホテルであった。ホテルを出てヴォージラール通りを辿ってゆけば一〇分足らずでリュクサンブール公園に出る。同じ通りには、カルメがある。パリ滞在時に取材した白鳥の文章でもっとも知られているのが、ここでフランス革命時に一六〇名の僧侶が虐殺された当時のさまを幻視する「髑髏と酒場」（『改造』一九三一年八月）である。また、この寺院近くの酒場カヴォ・デ・ズブリエットのことも書いている。ここは昔、天然の洞窟を利用した牢獄であった。白鳥はここで歌を聞き、壁に記された囚人たちの落書きを読んだ。そして、異国にいて郷愁を感じない自分でも、死を前にしたら、刑場に引かれてゆく囚人のようにこの世に郷愁を感ずるであろうか、という思いにとらわれている。**（宮内淳子）**

★現在のヴィクトリア・パラス・ホテルの入口。

柳　亮 —— *6. Rue Sainte-Beuve*

日本美術学校を卒業して三年経った一九二四年に、柳亮（一九〇三〜七八）はフランスに渡った。ルーヴル美術館付属研究所のジャモー教室で、彼は西洋絵画史を学ぶことになる。ただし柳の『巴里すうぶにいる』（昭森社、一九三六年）には、それは表向きの口実で、何の目的で行ったかは、自分でもよく分らないと書かれている。帰国するまでの七年間の生活は、観光客が闊歩する大通りのパリではなく、裏町のパリを彼に親しませた。「私はそこで一つの『故郷』を識った」という感慨を抱くほど、パリは懐かしい場所になったのである。

黄金の二〇年代のパリでは、日本人を含む多くの外国人画家が、モンパルナスを中心に暮していた。柳のアパートも、モンパルナス大通りから少し北に入った場所にある。『巴里すうぶにいる』の装幀は海老原喜之助。口絵は藤田嗣治と有島生馬。全一三節の挿絵は、高畠達四郎、林武、向井潤吉ら一三人の画家。この贅沢な本作りは、柳の交友関係の広さの反映であると同時に、二〇年代のパリの日本人画家群像の反映でもある。

柳が交流したのは、もちろん日本人だけではなかった。エコール・ド・パリの代表的な画家ジュール・パスキンは、特に親しい一人である。革命祭（七月一四日）の日の、パスキン家での乱痴気騒ぎが、本には描かれている。大勢の客の前で、パスキンが突然言い出す。今から柳が、「東洋の魔術」を見せると。柳もぐでんぐでんに酔っていた。最上階のアトリエから、クリシー大通りの群衆に向かって、「止まれ」と叫ぶと、本当に人の流れが止まる。実は財布の中身をすべてばらまいたのである。乱痴気騒ぎは一層盛り上がるが、パスキンと柳は交通妨害のカドで、警察に引っ張られ、さらに罰金を払わされた。

（和田博文）

★図版（右）は、現在のサント・ブーヴ街六番地。図版（左）は、『巴里すうぶにいる』（昭森社、一九三六年）に収録された、藤田嗣治が描いた柳亮。

リュクサンブール公園 —— *60. Boulevard Saint-Michel*

リュクサンブール公園について書かれた文章はとにかく多い。パリを訪れた日本人が必ずといってよいほど憩うのがこの公園である。藤田嗣治はその理由について、「カリテイエ・ラタンの学生町にあつて、前にはパンテオンの寺院があり、少し離れて、ソルボンヌ大学を控えてゐる」「そのために、外国の留学生などが、真先におめにかかるのがこの公園である」と説明している（『巴里の横顔』実業之日本社、一九二九年）。

もちろん、外国人ばかりではない。小牧近江は、パリの大学生たちがこの公園を、「リュコ」と呼んで親しんでいたと書いている（『異国の戦争』日本評論社、一九三〇年）。

この公園は、「こちらの垣の下に芝生の斜面があれば向ふにも薔薇が植てあり、こちらに石階があれば向ふにも獅子の石像があり、こちらに木製の大きな植木鉢が置いてあれば向ふにも円い花園があるやうな、巴里に於ける唯一のルネッサンス式公園と言はれる、大きな様式を重んじた園内の設計と意匠」（島崎藤村『戦争と巴里』新潮社、一九一五年）を誇っている。パリ名物のマロニエの木も多い。藤村もよく散歩に訪れた。『仏蘭西だより』（新潮社、一九二二年）には、「私は日頃よく歩きに行くルユキサンブウルの公園へ出ました。そこには私の好きな樹蔭や草地がありますから、沢木君や萱野君なぞとよく腰掛けに行き、河上君竹田君なぞとも歩きに行つて互に旅らしい心持を語り合つたのもそこです」と書かれている。

公園はリュクサンブール宮殿の庭であった。今は上院（元老院）が旧宮殿を占めている。

この公園は彫刻の宝庫であり、青天の下の美術館である。「白い光と緑の陰にくつきり浮きたつてゐるえらい人達の大理石像、どれもどれも見覚えのあるもの、なつかしいもの」（岡田三郎

★リュクサンブール宮殿の前庭として広がるリュクサンブール公園。公園内には彫像が点在し、ベンチが数多く備え付けられている（*PARIS AND ITS ENVIRONS*, WARD LOCK & CO., LIMITED 刊行年不記載）。

★公園内にはかつてギニヨールと呼ばれる人形劇場があったが、今も、マリオネット劇場という人形劇場が、半常設の形で存している。現在の公園には、テニスコートやペタンク場、子供たちの遊具などが豊富に用意され、さまざまなスタイルで市民が憩っている。

『巴里』新潮社、一九二四年）である。サン・ミッシェル大通りに沿った鉄柵を背に、メディシスの噴水がある。背後には遠くパンテオンが見える。「あの夢遊病者見たいな悩みと幻とを盛つたヴェルレーヌの石像」（柳沢健『回想の巴里』酣燈社、一九四七年）や、これとは対照的な「瀟洒たる顔」（正宗白鳥「髑髏と酒場」、『改造』一九三二年八月）のショパン像、ドラクロワの像、自由の女神像、ボードレール、スタンダール、フローベール、ジョルジュ・サンドなどの文学者の像など、その総数は九〇近く数えられている。

ベンチはかつて有料で、横光利一の『欧州紀行』（創元社、一九三七年）には、「冷たい鉄の椅子に腰かけ、暮れかかつていく空を見上げながら、東京のあれこれを考へてゐると、不意に婆さんが肩を叩いて、腰かけ料をくれと云ふ。眼の前でフロオベルの石像が空とぼけた顔をして、明日の天気を見つづけてゐる」といった光景が書き留められている。

パリを去る日本人たちにとっても、ここは最後に訪れたい場所の代表であったようである。永井荷風は「自分は今日の半日、出来る事ならば見ても見飽きぬ巴里の全市街をば、今一度、一時に歩き廻つて見たいとも思つたが、此広い都会の其れも早やかなはぬ望みである。自分は春の午過を毎日のやうに読書と黙想に耽つたあの公園の木陰メヂシの噴井（略）のほとりに、わが巴里に於ける最後の午後を送るが適当であらう——さう思ふや否や、（略）直ぐと公園の鉄柵を潜つた」と、最後の一日を過した。そして、「自分は噴井に近い木陰のベンチに腰を下し、今目に入るものは尽く、草や花の色は無論、女が着たる衣服の流行迄深く〳〵、永遠に、心の底に彫込んで置かうと思ひ、少時目を閉つては又打眺め、打眺めては又少時、目を閉つて黙想した」（「ＡＤＩＥＵ（わかれ）」、『新潮』一九〇八年一〇月）と痛切な思いを吐露し、パリ最後の一日を惜むのである。異邦人に、これほども離れがたい印象を与えるパリ。その最後の場所として選ばれることの意味は、我々の想像を超えるほど切実だったのであろう。

（真銅正宏）

★公園内にある現在のメディシスの噴水。背後にパンテオンが見える。

リュクサンブール美術館——60. *Boulevard Saint-Michel*

ルノワール、マネ、モネ、ドガ、ピサロ、セザンヌ、ゴーギャン、ゴッホ、マティス、コロー、ヴラマンク、ユトリロ、ロダン。日本人は、どうやらフランス近代絵画や近代彫刻が大好きなようである。特に印象派やそれ以降のフランス美術史をきらびやかに飾る近代絵画は、今も日本国内で毎年のように展覧会が重ねられている。これらの逸品は、フランスでは今はオルセー美術館やオランジュリー美術館、その他、ピカソやロダンに代表される個人美術館に多く収蔵されている。しかしかつてのオルセー駅が美術館として改装され開館したのは実に一九八六年のことである。戦前パリを訪れた日本人たちは、これら同時代の画家の作品を、いったいどこで目にしたのであろうか。サロンという美術展覧会でのみ可能だったのであろうか。また、サロンで優秀作と認められた同時代作品は、いったいどこへ収められたのであろうか。

この重要な役割を担っていたのが、ヴォージラールの通りに面して建つ宮殿の一部を改築して造られたリュクサンブール美術館なのである。永井荷風は「羅典街の一夜」(『太陽』一九〇九年一月)に「古きを集めたるルーブルの美術館とは事変り、公園の一隅に立つルユキザンブルグの美術館は、吾々若いものゝ悩みと喜びを語る新しい芸術の宮殿ではないか」と書いたし、『西遊日誌稿』によると、一九〇八年三月三一日と四月三日にはここを訪れている。島崎藤村は『エトランゼエ』(春陽堂、一九二二年)に、「ルユキサンブウルの美術館は公園を出はづれたところにあつて、同じ公園の内にある古い王宮の跡に比べたらずつと新しく出来た建築物であつた。それですら私の眼には可成の古めかしさを感ずる。諸国から集まる男や女の旅行者の群に混つて、何程の絵画と彫刻とがあるとも言へないやうな部屋々々を見て行くうちに、私は一人の少女の

★リュクサンブール美術館の正面。黒板勝美『欧米文明記』(文会堂書店、一九一一年)。美術館の前にも、多くの彫刻が並べられていた。

図の掛つた壁の前に行って立つた。シヤヴンヌの筆だ。同じ人の筆で、かねて複製を見た時から心を引かれた『漁夫』の図がその近くに私を待つて居た」と書いている。藤田嗣治も『巴里の横顔』（実業之日本社、一九二九年）に、「シヤバンヌあたりから、印象派以後の新らしい絵が、たくさんに、集められてゐる」と書いた。パリを訪れた日本人たちに、フランス現代美術の粋を、直接しかも集約して見せつけたのがこの美術館であった。

ただし明治の時代にあっても、ここの作品群は、あらかじめ日本人に知られてはいた。例えば巌谷小波が「兼て写真、石版、銅版等の模写品で、屡々目を惹かれた事のある名作は、大方此処にその原品を留めて居た」（『小波洋行土産　下巻』博文館、一九〇三年）と書いている。竹内勝太郎は、『西欧芸術風物記』（芸艸堂、一九三五年）に、「ルクサンブルグ。（略）その苑の奥に取残された夏の花のやうにミユゼエが隠されてある。小さなつつましやかな愛すべきミユゼエだ。よその国のミユゼエのやうにいかめしく取りすましてはゐない。只彼女は貧乏なので訪問者に二フランを要求してゐる」と、その印象を書いた。

リュクサンブール美術館は、彫刻を陳列する大室一室と、八室の絵画展示室からなる、平屋造りの建物である。竹内は、「最初の広間の中央にロダンの『黄金時代』と『サン・ジヤン・パブチスト』とが時代を支へる二つの大きな円柱のやうに並んで立つてゐる」と先ず書いている。この美術館に限らず、パリという都市が彫刻を大切にしていることは、もっと強調されてよい事実かも知れない。思えばリュクサンブール公園自体が、彫刻の展示場であった。

中村恒夫『巴里画壇の全貌』（崇文堂出版部、一九三四年）には、一七五〇年九月一四日公開のフランス最初の美術館で、一八一八年の国王の命で、現存フランス人画家の作品を中心に展示することになったとある。ただし、後には陳列替で大作や名作がルーヴル美術館に入ることが重なり、やがてその魅力を失っていき、一九三七年にはついに閉じられてしまった。**（真銅正宏）**

★現在のリュクサンブール美術館。ドラクロワを初め、多くの美術家たちの胸像が建物を飾っている。これについては、島崎藤村も『戦争と巴里』（新潮社、一九一五年）に「古風な煉瓦造の建物の裏側が見えました。九つばかりの窓の間に高く並んだ胸像の装飾が見えました」と書いている。

7 モンパルナス

エリアの特徴

モンパルナスという名前のつく場所は、六区の一部を含むものの、ほとんど一四区にある。モンパルナスの名を高くしたのは、主として、この地域にエコール・ド・パリの画家たちが住んでいたからである。そのアトリエや、彼らが集まったカフェも含めて考えるならば、さらに七区や一五区の一部も入ってくる。一九七三年にモンパルナスタワービルが完成したが、こうした再開発により、モンパルナスの栄光を支えた画家たちのアトリエが五〇〇も取り壊されたという。当時のカフェは今もあって観光客を集めているが、当然ながら、昔のような役割を果した時代はとうに終っている。

モンパルナスは歴史的建造物や劇場などによって有名なのではなく、もっぱら人の集まりによってその名が残った。ここに集う、ボヘミアン気質を持った粋な者たちをモンパルノと呼んだ。女性ならモンパルナシエンヌである。「相当怜悧な女たちで、少々ぐらゐ『芸術を談ずる』こともでき、勝気で、非打算的」であり、右岸の女性が毛皮や宝石で装うのに対し、モンパルナシエンヌはスポーティで土地のシックをよく現したファッションを好むのだという（岩田豊雄『脚のある巴里風景』白水社、一九三一年）。

モンパルナスの中心はラスパイユ大通りとモンパルナス大通りが交わるヴァヴァン交差点にある。ここには、著名な芸術家たちが集ったことで知られるカフェのドームやロトンドがあり、モンパルナス大通りに沿って目をやるとすぐにクーポールとセレクトが見える。一九一一年には、五〇年もかかったラスパイユ大通りの工事が完成しており、以後、この地の開発が進んだ。

第一次世界大戦後、物価が高くなってモンマルトルでは暮しにくくなった芸術家たちが次々とモンパルナスへアトリエを移した。モンパルナスは農地の広がる閑静な郊外であったが、そこには、ポール・ヴェルレーヌやポール・フォールが通っていたクローズリー・デ・リラというカフェもあり、カルチェ・ラタンに隣接してもいて、もともと芸術的な雰囲気がなかったわけではない。また一九〇〇年前後から、モンパルナス大通りとラスパイユ大通りの交差するあたりに、アカデミーと呼ばれる私立の画塾が次々と開講しており、著名なところではコラロッシ、グランド・ショーミエール、ランソン、モデルヌなどがある。その周辺には画材を売る店、額縁屋、本屋が増え、またモデルを求める画家たちと仕事を求めるモデルが交渉を行った「モデル市」が、グランド・ショーミエール付近などで開かれた。この地に画家たちが集まったのも、当然のことだったのである。

モンパルナスには、芸術家村といえば聞こえはいいが、その実、納屋のような建物をアトリエに区切って貸すところがあり、各国からパリに来た画家の卵たちが住んでいた。モンマルトルの「洗濯船」に対し、モンパルナスの芸術家村でもっとも有名だったのは「蜂の巣」である。マルク・シャガール、オシップ・ザッキンなど、ロシアや東ヨーロッパから来た画家たちが集まって住み、ハイム・スーチンやアメデオ・モディリアーニも、友人が住むこのアトリエに居候をしていたことがあった。

こうしたアトリエ村にやってくるのは外国人が多く、土地の事情もわからず語学も充分でない心細さから、自然、同じ国の人間が集まって暮すことになった。日本人の場合も同じである。「巴里に学ぶ日本の作家も、殆んど其の九割までは第十四区のアトリエに這入るが、従来これ等の作家が最も多く落着くのはダゲエル街十一番地、ヴアンヴ街三十四番地、カンパーニユ・プルミエール街九番地、ルエ袋小路七番地、フロアドヴオ街、ムートン・デユヴエルネ街、サン・ゴタアル街、エルネスト・クレソン街等のアトリエで、第十四区に次いで日本人作家が集まるのはモンパルナス駅裏のベローニ街七番地とモデイリアーニが住んでゐたアトリエがあるシテ・フアルギエール十四番地である」（中村恒夫『巴里画壇の全貌』崇文堂出版部、一九三四年）とある。本書のモンパルナスの章では、海老原喜之助、黒田清輝、佐伯祐三、高村光太郎、藤田嗣治、正宗得三郎ら日本人画家の項目が並んでいるが、それはこうした事情による。

盛り場があって賑やかなモンパルナス大通りも、少し奥の道に入ると淋しい場所になってしまう。モンパルナス大通りと平行して南寄りにあるエドガー・キネ大通りのカフェに林芙美子はよく立ち寄っていた。彼女はダンフェール・ロシュロー広場の裏手にあるダゲール街のアパートにいたが、「此街は小石川辺（こいしかわへん）のごみごみしたところのやうに物が安くて、あまりつんつんとした方達はお住ひにならない。つんとした方達は皆セーヌの河むかふ。だから此（この）ダンフエルは下町と云つた方が当つてゐるかも知れない」（『三等旅行記』改造社、一九三三年）と書いて、右岸に住む人々との違いを意識している。金子光晴、森三千代もこの街で貧窮のパリ生活を送っていた。外国人の就労はきわめて難しかった。松尾邦之助は、当時のパリには日本からの送金を全然受けず自力で生活していた人々がいて「貧乏に対して全くスレてゐた」（『フランス放浪記』鱒書房、一九四七年）と回想している。

第一次世界大戦後、フランの安さにアメリカ人が大挙してパリにやってきたとき、モンパルナスのカフェは彼らに占拠された格好になった。一九二七年に開店したクーポールは、地階にダンスホール、二階は高級レストランという大きな店で、時代の移り変りを示していた。親密なカフェの空間は失われてゆく。すでに一九二三年にドームが改装、一九二五年にセレクトが開店していた。しかしアメリカ人たちは、金融恐慌を境に帰国。一九三〇年代は一時の大騒ぎが嘘のように、この地域にも不景気がやってきた。そして第二次世界大戦に入ってゆくのである。

（宮内淳子）

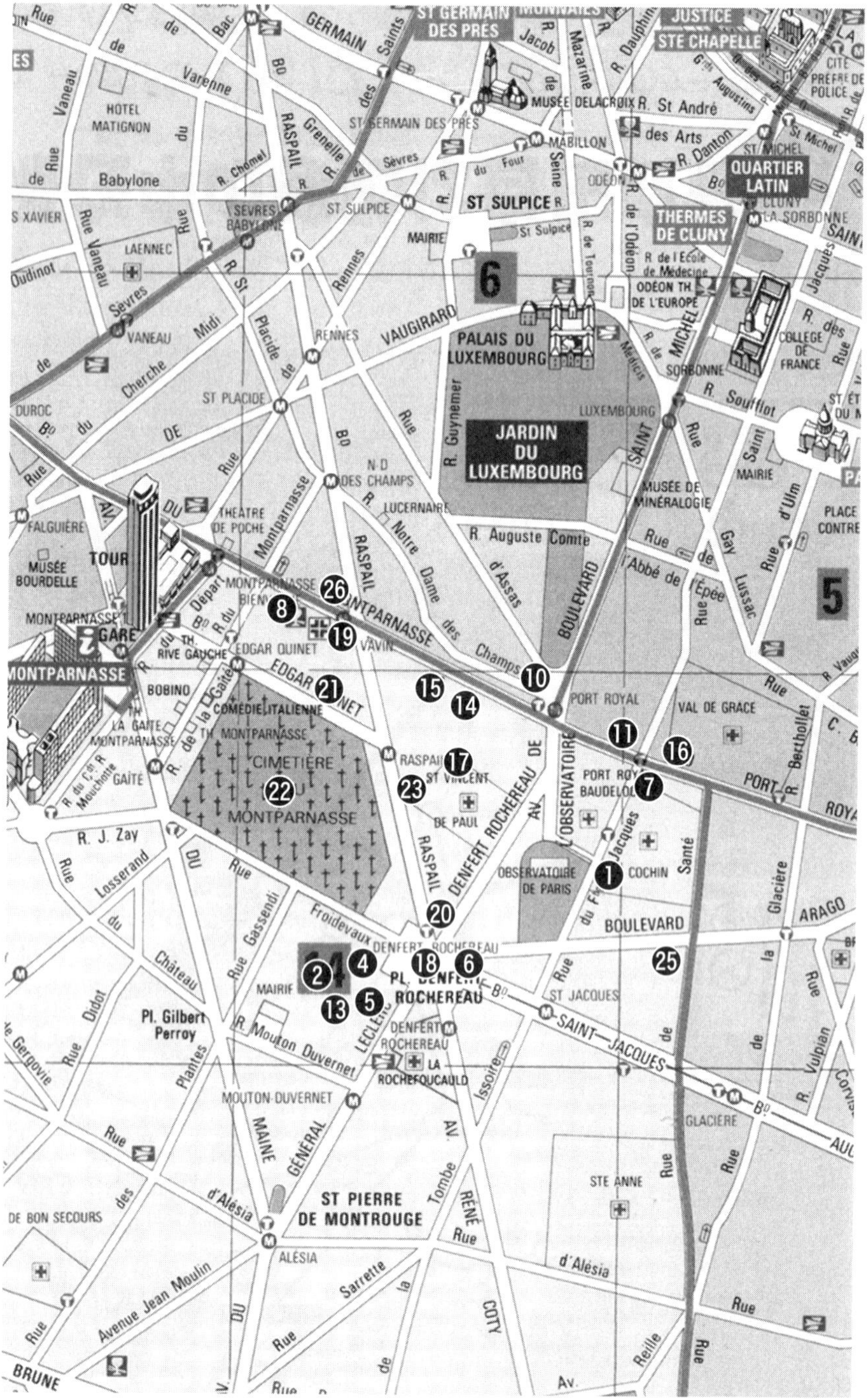
ST GERMAIN DES PRES
JUSTICE
STE CHAPELLE
GERMAIN
Jacob
Mazarine
R. Dauphine
Varenne
Bac
MUSÉE DELACROIX
R. St André
des Arts
HOTEL MATIGNON
ST GERMAIN DES PRES
MABILLON
St Michel
ST MICHEL
CITE
PREFRE DE POLICE
Babylone
R. Chomel
Sèvres
du Four
R. Danton
QUARTIER LATIN
ST SULPICE
ST SULPICE
SEVRES BABYLONE
St Sulpice
R. de Tournon
R. de l'Odéon
THERMES DE CLUNY
CLUNY LA SORBONNE
LAENNEC
MAIRIE
R. de l'École de Médecine
Oudinot
Rennes
6
ODÉON TH. DE L'EUROPE
VANEAU
RENNES
VAUGIRARD
PALAIS DU LUXEMBOURG
COLLEGE DE FRANCE
SORBONNE
R. Soufflot
ST PLACIDE
LUXEMBOURG
DUROC
R. Guynemer
JARDIN DU LUXEMBOURG
N.D DES CHAMPS
MUSÉE DE MINÉRALOGIE
FALGUIÈRE
THEATRE DE POCHE
R. LUCERNAIRE
R. Auguste Comte
BOULEVARD
TOUR
MUSÉE BOURDELLE
Montparnasse
RASPAIL
Notre Dame des Champs
d'Assas
l'Abbé de l'Épée
5
MONTPARNASSE BIENV.
MONTPARNASSE
GARE
VAVIN
EDGAR QUINET
TH. RIVE GAUCHE
MONTPARNASSE
BOBINO
EDGAR QUINET
COMÉDIE ITALIENNE
PORT ROYAL
VAL DE GRACE
TH. LA GAITE MONTPARNASSE
TH MONTPARNASSE
CIMETIÈRE DU MONTPARNASSE
RASPAIL
ST VINCENT DE PAUL
DENFERT ROCHEREAU
L'OBSERVATOIRE
PORT ROYAL
BAUDELOQUE
R. Berthollet
PORT ROYAL
GAITÉ
R. J. Zay
Losserand
OBSERVATOIRE DE PARIS
COCHIN
Santé
Glacière
ARAGO
Froidevaux
BOULEVARD
DENFERT ROCHEREAU
PL. DENFERT ROCHEREAU
ST JACQUES
Château
MAIRIE
Pl. Gilbert Perroy
R. Mouton Duvernet
SAINT-JACQUES
DENFERT ROCHEREAU
LA ROCHEFOUCAULD
Issoire
MOUTON-DUVERNET
GLACIÈRE
MAINE
GÉNÉRAL LECLERC
Tombe
STE ANNE
d'Alésia
ST PIERRE DE MONTROUGE
DE BON SECOURS
RENÉ COTY
ALÉSIA
d'Alésia
Avenue Jean Moulin
Sarrette
BRUNE
Reille
1
2
4
5
6
7
8
10
11
13
14
15
16
17
18
19
20
21
22
23
25
26

❶ 石黒敬七（14区）26. Rue du Faubourg Saint-Jacques
❷ 海老原喜之助（14区）29. Rue Boulard
❸ 岡本太郎（15区）31. Rue Saint-Amand
❹ 荻須高徳（14区）11. Rue Daguerre
❺ 金子光晴・森三千代（14区）22. Rue Daguerre
❻ カタコンブ（14区）1. Place Denfert-Rochereau
❼ 河上肇（14区）117. Boulevard Port-Royal
❽ クーポール（14区） 102. Boulevard Montparnasse
❾ 岸田國士／戸田海笛・正宗得三郎・山本鼎（15区）14. Cité Falguière
❿ クローズリー・デ・リラ（6区）171. Boulevard Montparnasse
⓫ 黒田清輝（5区）88. Boulevard Port-Royal
⓬ 小松清（15区）32-2. Rue du Cotentin
⓭ 小山敬三・坂本繁二郎・林倭衛・児島虎次郎（14区）18. Rue Ernest Cresson
⓮ 佐伯祐三（14区）162. Boulevard Montparnasse
⓯ ジョッキー（14区）146. Boulevard Montparnasse
⓰ 島崎藤村（5区）86. Boulevard Port-Royal
⓱ 高村光太郎（14区）17. Rue Campagne-Première
⓲ ダンフェール・ロシュロー広場（14区）Place Denfert-Rochereau
⓳ ドーム（14区）108. Boulevard Montparnasse
⓴ 林芙美子（14区）28. Place Denfert Rochereau
㉑ 藤田嗣治・岡鹿之助（14区）5. Rue Delambre
㉒ モンパルナス墓地（14区）3. Boulevard Edgar Quinet
㉓ 横光利一（14区）259. Boulevard Raspail
㉔ 福沢一朗・高畠達四郎・中山巍（15区）32. Rue de l'Orne
㉕ ラ・サンテ監獄（14区）42. Rue de la Santé
㉖ ロトンド（14区）105. Boulevard Montparnasse

石黒敬七――*26. Rue du Faubourg Saint-Jacques*

パリ在住の日本人に向けて、パリにおける同胞の動向やパリ案内を中心記事とする日本語新聞『巴里週報』の創刊号が出されたのは、一九二五年八月一日のことであった。発行所はオテル・メディカル、フォーブール・サン・ジャック二六番地である。ここが、パリを訪れる日本人の案内人あるいは顔役的存在であった、石黒敬七（一八九七〜一九七四）の根城であった。

石黒がパリにやってきたのはこの一九二五年の二月のことである。石黒の『旦那の遠めがね』（日本出版協同株式会社、一九五二年）によると、着いた直後は、多くの日本人同様、イエナ通りのホテル・アンテルナショナルに滞在したようであるが、一週間目に、「絵描街のモンパルナス近くの天文台の脇にあるホテルに移つた」という。このホテルは、同じ石黒の『蚤の市』（岡倉書房、一九三五年）に「その頃、リウ・フオーブール・サンジヤクのメヂキヤルホテルといふに松井翠声君も僕も、月四〇〇法で泊つてゐて、而も翠声君の室は僕の室と向き合つてゐた」と書かれるところのホテルを指すものと思われる。『蚤の市』には、「オーギユスト・ヴイチウ通りは五番地の拙宅」という文字も見える。ここは一五区のミラボー橋に近い街である。この辺り（5. Rue Auguste-Vitu）に住んだこともあるようである。しかし、主にはフォーブール・サン・ジャックを中心として、活躍するのである。そこは、モンパルナス大通りにも近く、またカルチェ・ラタンの学生街にも近い。カフェやアトリエに集まる日本人たちの動向を知るにも、便利な場所だったのであろう。『巴里週報』は、一九三三年の石黒の帰国の直前まで続けられていたようである。また、『巴里新報』という週刊紙も同じ発行所から出されていた。一時期、石黒はパリにおける日本人ネットワークの正に中心に位置していたのである。

（真銅正宏）

★パリの石黒敬七の柔道場にて。石黒は柔道家として渡仏し、パリに柔道場を構えたり、各地で模範試合を披露したりして、柔道の普及にも貢献した。写真二列目の中央が栃木山、その右が石黒（喜多壮一郎『カフヱー・コーヒー・タバコ』春陽堂、一九二九年）。

海老原喜之助 —— *29. Rue Boulard*

★現在のブーラール街二九番地。隣の建物の煉瓦の壁などに、当時の面影が残る。

薩摩治郎八は、「モンパルナスの秋」（『改造』一九五三年一一月）のなかで、「藤田の最も愛していたのは、海老原喜之助だつたろう。この南国児も二十前の若年で巴里に乗りつけた。（略）ムーラン・ルージュ、ミュージック・ホールの踊り子と熱くなつて、正式結婚にまで進んだものの、連日連夜の大立廻りで、頭を冷すつもりか、南仏カンヌに退陣し、カンヌ港雪降りの珍図を持つて巴里に舞い戻つた。（略）ブーラール街切つての名物男であつた」と書いている。藤田とはもちろん藤田嗣治で、海老原（一九〇四〜七〇）だけが藤田のことをオヤジと呼んでいた。

一九二三年六月に横浜を出帆し、七月にパリに着いた。そして四年後の一九二七年七月には、満二二歳の若さで、シャンゼリゼのルイ・ジュヴエ劇場で開かれたサロン・ド・レスカリエ展に出品して認められ、有名な画商アンリ・ピエール・ロシェと契約するに到っている。つまりは若くしてエコール・ド・パリの担い手として華々しいデビューを果したわけであるが、やがて多くの自作を廃棄するほど悩み、一九三四年一月に帰国した際には、作品を一つも持ち帰らなかったと伝えられている。この早熟の天才は、パリでの成果を一旦白紙に戻して、日本での活動を再開したのである。ここには、彼とパリとの複雑な内的愛憎関係が想像される。

一九六五年五月、海老原は三一年ぶりにパリを訪れた。この時は、八月二七日には帰国したが、翌一九六六年四月、三たびパリに向かい、一〇月八日に帰国、また翌一九六七年一〇月二五日、四度パリに向かった。そしてこの時は、一九七〇年まで滞在し、衰弱からいったん帰国を決心するが、九月一九日、ついにパリで亡くなった。同二五日、ペール・ラシェーズ墓地で火葬が行われ、遺骨となって帰国したのである。

（真銅正宏）

岡本太郎 —— *31. Rue Saint-Amand*

★サン・アマン街三一番地の現在の姿。

岡本太郎（一九一一〜九六）が母かの子、父一平と共にヨーロッパに出掛けたのは一九二九年一二月のことであった。この時太郎は一八歳。入学したばかりの東京美術学校を中退し、パリで芸術修業をしようというのであった。一九三〇年一月、両親は新聞社の依頼で海軍会議を傍聴するためロンドンに出掛け、太郎だけがパリに残った。異国で一人下宿に残された太郎は、「息苦しく迫る淋しさに全く絶望してしまった」（『母の手紙』婦女界社、一九四一年）という。しかしそれから一九四〇年八月に帰国するまでの約一〇年の間に、太郎はたくましく成長する。

サン・アマン街三一番地は、川崎市岡本太郎美術館の楠本亜紀氏の調査によって判明した住所で、一九三二年頃のものと推定される。太郎はモンパルナスで何度か居所を変えているが、おそらくここからパリ大学に通っていたものと思われる。絵の修業にパリに来たのだから、パリ大学に入学する必然性はなかった。しかし太郎は、パリ在住の日本人画家たちが「まったく日本人だけでかたまり、フランス語のフの字も喋らない。生活者としてここにとけ込まないで、それでいながら、一生懸命パリらしい街角や、セーヌ河の風景、あるいは金髪の女を描いている」（『画文集 挑む』講談社、一九七七年）のを見て失望したのだった。太郎はまずその土地にとけこみ、土地の文化を肌で感じるために一九三一年、パリ郊外ショアジー・ル・ロワにあるリセの寄宿舎に入った。パリ大学に入学するのは、その年の九月のことである。

やがて生活者としてパリの空気になじんだ太郎は、パブロ・ピカソ、ジャン・アルプらとの交友を通して抽象画や新具体主義、さらに超現実主義などの作品に接し、その中で独自の作風を作り上げていく。

（和田桂子）

荻須高徳

11. Rue Daguerre

東京美術学校卒業後の一九二七年一〇月に、荻須高徳（一九〇一～八六）はパリに到着した。高野三三男を訪ねると、ダゲール街一一番地のアパルトマンを見つけてくれる。『私のパリ、パリの私』（東京新聞出版局、一九八〇年）の回想によれば、門をくぐると中庭が五〇メートルほど続き、右側はアトリエ、左側はアパルトマンだった。左側の荻須の部屋は、「うなぎの寝床のように」細長くて、水道や電気の設備がない。それでもホテル代の四分の一の部屋代だったので、彼は大喜びで引っ越した。

渡仏前に荻須は、帰国していた佐伯祐三を訪ねてアドバイスを仰いでいる。パリでも佐伯にくっついて、パンテオンの裏に描きに行ったりした。他方で荻須はクリスマスの夜に、高野に連れられて、藤田や薩摩治郎八を中心にしたパーティーに参加する。やがて荻須は、佐伯と交際する画家が、藤田らのグループと交流しないことに気付いたりした。一九四〇年に帰国するまで、パリを中心とする荻須のヨーロッパ滞在は、一三年間に及ぶ。その間に彼は、パリだけでなく、ジュネーヴやアレキサンドリアでも個展を開いた。

パリ生活が長かった分、親しい知人と死別する、つらい体験も味わっている。佐伯家で荻須は、米子夫人のライスカレーに舌鼓を打ったり、娘の弥智子ちゃんと遊んで、家庭の雰囲気を味わった。一九二八年九月に、客死した祐三と弥智子（口絵八頁上参照）の遺骨を日本に持ち帰る、米子夫人をマルセイユで見送ったときは、胸が引き裂かれる思いだっただろう。一九三〇年一二月には、結核を患った画家の横手貞美を、スイスに近い療養所まで送っていく。アトス二世号で一緒にフランスに来た横手は、翌年三月に亡くなった。

（和田博文）

★竹中郁はダゲール街一一番地のアパルトマンを訪ねたことがある。『巴里のてがみ』（編集工房ノア、一九八六年）の回想によれば、荻須の部屋は六～七畳程度で、ベッドと洗面台があったが、水は三階から一階に汲みにいかなければならなかった。他に、世帯持ちの松葉清吾や、雨田禎之、横手貞美ら、一〇人近い日本人が一一番地に住んでいた。横手の部屋は土間のセメント敷きのままで、「冷えてこまる」とこぼしていたという。写真は、一九二九年にパリのアパルトマンにいる荻須高徳（『画集荻須高徳』講談社・講談社インターナショナル、一九八一年）。

金子光晴・森三千代――22. *Rue Daguerre*

メトロのダンフェール・ロシュロー駅から地上に上がり、南々西に少し歩くと、大通りと交差するダゲール街に出る。野菜や果物、魚や貝、肉、チーズなどの専門店が並ぶ、清潔で明るい雰囲気の街である。通りに入って三〇秒ほど歩くと、一九三〇年に金子光晴（一八九五〜一九七五）と森三千代（一九〇一〜七七）が暮した、瀟洒なホテルの前に来る。

アジア〜ヨーロッパの放浪に、二人が出発したのは二年前。十分な旅費すらない、出たとこ勝負の旅だった。旅先で金子は絵の個展を開き、その売り上げで、上海→香港→シンガポールと、少しずつパリに近づく。ジャワ島のスラバヤでも絵は好評だったが、二人分の旅費には届かなかった。そこでまず森がパリへ向かい、一ヵ月遅れて金子が後を追う。パリでも二ヵ月くらいは暮せるだろうと、たかを括っていたが、フォンテンブローの豪華ホテルで散財してしまい、所持金はあっという間に底をついた。

労働許可証を持たない外国人は、フランスで正規に就労できない。『ねむれ巴里』（中央公論社、一九七三年）に金子は、オペラ帰りの老婦人にサービスする男娼の役は断ったが、それ以外はどんな仕事でもやったと記している。西村光月が作った大本教パリ支部では、王仁三郎の絵を、錦絵風に描いた。日本人会の未納会費を集金したり、額縁作りにも従事している。用心棒を務めてほしいと頼まれ、日本人の金持ちをゆする、出島春光の手助けもした。食い詰めた日本人のための施設を作ると、架空の話をでっちあげ、駐在武官から金を引き出したこともある。大阪出身の和尚さんから借りた三〇フランは、僧侶は人を助けるのが商売だと、屁理屈をこねて踏み倒した。

★金子光晴と森三千代が暮した、ダゲール街二二番地のホテル（現在）。

二人の貧窮ぶりを示すエピソードには事欠かない。ダゲール街のホテルに移る前、彼らはモンスーリで生活していた。ある日金子は、ゴム底が腐ってめくれあがった靴を、修繕店に持っていく。店のおやじはどうにもならないと、ゴミ箱にほうり込んだ。それを金子は取り出して、麻糸で足に縛りつけて履いている。森の『巴里アポロ座』（隅田書房、一九四七年）という小説には、有名人の望月（藤田嗣治）を訪問する話が出てくる。その帰途、主人公の節子は、何という生活の違いだろうと慨嘆した。彼女は「貧乏のにほひ」がする安ホテルで、夏も冬も同じ古服を身にまとい、パンすら口にできない日も体験していたからである。

そんな二人が、なぜこの瀟洒なホテルに引っ越せたのか？　モンスーリのホテルなら月に一八〇フランだが、ダゲール街のホテルは四〇〇フランもする。部屋の格式もまるで違う。階段から部屋まで絨毯が敷きつめられ、足音を立てずに出入りできる。室内には暖房装置や洗面台が備わり、いつでもお湯が使えた。オレンジの色調で統一された部屋には、「人生の幸福」が隠れていると森は思う。金子は急に気前がよくなり、流行のワンピースやコートを買ってくれた。もちろん彼自身も、靴を新調している。オペラ・コミック座でのミスタンゲット引退興行など、二人は観光客のように、毎日パリの中心部に繰り出した。その突然の変化を不審に思わなかったのは、森の迂闊さだろう。

実は、娘を心配した父が、森宛に帰国の船賃を送ってくれていた。金子は、その四〇〇〇フラン（『巴里アポロ座』では六〇〇〇フラン）を、無断で銀行から引き出し、使い込んでいたのである。夏に二人は、避暑地のドーヴィルで、日本の日傘を売って儲けようと企てるが、失敗に終る。パリに戻った彼らは、再びこのホテルの四階で暮し始めた。しかし錬金術は二度と使えない。やむなく晩秋に、事務職の口があると聞いた森は、アントワープに向かった。それは成算がないパリ生活の、幕引きを意味していたのである。

（和田博文）

★図版は、藤田嗣治『巴里の横顔』（実業之日本社、一九二九年）に収録された、モンスーリ公園近くの藤田の家。『巴里アポロ座』で節子は、詩集を出す便宜をはかってもらえないかと考え、紹介状もなく望月の家を訪れる。ポーチの柱には、木蔦がからまっていた。望月は詩の原稿をぱらぱらめくり、「常識といふやつがいけないね。いつぺんエーテルでも飲んで、頭をかきまはしてみるのも方法だな」と言う。たまたまそこに、シュールレアリスム詩人のD（ロベール・デスノス）がやってきた。Dは鉛筆で誤字を訂正しながら、「面白いところもある。わからないところもある」と語ったらしい。なんとか考えてみようという望月の言葉で、節子は原稿をおいて帰宅するのである。翌年の一九三二年と、一九四二年に、森三千代はフランス語の詩集をまとめている。

カタコンブ――1. Place Denfert-Rochereau

カタコンブすなわち地下墓地として、最も有名なのはローマだろう。しかしパリには世界最大のカタコンブがある。その入口は、ダンフェール・ロシュロー広場の西南隅の建物。もともとこのあたり一帯の地下は、建築用石材を切り出す採石場だった。ところが一八世紀に、地面の陥没が問題になり、地上の墓地も手狭だったため、地下坑道を共同墓地として利用することが決定される。一七八七年から市内のすべての共同墓地に眠る、約六〇〇万人のパリ市民の遺骨が、ここに運び込まれた。

入口から地下に、螺旋階段を約二〇メートル降りると、死者の国が広がっている。全長七八〇メートルの通路の両側には、頭蓋骨や手足の骨がびっしりと積み重ねられ、壁となって通行人を見つめる。与謝野晶子は、こんな不気味な場所には行きたくなかった。だが好奇心旺盛な与謝野寛や、和田三造に誘われ、仕方なく、蝋燭の光を頼りに見物する。『巴里より』（金尾文淵堂、一九一四年）によれば、「死に対する厳粛な感念」は意外なことに起きなかった。一時間も骨を見続ければ、ただの薪と変らなくなるからである。

赤ずきんちゃんのシャルル・ペローも、ガルガンチュアのフランソワ・ラブレーも、死んでしまえばただの薪。だから詩人の竹中郁は、「薪屋の如きカタコムブは如何に人間が死んだら他愛ないかを示して」（「巴里たより」、『ドノゴトンカ』一九二八年一一月）いると、安心して日本に書き送った。不届き者が骨を記念に持ち帰らないよう、ダロー街の出口では、チェックが行われる。日本人にも、前例があった。金子光晴『ねむれ巴里』（中央公論社、一九七三年）の記述通りなら、森三千代は腕の骨を一本、お土産に持ち帰っている。

（和田博文）

★一九二九年に刊行された『世界地理風俗大系　第一二巻』（新光社）は、「毎月の第一及び第三土曜日の午後はオルレヤン通りの角の、小さい建物に、既に市役所の労働局からの許可を得た人人が、蝋燭を用意して集まつて来る」と紹介している。月曜日だけが休みの現在に比べれば、訪れる人の数は少なかったのだろう。図版は、現在のカタコンブの内部。

河上肇——117. Boulevard Port-Royal

経済史・経済学史を研究するため、河上肇（かわかみはじめ）（一八七九〜一九四六）がマルセイユに上陸したのは、一九一三年一二月九日である。ロンドンとブリュッセルに滞在した後、翌年二月一〇日から二ヵ月余りを、パリで過した。『祖国を顧みて』（実業之日本社、一九一五年）からは、西欧文明に身構え、対抗しようとする彼の姿が伝わってくる。フランス語は分らず、懐も豊かでなかった。到着早々、馬車の御者から料金不足を言われ、あちこちで釣銭のトラブルも起きる。レストランの給仕からしきりにオーダーを勧められたのも不快だった。地下鉄は不案内で最初は使わず、ベデカーを頼りに大使館まで歩いたというから、心身のストレスは大きかっただろう。

下宿探しにも苦労した。薄暗かったり、悪臭がしたり、なかなか気に入らない。そんなある日、島崎藤村を訪問した。面識はないが、高等学校の頃に『若菜集』（春陽堂、一八九七年）を愛読して、旧知のような親しさを感じていたからである。藤村が下宿探しに協力して、彼の住居と道路を隔てた、グランド・オテル・ド・ポール・ロワイヤルに落ち着いた。「巴里に於ける島崎藤村君」（『大阪朝日新聞』付録一九一四年五月一〇日）で河上は、藤村と六週間、毎日食卓を共にしたり、同じ教師にフランス語を習ったと回想している。

三月二一日に藤村は、ガボー音楽堂で開かれたクロード・ドビュッシーのコンサートに、河上と竹田省を誘った。藤村の『エトランゼエ』（春陽堂、一九二二年）によれば、三人はコンサート後も別れがたくて、クローズリー・デ・リラに足を向ける。そのとき「小さい反抗心は捨てやうじや有りませんか。もつと欧羅巴をよく知らうぢや有りませんか」と語りかけた藤村に、河上は「愛国心といふものを忘れないで居て下さい」と反論したという。

（和田博文）

★『河上肇全集24』（岩波書店、一九八三年）に収録された、一九一四年三月一日付、河上忠宛の絵葉書。グランド・オテル・ド・ポール・ロワイヤルの写真に河上が、窓を四角く囲み（右側）、「此ノ窓ノ中ニ居リマス」と書き込んでいる。

クーポール —— 102. Boulevard Montparnasse

クーポールは一九二七年に開店したカフェである。もともとドームのマネージャーとして雇われていた二人の男が、経営者からの多額の違約金を元手に、近くの薪・石炭置場を買い取って建設した。一九二二、三年ごろのパリのカフェの雰囲気とはがらりと変わったモダンなカフェで、「あの尨大な階上と階下のホールに、劇場の観覧席以上に、ぎつしり詰込んだ人波を眺めると、休息だとか閑談だとか、およそ以前の巴里キャフェに存在した空気は、何処の隅にも見当らない。たゞ混雑があるだけだ。喧騒があるだけだ。徒らに客の出入が劇しくて、珈琲一杯で落着いてるやうな連中は、一人もゐない。なにが面白くて、こんなに蝟集するのかと思ふのだが、ともかく夜の十時頃行くと、あの大ホールに、一つの空席もないといふのが毎夜の事実だ。一日の売上高（午前十時から翌朝八時まで）が、十万フランに近いと聞いてゐる」と獅子文六は『牡丹亭雑記』（白水社、一九四〇年）に書いている。その豪華な内装について、「太い円柱、淡桃色の壁、階下から階上へ突き抜けた天井と、見れば見るほど歌舞伎座の大玄関である」と横光利一の『旅愁　第一篇』（改造社、一九四〇年）には描かれている。その柱や壁を飾っていたのは、オトン・フリエスやフェルナン・レジェらの作品であった。

たしかにカフェと呼ぶには規模が大きく、一階にレストラン、喫茶室、バーがあり、地下にダンスホールを備えていた。一二月二〇日の開店祝いには、ジャン・コクトーやモイーズ・キスリング、それに藤田嗣治ら多数が招待され、用意したワイン一五〇〇本があっという間に空になり、「カナペ一万枚、ゆで卵三千個、暖められたソーセージ二千本、菓子八百個が明け方までに招待客の大群によって食べつくされた」（J・P・クレスペル著、佐藤昌訳『モンパルナス讃歌』美術

★クーポールの喧騒。右からキスリング、藤田、キスリング夫人（ユキ・デスノス著、河盛好蔵訳『ユキの回想』美術公論社、一九七九年）。

公論社、一九七七年）という。クーポールのおかげでロトンドやドームの客足が落ち、かわりにクーポールに似せた名前の大規模なカフェが次々とできた。

三〇年代になってもクーポールの人気は衰えるどころか、著名人の巣となっていった。アンドレ・ブルトン、マン・レイ、アーネスト・ヘミングウェイ、ジェイムズ・ジョイス、イリヤ・エレンブルグがここに入り浸った。柳亮はカフェの大ホールから小さい扉ひとつで隔てられたバーの方へよく足を向けた。柳によればここの常連、すなわちブルトンやエレンブルグやマン・レイらは、「一定の時刻には、必ずそこへ姿を現すのであつたが、そこには、予め習慣づけられた各々の座席があつて、その場所以外の席へは決して坐らなかつた」（『巴里すうぶにいる』昭森社、一九三六年）という。

久米正雄や石黒敬七、小松清もクーポールを訪れた。松尾邦之助も日本から来た知人をとりあえずはここに案内した。正宗白鳥はこのカフェのことをこのように書き残している。「このクーポールの場内では、哀愁の影の差す余地のないほどに、隅々まで明るく、壁上の裸体画は艶麗で、老若男女は悠然としてゐて、レモンの汁を注いだ生牡蛎を肴に、白葡萄酒を飲んでゐるのなんかは、見るからにうまさうなので、私は、キヤツフエ行の第一夜にその真似をして見た」（『思ひ出すまゝに』人文書院、一九三八年）。またある日クーポールにいた藤田がシャツの腕をまくって無礼漢にとびかかろうとした時、「その場には柔道六段の猛者も、柔和な詩人も居合せた、これらの日本人は悉く私らに加勢して皆上衣を脱いで起つた」（『地を泳ぐ』書物展望社、一九四二年）というから、日本人が数名このカフェでとぐろを巻いていることは決して珍しくはなかったのだろう。

クーポールの経営は一九八八年にフロ・グループに売却されたが、古きよき時代の面影を残すのが条件であったという。

（和田桂子）

★クーポールの内部。「壁上の裸体画は艶麗」と正宗白鳥が書いたのはこのような絵であった。三二本の柱に描かれた絵は、フェルナン・レジェら当代きっての画家の手になるという。ただしサインはない(Sylvie Bonin et Bernadette Costa, *Je me souviens du 14e arrondissement*,Parigramme,1993)。

14. Cité Falguière

岸田國士

フランスの古典劇や近代戯曲を読みふけって演劇に目覚めた岸田國士（一八九〇〜一九五四）は、パリで実際の舞台を見たいという一心で、苦労の末、一九二〇年一月一九日、パリに到着。この時、幸運なことに、パリはちょうど演劇的な豊穣期にあたっていた。

ジャック・コポーが、演劇の芸術化、理想的な劇団の運営、そして観客の育成を目指して創立したヴュー・コロンビエ座が、第一次世界大戦中の休止期間を経て一九二〇年にパリでの活動を再開。岸田は、この六区のヴュー・コロンビエ街にある小さな劇場をしばしば訪れた。またモンマルトルの高台のルピック街にスタジオのあるアール・エ・アクション劇団にも親しく出入りし、フランス前衛演劇を知った。一九二二年の暮には、モスクワ芸術座がシャンゼリゼ座にやってきたので、「桜の園」などを見ることができた。パリでは、前衛劇から、このようなリアリズム演劇まで、幅広く見通せたのである。

パリでの住所は一定でなかったが、一九二一年五月、イギリスから画家の岡田穀（みのる）を頼ってシテ・ファルギエール一四番地にやってきた野坂参三が、ここで岸田國士と知り合っている。画家たちが住むアトリエ村として知られるシテ・ファルギエールは、家賃の安いことと日本人が多かったことから、画家以外の日本人も集まっていた。岸田は、通訳としてヨーロッパ各地を回ったり大使館内のオフィスに勤めたりしたが、収入は不定期で少なかった。そうした中でも、一九二三年に帰国するまでの約三年半の間、岸田はほとんど毎日、役者の顔を見て過したという。得たものは数えきれなかった。演劇と取り組む岸田の地盤はパリで築かれたのである。

（宮内淳子）

★清水多嘉示「シテ・フアルギヱール」（柳亮『巴里すうぶにいる』昭森社、一九三六年）。岸田は一時、シテ・ファルギエールに住んでいた。このような景色を見た日もあったかもしれない。

クローズリー・デ・リラ —— *171. Boulevard Montparnasse*

天文台通り（Avenue de l'Observatoire）とモンパルナス大通りが交差する地点には、リュードの名作とされるネイ将軍の立像があるが、上品で落ち着いた雰囲気のよさで知られるカフェ、クローズリー・デ・リラはそのそばに位置している。リラの創業はきわめて古く、一説に二〇〇年以上前とも言われるが、このカフェが有名になったのは二〇世紀初頭、「詩人の侯（プランス・デ・ポエート）」と呼ばれたポール・フォールが長髪、ボヘミアン・タイ、広縁の黒ソフトというスタイルで、サンボリスムの詩人たちを引き連れてたむろするようになってからである。一九一一年の暮にパリに到着した与謝野寛は、一ヵ月早く来ていた画家の九里四郎に案内されてから、この「有名な『リラの庭』と云ふ」カフェによく通ったと、『巴里より』（金尾文淵堂、一九一四年）に記している。それによれば、「謂ゆる『自由な女』などは殆ど来ない。品の好い変り者計りが集つて杯を前に据ゑ乍ら原稿を書いたり、座談をしたり双六や骨牌を静かに弄んだりする」とある。

有島生馬の小説『死ぬほど』（春陽堂、一九二〇年）には、「昼間は赤白曼陀羅の日除けを幹と枝の間に見せた。夜は此辺で一番明るい硝子窓を樹々の間に見せて、遠くから人の注意を惹いてゐた。店の窓下や外周には緑色に塗つた植木函を置いて、それにリラの灌木（かんぼく）が植ゑてある」とある。フランスの五月、この最も美しい季節を飾るものは、マロニエの若葉と紫花のリラ、そして野に溢れる真っ赤なコクリコ（雛罌粟（ひなげし））の花だといわれるが、リラは当時の日本人の目には物珍しい西洋の花であり、『死ぬほど』にも、「早い話が日本にない。日本にない花だから好きなんだね」とある。この店には島崎藤村もよく通い、早寝には惜しいと思われる夜など、よく出かけていったことが、『平和の巴里』（左久良書房、一九一五年）に記されている。

（竹松良明）

★現在のクローズリー・デ・リラ。岡本太郎の『夢と誓い』（宝文館、一九五二年）には、戦前の良き時代に「木曜日の夜には昔から名士、芸術家の集るので有名なクローズリー・デ・リラで、ドローネーを中心にカンヂンスキー、スュールヴァージュ、女流写真家フローランス・アンリー等が集まった」と記されている。

黒田清輝

88. Boulevard Port-Royal

一八八四年三月一八日、黒田清輝（一八六六〜一九二四）は、数え年一九歳でパリの地を踏んだ。当初は公使館の近辺を転々としていたようであるが、やがて一八八七年四月八日付の父宛書簡において、「今度引キ移る町名番地等如左」として、「ポールロワイヤル町八十八番第二号」の番地が告げられる。「此ノ辺ハ書生町ノハヅレニテ公使館へ行クニハ鉄道馬車ニテ四五十分許リ掛リ申候」とも書かれている（『黒田清輝日記　第一巻』中央公論美術出版、一九六六年）。公使館から離れたわけである。このことは、黒田の画家への転身に関して、実に象徴的といえよう。

ポール・ロワイヤル大通りは、モンパルナス大通りから東へ続く大通りで、リュクサンブール公園やパンテオン、またソルボンヌにも近い。散歩には事欠かない場所に位置している。日本人としてパリに渡ったのはかなり早い時期に属する。『絵画の将来』（中央公論美術出版、一九八三年）で、「仏蘭西に行くことになったのが、明治十七年の二月でした。それで彼国で一週間目に或る私塾へ入り（小学から中学までの程度）、次でリッセ官立中学校に転じ、明治十九年の十月に法科大学に入りました」と自ら語っている。ところがふとした偶然から絵に転じ、約一〇年間パリに滞在することとなる。一八九三年にフランスをあとにして、アメリカ合衆国を経由して七月三〇日に帰国したが、一九〇〇年五月から翌一九〇一年五月まで、今度は美術調査の名目のもと、再びパリに渡っている。この頃は、未だ多くの画家たちがモンマルトルに住んでいた。そこは世界各国から集ってきた貧しい画家の楽園であった。やがて一九一〇年頃から、ピカソを始め、画家たちの多くがセーヌ左岸にアトリエを移すようになった。黒田は、あたかもそれを予兆するかのように、左岸に移って画家となったのである。

（真銅正宏）

★一九〇〇年、二度目のパリ滞在のおりに写された、パリのアトリエの黒田清輝（『絵画の将来』中央公論美術出版、一九八三年）。

小松清 —— 32-2. *Rue du Cotentin*

一九三一年にフランスから帰国した小松清（一八九九〜一九七五）は、一九三七年八月に妻の妙子と共に、再びパリに向けて出発する。日本人が多いシテ・ファルギエール一四番地にいったん落ち着き、年末には近所の、コタンタン街三二の二番地に引っ越した。当時の小松の肩書は、『報知新聞』欧州特派員。旅費も滞在費も支給されず、原稿料だけの不安定な身分である。それでも人民戦線派に近い小松は、すでに危険な場所と化した日本から脱出したかった。前年には二・二六事件が起き、この年の七月には日中戦争が始まっていたのである。

フランス生活が長い清はともかく、妙子にとっては、異郷での生活は苦労が絶えないものであったろう。一九三九年一月に彼女は、ダンフェール・ロシュロー通り七四番地にある、アドルフ・ピナール医院で、長男の晃を出産している（口絵五頁参照）。パリの語学学校でフランス語を学んでいたとはいえ、日本語が通じない場所での出産は、とても不安だったに違いない。しかもこの年の九月には、第二次世界大戦が勃発する。わずか八ヵ月の幼子を抱え、夫と別れて、妙子は避難列車に乗った。通常七時間のパリ〜ボルドー間が、二二時間かかったという。

パリに残った清は、アンドレ・マルローと会い、アンドレ・ジッドやジャン・ポール・サルトルらと文通しながら、ルポルタージュを書き続ける。また『フランス・ジャポン』という、日仏文化交流雑誌の編集に携わった。コタンタン街は、モンパルナス駅のすぐ西側にある。パリが陥落する直前の、駅周辺の様子は、彼の心に焼き付いた。『沈黙の戦士』（改造社、一九四〇年）には、「モンパルナス駅の周囲に昨日一昨日と立ちづくしで、避難列車を待つてゐる何万といふ老人、女子供たち」の姿が記録されている。

（和田博文）

★コタンタン街は一五区だが、一四区に接していて、医院まで遠くはなかった。ダンフェール・ロシュロー通りは、地下鉄のダンフェール・ロシュロー駅から、北のモンパルナス大通りへと伸びる通りである。小松清が二一歳のときに住んだエルネスト・クレッソン街から、この駅までは、わずか数分の距離。現在、医院があった場所には、写真のサン・ヴァンサン・ド・ポール病院がある。

小山敬三・坂本繁二郎・林倭衛・児島虎次郎 —— *18. Rue Ernest Cresson*

パリを訪れる日本人は、第一次世界大戦後に急増した。たとえば一九二一年七月三一日に神戸港を出発した日本郵船のクライスト号には、小出楢重（こいでならしげ）、小松清、坂本繁二郎（はんじろう）（一八八二～一九六九）、硲伊之助（はざまいのすけ）、林倭衛（しずえ）（一八九五～一九四五）らが乗り込んでいる。最年長の坂本は三七歳、最も若い小松は二一歳。年齢に少し開きはあるが、一ヵ月半にわたる船旅で、彼らは知り合いになる。この頃パリに滞在していた斎藤豊作は、坂本のためにエルネスト・クレッソン街一八番地のアパートを確保してくれた。小松や林も、同じアパートに部屋を借りる。画家の村とも称されるアパートの、三階に坂本、四階に小松、家賃が安い五階に林が、それぞれ入居したのである。

このアパートでは以前から、小山敬三（一八九七～一九八七）や正宗得三郎が暮していた。島崎藤村のアドバイスで、一九二〇年に渡仏した小山は、一九二八年までフランスに滞在する。モンパルナスのグランド・ショーミエール街一〇番地にあったアカデミー・コラロッシに通い、シャルル・ゲランに師事した。コラロッシは、ポール・ゴーギャンやオーギュスト・ロダンも学んだ、パリで最も古い研究所である。一九二三年にマリー・ルイズ・ド・モントルイエと結婚した小山は、イタリアやスペインにも足をのばし、制作を続けた。

坂本繁二郎もゲランのもとで、絵の勉強を始めるが、二～三ヵ月でやめてしまう。フランス語が聞き取れず、先生に注意されても理解できなかったからである。しかも彼は、船中でもパリでも、日本人に距離感を抱いていた。「巴里通信」（『東京朝日新聞』一九二三年二月二四日、二六日～二八日）で坂本は、日本人の「とげとげしさ人の悪るさ」に触れ、「それがこの巴里に於ては更におっちよこちよいと浅薄と誤解、早合点、下卑等の困つた特色」が目立つと書いている。

★図版は、現在のエルネスト・クレッソン街。

ときに孤独を感じながら、彼は美術館や画廊を巡り、スケッチ旅行に出掛けたりして、三年間を過した。

林倭衛はパリで落ち着いた後、小出楢重と共にベルリンに旅行する。翌年一月にパリに戻った彼は、一九二六年までフランスに滞在した。その間の一九二三年には、国際アナーキスト大会に出席しようと、大杉栄がフランスに不法入国して、パリで逮捕されるという事件が起きる。大杉は日本に強制送還されるが、逮捕直前の大杉と一緒に過した、数少ない日本人の一人が林だった。

小松清はカルチェ・ラタンの語学学校に通って、フランス語を学んだ。そして小説『ヴェトナムの血』（河出書房、一九五四年）が事実に基づいているなら、左翼陣営の集会でグエン・アイ・コォク（後年のホー・チ・ミン）と知り合う。グエンとの交流を通して、フランス共産党植民地問題研究会に、彼は顔を出すようになった。後年のインドシナへの関心は、このときに形成されている。経済的な後ろ盾がない小松は、三ヵ月後に所持金が尽きてしまう。働かざるをえなくなった彼は、パリを離れて、ニースへ向かった。

このアパートには、児島虎次郎（一八八一～一九二九）も居を構えたことがある。フランスを中心に、彼がヨーロッパに滞在したのは全部で三回。一回目は一九〇八年～一二年で、そのうち二年半をベルギーで過し、ガン美術学校を主席で卒業した。滞欧作品は多いが、児島の名は、画家としてだけではなく、大原コレクションの収集者として、記憶されている。二回目の一九一九年～二一年には、クロード・モネを訪ねて「睡蓮」を、アンリ・マティスを訪ねて「画家の娘」を、それぞれ購入した。三回目の一九二二年～二三年の収集品も含め、彼が選定した作品は、一九三〇年に開館する、大原美術館の中核になる。日本最初のこの近代美術館は、第二次世界大戦以前の日本人に、西洋絵画に実際に触れる貴重な機会を与えたのである。**（和田博文）**

★一九四一年一二月に奈良を訪れた堀辰雄は、複製でしか見たことがなかったエル・グレコ「受胎告知」を実見したいと、倉敷の大原美術館に足をのばした。『大和路・信濃路』（人文書院、一九五四年）に収録される、「古墳」（『婦人公論』一九四三年三月）という作品に、そのことが少し出てくる。「受胎告知」は児島虎次郎が、一九二二年八月八日に、ベルネーム・ジューヌ画廊で見つけて、購入の契約を結んだ作品である。

佐伯祐三 —— *162. Boulevard Montparnasse*

横光利一は、「私は巴里へ行つて街の美しさにあまり驚かなかつた。その一つはたしかに佐伯祐三氏の絵を沢山見てゐたからだと思ふ」「日本人が巴里を見た眼のうちで、佐伯氏ほど巴里をよく見た人はあるまいと思ふ」（「最後の絵」、『佐伯祐三画集』座右宝刊行会、一九三七年）と書いている。佐伯祐三（一八九八年生）が亡くなったのは一九二八年で、横光がパリへ行ったのは一九三六年のことである。この間、山本発次郎コレクションを中心とした回顧展の開催や画集の刊行があり、横光はこれらによって多くの佐伯祐三の絵を見たのであろう。

横光に限らず、現在でもパリの街角に佐伯祐三の絵を重ねて見る人は少なくないと思われる。彼は一四区、一五区のほとんどの街角に画架を立て、壁やそこに貼られた広告、扉、酒場や靴屋などを描いた。なんでもない裏町が、佐伯の絵の中で息づきはじめる。一九二五年のサロン・ドートンヌ入選作は「コルドヌリ（靴修繕屋）」である。一九二七年には「新聞屋」「広告のある家」が入選。妻の米子は、第一回目のパリ滞在のときに住んだ、モンパルナス駅近くのシャトー街一三番地（13. Rue du Château）のアトリエ付近のことを、「本当にパリの裏街を充分に表わしていて、好きな佐伯には飛び上るような所」と述べ、「近所の洗濯屋、新聞屋ですとか、それまでは誰もそんな所が絵になるとは思ってなかったような所をモチーフとして、佐伯は本当に独自の発見をした喜びがあった」（「佐伯のこと」、『美術グラフ』一九七一年六月）と回想している。こうしたスタイルを、佐伯はパリで手に入れた。ヴラマンクでもユトリロでもない、佐伯祐三のパリがすがたを現したのである。

佐伯祐三は一九二四年一月に、妻米子、長女弥智子とともにパリに到着した。前年に東京美

★佐伯祐三の絵「新聞屋」（一九二七年。朝日新聞社蔵）。

術学校西洋画科を卒業したが、そのときの絵はルノワールやセザンヌの影響が強かった。パリにいた友人の画家、里見勝蔵に促されてパリ郊外のヴラマンクを訪ね、自分の描いた「裸婦」を見せたのは初夏の頃であった。ヴラマンクは佐伯の絵を見ると「このアカデミズム！」と怒りだし、ショックを受けた佐伯は、これを転機として改めて自分の絵と向き合うこととなった。仕事はほとんど屋外だった。雨の多い秋、冬を長時間、屋外で過ごすことは健康を損ねるもととなったが、彼は休むことなく描き続けた。

一四区、一五区には里見勝蔵のほか、画家仲間の前田寛治、中山巍らが住んでおり、よく集まっては芸術を論じた。「日本にかへる頃から画が出来かけたが、やむを得ずかへらざるを得なかつたので涙ながら巴里にわかれをつげた」（佐伯祐三「巴里の生活」、『みずゑ』一九二六年七月）ということになったのは、佐伯の健康を心配した母の依頼を受けて、兄がパリまで帰国を促しに来たためであった。一九二六年一月にパリを発つ。帰国後、東京の落合や、故郷大阪の風景などを描いたが、パリの街のようには描きたいモチーフが見つからない。彼はふたたび一九二七年八月に、妻と娘をつれて下関から釜山へ向かいシベリヤ鉄道でパリへ旅立った。

パリでは一〇月から、モンパルナス大通り一六二番地のアトリエを借りて住んだ。今度のアトリエも一四区の下町であった。ここは著名なカフェが集まるヴァヴァン交差点が近く、反対方向へ行けば、クローズリー・デ・リラや天文台があった。リュクサンブール公園も近い。これらの風景は次々とキャンバスに描かれていった。創作意欲に任せて精力的に仕事をしていた佐伯は、一九二八年三月、雨の中での製作から体調を崩す。もともと頑健な体ではなかった。「郵便配達夫」「ロシアの少女」はこの直後に室内で描かれた。もはやパリの街角に立つ体力はなかったのである。結核が重くなり、神経衰弱も悪化した。八月一六日、三〇歳でパリに客死。結核に感染していた六歳の弥智子も、父の後を追うように八月三〇日に亡くなった。**（宮内淳子）**

★現在のモンパルナス大通り一六二番地。

ジョッキー —— 146. *Boulevard Montparnasse*

一九二三年、モンパルナスに奇妙なナイトクラブが誕生した。カメレオンというキャバレーが引っ越した跡にアメリカ人画家がつくった小さなクラブ、ジョッキーだった。彼は自分で外装と内装を担当した。真っ黒に塗られた外壁にインディアンとカウボーイの絵が描かれ、内壁にはポスターがべたべたと貼られた。西部劇の酒場のような雰囲気と、ピアノとギターと蓄音機、そして何よりダンスをするには狭すぎるホールとが、人々の人気をさらった。モンパルナスのキキと呼ばれたモデルのアリス・プランは、ここで卑猥な歌詞のシャンソンを歌って喝采を浴びた。画家のヴァン・ドンゲン、俳優のジャック・カトランやイヴァン・モジュヒン、作家のアーネスト・ヘミングウェイやスコット・フィッツジェラルド。あらゆる国籍のあらゆる名士がここで遊んだ。

一九二五年の夏の夜、モンパルナス大通りを歩いていた松尾邦之助は、開け放されたジョッキーの入口から偶然中をのぞいて、藤田嗣治の姿を発見する。「狭つ苦しいこのジョッキイの八畳間ぐらゐの空間には、数十人の男女所謂モンパルノ（この界隈の放浪者の総称）が、芋を洗ふやうにギッシリ詰つて押合ふやうに踊つてゐた。広いところで離れて踊ることに倦いたパリジアンやモンパルノは、かうして男女の間隔を最小限度にして押合つて踊る場所を探してゐたのである。フジタの顔が、無数の芋と芋との間に時々現れる。オカッパで鼈甲の眼鏡にチョボひげのフジタを初めて見た」（『フランス放浪記』鱒書房、一九四七年）。

毎夜黒塗りのリムジンが何台も横付けしたこのクラブも、一九二七年には閉店してしまう。短い狂騒の日々であった。

（和田桂子）

★ジョッキーの外観。黒い壁に白く浮き上がる人物像は、一見着物姿の女性のようだが、よく見るとインディアンである。あくまでも西部劇風のクラブにしたかったらしい。外観が不気味なのに加え、お抱えのピアニストと歌手が共に毒をあおって死んだというようなスキャンダルにも事欠かなかった（Sylvie Bonin et Bernadette Costa, *Je me souviens du 14e arrondissement*, Parigramme, 1993）。

島崎藤村

86. Boulevard Port-Royal

島崎藤村（一八七二〜一九四三）がパリに着いたのは、一九一三年五月二三日である。パリではポール・ロワイヤル大通り八六番地のマダム・シモネの宿に泊った。第一次大戦の戦火を避けてシモネの姉の家があるリモージュに移るまで、藤村はこの宿にずっと滞在していた。一九一四年には河上肇、竹田省、石原純が斜め向かいのグランド・オテル・ド・ポール・ロワイヤルに宿泊していたが、昼食と夕食はこの宿で藤村と一緒にとった。食堂は水上瀧太郎（「島崎藤村先生のこと」、『三田文学』一九二六年五月）によると藤村の部屋の隣にあり、この食堂で水上も「味の濃いポタージュと、肉と野菜の煮込んだ料理」を食した。

河上らがパリを発った後には野口米次郎が藤村の隣の部屋に泊り、米次郎が去ると今度は河田嗣郎が入った。藤村が来る前にも有島生馬やパリ大学で経済学を学ぶ大寺という青年が泊っており、この宿はパリを訪れる日本人にはなじみの宿のひとつであったことがうかがえる。

河上の泊ったホテルの部屋からは藤村の窓が見え、「夜いつまでも窓にランプが見えるので、またやつて居られるなと思ひながら、寝たことも屢ある」（「巴里に於ける島崎藤村君」、『朝日新聞』一九一四年五月一二日）という。フランス語を勉強しにマダム・ムルネタスの家を訪れる以外は、ルーヴル美術館に行くこともなく、藤村はひたすらこの宿の机に向かっていたようだ。時期からいって、おそらく『桜の実の熟する時』を執筆していたものと思われる。時々はアルコールランプに湯沸しをかけて番茶を焙じたり、煙草をくゆらせたりしていた。

リモージュから再びパリに戻った頃には、マダム・シモネの下宿は経営が成り立たなくなり、藤村は水上らの住むセレクト・ホテルに居を移すことになる。

（和田桂子）

★ポール・ロワイヤル大通り八六番地の現在の姿。

高村光太郎——17. Rue Campagne-Première

高村光太郎（一八八三〜一九五六）がパリに到着したのは、一九〇八年六月一一日である。最初の夜は、ソルボンヌのすぐ南側にあった、日本人の定宿の一つ、ホテル・スフロで過した。その後、エッフェル塔の南方、テアトル街の畑正吉の下宿に身を寄せる。そしてモンパルナスのカンパーニュ・プルミエール街一七番地に、アトリエを借りたのである。

モンパルナス大通りの、クローズリー・デ・リラと、ロトンドのほぼ中間に、カンパーニュ・プルミエール街の入り口がある。街をそのまま進むと、モンパルナス墓地に面したラスパイユ大通りに出る。この街には、各国から来た青年が集まっていた。「出さずにしまつた手紙の一束」（『スバル』一九一〇年七月）に、「美術家といつて悪ければ未成の美術家」で、その九割が「英米露独の外国人」だと光太郎は書いている。もちろん彼も、駆け出しの彫刻家の一人だった。その頃の光太郎は知らなかったが、一七番地には以前、オーギュスト・ロダンの秘書を務めた、詩人のライナー・マリーア・リルケが住んでいる。ロダンに憧れてパリに渡った彼にとって、うれしい偶然だったろう。

エトランジェの群像には、日本人画家も含まれている。光太郎のアトリエの、斜め向かいの一二番地は、有島壬生馬（生馬）が借りていた。有島の前には藤島武二が借りていたと、光太郎は聞いている。また九番地を光太郎は、「未成美術家の巣窟」と呼んだ。「何百といふ画室が女郎屋の室の様に出来てゐて、其の一つ一つに壁一重を隔てて各国の美術学生」がひしめいていたからである。光太郎と同じ時期にも、斎藤豊作、山下新太郎、湯浅一郎らが「巣窟」の住人だった。

★一九三〇年にアトリヱ社から、『現代作家滞欧作品選集』が刊行された。「渡欧せられる時機が、最も製作上の精進に向つてゐるときであり、「滞欧中の研究はしばしば作家の芸術上の転向を促す」と、滞欧作品を一冊にまとめる意義を、「序」は説明している。図版は、この本に収録された有島生馬「画室」。カンパーニュ・プルミエール街のアトリエである。モデルは、当時の作品によく出てくる、シューザンヌ・ローシェ。隣が馬車屋だったためか、夏は蝿が多かったらしい。

このアトリエでの生活を、光太郎は「遍歴の日——滞欧米時代前後(二)」(『中央公論』一九五一年一一月)で回想している。グランド・ショーミエール研究所の、夜のクラスに通ったことを除けば、学校や研究所には行かなかった。美術館で勉強する方がいいと考え、ルーヴル美術館やリュクサンブール美術館に、毎日のように通ったと。アトリエでは主に、泥で胸像を作っている。また文学を通してフランス精神に触れようと、日本研究家のノルトリンゲルと交換教授した。光太郎は芭蕉や古今和歌集を、彼女はシャルル＝ピエール・ボードレールやポール＝マリ・ヴェルレーヌの詩を、お互いに教えている。

ただアトリエの場所に、光太郎は必ずしも満足してはいない。「出さずにしまつた手紙の一束」には、カンパーニュ・プルミエール街に借りたのは、失敗だったと書いてある。昔も今も日本人画家が多いから、パリへの新参者は日本人を頼って、ついこの街を選んでしまう。しかしここは、華やかさに欠けている。街とは対照的に、光と喧噪に溢れたモンマルトルの魅力が、光太郎を捉えていたのである。「寄席、芝居、夜見世、珈琲店、酒、女、博徒(アパッシイ)。色彩に満ちた、音楽に満ちた夜の迷宮である。MONTMARTRE(モンマルトル)の街を歩いてゐるといふだけで既に僕は酔はされてしまふ」と。

一九〇九年の帰国に際して、光太郎のアトリエは、梅原龍三郎が引き継ぐことになる。そしてその後も、カンパーニュ・プルミエール街には、日本人画家の姿が日常的に見られた。特に多くの貸アトリエがある九番地には、日本人画家が次々と入居している。九番地一〇号を借りた宮坂勝は、「リユー・カンパーギユ・プルミエールと浮浪人」(『アトリヱ』一九三〇年七月)で、いかにも下町的な街の様子をこう描いた。「低い、きたない家がまだ巾を利かしてる狭い町」では、「腕をまくし上げた」肉屋の親父が働き、買い物籠を抱えた女性がサンダル履きで歩いていると。

(和田博文)

★写真は、現在のカンパーニュ・プルミエール街。左の手前から三軒目が、高村光太郎が滞在した一七番地である。この建物の壁のプレートには、写真家のユジェーヌ・アジェが、一八九八年〜一九二七年に住んでいたと記されているから、光太郎はまったく気づかずに、アジェとすれ違っていたのだろう。同じ並びの奥には、ホテル・イストリアがある。後の一九二〇年代に、ルイ・アラゴン、エリック・サティ、マルセル・デュシャン、フランシス・ピカビア、マン・レイ、フェルナン・レジェらが滞在したことで知られるホテルである。

ダンフェール・ロシュロー広場――*Place Denfert-Rochereau*

滝沢敬一は『第十フランス通信』（岩波書店、一九五二年）で、ダンフェール・ロシュロー街が、アンリ・バルビュス街に、街名変更されたことに触れ、「軍人が居なくなり、小説家になった」と述べている。ダンフェール・ロシュローは陸軍大佐。一八七〇年の普仏戦争の際に、包囲されたベルフォール市を死守して、有名になった指揮官である。ただしこの街が、消滅したわけではない。モンパルナス大通りと交差する地点より北の、五区の部分だけが改称された。街の南端に位置するのが、ダンフェール・ロシュロー広場。

広場の中心には、ライオン像が設置されている。林芙美子は「漣波――或る女の手記」（『漣波』中央公論社、一九五一年）に、「私は、ふつと、三越の入口にある、ライオンを思ひ出してゐました。とても似てゐるのです。このライオンは、ドイツを睨んでゐるのだと、曽根さんが教へてくれました」と記した。ベルフォール市外のライオンの銅像を模して、この石像は作られている。「ドイツを睨んでゐる」所以である。

広場にはメトロの駅があり、その周辺には多くの日本人が住んでいた。金子光晴もその一人である。『ねむれ巴里』（中央公論社、一九七三年）で金子は、「ダンフェル・ロシュロオの辺をあるいて、あの頃毎日のように会っていた人たち、とりわけ、あの顔なじみの日本人たちは、いまは、どうして」いるのかと自問している。金子が印象深く思い出すのが出島春光。駐在武官から金を引き出した金子に、出島は一目おいて、金のゆすり方を知りたがっていた。広場のカフェで二人は話し込む。その合間に、力ない咳を続ける出島が、結核を患っていることを、このときの二人はまだ知らなかった。

（和田博文）

★図版は「ベルフォールの獅子」（『世界地理風俗大系　第一二巻』新光社、一九二九年）。

ドーム —— *108. Boulevard Montparnasse*

エコール・ド・パリの時代が本格的に開花する以前から芸術家たちの集まる場を設け、独特の空間を作り出したという意味でドームとロトンド、この二軒のカフェの果した役割は大きかった。ドームはモンパルナス大通りとドランブル街（Rue Delambre）の交差した角に一八九七年秋に開店したが、中村恒夫『巴里画壇の全貌』（崇文堂出版部、一九三四年）には、「モンパルナスでは最も古い歴史を持つカフェの一つで、常客の美術家にはドイツ、ロシア、ポーランド、フランス、アメリカ等の作家が多く、古い常連（アビチュエ）の中にはキスリング、ザツキン、藤田、レヴイ等が居り、自殺したパスキンなどは一九〇〇年頃からの客であった」とある。

一九二八年一月から約一年間パリに滞在した辻潤は、イリヤ・エレンブルグの著書の訳者から訳本と手紙を託されてきたので、毎日朝の九時から三時間同じ席で執筆するのを日課としているエレンブルグに会うためにドームに赴いた。いつもパイプを口にした三七歳の温厚な紳士で、「風采も普通で芸術家によくある異常な容子などは少しも見えない」（「巴里の下駄」、『絶望の書』万里閣書房、一九三〇年）とあるが、松尾邦之助『フランス放浪記』（鱒書房、一九四七年）にも、一杯のカフェで半日も原稿書きする貧乏作家が常に四、五人はいるこのカフェでよくエレンブルグを見かけた、と記されている。

亡命ロシア人のエレンブルグの例に限らず、ドームにはドイツ他の外国人が多く、小松清『沈黙の戦士』（改造社、一九四〇年）には、「ドームなどはユダヤ系のドイツ人、ポーランド人、オーストリア人、ハンガリ人、ロシア人たちの倶楽部」のようだとある。横光利一『旅愁』（改造社、一九四〇〜四六年）の日本人たちも常にここに集合している。

（竹松良明）

★井上勇『フランス・その後』（鱒書房、一九四一年）所収の一九四〇年のドームの遠景。有島生馬の小説『死ぬほど』（春陽堂、一九二〇年）には、「店自体が鋭角をなし大ラムプのやうに往来の角に光つて」いる店内を窓越しに覗くと、「殊に緑色の玉台は芝生のやうに鮮かに見えてゐた。四五人の男がその台の周囲に喋りながら玉を突いてゐる」とある。

林芙美子——28. Place Denfert Rochereau

林芙美子（一九〇三〜五一）のパリでの足跡については従来『日記　第一巻』（東峰書房、一九四一年）や『巴里の日記』（東峰書房、一九四七年）を参照していたが、そこには創作的要素が含まれ、日付と事実との間に齟齬が生じる場合があった。現在は今川英子編による滞欧時の日記の復刻及び注釈・解説『林芙美子——巴里の恋』（中央公論新社、二〇〇一年）にその全貌が示されている。

それによると、一九三一年一一月四日に東京を出発、シベリア鉄道経由で一一月二三日にパリ北駅に到着後の芙美子のパリでの滞在先は三箇所となる。一一月二三日から翌年の一月二三日までは、ブーラール（Boulard）街一〇番地の Hôtel du Lion Belfort、現在ここはホテルではないが建物は残っている。一九三二年一月二四日から二月二一日まではロンドンに滞在、その下宿は『林芙美子——巴里の恋』によれば℅ Mrs. Bruton, 98 Holland Road, Kensington とある。二月二二日から四月五日まではダンフェール・ロシュロー（Denfert Rochereau）広場二八番地の Hôtel Floridor、これは現在も旧態依然のまま営業している。四月六日から五月一二日まではダゲール街二二番地のアパルトマンで、現在は Hôtel le Lionceau として営業、ここにはかつて金子光晴も滞在した事が、『ねむれ巴里』（中央公論社、一九七三年）によって分る。五月一二日の夜リヨン駅を出発、榛名丸で六月一五日に帰国した。

一見して明らかなのはこの三つの宿がいずれも目と鼻の先、ダンフェール・ロシュロー広場のライオン像の睨みが利く距離内にあることである。「さて、私のなつかしいダンフヱルの街だ。こゝは六分までも悪く云つて貧民階級だ。野菜も肉も魚もパンも安い」（『三等旅行記』改造社、一九三三年）というように、根ッから庶民的で気取りのないこの街を、誤ることなく渡仏以前か

★現在のホテル・フロリドル。『三等旅行記』には、ダゲール街を通ると必ず一人か二人の日本人に行き会うとあり、「美術学校の制服を着たうるし屋さんや、風呂敷の中に黒大根を包んで歩く百貨屋さんなぞ、一寸なつかしく哀愁のある風景だ」と記している。

ら嗅ぎ付けていた芙美子の嗅覚には頭が下がる。もっともここには以前から裕福でない日本人が多かったから、事前に消息を得ていたと見るべきか。河盛好蔵（かわもりよしぞう）の『巴里好日』（文化出版局、一九七九年）にも、「ダゲール町という狭い通りに、日本人の画家のアトリエばかり軒を並べている路地」をよく訪れたとあり、そこの住人たちの生活の苦労はとても「他人事とは思えなかった」と記している。

『三等旅行記』によると最初の宿であるリオン・ベルフォールは、「鳩と猫の巣」のようで夜帰ってくると天井から猫が落ちてくる。野良猫が七匹、犬も二匹いるし、「鳩は、これは食用にするのだらう」が庭の金網に飼われて、毎朝「優しく啼いてくれる」。部屋は妙な凸型で電話室と間違えた狭い台所があり、月に三五〇フラン（約三二円）、紅色の壁紙がひどく悩ましい。ここから黒い塗り下駄でポクポク歩いて魚など買ってきて焼いている。モンパルナスの墓沿いの夜道で出会った宿無しの街娼婦が「二週間も居候」したのもここになる。

次のフロリドルは玄関・サロン・寝室・台所・押入れがついて月四〇〇フラン、「部屋は広いばかりで、全く古びた歴史陳列部屋と云つた体で、私なんか一週間で気が狂つて、女王様になつた気になるでせう」とある。昔あった「都の花石鹸」の箱のような桃色の部屋で、いつもレヴューの幕裏で暮しているようだった。部屋は五階で窓辺に立つと、日毎に濃くなっていくダンフェール公園の緑葉が煙ってパリは毎日春の雨である。最後のアパルトマンは二階の広い部屋で月四〇〇フラン。ここで常に浴衣に三尺帯を締めて暮した。パリ滞在も残り少ないこの時期、芙美子にはベルリン大学の日本人学生との間に通い合う感情が芽生えていた。復刻された日記にもそれは読み取れるが、『巴里の日記』の叙述は女心の乱れを抑えてひどく切ない。「セーヌの河岸へ出て、暗い橋の上で、光つて流れる水を、一人でしばらく眺めてゐた。どうしても日本へ帰らなければならない。白い鳥が眼のさきを飛ぶやうな侘しさ」。

（竹松良明）

TEL.: DANTON 90-73

HOTEL FLORIDOR

CONFORT MODERNE – ASCENSEUR

SALLES DE BAINS

28, PLACE DENFERT-ROCHEREAU, 28

(Près Montparnasse)

PARIS (XIVe)

M Hayachi N° 17

PARIS, LE ... 193

1 mois du 22 février au 22 Mars 500

★ホテル・フロリドルの芙美子宛の勘定書。宛名に「M Hayachi」とある（『三等旅行記』改造社、一九三三年）。『三等旅行記』によれば、帰国の途についた芙美子のマルセイユから横浜までの船賃は三〇ポンド。往路のシベリヤ鉄道も三等なら、帰路も三等船客に徹しているから偉い。船室は四人部屋で日本人女性二人と女中だというセイロンの娘がおり、「暗い三等室も女四人では中々明るいもので、終日歌ばかりうたつて暮らした」という。

藤田嗣治・岡鹿之助 —— *5. Rue Delambre*

モンパルナス大通りのヴァヴァン交差点に行くと、カフェのロトンドとドームが、大通りをはさんで向かい合う。ドームの横から西に伸びるのがドランブル街。五番地の建物は、街を少し入った左手にある。入り口に掛けられた図版のプレートによれば、画家のフジタは、一九一七年から二四年まで、このアパートで暮し仕事をした。

ちょうどこの時代に、無名の藤田嗣治（一八八六〜一九六八）は、流行児フジタへと変貌する。彼がフランスに渡ったのは一九一三年、二七歳のときだった。翌年に勃発する第一次世界大戦は、画家の登竜門であるサロン（定期的美術展覧会）を閉鎖してしまう。藤田が初めて注目されるのは、一九一七年にシェロン画廊で開いた最初の個展である。パリの八区には、ラ・ボエシイ通りという、有名な画廊街がある。シェロンはこの通りの五六番地にあった。無名の画家だから、絵は買い叩かれる。『藤田嗣治画集』（東京朝日新聞社、一九二九年）で彼は、「画商は七十五銭の画を、百円平均で売つて、大利を懐ろにした」と回想している。

大戦後の一九一九年に、サロン・ドートンヌは復活した。藤田は秋の展覧会に六点出品して、すべての入選を果している。しかも六点とも「老大家の名誉の室に陳列」され、藤田はこの年の会員に推薦されるのである。やがて彼は、皮膚の柔らかさ・滑らかさの、マチエール（質）を表現したいと考え、試行錯誤の末に、乳白色のキャンバスを発明する。一九二〇年には、キキをモデルにした四〇号の裸体画が、秋のサロンで大評判となり、藤田は画家としての名声を確立した。

一九一七年〜二四年は、フェルナンド・バレーと共に暮した時代でもある。彼女に一目ぼれ

した藤田は、一九一七年に結婚するが、七年後に二人の生活は幕を閉じた。フェルナンドは画家の小柳正と、藤田はリューシー・バドード（ユキ）と、それぞれ再婚する。二人と親しく交際していた柳亮は、『巴里すうぶにいる』（昭森社、一九三六年）で、その後のフェルナンドを次のように描いている。マン・レイとキキも暮す、ドランブル街五番地の三階で、フェルナンドと小柳は生活していた。壁には藤田の素描が掛けられ、「懐かしいあの『藤田の静物』」（陶製の狗子、人形、針籠）もそのまま置いてある。部屋には手を付けさせてくれないと、小柳は苦笑していたらしい。

東京美術学校を卒業した岡鹿之助（一八九八～一九七八）は、一九二五年二月にパリに到着する。岡田三郎助と小山内薫の紹介状を持って、ドランブル街五番地を訪ねたが、藤田には会えなかった。彼はすでにパッシー地区の、アンリ・マルタン通り（Avenue Henri-Martin）一七番地のアパートに引っ越していたのである。ホテル住いをしながら、アトリエを探す岡に、モンパルナスのカフェで出会ったフランス人女性が、良いアトリエを紹介しようと言う。偶然にもその女性がフェルナンドで、アトリエは藤田が使っていた場所だった。藤田の絵を通して、岡にも見覚えがある机や戸棚が、そこには置かれていたのである。

柳沢健『巴里の昼と夜』（世界の日本社、一九四九年）に収録された座談会で、藤田と岡は当時を振り返っている。アンリ・マルタン通りのアパートで、二人は初めて出会うが、藤田は一二歳年下の岡を、「子供か弟」のように可愛がった。「今までの美術学校で受けた教育を皆捨てろ」と、藤田はアドバイスする。岡の『フランスの画家たち』（中央公論美術出版、一九四九年）によると、藤田はモデルも回してくれた。ところがモデルは、若造の指示などきこうとしない。勝手なポーズをとったり、靴がほしい、食事に連れていけという。風景画家になったのは、そのせいかもしれないというのが岡の弁。

（和田博文）

★図版右側中央の建物が、現在のドランブル街五番地。

モンパルナス墓地——3. *Boulevard Edgar Quinet*

南の墓地とも言われるモンパルナス墓地は、一八二四年に造成され、一八四七年に拡張された。ペール・ラシェーズに次いで、パリでは二番目に広い墓地である。エミール・リシャール街をはさんで、西側が約三分の二の大墓地、東側が残りの小墓地になっている。三万五〇〇〇の墓のなかには、数多くの芸術家も含まれる。大墓地を散策していると、作曲家のサン＝サーンス、批評家のサント・ブーヴ、アナーキストのピエール＝ジョセフ・プルードン、小説家のジョリス＝カール・ユイスマンスらの墓が目にとまる。小墓地の方にも、詩人のルコント・ド・リールらが眠っている。

日本から訪れた近代文学者の人気を二分したのは、シャルル＝ピエール・ボードレールとギイ＝ド・モーパッサンの二人だった。ボードレールには、第六区画の墓と、第二六区画と二七区画の間の記念碑がある。永井荷風『ふらんす物語』（博文館、一九〇九年）は、記念碑をこう描いている。「『悪の魂』ジエニー、ド、マルを形取りし容貌怪異の偉人は、魔の使ひなる蝙蝠を彫りし肱付の上に肱をつき、シヤール、ボードレールの名を現せし石台の上に、木伊乃（みいら）となりて横はれる詩人のさまを目戍（まも）りたり」と。

風邪気味の日に、記念碑を訪れたのは横光利一。『欧州紀行』（創元社、一九三七年）の次の一節からは、不機嫌そうな彼の表情が伝わってくる。「次ぎには行くまいと思つたボードレールの墓の前へ出てしまつた。このボードレールの石像は、よく出来てゐるので有名だが、私はこのポーズが嫌ひである。顎を支へて前方を睨んでゐる恰好は散文家ならしない。陰鬱な樹の下影に寝像もある」と。そう難癖をつけられても、ボードレールは困惑しただろう。第一これは記念碑

★図版は、永井荷風『珊瑚集』（籾山書店、一九一三年）に収録された、シャルル＝ピエール・ボードレールの記念碑。

であって、墓ではない。さらに「顎を支へて」いるのは、荷風も書いたように「悪の魂」の象徴で、詩人に擬せられたのはその下のミイラ。勘違いしたまま横光は、「墓石の寒さが、足もとをぞくぞくさせる」とつぶやいて、立ち去ってしまった。

パリ一四区に宿泊した日本人にとって、モンパルナス墓地は、散歩の途中に気軽に立ち寄れる場所だった。「ボウドレエルの墓とフロオベルの家」（『読売新聞』一九三七年一月一五日、一七日、一九日、二〇日）によれば、正宗白鳥は一〇回以上、墓地に足を運んでいる。しかしどうしてもモーパッサンの墓が見つからなかったという。エドガー・キネ大通り沿いの正門から入れば、著名人の墓の位置を示した地図を、事務所でもらえる。ただ墓の数が多いので、なかなか見つからないこともある。竹内勝太郎は『西欧芸術風物記』（芸艸堂、一九三五年）に、地図で探したが分らず、事務所の人に案内してもらったと書いている。

与謝野鉄幹もモーパッサンの墓を見つけられず、墓地をさまよった。四〇年前に歩兵として江戸に行ったことがあるという、事務所の老人が通りかかり、連れていってくれる。『巴里より』（金尾文淵堂、一九一四年）によると鉄幹は、日本大使の墓もあると言われ、ナホノブ・サメジマの墓に詣でている。特命全権公使を務めた鮫島尚信は、一八八〇年にパリで亡くなり、そのまま異郷に葬られたのである。

潤沢な資金をもつ観光客にとって、モンパルナス墓地は、好きな文学者の足跡をたどる魅力的な場所だろう。だが日本からの送金を見込めず、パリで自活する長期滞在者にとって、墓地は自らの生死を映し出す鏡のような場所だった。『ねむれ巴里』（中央公論社、一九七三年）で金子光晴は、パリで死んだ場合の自分の姿を予測している。「フランス政府の手で浮浪人として処分され、どこかの投込み墓地にほうり込まれ、犬の死骸や、猫の捨子といっしょに、支那まんじゅうの黒あんのように混沌とならされてしまうのが落だ」と。

（和田博文）

★モンパルナス墓地で島崎藤村が親しんだのも、ボードレールの墓と、ギイ＝ド・モーパッサンの墓の二つだった。『戦争と巴里』（新潮社、一九一五年）で、藤村は書いている。ときどき墓地に出掛けて、ボードレールの墓の側に腰掛けて、時を過してくることもある。去年の夏は、山本鼎や正宗得三郎と一緒に、モーパッサンの墓に行って、「青い葉の小さな植木を一鉢」供えてきたと。正宗もこの日のことを、『画家と巴里』（日本美術学院、一九一七年）に記している。図版は、同書に収録されている、正宗が描いた記念碑で、「悪魔」の下で眠るボードレールのミイラ。

山本鼎・正宗得三郎・戸田海笛

14. *Cité Falguière*

モンパルナス大通りから少し入ったところ、パストゥール研究所の裏手にあたるシテ・ファルギエール一四番地にあったアトリエ村は、入れ替りながら誰かしら日本人が住んでいる場所であった。佐伯祐三はここに住んだ訳ではないが、友人の里見勝蔵がいたので、パリに着いてまずここを訪ねた。一九二四年のことである。佐伯の妻の米子は、「シティー・ファルギェールの古いアトリエは、小説や映画に出てきそうなパリならではの古びた趣きがあり、かつてはモジリアニもここに住んでいたと聞きます。石の階段の地下室を鉄の欄干にそっておりるとそこに共同のトワレがあったり、水道があったり、そのクールを真中にしてアトリエが幾つも並びめぐらされています。そこには各国の画家の姿も見えました」(「佐伯祐三のこと」、『みづゑ』一九五七年二月)と、その様子を記している。

野坂参三が友人の画家の岡田穀(みのる)を頼ってここに来たのは一九二一年のことだった。野坂によると「そこはシテ・ファギエール一四番地で、門を入ると小さな内庭があって、ところどころ、しみのついた古ぼけた石造の二階建て。ユトリロの絵によく出てくるようなわびしいたたずまい」(「風雪のあゆみ」、『前衛』一九七四年六月)だったという。このとき岸田國士もここにいて、岡田夫妻、野坂夫妻と連れだってクラマールで遊んだりしている。この小さなエリアでは、日本国内での住み分けを越えた交流が起り得た。一九一三年からパリにいた島崎藤村も、ここにほど近い宿に住んだことから、山本鼎や正宗得三郎ら画家たちと交流が始まる。

山本鼎(一八八二〜一九四六)は一九一二年八月にパリに着き、この三階に住んだ。「室は八畳と三畳位の二間で寝床、テーブル、鏡、椅子、までついて居る」「此室代は一ヶ月四十法(日本の

★シテ・ファルギエール一四番地に建つヴィラ・ファルギエールの門と、山本鼎、小川某、柚木久太(高村真夫『欧州美術巡礼記』博文館、一九一七年)。

金で十六円許)」(『山本鼎の手紙』山越脩蔵編集、上田市教育委員会、一九七一年)と両親に報告している。中村恒夫『巴里画壇の全貌』(崇文堂出版社、一九三四年)によると、「アトリエは納屋同然の薄暗い二米に三米位の部屋から、堂々たるモダンなアパート内にあり、浴室、寝室、台所、アトリエ等を含み、小さなパーテイ位は催せるやうな高級なもの迄あり、家賃も一月最低百五十法から五百法乃至千法」とある。物価の相違を考えても、山本のアトリエが最も貧しいランクにあったことが推測できる。暖房設備もなく、寒い時はモデルの肌も粟だっていたという。正宗得三郎(一八八三〜一九六二)は一九一四年四月、ここにやってきた。画家たちはいずれも裕福ではなかったが、このように同じ場所に住んで行き来しながら、苦楽を共にしていた。

正宗の「ヴィラ・ファルギエール日記」(『画家と巴里』日本美術院、一九一七年)には、夜に山本鼎が来て絵の話に熱中するうち夜が明けかけ、「君鶯が鳴いてゐるよ、珍らしいこんな処で」「こゝは郊外が近いからよく来るのだ」という話をしたとある。現在はモンパルナス駅も近い繁華な土地だが、当時はまだ農地があり、家畜を飼う家もあって閑静な土地であった。魚を描いた日本画が得意で「ポアッソンの戸田」と呼ばれた戸田海笛(一八八八〜一九三二)も一九二四年からシテ・ファルギエールの住人だったが、一九三二年に客死した。「浪花節語りの様に長髪を時々肩のあたりに落し、羽織袴でカフェーの卓に向つて気を吐いてゐたが、体格のいい彼のこなれた和服姿は立派だつた」(松尾邦之助『フランス放浪記』鱒書房、一九四七年)とある。送金を受けずに絵を売って、かろうじて自活しており、金子光晴『ねむれ巴里』(中央公論社、一九七三年)にしろ、松尾邦之助『巴里物語』(論争社、一九六〇年)にしろ、戸田の極貧生活や強引な借金などのエピソードを語ってやまない。他にもこのアトリエ村には森田恒友、足立源一郎、蕗谷虹児、小松清らが住んでいたことがあるが、モンパルナスの再開発で取り壊され、現在は別の建物が建って、当時をしのぶことはできない。

(宮内淳子)

★蕗谷虹児の描いたヴィラ・ファルギエール(『思い出の名作絵本　蕗谷虹児』河出書房新社、二〇〇一年)。虹児は戸田海笛の紹介で、ここに住んでいた時期があった。

横光利一 — 259. *Boulevard Raspail*

★現在のセレクト・ラスパイユ・ホテル。

パリへ行っても楽しまず、早く日本へ戻って温泉へでも行きたいと思ってしまうような人は、現在もいるだろう。ただそれが、まだ海外旅行の簡単でない時代に人気作家だった横光利一（一八九八〜一九四七）がそう書くと、早速話題にされる。「私は自分で来たくて巴里へ来たのでは決してない。私の友人たちが、行け行け、行け行けと、たうとう押し出してしまつたのだ」（『欧州紀行』創元社、一九三七年）とあるように、彼は菊池寛の推挽により『東京日日新聞』『大阪毎日新聞』の社友となるや、早速、ベルリン・オリンピック視察のため特派員として欧州に派遣されたのである。パリに滞在したのは、ベルリンへ行く前、一九三六年三月二八日から七月二三日で、その間、ロンドンやオーストリア、イタリア、スイスなどにも足を伸ばしている。

横光利一がいたセレクト・ラスパイユ・ホテルは、ラスパイユ大通りにあり、モンパルナス墓地が眼下に見えた。リュクサンブール公園は近所だったので、よく散歩に出た。カフェで、フランス語のわからない横光に新聞記事を読んできかせたというのは、当時、フランス政府招聘給費留学生としてパリに来ていた丸山熊雄である（『一九三〇年代のパリと私』鎌倉書房、一九八六年）。横光はことばの通じない街で、身ぶり手振りでコミュニケーションを取るような気安さもなく、一人で、ただ途方に暮れていたようだ。食事もあわなかったらしく、胃の弱い横光は体調の優れないことが多かった。

友人たちに押し出された旅だといっても、パリ行きに期するところがなかったはずはない。その横光を憂鬱にしたのは、こうした日常的な不如意の積み重ねが案外大きかったと思われる。その上、横光がパリへ行ってどのような文章を書くか、文壇が、読者が注目しているのはよく自覚しており、生来まじめな彼はプレッシャーを感じていただろう。

この旅から生まれた横光利一の長編『旅愁』（一九三七年から一九四六年まで『文藝春秋』などに断続的に発表）からは、パリに代表されるヨーロッパに対しての緊張感が伝わってくる。ヨーロッパの知性を学んで日本の知識人と呼ばれるようになった横光が、パリの地を踏んだとき、親近感よりはむしろ敵意を感じ、ガードを張り巡らしているのだ。これは横光がプライドを賭けて、パリという特権的な地に一人置かれた気の弱り、体の弱りと戦っていたという事情もあったろう。その上に、また当時の世界情勢も彼の意識に大きな影響を与えている。横光は、日本の二・二六事件をこの旅の途上で知った。そしてパリへ来てみれば、ここも政治的に大きく揺れていたのである。新しい文学の旗手として登場した横光は、先頭に立つぶん、時代の風を強く受け、少し前まではプロレタリア文学と相対していた。日本では活動が封じられてしまった左翼運動だったが、フランスでは、一九三六年五月、総選挙で人民戦線派が過半数を獲得して、翌月、レオン・ブルームによる第一次人民戦線内閣が成立している。そうなるまでには、ファシズムとそれに反対する勢力のぶつかりあいがあり、大規模なデモ、ゼネストが起きていた。六月、ストは拡大する一方で、彼の住むモンパルナス一帯も店を閉じ、食事もままならなくなってしまった。オペラ、マドレーヌからサン・トノレ、シャンゼリゼ、カルチェ・ラタンと歩き回っても食事はできず、リュクサンブール公園のベンチに座っていると、そこの腰掛料を請求される——六月一一日はこんな一日であった。

『欧州紀行』によれば、横光が気に入ったパリの一つにリュクサンブール公園の外郭となるオーギュスト・コント街があり、「片側の建物は儘く窓を閉ざしてゐる中を自分も黙黙として歩く寂寥は物凄く身慄ひのするほど美しい」と書いている。『旅愁』にも、ガス燈に浮び上るこの通りが描き出されていた。

（宮内淳子）

★ナシオンの広場（『世界地理風俗大系　第一二巻』新光社、一九二九年）。『欧州紀行』にも『旅愁』にも、ナシオン広場でデモをした人々のことが描かれている。この広場の中央には、法律の勝利と市民の一致を現した「共和の凱旋」と題された群像の像があり、そのまわりを噴水が取り囲む。

福沢一郎・高畠達四郎・中山巍

32. *Rue de l'Orme*

福沢一郎（一八九八〜一九九二）は一九二四年四月に日本郵船の賀茂丸で出航、船内で柳沢健や西條八十と知り合い、五月末パリに到着した。佐伯祐三が出迎えてくれ、ソンムラール街（Rue de Sommerard）一七番地のオテル・ソンムラールに投宿した。翌年四月頃ロルヌ街三二番地のアトリエに入ったが、ここには既に中山巍（たかし）（一八九三〜一九七八）と高畠達四郎（たかばたけたつしろう）（一八九五〜一九七六）が暮していた。中山は一九二二年に東京美術学校研究科を卒業して渡仏、ヴラマンクやシャガールに傾倒し、一九二八年にパリで個展を成功させてから帰国した。高畠は慶応大学を中退して岡田三郎助の本郷洋画研究所で学び、一九二一年に渡仏、アカデミー・ランソンに通いサロン・ドートンヌ他に出品、一九二八年に帰国した。

中山巍の「福沢一郎のこと」（『福沢一郎画集 一九三三』美術工芸会、一九三三年）には、「小さい池を持つた中庭をかこんで建てられた八つのアトリエの中には既に私よりも一足先に高畠達四郎あり今、福沢君が来て、三人の黄色人を数える様になつたことは肩身の広くなつた思ひで吾々は元気づいた」とある。福沢はここの一号室に入ったようだが、彫刻の木内克、美術評論の森口多里（たり）らとの親交の場ともなった。ゴミに出す石膏の屑が大量なので、清掃人夫から苦情が出たりしたが、やがて彫刻をやめて「すばらしい熱度で君の製作欲は油絵に傾注された」と中山は回想している。このアトリエで六年間の研鑽を積み、一九三一年に帰国した。

モンパルナス駅に近いこの地域は後に区画整理され、アトリエの場所は現在のアルフォンス・ベルティヨン街（Rue Alphonse Bertillon）三二番地にあたるという（伊藤佳之「福沢一郎のあしあと——リュ・ドゥ・ロルヌのアトリエ」、『研究紀要』一号、富岡市立美術博物館・福沢一郎記念美術館、一九九八年三月）。（竹松良明）

★現在のアルフォンス・ベルティヨン街三二番地の建物。「福沢一郎のあしあと」によれば、現在もアトリエとして使用している人がいるらしいが、建物自体は一九二八年の建造とされているようである。

ラ・サンテ監獄

42. *Rue de la Santé*

ラ・サンテ監獄は一八六一年から一八六七年にかけて建てられた。滝沢七郎『旅券を手にして』(明文社、一九二六年)には「アラゴウ通りの監獄」を参観したことが書かれているが、ラ・サンテ監獄はアラゴー大通りとラ・サンテ街の交わるところにある。「周囲の壁等は高さ二十尺厚四尺もある内面には電線を引張て触るゝと鈴がなる仕組だ」という監獄の中は、「中央に見張所があつて十二の放射線が出来て其の両側が獄室」だという。

この参観があった数年前、大杉栄がここに収監された。彼は一九二三年にベルリンで開催される予定だった国際アナーキスト大会に出席するため、危険人物として監視されていた警察の目を逃れてパリにやってきた。ここからドイツに潜入するつもりだったが、ビザが取れないうちにパリのサン・ドニのメーデーで演説をして逮捕され、未決囚としてラ・サンテ監獄に入る。八畳ほどの独房には大きな窓がついており、そこからマロニエの梢が見えていた。スプリングの利いたベッドに机と椅子があり食器もある。看守が始終覗いて監視することもなく、日本と比較して待遇の良さに驚いている。監獄では白ワインを試みて、「そのたびになつかしからん／晩酌の／味を覚えし／パリの牢屋」(『日本脱出記』アルス、一九二三年)と歌っている。追放処分が下ってマルセイユから日本に向かったのは六月三日であった。

しかし、一九二七年六月、政治犯として収監されたレオン・ドーデにとっては、不健康で悪臭が耐え難い所であったという(『巴里左岸』堀田周一訳、牧野書店、一九四一年)。ギョーム・アポリネールは、ルーヴル美術館でモナ・リザが盗まれた事件で嫌疑を受け、一九一一年にラ・サンテに入っている。無罪が証明されて一週間で釈放された。

(宮内淳子)

★現在のラ・サンテ監獄。滝沢七郎『旅券を手にして』には、「巴里には三ヶ所の獄がある」とあるが、現在はラ・サンテ監獄以外は郊外へ移っている。

ロトンド ―― 105. Boulevard Montparnasse

パリの著名なカフェには、たいてい芸術家に理解の深い主人の存在がある。モンマルトルのラパン・アジルにフレデリック・ジェラールがいたように、モンパルナスのロトンドにはヴィクトール・リビオンがいた。モンパルナスで最古参のモデルと言われるアイーシャは、リビオンが、画家たちに慕われてパパ・リビオンと呼ばれていたと語った（森三千代『をんな旅』富士出版社、一九四一年）。

彼は一九一一年からこの店の経営者となった。無名な画家の絵を店に飾ったり、料金のかわりにデッサンを受け取ったり、彼らが店で客の似顔絵を描いて一杯のワインを乞うても寛大だった。また、長居をしても、再度の注文は求められなかった。常連は各国から集まった、モイーズ・キスリング（ポーランド）、アメデオ・モディリアーニ（イタリア）、ジュール・パスキン（ブルガリア）、ハイム・スーチン（リトアニア）、マルク・シャガール（ロシア）、キース・ヴァン・ドンゲン（オランダ）ら、いわゆるエコール・ド・パリの画家たちであったが、中にはロシアから来たレーニンやトロツキーもいて、このためリビオンは、ロシアの危険人物と交際があるとして警察から取り調べを受けたこともあったという。また、第一次世界大戦中は画家たちがいなくなって仕事を失い途方に暮れていたモデルたちを、店で眠らせ、面倒を見た。

一九二三年、ロトンドも改築拡張され、アメリカ人などでますます賑わった。モンパルナスのキキ、本名アリス・プランがロトンドにやってきて、モディリアーニ、パスキン、藤田嗣治らのモデルになり、恋人であったマン・レイの被写体となって、モンパルナスの女王と呼ばれたのは一九二〇年代のことであった。

（宮内淳子）

★阿部金剛の描くロトンド（獅子文六『脚のある巴里風景』白水社、一九三一年）。

8

日本館付近とその他の地域

エリアの特徴

かつてパリの周りには、城壁が築かれていた。その南の端の城壁の一部が取り壊された跡地に作られたのが、パリ大学都市である。モンスーリ公園の南側である。パリもここまで来ると、かなり中央部から離れた感が強いが、モンスーリ公園からはエッフェル塔が望める。パリはやはり一つである。現に竹中郁や辻潤、荻須高徳は、モンスーリ公園のすぐ近くに住んでいたのである。

パリ大学都市には、各国からの留学生また学者のための会館が集まっている。中央の大きな建物は、リュクサンブール宮殿などを思わせる壮大な造りであり、これを遠巻きにするように、広大な敷地のなかに各国の会館が点在している。それぞれ特徴的な建物ばかりで、例えばスイス館は、ル・コルビュジエの設計になる。そのすぐ近くにあるのが、薩摩治郎八が父とともに出資した日本館である。今もその天守閣のような威容を誇っている。

旧中央市場のフォーラム・デ・アールから、三区と四区の境を東に延びているのが、ランビュトー街である。ここには、国立近代美術館などが入ったポンピドー・センターが、そのカラフルで特異な姿を見せている。この通りをさらに東に進むと、フラン・ブルジョワ街に出る。この通りは、貴族の館が多く残っているマレ地区の中心線で、道にそって、カルナヴァレ博物館や、パリ市歴史図書館などがある。また、北に少し外れたところには、ピカソ美術館もある。個性的な小物を扱う店も軒を連ねている。

その先にあるのが、ヴォージュ広場である。かつて近辺の貴族たちの憩いの場であった。広場を囲むように、北に王の館、南に王妃の館があり、これらを繋ぐ回廊のように、建物が方形に建てられている。その南東角にあるのが、ヴィクトール・ユゴー記念館である。かつてユゴーが住んだ家である。

ヴォージュ広場から南東方向すぐに、バスティーユ広場がある。中央に、七月の円柱が立っている。一七八九年七月一四日、ここにあったバスティーユ監獄への襲撃からフランス革命が始まったことはよく知られている。旧中央市場からこのバスティーユまでの道は、パリの歴史をさまざまな角度から見せてくれる。なお、革命後二〇〇年の一九八九年には、ここにオペラ・バスティーユが建てられ、新名所として親しまれている。

さらにパリの東の外れ、メニルモンタン大通りに、これも広大な敷地を誇るペール・ラシェーズ墓地がある。墓地は一つの丘を形成していて、上は台地となっているが、この丘からも、パリの街が望めた。やはりパリは一つである。

その東、旧城壁の外にはヴァンセンヌの森が広がっている。

パリは広い。西條八十は、ポルト・ド・ヴェルサイユ近くというパリの西南の端に住んでいた。それでもやはりパリは、一つなのである。

（真銅正宏）

❶ 岩田豊雄（獅子文六）／パリ国際大学都市日本館（14区）3. Boulevard Jourdan
❷ ヴァンセンヌの森（区外）Bois de Vincennes
❸ ヴィクトール・ユゴー記念館（4区）6. Place des Vosges
❹ 辻潤・竹中郁・小磯良平（14区）138. Rue de la Tombe-Issoire
❺ 西條八十（15区）4. Rue Lacretelle
❻ バスティーユ広場（4・11・12区）Place de la Bastille
❼ ペール・ラシェーズ墓地（20区）Boulevard Ménilmontant
❽ 松尾邦之助（14区）22. Rue de l'Amiral Mouchez
❾ モンスーリ公園（14区）22-28. Boulevard Jourdan
（本地図の外にあるスポットは8〜9頁のパリ全図参照）
14
PL. DENFERT ROCHEREAU
DENFERT ROCHEREAU
MAIRIE
Pl. Gilbert Perroy
R. Mouton Duvernet
MOUTON-DUVERNET
LECLERC
LA ROCHEFOUCAULD
MAINE
GÉNÉRAL
ST PIERRE DE MONTROUGE
ALÉSIA
d'Alésia
Jean Moulin
Rue Sarrette
Rue Beaur
PORTE D'ORLÉANS
INSTITUT MUTUALISTE MONTSOURIS
BOULEVARD JOURDAN
PARC MONTSOURIS
CITÉ UNIVERSITAIRE
CITÉ INTERNATIONALE UNIVERSITAIRE DE PARIS
PORTE D'ORLÉANS
EXTÉRIEUR
Rue Barbès
Av. Aristide Briand
GENTILLY
Av. Pierre de Coubertin
Rue de l'Amiral Mouchez
Rue Gazan
R. de Rungis
Av. Reille
Av. René Coty
Av. Nansouty
Rue de la Santé
Rue de la Glacière
Rue Vulpian
BOULEVARD ARAGO
Bd SAINT-JACQUES
GLACIÈRE
ST JACQUES
STE ANNE
COCHIN
VAL DE GRACE
Bd DU PORT ROYAL
R. Berthollet
Rue St Jacques

岩田豊雄（獅子文六）——*3. Boulevard Jourdan*

第二次世界大戦以前に岩田豊雄（獅子文六　一八九三～一九六九）は、パリに二回渡航している。父の遺産を使った一回目は一九二二年～二五年で、セルゲイ・ディアギレフのロシアン・バレーや、ヴュー・コロンビエ座の舞台に刺激されながら、演劇研究に没頭した。築地座や文学座での活動の基盤は、この頃に形成されている。二回目は一九三〇年～三一年の約半年で、病気を患った妻のマリーを、実家で療養させるためだった。

二回目のパリで、岩田が最初に泊るのが、パリ国際大学都市日本館である。前年五月に開館した日本館は、近代的設備にもかかわらず、あまり人気がなかった。繁華街から遠く、交通の便が悪かったからである。一九二九年七月三日に、安達峯一郎フランス大使が幣原喜重郎外務大臣に送った「薩摩会館ノ経営及日仏会館補助金ニ関スル件」という公文書によれば、当時は慶応義塾大学の井汲清治教授（フランス文学）や、北海道帝国大学の中谷宇吉郎助教授（物理学）が宿泊している。しかし在館者は二二名で、総室数の三分の一にすぎなかった。

獅子の『但馬太郎治伝』（新潮社、一九六七年）によれば、「私」の部屋を予約しておいてくれたのは、友人のI慶応義塾大学教授（フランス文学）である。部屋代は安いし、清潔で明るく、申し分ない。ところが食堂の朝食が苦痛だった。ちょび髭をはやし、きちんと服を着込んだ研究者が、姿勢正しく並んで、一言も喋らずに食べている。お下劣な冗談で、女中と仲良くなった「私」は、規則違反だが、朝食をベッドに運んでもらうことにした。だが日本人ムッシュウに密告されてしまう。日本館を出て、庶民が暮らすセーヌ街の汚いホテルに腰を落ち着けたとき、「私」はようやくパリ生活の始まりを実感するのである。

（和田博文）

★一回目の渡航時の一九二三年頃に、パリの下宿で頬杖をつく岩田豊雄（『獅子文六全集　第一三巻』朝日新聞社、一九六九年）。

ヴァンセンヌの森

Bois de Vincennes

ヴァンセンヌの森は、パリの東に、ちょうど西のブーローニュの森と対をなすように広がっている。ヴァンセンヌ城やドーメニル湖などの名勝がある。森のなかは、迷いそうになるほど広い。松尾邦之助の『フランス放浪記』（鱒書房、一九四七年）には、知人で彫刻家の佐藤朝山の「アヴァンチュール」について、次のような記述が見える。「失望した二人のモンマルトル不良ガングは、朝山のポケットに皺だらけになつてゐたたつた一枚の百法札だけを掴んで、朝山を森の中にはふり出したが、面くらつた朝山は、二人の不良に拝むやうにして哀訴し、パリのルーヴル博物館前まで届けて呉れと云つた」。この事件については、同じ松尾の『青春の反逆』（春陽堂、一九五八年）に、「彼を車でパリの西端、ヴァンセンヌの森に連れて行ったのだ」とあるので、この森でのできごとであることがわかる。ただしパリの西端というのは東端の思い違いであろう。「東洋豪傑」朝山が恐れたのは、ギャングより森の深さであった。

もちろん、森には木々ばかりではなく広場もあり、にぎやかな催しの会場に選ばれることもあった。石黒敬七の『巴里雀』（雄風館書房、一九三六年）には、ここヴァンセンヌの森で「万国殖民博覧会」が開かれ、その時、世界舞踊団というインチキ舞踊団の一員に、ジョセフィン・ベーカー・ド・ブルガリーという「偽物」が出演したことが書き留められている。これは一九三一年にこの森で開かれた植民地博覧会の際のことを指すのであろう。

「人のゐない奥深くへ這入つて休まうとすると、雑木の中には、あちらにもこちらにも男女の二人づれが横になつてゐる。私たち男三人は森をけがしてゐるのぢやないかと思ふほどだ」（横光利一『欧州紀行』創元社、一九三七年）。これがいつもの姿であった。

（真銅正宏）

★現在のドーメニル湖。

ヴィクトール・ユゴー記念館——6. *Place des Vosges*

★ヴォージュ広場（太宰施門『LE PARIS』政経書院、一九三四年）。

バスティーユ広場に近い、ヴォージュ広場の六番地、すなわち、この広場を取り囲む廻廊のような建物の東南角に、ヴィクトール・ユゴー記念館は位置している。この辺りは、マレ地区と呼ばれ、シテ島などと同様に、パリのなかでも最も早く開かれた地区であり、一八世紀の頃までは、上流階級が多く住む地区であった。与謝野寛・晶子共著の『巴里より』（金尾文淵堂、一九一四年）には、「旧宅は十八世紀の建築だと云ふ一廓の中に在つて、屋上に三色旗が翻つて居る。故文豪が一八三三年から一八四八年まで住んだ家だ。ユウゴオを記念する小博物館として大抵の遺作、遺品、故人の著作に挿んだ絵の下絵、著作の広告に用ひた絵、其他故人に関係ある雑多の物が陳列されて居る」と紹介されている。しかし建物はもっと古いものであるとする記述もある。例えば中村恒夫の『巴里画壇の全貌』（崇文堂出版部、一九三四年）には、「博物館は一六〇〇年代の建築で、ド・ヴィニイの歴史小説『サン・マル』、ユーゴーの戯曲『マリオン・ドロルム』で知られた一代の妖婦マリオン・ドロルム（一六一一―一六五〇）の住居と伝へられ」ると書かれている。さらに中村は、「巴里市は此の家屋を小学校に当てゝゐたが、ユーゴーの遺族か（ママ）同所に博物館開設を希望し、文豪のコレクション及び設備費五万法の寄附を申出た結果、市ではこれを承諾して一九〇三年六月から『ヴイクトル・ユーゴー博物館』として一般に公開することにした」と、その博物館開設の経緯を説明している。

藤田嗣治の『巴里の横顔』（実業之日本社、一九二九年）には「ロダンの家から較べたら到底比較にならない程みすぼらしい間借生活である」とあり、矢本正二の『巴里通信』（築地書店、一九四三年）にも、「五つ間あるが極く小さい家で、家賃にすれば三、四十円のうちだが、板張の床の上に、粗末な椅子や机が、ユーゴーが住んでゐた、そのまゝの形におかれてゐるだけ、古くて汚くても『あすこは光つてゐる』といはれてゐる」とある。ここに見られるとおり、家自体はさほど大きなものではない。しかしこの家は、博物館として、展示品に特筆すべきものを持っていた。ユゴーの著書を飾った表紙や挿絵などに始まり、ユゴーの小説に登場する人物や場面を描いた絵や、ユゴーを描く絵、ユゴーの胸像や、舞台画、家族の肖像などである。

中村によると、具体的な作品としては、「ドレ、ブウランゼ、セレスタン其他の表紙飾、挿画等」や「ヴイレツト作『ガヴロシユの死』、ドワンベエ作『ジヤン・ヴアルジヤン』、カリエル作『捨てられたフアンテイヌ』、ドキヤン作『巴里の子供』、メルソン作『カジモード』」、「ロダン作胸像『ユーゴー』、ダンゼ作胸像『ユーゴー』」、さらには「ベナアル作『エルナニ』、ロワベ作『ドン・セザル・ド・バザン』、フアンタン・ラトウル作『サテイル』、ボオドリイ作『イヴ』、エンネル作『サラ』、スタンラン作『哀れな人々』、ロダン作『ユーゴー肖像』、ドシヤテイヨン作『ユーゴー父子』、ドラクロア、ブウランゼ、ガヴアルニの舞台或ひは衣裳画」や「ロオル作『通夜』、ラフアエリ作『第八十回誕生日』」などである。とりわけ注目すべきは、これらに交って飾られているユゴー自身が描いた数多くのデッサンである。与謝野寛や藤田嗣治も、このユゴーの絵に特に感心させられている。寛は「ユウゴオの描いた絵の多いのに驚いた」と書き、藤田は「この家は、一見画家ユーゴーの絵画展覧会といふ程に、彼の描いたペン画が、たくさん並べてある。仲々、素人離れのした器用な絵で、青年時代、美術学校にゐたといふ事が、うなづける」と述べている。これは、この家を訪れる誰もが抱く共通の感想であろう。さらに藤田は、ユゴーがデザインした家具が並べられている事実にも触れている。

ここは、ユゴーが住んだから記念館となったばかりでなく、小説に限らないユゴーの創作活動の全体を見せてくれる博物館なのである。

（真銅正宏）

★ヴィクトール・ユゴー記念館（太宰施門『LE PARIS』政経書院、一九三四年）。

辻潤・竹中郁・小磯良平 —— *138. Rue de la Tombe-Issoire*

読売新聞社第一回パリ文芸特置員という肩書で、辻潤（一八八四〜一九四四）が長男の一を伴って、パリに向けて出発したのは、一九二八年一月である。彼が落ち着いたのは、トンブ・イッソワール街の一三八番地。この街は、ダンフェール・ロシュロー広場付近から伸びる長い通りで、一三八番地は南端のパリ国際大学都市に近い。この年の一二月まで辻はパリに滞在する。しかしパリ体験をまとめた『絶望の書』（万里閣書房、一九三〇年）を読んでも、辻が異文化に積極的に開かれようとした形跡は見られない。

パリ見物はほとんどせずに『大菩薩峠』を読み耽る。ルーヴル美術館・リュクサンブール美術館・エッフェル塔・ヴェルサイユ宮殿を、二〜三日かけて初めて回ったのは、知人がパリに来たときだった。「名物を御蔭で」覗けたが、実のところは「甚だ有難迷惑」だったとか。パリの食事も口に合わないからと、部屋にこもって、息子が買い出しアルコールランプで炊いてくれた米飯を食べる。パリ体験の記述は、懐具合が悪くてシャリアピンの独唱会に「行かれなかつた」とか、近所の物売りの声は興味深いが何を売っているのか「わからない」とか、ネガティヴそのもの。

長期滞在者でも、生活の基盤がパリにない者は、根無し草の不安に苛まれることがある。一九二八年三月に神戸を出港した竹中郁（一九〇四〜八二）は、辻潤と同じトンブ・イッソワール街一三八番地に下宿して、パリを拠点に、二年近くをヨーロッパで過した。約四ヵ月暮した夏の終りに、竹中はホームシックに襲われる。「巴里たより」（『ドノゴトンカ』一九二八年一一月）によれば、「美術館（ミューゼ）もいい、珈琲店もいい、本もよい、然しだ、それらのものも僕自身の生活基調なく

★辻潤『絶望の書』（万里閣書房、一九三〇年）の扉に使われた「辻潤先生巴里酩酊の図」。同書のキャプションによれば、これはパリの『ヌーヴェル・リテレール』紙に掲載された。

しては、何の甲斐あるものぞ」と感じたのである。

だが辻と違って、竹中はパリを積極的に吸収していく。フランス語の台詞の聴き取りが難しい演劇は、さすがに回数が少ない。竹中がよく観たのは映画。「アジアの嵐」「三面鏡」「ナポレオン」「ひとで」「プラーグの大学生」「幕間」「メトロポリス」などの前衛的な映像は、彼の詩の方法に大きな影響を与えた。セルゲイ・ディアギレフのロシアン・バレーの公演や、アルテュール・オネゲールの音楽会にも出掛けている。コメディ・シャンゼリゼ座では、詩の朗読を聴く機会があった。またマドリードを中心に、スペインへ絵画の巡礼を行い、ディエゴ・ベラスケスなどを堪能している。

兵庫県立第二中学校の頃から、竹中郁の親友だったのが小磯良平（一九〇三～八八）。竹中と共に渡仏する予定だったが、風邪を引いて、二ヵ月遅れでパリに到着した。小磯もパリではトンブ・イッソワール街一三八番地に下宿している。辻潤とは半年ほど重なっているから、近所で顔くらいは合わせただろう。竹中は朝起きると、牛乳とクロワッサンとフランス語の新聞を買いに行く。毎日午後一時にドーデ街のアルザス料理店で、小磯と待ち合わせてランチを食べる習慣だった。パリ滞在中の昼食の約三分の二は、このレストランで楽しんだらしい。竹中はランチ後に、フランス語学校に通っている。

小磯良平はグランド・ショーミエールに籍をおいて画業に励んだ。竹中の「巴里たより」によれば、当時の小磯が使ったモデルは、フォリー・ベルジェールの踊り子で、ルーマニア人だったという。午前二時までミュージック・ホールで働いても、九時にはアトリエに来ると、竹中は感心している。ときどきモデル台で居眠りして、「踊り子なんかなるものぢやないわ」と言ったらしい。小磯が一九二九年に描いて、サロン・ドートンヌに出品した「Woman in a Shawl」のモデルは、彼女だったのかもしれない。

（和田博文）

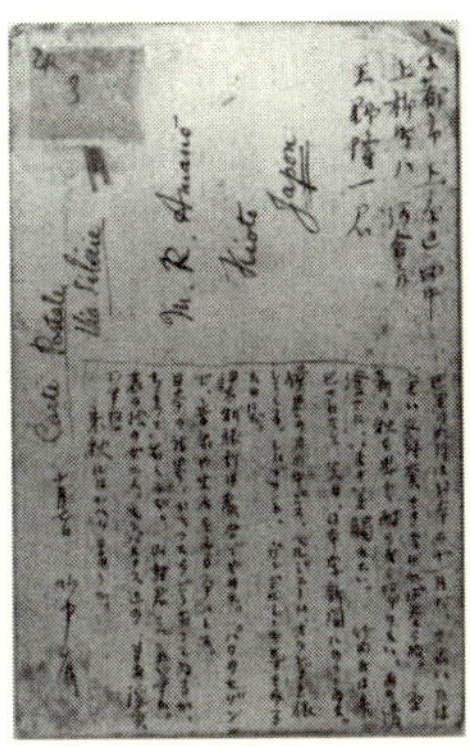

★一九二八年一〇月七日付の、竹中郁の天野隆一宛葉書。「京都の秋を思ふと耐らなく帰りたい」と望郷の思いを吐露している。「竹内氏は来巴されたと、先日、日本字新聞にのつてゐた」というのは、『巴里週報』で竹内勝太郎の消息を読んでの記述だろう。「伊太利旅行は都合でやめた。パリのセゾンで、音楽や芝居をみる事にした」と書いているように、竹中は文化全般への関心が旺盛だった。

西條八十

4. *Rue Lacretelle*

西條八十（一八九二〜一九七〇）がパリに到着したのは、一九二四年五月である。最初はフェザンドリー街（Rue de la Faisanderie）のホテルに滞在するが、その頃のことを八十はこう書いている。「巴里（パリー）へ着いてからの一月ぐらゐ、淋しく味気ない思ひをしたことは、私の生涯にまづ無いと云つていゝ。家族の声もきこえず、訪ねてくる友とても無いホテルの一室に私は寂しく目ざめ、下男（ギャルソン）の置いて行つた冷めた珈琲（コーヒー）を啜り、かたい麪包（パン）をかぢつた」（「巴里のおもひで」、『愛誦』一九二六年五月）。

それから八十はパリ大学に近いオテル・セレクトに居を移した。須藤武一郎によれば、「先生の部屋の一方の側にある三つの窓は、直ぐ前のプラース・ド・ラ・ソルボンヌを見下ろして、広場の中央にあるオーギュスト・コントの純白胸像が、いつも考へ深い額をしてゐるのが手にとるやうに見えてゐた。その窓と鍵の手なりになつた他の一方の側の二つの窓は、ソルボンヌの黒ずんだ教会堂にむかつて、窓硝子の一つを通して、ソルボンヌ大学の時計台がはつきり見えるといふ詩人には適はしい静かな部屋であつた」（「巴里の西條先生」、『蝋人形』一九三五年三月）という。

年末にはラクルテール街四番地のアパルトマンに移った。「夜遅く戻ると家の入口はかたく鎖ぢられ、門監（コンシエルヂユ）は寝てゐる。呼鈴を押すと、門監は寝惚け半分で紐（コルドン）をひく。ギーッと開いた扉（ドア）の内側へ踏み入つて、それから昇降機（アツサンスール）を使ふ前に、私は『五階（サンキエーム）！』と声をかけた（「巴里の夜の追憶」、『新潮』一九二七年六月）と八十は回想している。帰国後も八十は、「五階（サンキエーム）！」と声に出してはパリをしのんでいたようだ。

（和田桂子）

★現在のラクルテール街四番地。ここの五階で書いた詩が、『巴里小曲集』（交蘭社、一九二六年）に収められることになる。

バスティーユ広場

Place de la Bastille

現在は広場になっているバスティーユだが、一四世紀末の一〇〇年戦争のときに、ここにはパリを守る城塞が建設された。一七世紀になると監獄に転用され、貴族やブルジョワを収容している。バスティーユが専制政治のシンボルとなった一因は、一八世紀にヴォルテール、ミラボー伯爵、マルキ・ド・サドなど、有名な文人が投獄されたからである。一七八九年七月一四日にバスティーユが襲撃され、フランス革命の幕は切って落とされた。監獄はこのときに解体されている。広場の中央に立つ円柱は、一八三〇年の七月革命の犠牲者を弔うため、一八四一年に建てられたものである。

バスティーユ広場の東側に、ラップ街という街がある。松尾邦之助はここのバル・ミュゼットに、林芙美子を案内している。松尾の『巴里横丁』（鱒書房、一九五三年）によれば、「不良や兵隊が女中や売笑婦とチーク・ダンスをする」店だった。二人の「薄白粉をぬったニヤケたいなせのアンチャン」が、テーブルにやってきて腰掛ける。松尾は「色気たっぷりの眼」で、手を握られて、二階で楽しもうと誘われたが、林芙美子は完全に無視されて、口惜しがっていたという。

七月一四日は革命祭。一三日の前夜祭は、市民がバスティーユ広場を埋める。松尾は『巴里素描』（岡倉書房、一九三四年）に、星空の下で人々が踊り狂う場面を描いた。まるでパリ全体が、「大きなダンス・ホール」であるかのようだ。革命祭当日のパリを描いたのは、小堀杏奴（こぼりあんぬ）『橡の蔭』（那珂書店、一九四三年）。カフェのギャルソンが踊る。タクシーの運転手が踊る。西洋女性を同伴する日本人男性も、モンパルナス大通りで踊っていた。

（和田博文）

★監獄は姿を消したが、その跡は、地上の白線でたどれるようになっていた。まだ混まない日曜日の朝に、事実かどうか確かめに行ったのは滝沢敬一である。『第三フランス通信』（岩波書店、一九四〇年）によれば、深い霧の中で写真器を持って、番地と地面を交互に見る彼を、巡査がけげんな顔で眺めていたという。かなりの大きさを予想したせいか、「フーンこれだけのものか」と、滝沢は書いている。図版は、『世界地理風俗大系　第一二巻』（新光社、一九二九年）に掲載された「バスティーユの広場」。

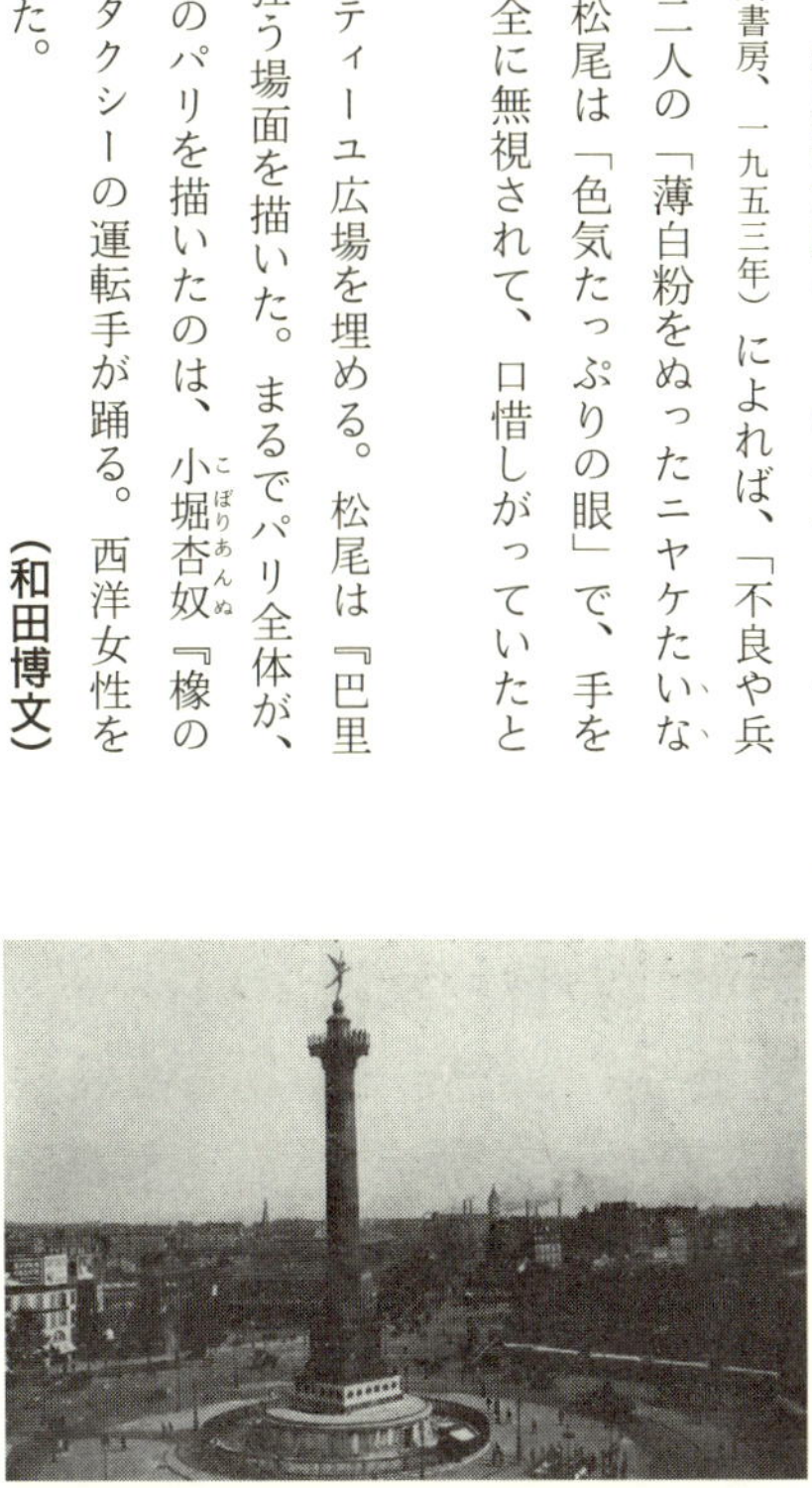

ペール・ラシェーズ墓地

Boulevard Ménilmontant

ペール・ラシェーズ墓地は、第二〇区のメニルモンタンという、パリの中央部から東にやや外れた場所にある。四四ヘクタールの墓域の広さは、パリ最大の規模である。今まで一〇〇万人以上が葬られたと云われる。松尾邦之助の『巴里』(新時代社、一九二九年)には、「亡き人々の祭日になつてゐる十一月一日二日には、一万人近い人々が集ると云ふ」と書かれているが、滝沢敬一の『フランス通信』(岩波書店、一九三七年)になると、「毎年十一月一日の All Saints' Day には数十万墓参の人の波で、とても近よれない位である」という数字になっている。いずれにしても、ここは、多くの著名人が眠っていることもあり、普段でも訪れる人は多い。そこはあたかも開かれた公園であり、墓碑はまたそれぞれが歴史の記念碑なのである。

正式の名称はパリ市東部墓地と呼ぶらしいが、この土地を最初に整備した神父フランソワ・デクス・ド・ラ・シェーズに因んで、ペール(神父)・ラシェーズの通称で知られている。

メニルモンタン大通りに面した正門を入ると、まっすぐに一本の大きな並木道が通っている。道はやや坂道になっていて、その突当りに、アルベール・バルトロメのモニュマン・オー・モール、「死のかたみ」の像がある。永井荷風の「墓詣」(『三田文学』一九一〇年六月)にも記述が見える。この大きな並木道を中心に、墓地は北および東西に広く拡がっている。

与謝野寛・晶子の『巴里より』(金尾文淵堂、一九一四年)には、「一日ペエエル・ラセエズの大墓地へ入つて行つたら、文豪ミユツセの墓に一株の柳が青んで文豪の彫像を掩うた其枝にメルルが啼いて居た。立寄つて碑面を読むと『わが死なば墓には植ゑよ、ひと本のしだれ柳を。わが為にその這ふ影の、軽やかに優しからまし』といふ文豪の遺作が刻してあつた。モリエエルと

★滝沢敬一『フランス通信』(岩波書店、一九三七年)に掲げられた、死のかたみの像の絵。「巴里ペールラシェーズ墓地の賑ひ(十一月一日夕二日)」の文字が添えられている。

ラ・フオンテエヌの墓が並んで居る。聞けば最初に此墓へ葬られたのがモリエエルであつたと云ふ。画家のコロオやフルギエエルの墓なども目に附いた」と書かれている。荻須高徳の『パリ画信』（毎日新聞社、一九五一年）は、画家らしく、「バルザック、ロッシーニ、マスネの墓あり、ドラクロワ、アングルの墓、暗い陰に枯葉のつもったこれも芸術家の墓ならんとうかがえば、ジェリコールの名が読まれる」と、芸術家の名を多く連ねている。藤田嗣治『巴里の横顔』（実業之日本社、一九二九年）には、「詩人ボーマルシエの墓をみてから、一代の女優サラ・ベルナールのやさしい墓におとづれゝば、其の傍にあるオスカー・ワイルドの墓を見のがす事ができない」と書かれている。ワイルドの墓について藤田は「或る名前を明らかにしない一人の女性の崇拝家によつて、其の墓を立てられてゐる。墓の上には、彼が、ソドミストであつたために、一人の男の天使が、翼をひろげて飛んでゐる所が、刻まれてゐる」と解説している。ここには辻潤も武林無想庵と連れ立って詣でた（辻潤『絶望の書』万里閣書房、一九三〇年）。今もこの墓には、訪問者による無数のキスマークがつけられている。

浅野研真は、「巴里に笈を下すや否や、私は早速、ソルボンヌ広場にコントのスタチユを訪れ、今日は又、ペール・ラシエーズの墓地（le Cimetière du Père Lachaise）なる彼れコントの墓に詣ずるのであつた」（『ヨーロッパ新風景』正和堂書房、一九三一年）と、やや個性的な巡礼を行っている。また、他の人のあまり訪れない、ラファルグ夫妻の墓にも詣でている。ラファルグ夫人こそは、かのカール・マルクスの次女ローラである。

パリに死んだ日本人たちもまた、ここの火葬場で荼毘に付され、あるいは埋葬された。日本画家戸田海笛の葬式はここで行われた（柳沢健『巴里の昼と夜』世界の日本社、一九四九年）し、佐伯祐三も一九二八年八月一六日に死去し、この墓地の二三〇九番の仮り箱に埋葬されている（佐伯米子「佐伯祐三のこと」、『みづゑ』一九五七年二月）。

（真銅正宏）

★メニルモンタン大通りに面した、現在のペール・ラシェーズ墓地の正面入口。

松尾邦之助 —— *22. Rue de l'Amiral Mouchez*

一九二二年一一月に松尾邦之助（一八九九〜一九七五）は、社会学を勉強しようとフランスに渡った。マルセイユからリヨン駅に着いた彼は、駅前のホテルに一泊する。『フランス放浪記』（鱒書房、一九四七年）によると、次の日に松尾はカルチェ・ラタンに行き、パリ大学の周辺で適当な下宿を探し回った。パリ生活の拠点として選んだのは、リュクサンブール公園から南東に伸びる、ゲイ・リュサック街（Rue Gay Lussac）のオテル・ド・ファミーユ。しかし当時はまだ、カフェに入る勇気すらなかった。孤独感に苛まれ、彼は不眠症になったという。

耳をフランス語に慣らそうと、ソルボンヌの自由講座に通い始めたが、話がまるで理解できない。そんな松尾も、少しずつテリトリーを広げていく。次に移ったのは、凱旋門の北東、レオン・コニエ街（Rue Léon Cogniet）一三番地の、六階の下宿だった。ところが大家の未亡人が口うるさい。『青春の反逆』（春陽堂書店、一九五八年）で、彼はこう回想した。仏教は邪教だと教会に行かされる。アナトール・フランスやエミール・ゾラを読んでいると、「悪魔の本」だと言われたと。コンシェルジュ（門番）の夫婦や、同じアパートの三階に住むフランス人一家は、強欲なお婆さんだから早く出るようにと勧めた。三ヵ月後に松尾は、同じ一三番地の二階の下宿に移っている。

高等社会学院で学ぶ松尾に、帰国を促す手紙が届いたのは、一九二四年九月だった。実家が破産状態になったのである。パリで自活しようと決意した彼は、貿易商のもとで店員として働き始める。しかしフランス人の最低給料の、半分以下しかもらえなかった。四月に転居したばかりのホテル、テート・ノワールにもいられなくなる。そんな松尾を、貧困のどん底から救い、

★写真は、現在のレオン・コニエ街一三番地。

ジャーナリストへの道を開いてくれたのは、日本人会だった。一九二五年三月頃に会の書記になった彼は、石黒敬七と出会って、『巴里週報』に原稿を書くようになるのである。

冬のある日、カフェで雨を眺めていると、中西顕政が『巴里週報』の愛読者だと話しかけてきた。資金があれば、フランス語の日本文化紹介誌を出したいと、夢のような話をしたところ、この不思議な人物は、銀行口座に突然、二万フランを振り込んできた。驚いたのは松尾である。藤田嗣治に相談すると、出せばいいという返事。藤田は美術顧問として協力し、フランス側からも、詩人のアンリ・ド・レニエや、小説家のクロード・ファレルらが参加した。雑誌は一九二六年二月に創刊される。翌年一二月からは、モンスーリ公園近くのアミラル・ムシェ街二二番地に、印刷機を運び込み、本も出版するようになった。

松尾が工場と呼んでいた二二番地を、毎日のように訪れたのは武林無想庵（たけばやしむそうあん）である。『フランス放浪記』によれば、経済的に行き詰っていた彼は、工場横の物置に寝かせてほしいと言ってきた。『朝日新聞』の重徳泗水特派員に、「無想庵飢餓に瀕す」という電報を打たせて、雑誌社からの送金を得た彼は、再度の打電を断られ、重徳を殴りたいと不平をこぼす。握り飯に卵をかけて食事を済ませ、「私は何故自殺しないか」という饒舌な文章を、物置で書いていたという。松尾に会いにくる、連れ合いの武林文子は、無想庵の話になると、「あんな生活力の無い男が」と言うだけだった。

モンスーリ公園の近くには、辻潤のアパートもあった。工場の人たちは、近くのレイユ通りにあるトーマというレストランで、よく一緒に食事をした。無想庵と娘のイヴォンヌ、辻と息子の一（まこと）も、会食に参加している。石川三四郎の依頼で、辻はパリまで、大海忠助という青年を同行させてきた。その大海を工場で生活させてほしいと、松尾は頼まれる。やれやれまた一人ゴロツキが増えると、重荷に感じながらも、彼は承諾するしかなかった。

（和田博文）

★松尾邦之助は当時、「巴里一週一景」という連載を、『巴里週報』で断続的に行っていた。図版は第一六号（一九二五年一一月二八日）の一部で、連載五回目の「大巴里市掃除業務の実景とその整理」が掲載されている。新雑誌の話は、ときどき『巴里週報』にも紹介された。たとえば第三一号（一九二六年三月、日付不明）には、「藤田嗣治氏、中西顕政氏、松尾邦之助の三氏は、数日前フランコ・ジャポネー（雑誌）の件」で、夕食を共にしながら懇談したと記されている。

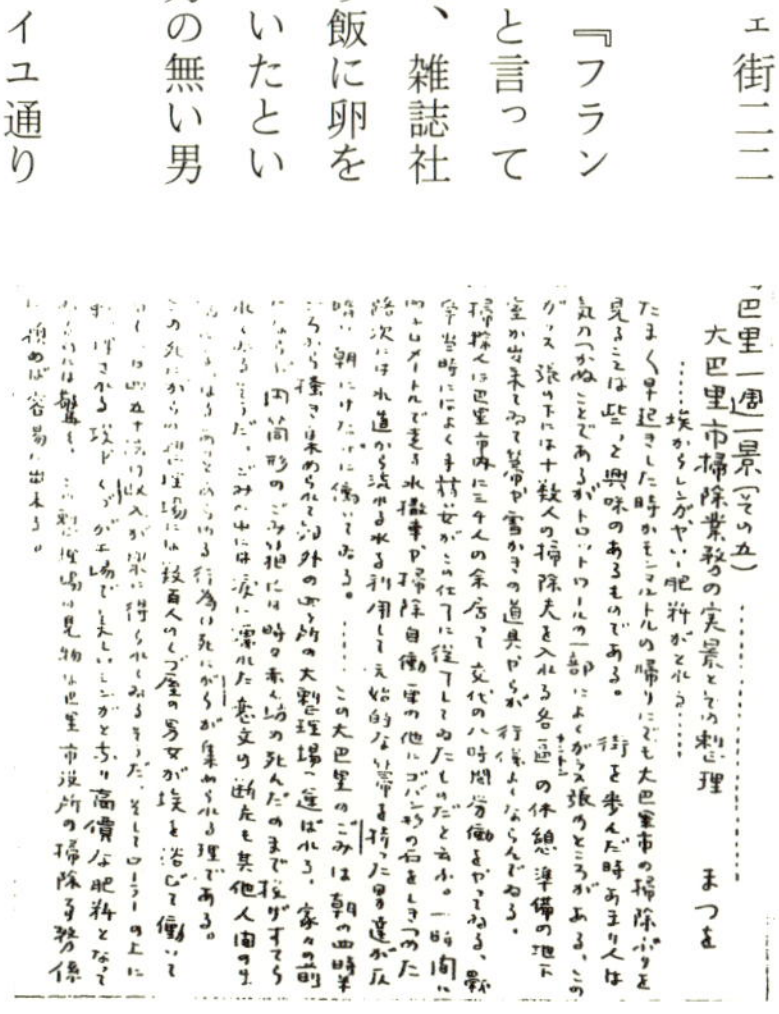
「巴里一週一景（その五）
大巴里市掃除業務の実景とその整理　まつを
……埃からしんがい肥料がとれる……
たまく早起きした時かモンマルトルの帰りにでも大巴里市の掃除ぶりを見ることは些と興味のあるものである。街を歩んだ時あまり人は気のつかぬことであるがトロットワールの一部によくガラス張りのところがある。このガラス張りの下には十数人の掃除夫を入れる各区の休憩準備の地下室が出来ていて箒や雪かきの道具やらが行儀よくならんでゐる。

パリ国際大学都市日本館——3. *Boulevard Jourdan*

一九二五年、当時の文部大臣アンドレ・オノラの提唱により、パリ国際大学都市は生れた。これはパリに留学中の学生や研究者に宿舎を提供するもので、場所はモンスーリ公園からジュルダン大通りを隔てた南方に広がる。パリを取り囲んだ城壁が取り壊されたあとの土地だという。総面積は四〇ヘクタール。大学都市の中央に位置する国際会館は一九三六年に落成し、「フォンテーヌブローを彷彿させる。正面の広庭に足を踏み入れると、この宏壮優雅な建物が宮殿でなくて学生会館であるとは一寸信じられない位である」（滝沢敬一『続フランス通信』岩波書店、一九三八年）と人目を驚かせた。国際会館を取り巻くかたちでベルギー館、アメリカ館、デンマーク館、ギリシア館、オランダ館などが建ち、日本館も一九二九年五月に開館した。現在は三七の寮館があり、学生五五〇〇名ほどが暮している。

日本館の玄関には「MAISON DU JAPON FONDATION SATSUMA」と記されている。日本も国際都市の主旨に賛同していたが、関東大震災で甚大な被害を受けて経済的に難しくなり、木綿商として財を成した薩摩家の援助を仰ぐこととなった。三代目の薩摩治郎八は、一九二〇年、一九歳のときには月に、現在でいえば数千万円にも相当する仕送りを受けて、パリの社交界に出入りし、芸術家たちのパトロンとして暮していた。この話が起きたときは帰国していたが、一九二六年に日本館建設のため夫人を伴ってパリに渡った。人脈は豊富だったので、ピエール・サルドゥーに設計を、藤田嗣治に館内の壁画を依頼した。部屋数は約六〇、大小サロンがあり、図書室も備えた日本館は、現在の日本円で約一〇億円相当の経費を要したという。薩摩家は恐慌で没落したが、日本館は現在も残っている。

（宮内淳子）

★外国人の就労が許可されないパリで、その日暮しをしていた金子光晴は、日本館に住む日本人たちのもとをまわって仕事を請け負っていたらしい。「ずいぶんむずかしい古書や版画のさがしものの依頼をうけてあるいているうちに、新しい詩の本などをぱらぱらめくってみた。本どころではないさしせまったなかで、無縁な筈の文学が頬笑んでいた」（『ねむれ巴里』中央公論社、一九七三年）とある。井汲清治の依頼で本を探してパリの古本市を走り回ったこともあったし、石川淳の友人を訪ねて日本の菓子を分けてもらったこともあったという。

★現在の日本館の入口。

モンスーリ公園 —— *22-28. Boulevard Jourdan*

モンスーリ公園はパリ一四区の南端にあり、パリ国際大学都市に隣接している。ナポレオン三世が造園したこの公園は、約一五ヘクタールの広さをもつ。二〇ヘクタールを越える、リュクサンブール公園や、シャン・ド・マルス公園ほどではないが、パリではかなり大きな公園の一つである。

ただしモンスーリ公園とリュクサンブール公園では、ずいぶん雰囲気が異なっていた。高村真夫は『欧州美術巡礼記』（博文館、一九一七年）のなかで、「巴里の貧民公園」という小見出しを設けて、この公園に触れている。ベンチや椅子には「労働者のお神さんや娘共」がたくさん座って、おしゃべりをしながら、靴下の穴を繕ったり、内職の刺繍をしていた。池畔の木陰では、老翁が木馬の回転棒を回し、老女が客引きをしている。リュクサンブール公園で見かける人々とは、まったく階級や風采が違っていた。モンスーリ公園は、「労働者、貧民の遊楽地」だったのである。

藤田嗣治は公園の近くに住んでいたことがある。『巴里の横顔』（実業之日本社、一九二九年）によれば、「仲々広くて、美しい公園」で、彼は散歩道にしていた。藤田が壁画を描いたパリ国際大学都市日本館が、一九二九年五月に開館した後は、近辺により親密な感情を抱いたことだろう。一九三〇年代初頭にパリに滞在していた林芙美子も、この公園を訪れたことがあるらしい。「漣波——或る女の手記」（『漣波』中央公論社、一九五一年）には、「私」が曽根さんと「公園の中の学生食堂」でランチを食べ、池の回りをゆっくり散歩する場面が描かれている。階級色に差があるとしても、公園はパリ市民の憩いのスポットである。

（和田博文）

★図版は、高村真夫が描いた「モンスーリ公園」（高村真夫『欧州美術巡礼記』博文館、一九一七年）。

〔附〕在パリ日本人年表 1867-1945

◇本年表の各年は、事項篇と作品篇から成る。
事項篇には、本書に登場する日本人のパリでの足跡を記載した。なお事項作成に際しては、外務省外交資料館の所蔵資料などの他に、神奈川県立近代美術館・三重県立近代美術館編『パリを描いた日本人画家』（朝日新聞社、一九八六年）、徳島県立近代美術館・そごう美術館・奈良そごう美術館・共同通信社事業部編『薩摩治郎八と巴里の日本人画家たち』（共同通信社、一九九八年）、小野吉郎「パリ日本大使館と東京フランス大使館の歴史年表」（『日仏文化』一九九九年三月）などを参照している。
作品篇には、本書に登場する日本人のパリ関係の単行本を記載した。また単行本未収録の雑誌掲載作品でも、本書で触れたものは併せて記載している。

一八六七（慶応3）年

前年一〇月に横浜を出航した松井源水一座がパリに入り、七月、アンペリアル劇場でコマ回しを披露。浜碇定吉一座がシルク・ナポレオンで足芸を披露。この年、第二回のパリ万博が開催され、日本は幕府の正使として外国奉行向山隼人、公使として徳川昭武を送る。江戸柳橋の松葉屋お抱えの芸者おすみ、おかね、おさとの三人が清水卯三郎、吉田六左衛門に連れられてパリ万国博に行く。渋沢栄一が徳川民部一行とともにパリ着。栗本鋤雲が徳川民部一行よりやや遅れてパリに到着。

一八六八（慶応4・明治元）年

この年、栗本鋤雲がパリから帰国。渋沢栄一もパリを発って帰国した。

一八七〇（明治3）年

二月頃に、在パリ大日本公務弁理職のモンブラン伯爵が、薩摩藩留学生の前田正名と共にパリに到着。サン・ラザール駅近くのチボリ街八番地に、事務所を開設する。この年、飯塚納、北尾次郎がフランス留学のため離日。

一八七一（明治4）年

六月、日本の外交代表（少弁務使）に任命された鮫島尚信が、パリに到着する。この年、西園寺公望パリ到着。しかしすぐにジュネーヴ、マルセイユへ。中江兆民が岩倉使節団に随行して横浜を出発し、アメリカ回りでフランスに向かう。入江文郎がフランス留学のため離日。

一八七二（明治5）年

六月、鮫島尚信が中弁務使に昇格する（19日、旧暦5月14日）。一二月、岩倉使節団を鮫島がカレーで出迎えて、パリまで案内し（16日）、使節団はフランス大統領ティエールに謁見（26日）。この年、西園寺公望がマルセイユよりパリに戻り、ミルマン塾・アコラース塾に通う。この間ジョルジュ・クレマンソーと知り合う。また岩倉具視使節団の随員木戸孝允をはじめ、中江兆民、光妙寺三郎らと交遊。中江兆民はこの年パリに到着したが、リヨンに住み、普遍学を学んだ。

一八七三（明治6）年

一月、長田銈太郎が二等書記官心得の資格でフランスに（17日）。二月、岩倉使節団がベルギーに向けてパリを出発。九月、日本公使館が 75. Avenue Joséphine に移転した（8日）。一一月、鮫島尚信が特命全権公使に（22日）。この年、中江兆民がリヨンからパリに移り、西園寺公望、光妙寺三郎、井上毅、大山巌、松田正久、九鬼隆一、今村和郎らと交流。入江文郎が鮫島尚信よりフランス留学生の総代に任命される。

一八七四（明治7）年

一二月、鮫島尚信がマルセイユを出発し帰国の途につく（20日）。この年、中江兆民がパリより帰国。

一八七五（明治8）年

四月、鮫島尚信が帰国した（23日）。一一月、西園寺公望がパリ大学法学部に第一回目の受講登録。この年、古市公威がパリに着き、エコール・モンジュに入学。栗塚省吾がパリ大学に入学。

一八七六（明治9）年

この年、古市公威がエコール・サントラルに進学。

一八七七（明治10）年

この年、栗塚省吾がパリ大学より法学士の学位を授与される。

一八七八（明治11）年

一月、稲畑勝太郎、京都府よりフランス留学を命じられ、マルセイユに到着し（2日）、留学中はリヨンの工業学校や染色工場で学び、リヨン大学で応用科学を専攻。二月、鮫島尚信が駐仏公使に任命されて、フランスに向かう（12日）。三月、山本芳翠がパリ万博日本事務局員としてパリに到着し（29日）、パリ国立美術学校でレオン・ジェロームに師事する。林忠正がパリ着。博覧会の通訳を務める。五月、西園寺公望がパリ大学で第二学年修了資格を取得。この年、パリで万博が開催され、松方正義、前田正名らが渡仏。前田はオデオン座で「忠臣蔵」の舞台監督をする。光妙寺三郎が帰国。中川元が師範制度取調の命を受け、パリ留学。入江文郎がパリで病死し、モンパルナス墓地に埋葬される。

一〇月、久米邦武編『米欧回覧実記』全五編（博文社）。

一八七九（明治12）年

六月、川路大警視がパリ到着。林忠正は通訳官となる。この年、前田正名がゲーテ座で自作の戯曲「大和」を上演。

一八八〇（明治13）年
一二月、鮫島尚信公使が過労死し（4日）、モンパルナス墓地に葬られる（8日）。駐英公使森有礼が弔辞を読んだ。この年、西園寺公望が帰国。古市公威がパリを発って帰国。

一八八一（明治14）年
この年、林忠正がルイ・ゴンスと親交を結ぶ。

一八八二（明治15）年
この年、西園寺公望が伊藤博文の憲法調査に随行してパリに滞在する。光妙寺三郎がフランス公使館書記官として渡仏。山本芳翠はジュディット・ゴーティエと盛んに交流する。

一八八四（明治17）年
三月、黒田清輝がパリに到着した（18日）。この年、林忠正がシテ・ドートヴィルで美術商を開業。日本美術の専門家として鑑定・整理に励む。

一八八五（明治18）年
五月、ヴィクトール・ユゴーが死去して国葬が行われ、山本芳翠が「ヴィクトル・ユーゴー葬送の図」を制作する。山本は日本人として初めての個展を、ジョルジュ・プティ画廊で開いた。七月、稲畑勝太郎、フランス留学を終えて八年ぶりに帰国。この年、林忠正が店をヴィクトワール街に移す。黒田清輝をラファエル・コランに紹介する。藤雅三もパリにやってきた。

一八八六（明治19）年
二月、林忠正、藤雅三、山本芳翠が、パリの日本人会で黒田清輝に画家になるように勧める（7日）。五月、黒田清輝がコランに弟子入りした（22日）。八月、久米邦武の息子の久米桂一郎がパリに到着し（26日）、コランに入門、アカデミー・コラロッシに通った。黒田清輝と知り合い、一〇月末から共同生活をしている。一一月、黒田清輝がパリ大学法律校の授業に出始めた。

一八八七（明治20）年
四月、久米桂一郎はサン・トノレ街オテル・ペレーで開催された日本人会で、井上哲次郎の宗教の講演を聞く（17日）。久米は黒田清輝とともに、ポール・ロワイヤル大通り八八番地に移った。七月、合田清、林忠正、山本芳翠がパリから帰国する（12日）。
五月、中江兆民『三酔人経綸問答』（集成社）。

一八八八（明治21）年
四月、西園寺公望の協力によるジュディット・ゴーティエの戯曲「微笑を売る女」がオデオン座にかけられ（21日）、この年だけで六〇回、次の年にも七〇回上演される。

一八八九（明治22）年
この年のパリ万博で、久米桂一郎が通訳事務の仕事を行う。秋、黒田清輝と久米は、ともにセルヴァンテス街に移った。

一八九〇（明治23）年
八月二七日深夜、巌谷小波がパリに到着。

一八九一（明治24）年
一二月、一八八八年からアメリカに留学していた岩村透がパリに到着し、アカデミー・ジュリアンに入学する。

一八九二（明治25）年
一一月、岩村透が帰国に向けてマルセイユを出発。

一八九三（明治26）年
六月、久米桂一郎が帰国する。七月、黒田清輝もまた帰国した（30日）。この年、長田秋濤帰国。

一八九六（明治29）年
三月、稲畑勝太郎、商務で渡欧のため日本を出発（1日）。

一八九七（明治30）年
一月、稲畑勝太郎、フランスから映像器械「シネマトグラフ」を持ち帰る（9日）。五月、丸一太神楽の鏡味仙太郎がロンドン・パリ興行のため横浜を出帆し、この年カジノ・ド・パリに出演。この年、西園寺公望が再度パリを訪れる。岡田三郎助が西洋画研究としては第一回の文部省留学生としてパリに到着。長田秋濤、伊藤博文に付き従って、二度目の渡欧。

一八九八（明治31）年
この年、三宅克己、パリに着き夏だけ滞在して帰国。

一八九九（明治32）年
四月、川上音二郎一座が神戸を出帆。八月、久米桂一郎は臨時博覧会鑑査官を命じられて（21日）、出品物を鑑査する。一二月、久米桂一郎は私費でパリに向かい（2日）、パリ滞在中は美術教育取調を嘱託される。東京商業会議所と茶業組合中央会議所の代表として、大谷嘉兵衛がパリに到着（25日）。大谷は一九〇〇年パリ万博事務局でピカール総裁と会い（27日）、博覧会場内の喫茶店を見分した（28日）。この年、和田英作、ドイツとフランスに留学し、パリではラファエル・コランに師事。

一九〇〇（明治33）年
二月、浅井忠が文部省留学生として、パリに向け神戸港を出発。三月、博文館支配人の大橋又太郎（乙羽）が、欧米視察に旅立つ。姉崎正治（嘲風）がドイツ留学に出発し、その途上でパリ万博を見物する。四月、パリ万博に久米桂一郎が「残曛」など三点を出品、褒状を受ける。六月、川上音二郎一座がパリに到着し、パリ万博で「遠藤武者」「芸者と武士」の興行をヒットさせる。この時の功労を讃えるためフランス政府は川上音二郎と貞奴に勲章を授与し、大統領エミール・ルーベは慰労園遊会に二人を正式招待した。万博では新橋の寿美屋お抱えの芸妓ら一五名も日本舞踊を見せた。七月、黒田清輝、二度目のパリに到着（6日）。パリ万博を見物した大橋乙羽は、東京帝国法科大学の山田三良助教授に勧められ、山田と共にパリ万国著作権会議（16日〜22日）に出席する。山田は会議で演説した（20日）。九月、岩村透がアメリカ経由でパリ万博に赴くために日本を出発。この年、林忠正がパリ万博臨時博覧会事務官長となる。文部省留学生として、和田英作もパリに滞在していた。
九月、大谷嘉兵衛『欧米漫遊日誌』(大谷嘉兵衛)。一二月、大橋又太郎『欧山米水』(博文館)。

一九〇一(明治34)年

二月、岩村透が帰国する。五月、久米桂一郎が黒田清輝や林忠正と帰国(15日)。花子(太田ひさ)が横浜を発つ。六月、前年九月に欧米から帰国した大橋乙羽が、過労のため死去する。七月、水芸の松旭斎天一が手品と日本舞踊の天勝と組んでアメリカ・ヨーロッパ興行のため横浜を発ち、この年カジノ・ド・パリに出演。八月、前年九月に日本を出発してベルリンに滞在していた巌谷小波がパリに到着(27日)。九月、巌谷小波がベルリンに戻るためにパリを出発(3日)。この年、三宅克己、パリ着。満谷国四郎も、アメリカからパリに移り、ジャン=ポール・ローランスに師事した。
七月、大橋新太郎編『欧米小観』(博文館)。八月、中江兆民『一年有半』(博文館)。

一九〇二(明治35)年

九月、渋沢栄一がパリに到着し、林忠正らの出迎えを受ける(7日)。一〇月、渋沢栄一がパリを出てリヨンに向かい、帰国の途につく(15日)。この年、三宅克己がパリ、姉崎正治がイギリスからパリに立ち寄る。岡田三郎助、浅井忠、和田英作帰国。
三月、上田敏『最近海外文学　続篇』(文友館)。

一九〇三(明治36)年

一月、岩村透『巴里の美術学生』(画報社)。四月、巌谷小波『小波洋行土産　上巻』(博文館)。五月、巌谷小波『小波洋行土産　下巻』(博文館)、黒田清輝「予が知れるファルギエール」(『美術新報』)。六月、渋沢栄一『欧米紀行』(文学社)。

一九〇四(明治37)年

一二月、伴野文三郎、堀越商会社員としてアメリカからパリに赴任し、間もなくパリ支店長となる。セント・ルイスの万国博覧会の美術部審査員として五月に日本を出発した岩村透がパリに到着、短い滞在の後にパリを出発した(22日)。
九月、長田秋濤『世界の魔公園』(文禄堂書店)。

一九〇五(明治38)年

三月、岩村透が帰国。林忠正がパリを引き揚げる。この年に山下新太郎がアメリカ経由でパリに到着。藤島武二と有島生馬がヨーロッパに渡った。

一九〇六(明治39)年

一月、日本公使館が大使館に昇格する(29日)。一一月、戸川秋骨、ロンドンよりパリに到着(11日)し、一週間後にベルリンへ向かう。一二月、前年からイタリアに渡った有島生馬がパリに到着。この年、大使館事務局は、23. Rue la Pérouse に移転。マルセイユの博覧会で上演中の花子にオーギュスト・ロダンが感銘を受け、パリに来たら自宅に寄るように伝えた。花子はパリ到着後まもなく一座の吉川馨と結婚し、モダン劇場で上演。この頃ロダン宅で花子をモデルにした彫刻の創作が開始される。斎藤豊作・斎藤与里・藤島武二がパリに到着。

五月、岩村透『芸苑雑稿』(画報社)。

一九〇七(明治40)年

三月、トーマス・クック社の日本事務所が、横浜の元居留地海岸中通り一四番地に開かれる。四月、東京朝日新聞社のロンドン特派員であった杉村楚人冠、パリに着き、滞在する(14日〜22日)。七月、鹿子木孟郎がサン・ラザール駅から、同宿していた白滝幾之助、菅原一斎、津田青楓、安井曾太郎に見送られ、避暑地イポールに出発した(28日)。永井荷風がアメリカからフランスに渡り(28日)、パリに一泊した後、横浜正金銀行リヨン支店勤務のためにリヨンに向かう。一一月、高村光太郎が一週間ほど、ロンドンからパリを訪れる。一二月、畑正吉がパリに到着する。小塚正一郎、北駅に入り(15日)、二一日まで滞在した。この年、安井曾太郎がパリに渡った。

一九〇八(明治41)年

一月、上田敏がパリに到着(27日)。上田敏はこの年アナトール・フランスに会見している。三月、児島虎次郎がパリに到着(15日)、黒田清輝の紹介状を持ってラファエル・コランを訪ねる。永井荷風がリヨンからパリに移り(28日)、リュクサンブール美術館を訪れるなど(31日および4月3日)、パリの各所をめぐった。また上田敏とも親交を結んでいる。五月、朝日新聞社が主催した世界一周団体観光旅行の一行がパリに到着して滞在する(12日〜16日)。六月、高村光太郎がロンドンからパリに到着し(11日)、グランド・ショーミエール研究所に籍をおき、カンパーニュ・プルミエール街一七番地に住んだ。一〇月、上田敏がパリから神戸に帰着(22日)。この年、姉崎正治がパリに立ち寄っている。花子をモデルにしたロダン作「死の顔」が完成する。斎藤与里、荻原守衛が帰国する。梅原龍三郎がパリに渡った。

一月、杉村楚人冠『大英游記』(有楽社)。三月、戸川秋骨『欧米記遊二万三千哩』(服部書店)。五月、巌谷小波『巴里の別天地　大日本大使館装飾記』(三越呉服店)。九月、東京朝日新聞社蔵版・石川周行『世界一周画報』(東京朝日新聞会社)。一〇月、永井荷風「巴里のわかれ」(『新潮』)。

一九〇九(明治42)年

五月、滝沢敬一が横浜正金銀行リヨン支店に勤務のためマルセイユに到着(12日)。以後ボンベイ支店、上海支店での数年間の勤務の他はリヨンに定住。七月、高村光太郎が帰国する。この年、秋、有島生馬がカンパーニュ・プルミエール街のアトリエに入居。南薫造がイギリスからパリに到着。和田三造、欧州留学。

一月、永井荷風「羅典街の一夜」(『太陽』)。三月、永井荷風『ふらんす物語』(博文館)。六月、姉崎正治『花つみ日記』(博文館)。

一九一〇(明治43)年

一月、三宅克己、三回目のパリに向けて安芸丸で横浜を発つ(19日)。有島生馬が帰国に向けてパリを出発。八月、万国議員会議に出席する父に伴われて小牧近江がパリに到着、一〇月にアンリ四世校に入学。九月、井上嘯風、パリに到着し、オテル・ルーヴルに投宿(4日)し、五日半の滞在の後、出発(9日)。この年、藤島武二、南薫造、山下新太郎、湯浅一郎、有島生馬が帰国する。

六月、永井荷風「墓詣」(『三田文学』)。七月、高村光太郎「出さずにしまつた手紙の一束」(『スバル』)。九月、小塚正一郎『欧米巡遊日記』(私家版)。

一九一一(明治44年)

五月、大阪朝日新聞社の鳥居素川(赫雄)が、六月に行われるイギリス皇帝ジョージ五世の戴冠式に特派され、その途上でパリに立ち寄る(30日)。三月、三宅克己、日本に戻る。六月、伴野文三郎、第一回目の帰国をするが、一ヵ月ほどでパリに戻る。一二月、与謝野寛、満谷国四郎、柚木久太、徳永柳洲、長谷川昇の一団がパリに入った。その一ヵ月ほど前にパリに到着していた九里四郎にも会う。この年初夏、石井柏亭がパリに入った。一〇月末までパリに滞在し、ロンドンに移り、年末に再びパリに戻った。和田垣謙三、渡欧。小林万吾が渡欧し、パリで与謝野寛たちと交流した。

八月、前田正名述『彼我対照欧州視察』(欧亜協会)。九月、黒板勝美『西遊二年欧米文明記』(文会堂書店)。一〇月、井上嘯風『欧米籬覗』(非売品、発行人松原曠)。一一月、三宅克己『欧州絵行脚』(画報社)。

一九一二(明治45・大正元)年

一月、与謝野寛、九里四郎、徳永柳洲、川島理一郎の四人が、チュイルリー公園横の氷宮へ氷滑りを観に行った。五月、与謝野晶子、シベリヤ経由でパリに到着(19日)。月末に石井柏亭が、欧州を巡る長い旅からパリに戻り、約一ヵ月間滞在する。八月、山本鼎、パリに到着(24日)。九月、与謝野晶子、パリを発つ。一〇月、与謝野寛、それまで住んでいたモンマルトルの下宿を引き払い、オテル・スフロに移る。児島虎次郎がマルセイユから帰国の途につく(19日)。石井柏亭が帰国する。一二月、与謝野寛、パリを発つ。この年、斎藤豊作、児島虎次郎、和田垣謙三が帰国する。小牧近江が授業・寄宿料滞納で放校となり、以後働きながら夜間労働学校に通う。

六月、林幸平「巴里日本大使館の室内装飾」(『建築工芸雑誌』)。七月、橋本邦助『巴里絵日記』(博文館)。一〇月、岩村透『芸苑雑稿二集』(画報社)。一二月、鳥居赫雄『頬杖つきて』(政教社)。

一九一三(大正2)年

四月、石川三四郎、マルセイユに着き(7日)、パリを経由してそのままブリュッセルのポール・ルクリュのもとへ向かう。島崎藤村がパリに向けて神戸出帆(13日)。五月、島崎藤村がパリに到着(23日)。六月、藤田嗣治が渡仏、パリ到着二日後にパブロ・ピカソのアトリエを訪ね、アンリ・ルソーの絵を見て衝撃を受ける。ヨーロッパ演劇旅行に出ていた小山内薫がロンドンからパリを訪れ、島崎藤村の宿に立ち寄る。小山内は藤村とともに精力的に演劇を見て回った。また、木梢、郡虎彦、山本鼎、桑重儀一、金山平三、藤田嗣治、ユージン・モレル、シルヴァン・レヴィなどとも交遊した。八月、田中一貞がパリに到着し(13日)、約四ヵ月間滞在する。この年、梅原龍三郎が帰国。

二月、有島生馬『蝙蝠の如く』(洛陽堂)。四月、永井荷風『珊瑚集』(籾山書店)。五月、石井柏亭『欧州美術遍路　上巻』(東雲堂)、小杉未醒「巴里通信　兵糧攻と観兵式の兵隊」(『武侠世界』)。七月、和田垣謙三『兎糞録』(至誠堂書店)。一二月、石井柏亭『欧州

美術遍路　下巻』（東雲堂）。

一九一四（大正3）年

二月、河上肇と竹田省がブリュッセルからパリに到着する（10日）。三月、河上肇と竹田省が島崎藤村の世話で藤村の斜め向かいのホテルに移り（1日）、藤村の下宿で食事を共にするようになる。河上と竹田は島崎藤村の案内でガボー音楽堂でクロード・ドビュッシーのコンサートを聞く（21日）。石原純は、島崎藤村と交遊した後、月末に帰国のためパリを発つ。四月、河上肇がパリからベルリンに出発（18日）。正宗得三郎がパリに向けて日本を出発。五月、三浦環が神戸を出帆。岩村透が四度目のパリに到着（28日）。竹田省が帰国のためパリを発つ。四月から六月にかけて生田葵山、野口米次郎、河田嗣郎がパリに着き、島崎藤村と交遊。六月、正宗得三郎、森田恒友と共にマルセイユに到着、夜行列車でリヨン駅に着くと山本鼎が迎えに来ており（10日）、そのまま山本の住むシテ・ファルギエールに住む。岩村透、イギリスに向けてパリを出発（15日）。高村真夫がパリ着（19日）。シテ・ファルギエールに住む。八月、島崎藤村が正宗白鳥らとオートヴィエンヌ州リモージュ市に戦火を避ける。会社を辞めていた伴野文三郎は、毎日新聞名誉通信員の資格でドイツ軍の迫るパリに残り、さらに前線視察も行った。九月、岩村透が帰国。一〇月、小牧近江がパリ法科大学に入学。一一月、島崎藤村がリモージュからパリに戻る。この年、春頃、足立源一郎、パリに着く。第一次世界大戦勃発後に藤田嗣治は、赤十字社の志願看護夫を務めた。安井曾太郎が帰国した。

五月、与謝野寛・晶子『巴里より』（金尾文淵堂）、小杉未醒『画筆の跡』（日本美術学院）、河上肇「巴里に於ける島崎藤村君」（『大阪朝日新聞』10日）。七月、和田垣謙三『吐雲録』（至誠堂書店、七月）。一〇月、高村光太郎『道程』（抒情詩社）。一二月、柳沢健『果樹園』（東雲堂）。

一九一五（大正4）年

一〇月、森田恒友、マルセイユより帰国の途につく。

一月、島崎藤村『平和の巴里』（左久良書房）。七月、田中一貞『世界道中かばんの塵』（岸田書店）。一二月、島崎藤村『戦争と巴里』（新潮社）、和田垣謙三『西遊スケッチ』（至誠堂書店）、河上肇『祖国を顧みて』（実業之日本社）、岩村透『美術と社会』（趣味叢書発行所）。

一九一六年（大正5）年

一月、沢木梢がパリを発つ。二月、小泉信三がパリを発つ。高村真夫が帰国。三月、島崎藤村が水上滝太郎の泊るセレクト・ホテルに移る。四月、島崎藤村がパリを発つ（29日）。五月、正宗得三郎、パリからロンドンへ向かい、熱田丸で帰国（9日）。九月、吉江喬松がフランス留学のため離日。一一月、吉江喬松がパリ着（24日）。パリ大学を聴講。この年、岡田穀、アメリカへ向かい、のちにパリへ来る。

一月、有島生馬「奇遇」（『新潮』、後に改題「テムプル夫人」）。六月、有島生馬『南欧の日』（新潮社）。

一九一七（大正6）年

四月、吉江喬松がパリを出てリヨン、グルノーブルへ行き（7日）、夏期大学を聴講。六月、藤田嗣治がシェロン画廊で第一回の個展を開く。

一二月、川口軌外が、パリに向けて日本を出発。この年、小牧近江が武者小路実篤『或る青年の夢』を仏訳、一部をロマン・ロランに贈る。藤田はフェルナンド・バレーと結婚した。

四月、正宗得三郎『画家と巴里』（日本美術学院）、島崎藤村『幼きものに』（実業之日本社）。六月、高村真夫『欧州美術巡礼記』（博文館）。九月、黒田清輝「美術館と伊太利亜及仏蘭西」（『美術』）。

一九一八年（大正7）年

六月、小牧近江が学士号を得てパリ法科大学を卒業、この頃からアンリ・バルビュスのクラルテ団に参加。一〇月、小牧近江がヴェルサイユ講和会議日本全権団事務嘱託となる。一一月、吉江喬松がグルノーブルからパリに戻る。一二月、落合太郎がパリに到着。この年、長谷川潔がアメリカ経由でパリに到着、以後帰国せずにフランスで活動。藤田嗣治は、シェロン画廊で第二回個展を開く。

七月、島崎藤村『海へ』（実業之日本社）。

一九一九（大正8）年

三月、姉崎正治がコレージュ・ド・フランスに招聘され、特別講座を担当する。七月、児島虎次郎がパリに到着する（1日）。九月、徳富蘆花・愛子、イタリアからパリへ入り（11日～28日）、スイス・ドイツの旅の後、一一月、ふたたびパリに滞在して（6日～10日）イギリスへ向かう。一一月、小牧近江がコミンテルンの連絡でスイスに赴き、ロマン・ロランとの会見を望んだが不首尾に終る。また豪華版書肆ベルノワールから小牧の『詩集』が出版される。一二月、小牧近江が帰国。この年の秋のサロン・ドートンヌで、藤田嗣治は出品した六点すべてが入選し、この年度のドートンヌ会員に推薦される。西園寺公望が全権委員としてパリ講和会議に出席。この年、岡本綺堂がパリ滞在。中川紀元がパリを訪れた。

一月、島崎藤村『新生』第一巻（春陽堂）。一二月、島崎藤村『新生』第二巻（春陽堂）。

一九二〇（大正9）年

一月、岸田國士、演劇研究のためパリ着（19日）。三月、太宰施門がパリに到着。藤原義江がパリに向けて日本を発つ。ワシントンで開かれた第一回労働会議に出席した福良虎雄が、ヨーロッパに回り二週間ほどパリに滞在、早川雪洲が出演した活動写真「富士雄」を見る。四月、東久邇宮稔彦が皇族留学の制度でフランス留学のため離日し、到着後すぐにフォンテンブローの砲兵学校に入る。七月、柳沢健がパリに向けて日本を出発。九月、小山敬三がマルセイユに上陸してパリに到着する。吉江喬松がパリより帰国。一〇月、石川三四郎が帰国。一一月、武林無想庵・文子夫妻がパリ到着。金子光晴が半月ほどパリに滞在し、詩の原稿を整理した。一二月、武林イヴォンヌがパリの産院で誕生（5日）。この年、三宅克己、パリに来る。正木不如丘がパリのパストゥール研究所に学ぶ。吉江喬松が『役の行者』の仏訳本をパリで出版。児島虎次郎は、大原コレクションのために、モネを訪ねて「睡蓮」を、マティスを訪ねて「画家の娘」を購入する。この年のサロンで、藤田嗣治のキキをモデルにした裸体画が大評判になる。

六月、有島生馬『死ぬほど』（春陽堂）。

一九二一（大正10）年

一月、児島虎次郎はマルセイユから帰国の途に（1日）。二月、三浦環がオペラ・コミック座で「蝶々夫人」に主演。四月、山田珠樹、フランス文学を学ぶため渡仏。五月、辰野隆が渡仏のために日本を出発。里見勝蔵、パリ着（18日）。ロンドンを追われた野坂参三・竜夫妻が、友人の岡田穀を頼ってパリに到着し（23日）、岡田の住むシテ・ファルギエールに滞在後、六月下旬、スイスに向かう。六月、東郷青児がパリに到着する。武林無想庵・文子・イヴォンヌがパリを出てヨーロッパ旅行。九月、小出楢重、小松清、坂本繁二郎、硲伊之助、林倭衛が乗船したクライスト号が、マルセイユに到着（17日）。岡田三郎がパリに到着。美術研究のため、児島喜久雄がパリに着く。一〇月、坂本繁二郎はシャルル・ゲランのアカデミー・コラロッシに入る（10日）が、翌年三月にやめる。稲畑勝太郎、商務で欧米出張のため日本を発つ（15日）。正宗得三郎が二度目のパリ留学のためパリに着く（20日）。小出楢重と林倭衛はベルリンに足をのばした（24日）。木下杢太郎、植物性の寄生病学を学ぶためロンドンよりパリ北駅に到着（26日）。小松清はグエン・アイ・コォク（後のヴェトナム大統領ホー・チ・ミン）と知り合い、フランス共産党植民地問題研究会に出席するようになる。硲伊之助はアカデミー・グランド・ショーミエールに通った。一一月、東郷青児の妻の明代が、長男志馬を出産。一二月、辰野隆がリヨン大学留学を経てパリに到着。この年、高畠達四郎がパリに到着。藤田嗣治はサロン・ドートンヌの審査員に選ばれる。九鬼周造は文部省嘱託としてヨーロッパに渡り、一九二九年に帰国するまで、ドイツのハイデルベルク大学や、フランスのパリ大学で、哲学の研究を続ける。柳沢健が太田三郎、小松耕輔、小野清一郎らと交遊し、ノエル・ヌエットにフランス語を学ぶ。秋、岸田國士、ジャック・コポーのヴュー・コロンビエ座の出入りを許され、劇団の稽古を見たり講義を聞いたりできるようになった。

三月、福良虎雄『洋行赤毛布』（日本評論社出版部）、徳富蘆花・愛子『日本から日本へ・西の巻』（金尾文淵堂）。九月、吉江喬松『仏蘭西印象記』（精華書院）。一一月、重徳泗水『現代のフランス』（大阪屋号書店）。一二月、三宅克己『欧州写真の旅』（アルス）。

一九二二（大正11）年

一月、武林無想庵・文子・イヴォンヌが帰国。久米桂一郎が国民美術協会サロンで開かれた日仏交歓第一回日本美術展（4月15日〜6月16日）のために渡仏し、六月に帰国する。二月、近藤浩一路がマルセイユに到着して（25日）、和田英作が出迎える。三月、岩田豊雄（獅子文六）がパリに渡り、カルチェ・ラタンに居を定めて、演劇を学ぶ。森茉莉がドイツ留学する兄の森於菟とともにパリにいる夫の山田珠樹のもとに向かう。四月、小出楢重が帰国（7日）。五月、落合太郎が帰国に向けてパリを出発。三木清がドイツ留学のため日本を出発。六月、児島虎次郎がパリに着く（21日）。稲畑勝太郎、帰国。七月、東久邇宮稔彦がパリの陸軍大学を卒業。八月、児島虎次郎が大原コレクションのために、エル・グレコ「受胎告知」購入の仮契約をベルネーム・ジューヌ画廊と結ぶ（8日）。東久邇宮稔彦が陸軍歩兵中佐に進級し、二年間パリの政治法律学校で学ぶ。その間天皇の名代としてルーマニア王室を訪問。パリ滞在中は郊外のクロード・モネのアトリエを訪ね、そこでクレマンソーに紹介されたり、清水善造、原田武一らにテニスの手ほどきを受けたりした。一一月、内藤濯がパリに到着（27日）。松尾邦之助がパリの土を踏み（28日）、パリ大学で社会学を学び始める。また松尾は、当時、日本美術院の派遣でオテル・デ・グランゾンムに滞在中であった旧知の佐藤朝山を訪ねた。東京日日新聞社の井沢弘とも知り合う。一二月、太宰施門が帰国のためマルセイユを出発。この年、伴野文三郎、帰国。中山巍がパリに到着。藤原義江がパリのマリニー劇場に出演するが、声楽というより見世物の扱いであった。正木不如丘がパリより帰国。吉江喬松が『浦島』の仏訳本をパリで出版。パリの在留日本人数は急速に増え、前年の一二八人から四七二人になる。

二月、重徳泗水『仏蘭西文化の最新知識』(アルス)。三月、石川三四郎『放浪八年記』(三徳社)。四月、柳沢健『柳沢健詩集』(新潮社)。五月、吉江喬松『仏蘭西文芸印象記』(新潮社)。六月、木下杢太郎「大寺の前の広場」(『サンデー毎日』11日)、島崎藤村『仏蘭西だより』(新潮社)。七月、武林無想庵『文明病患者』(改造社)。九月、島崎藤村『仏蘭西紀行』(春陽堂)、島崎藤村『エトランゼエ』(春陽堂)。一一月、武林文子「赤坊のヨーロッパ日記」(『婦人公論』)。一二月、坂本繁二郎「巴里通信」一〜四(『東京朝日新聞』24日、26日〜28日)。

一九二三(大正12)年

一月、前田寛治、パリに到着。石井柏亭が、二度目のパリにやってきた。二月、大杉栄、ベルリンで開かれる予定だった国際アナーキスト大会に出席するため日本をひそかに脱出しマルセイユに着く(13日)。三月、児島虎次郎がマルセイユから帰国の途につく(11日)。宮坂勝が渡仏し、アカデミー・モデルヌでオトン・フリエスに師事。辰野隆が帰国。四月、小宮豊隆がマルセイユに上陸、一週間パリに滞在してベルリンに向かう。五月、岡田三郎が帰国に向けてマルセイユを出発。大杉栄、サン・ドニのメーデーで飛び入り演説し、警察に連行され秩序紊乱・旅券規則違反の疑いで未決囚としてラ・サンテ監獄に送られる。林倭衛も警察で事情を聞かれる。六月、林倭衛はモデルのイヴォンヌと同棲を始める。大杉栄、追放処分となりマルセイユから帰国。七月、海老原喜之助がパリに着く。海老原は中川紀元の藤田嗣治宛の紹介状を手に藤田を訪れ、すぐに弟子入りした。岸田國士、パリを発って帰国。八月、山田珠樹、妻の茉莉とともに帰国。九月、関東大震災への義援金を目的とした催しがパリで行われる。一〇月、小宮豊隆がアムステルダムからパリに到着(17日)。一一月、巴里日本人会創立(一九三九年五月一七日付、在仏臨時代理大使宮崎勝太郎の有田八郎外務大臣宛公文書による)。この年、中村研一がパリに到着。また森口多里がパリに到着。秋に小山敬三が、マリー・ルイズ・ド・モントルイエと結婚した。戸田海笛がパリに赴く。藤田嗣治はサロン・デ・チュイルリーの会員となる。藤田嗣治とフェルナンド・バレーは離婚、藤田はリューシー・バドード(ユキ)と、フェルナンドは画家の小柳正と一緒になる。早川雪洲・青木ツル夫妻が、映画「ラ・バタイユ」製作のためパリに到着。キク・ヤマタが母マルグリットとパリに着き、ジャンヌ・ミュールフェルド夫人のサロンに頻繁に出入りし、アンナ・ド・ノアイユ、アンリ・ド・レニエ、アンドレ・ジッド、ジャン・コクトー、ポール・ヴァレリー等と知り合う。

三月、柳沢健『歓喜と微笑の旅』(中央美術社)。五月、野口米次郎『我が手を見よ』(アルス)。六月、柳沢健『南欧遊記』(新潮社)。一〇月、大杉栄『日本脱出記』(アルス)

一九二四（大正13）年

一月、高野三三男が横浜からパリに向けて出発（3日）、パリではアカデミー・ランソンに通う。佐伯祐三が妻米子、長女弥智子とともにパリに到着（3日）。シテ・ファルギエールにいる里見勝蔵を訪ねる。堀口大学、父の任地であるルーマニアに共に向かう途中、パリに立ち寄り、一ヵ月の間に、長谷川潔、藤田嗣治、ポール・フォール、マリー・ローランサンに再会、ポール・モーラン、アンドレ・サルモンにも会う。日本人会がパリ市一七区デバルカデール街七番地に移転（29日）。二年前に渡仏していた杉浦非水が帰国する。二月、武林無想庵・文子・イヴォンヌがパリ到着。小宮豊隆がイタリアに向けてパリを出発、秋に帰国。三月、内藤濯が帰国。四月、正宗得三郎、福島けい子ら、パリ郊外ジヴェルニーに住むモネを訪ねる。五月、ニューヨークに滞在していた清水登之が、三宅克己夫妻と共にパリに到着する（28日）。福沢一郎、柳沢健、西條八十がパリ着。福沢は、前月の四月一七日頃、日本郵船賀茂丸でパリに向けて日本を発ち、船上で柳沢、八十と知り合った。柳沢は外務省アジア局三課から一月に出た辞令を受け、フランスの日本大使館に三等書記官として赴任する途上であった。柳沢はパリでも八十としばしば行動を共にし、二人してポール・フォールとも交遊している。また八十は、柳沢に紹介されたノエル・ヌエットにフランス語の家庭教師を頼んでいる。一方福沢は、佐伯祐三、中山巍、森口多里らと交遊した。正宗得三郎が帰国。七月、坂本繁二郎がパリを出発して九月に帰国（1日）。斎藤茂吉がウィーン、ミュンヘンで神経学・精神病学を研究した帰途、妻照子とパリで合流（22日）。パリ滞在中に小宮豊隆、木下杢太郎と会う。小牧近江、ジャン・ジョレス暗殺一〇周年記念デモに参加。八月、木下杢太郎、鹿島丸にてマルセイユを発つ。内藤湖南がパリに到着（18日）し、数日滞在してロンドンへ（25日）。斎藤茂吉がパリを発って（20日）、ロンドン、ベルリン等へ旅行。三木清がドイツからパリに到着（22日）。九月、小牧近江が帰国。石津作次郎、パリ東駅に着く（27日）。内藤湖南がロンドンからパリ着（29日）。一〇月、福沢一郎の「風景」がサロン・ドートンヌに入選。内藤湖南がパリからベルリンに行き（6日）、再びパリに戻る（25日）。石津作次郎、北駅からロンドンに向けて出発する（8日）。斎藤茂吉が旅行からパリに戻る（10日）。パリ滞在中、安倍能成、板垣鷹穂、三木清、久保猪之吉、児島喜久雄、結城素明、宮坂勝らと会う。三木清が安倍能成と共にアナトール・フランスの葬式に赴く。一一月、武林文子が日本料理店湖月を開店。重徳泗水、内藤湖南、早川雪洲、東久邇稔彦が常連客となる。斎藤茂吉がパリを発つ（26日）。斎藤茂吉がマルセイユを発つ（30日）。佐伯祐三、シャトー街一三番地にアトリエを構える。一二月、内藤湖南がパリを発つ（14日）。薩摩治郎八、パリを発つ（23日）。この年、足立源一郎がパリに着く。キク・ヤマタがエドゥメ・ド・ラ・ロシュフーコー夫人のサロンに出入りし、ポール・クローデルやポール・モーランらと知り合う。夏、深尾須磨子が初めてのパリ訪問。秋に、九鬼周造がチューリッヒからパリに移る。パリの在留日本人数が増加し、前年の四三五人から七一九人に。日本劇「ラ・バタイユ」のオデオン座初演。この年から一九二七年まで、東京美術学校助教授の田辺孝次が、文部省留学生としてパリに滞在する。佐藤朝山が帰国する。

三月、岡田三郎『巴里』（新潮社）、岸田國士「古い玩具」（『演劇新潮』）。四月、岡本綺堂『十番随筆』（新作社）。七月、木下杢太郎「リユウ・ド・セイヌ」（『大阪毎日新聞』10〜12日）。九月、岸田國士「チロルの秋」（『演劇新潮』）、島崎藤村『仏蘭西だより　上』（新潮社)。一〇月、岡本一平『紙上世界漫画漫遊』(実業之日本社)。一一月、岸田國士「巴里素描」(『新小説』)。一二月、武林無想庵『世界を家として』(一人社)。この年、キク・ヤマタ *Sur des lèvres japonaises* (Le Divan)。

一九二五(大正14)年

一月、斎藤茂吉がパリより帰国(7日)。柳沢健とふじの次女燿子が、パリの自宅で誕生(10日)。里見勝蔵がパリを発って帰国の途につく。二月、岡鹿之助がパリに到着する。武林文子が日本料理店湖月を閉店。石黒敬七、パリに到着。三月、岡鹿之助が岡田三郎助の紹介状を持参して藤田嗣治を訪問。三月頃から松尾邦之助は、日本大使館の森山隆介理事官の紹介で、日本人会の書記として働き始める。四月、福沢一郎が中山巍、高畠達四郎と一緒のアトリエに住み始める。五月頃に松尾邦之助はギメ美術館の「東洋友の会」で、その後の日仏文化交流を共に担う、スタイニルベル・オーベルランと知り合う。六月、渡辺浩三がパリにやってきた。佐伯祐三が出迎え、木下勝治郎と三人でルーヴル美術館に出かけている。七月、岩田豊雄が妊娠中のマリー・ショウミイと共に日本に帰国、翌月に長女巴絵が誕生する。日本で『日仏芸術』が創刊される。芹沢光治良夫妻がパリに到着、三木清や佐伯祐三と親交する。前田寛治がパリを発つ。八月、布利秋が謄写版印刷機を入手、石黒敬七がガリ版刷りの『巴里週報』を創刊した(1日)。一〇月、第一回在巴里日本人美術家展が日本人会館で開かれ(3日〜30日)、福沢一郎が二点出品した。九鬼周造がパリ大学に在籍する。三木清が帰国する。サロン・ドートンヌに、佐伯祐三の「コルドヌリ」「煉瓦屋」、佐伯米子の「アルルのはね橋」、石黒敬七の「冬の柏崎」他一点が入選した。蕗谷虹児が妻とともにパリに到着(30日)。一二月、トシ・コモリがフェミナ座で公演し、武林文子・イヴォンヌも共演(17日)。この年に大使館事務局は、24. Rue de Greuze に移転する。東郷青児は、ギャルリー・ラファイエットのパリ本店図案部に勤務する。西條八十は柳沢健とよく小旅行に出掛け、また森口多里、石黒敬七とも交遊する。武林文子は、出版者ウージェーヌ・ファスケルを通してチタイナ、マルセル・ヴィユー、モーリス・メーテルリンクと会う。雨田禎之、パリ着。

二月、柳沢健『ジャン・ジョレス』(改造社)。五月、正宗得三郎『画家の旅』(アルス)。一一月、松尾邦之助「大巴里市掃除業務の実景とその整理」(『巴里週報』28日)。一二月、石津作次郎『欧羅巴の旅』(内外出版)。この年、キク・ヤマタ *Masako* (Stock)。

一九二六(大正15・昭和元)年

一月、武林文子がモンテカルロで情夫と痴話喧嘩し、ピストルで頬を撃たれる(2日)。中山巍のアトリエに、川口軌外、福沢一郎、高畠達四郎、木下勝治郎、林龍作、西村叡らが集って、佐伯祐三の送別会が行われた。佐伯祐三、妻子とともにパリを発つ(14日)。二月、八木熊次郎がパリに到着(1日)。佐伯祐三の一行、イタリア旅行をしてナポリから白山丸で、日本へ発つ(8日)。中西顕政が資金を出して、松尾邦之助が日仏文化交流誌『ルヴュ・フランコ・ニッポンヌ』を創刊する(15日)。表紙は藤田嗣治が描き、クロード・ファレルやアンリ・ド・レニエが寄稿した。三宅克己が帰国。三月、関沢秀隆、演劇研究のためパリにやって来る(13日)。四月、蕗谷虹児、サロン・ナショナルに作品二点入選。五月、辻潤が息子の一を連れてパリに到着。武林無想庵と行動を共にする。林倭衛は帰国するためパリを出発。藤田嗣治は国民美術協会のサロンの審査員となる。深尾須磨子が、ブーローニュの森に沿ったコレットの私邸を訪れた。九月、清水登之が帰国の途につく（20日）。蕗谷虹児、サロン・ドートンヌに「混血児とその父母」が入選。フランスの児童雑誌から挿絵の注文が来る。一一月、第二回在巴里日本人美術家展が日本人会館で開かれる（10日〜12月10日）。一二月、柳沢健とふじの三女玲子が、パリ一六区の自宅で誕生（27日）。この年、阿部金剛、パリ到着。西條八十が帰国。横綱栃木山がパリを訪れ、日本人倶楽部で歓迎会が開かれた。中村研一が一度帰国するが再び渡仏する。

四月、岸田國士『我等の劇場』（新潮社）、西條八十『巴里小曲集』（交蘭社）。六月、岸田國士『言葉言葉言葉』（改造社）。七月、蕗谷虹児「仏蘭西絵だより」（『令女界』）、佐伯祐三「巴里の生活」（『みずゑ』）、滝沢七郎『旅券を手にして』（明文社）。一二月、西條八十『彼女』（交蘭社）。

一九二七（昭和２）年

一月、芹沢光治良夫妻に長女万里子が誕生（５日）。熊岡美彦がパリに到着する（18日）。海老原喜之助、当時パリに住んでいたベルギー人アリス・エロジー・ベッケと結婚する。三月、八木熊次郎、下関に着く（３日）。宮坂勝が帰国。池内友次郎がパリに着き、凱旋門近くに下宿し、ポール・フォーシュの門弟となる。芹沢光治良が肺炎で倒れ、重度の肺結核が判明、以後帰国までスイスやフランスの療養地での闘病生活が続く。四月、柳沢健がフランスの日本大使館三等書記官から、スウェーデンの日本公使館三等書記官に異動。日本人作家の絵画展覧会がアルティスト・アルティザンで開かれる（16日〜５月２日）。池内友次郎がムードンに引っ越し、平岡次郎、林龍作、一柳信二、天田光平、荻野綾子、宅孝二ら日本人音楽家と交遊する。五月、松尾邦之助がオート・エチュード・ソシアルの卒業免状をもらう。マドレーヌ座の「未来派無言劇」にトシ・コモリ出演。六月、画家の井田亀彦が、フランスのモレ市シャンパーニュ村で自殺する（９日）。岡本綺堂の『修禅寺物語』を「ル・マスク」と改題し、フィルマン・ジェミエが、コメディ・デ・シャンゼリゼ座で上演する（24日〜27日）。これは国際演劇協会のフェスティヴァルの一環で、松尾邦之助が仏訳し、藤田嗣治が舞台装置を、柳亮が小道具を作り、大森啓助が所作を指導し、平岡治郎がテーマ音楽を担当し、柳沢健が渉外活動に駆け回った。「ル・マスク」は好評で、その後オデオン座でも再上演される予定だったが中止された。六月頃、松尾邦之助が初めてアンドレ・ジッドのアパートを訪ねる。七月、海老原喜之助、サロン・ド・レスカリエ展に出品し、認められる。八月、佐伯祐三、妻子とともにシベリヤ鉄道経由で二度目のパリに到着（21日）。一〇月、荻須高徳がパリに到着する（29日）。この時、山口長男、大橋了介、横手貞美も一緒であった。一一月、第三回在巴里日本人美術家展が日本人会館で開かれる（７日〜30日）。向井潤吉、パリ着（18日）。福沢一郎の「風景」がサロン・ドートンヌに入選。佐伯祐三、「新聞屋」「広告のある家」も入選。一二月、中西顕政の提案で、モンスーリ公園の近くにアパートを借り、松尾邦之助が印刷機を運んで、単行本や雑誌の印刷を開始する。この印刷工場には、後に武林無想庵や辻潤がしばしば足を運んだ。小山敬三個展がヴァレンヌ画廊で開催される。この年、川路柳虹が渡仏し、パリ大学美術科を聴講。松尾邦之助とスタイニルベル・オーベルランの『其角のハイカイ』（クレス書店）が出版され、出版記念会で川路柳虹が、ヴェルレーヌの詩を日本語で朗読した。鍛金家の石田英一がパリ留学し、一年ほどで帰国。阿部金剛、帰国。

五月、蕗谷虹児「巴里画信」(『令女界』)。七月、蕗谷虹児「パリのアトリエから」(『令女界』)。一一月、西條八十『丘に想ふ』(交蘭社)。この年、キク・ヤマタ *Le shoji : intimités et profils japonais* (Delamain et Boutelleau)、*Les huit renommées* (A. Delpeuch)、*Vers l'Occident* (À la Cité des livres)。

一九二八(昭和3)年

一月、林倭衛がシベリヤ鉄道経由でパリに旅立つ(5日)。辻潤が読売新聞社の第一回パリ文芸特置員として、長男の一と共にパリに向けて出発する。パリではイリヤ・エレンブルグらと会う。二月、有島生馬がパリ再訪に向けて日本を出発。原智恵子も、父親と親しかった有島生馬に連れられてパリに向かう。三月、硲伊之助がロゾラン・アデリア・エルビラと、フランスのアルプ・マリティム県で結婚し婚姻届を提出(19日)、証人は小山敬三と長谷川潔。竹中郁が神戸港からパリに向けて出発する(15日)。病気で学校を解雇された畑林玉一が、肺結核のためパリ市外で死去(30日)。五月、小磯良平が神戸から出港し(10日)、パリで竹中郁に合流する。小磯はグランド・ショーミエールに通った。池内友次郎がパリの北ヴェジネに引っ越す。東郷青児が帰国。六月、河盛好蔵がパリに到着(8日)。日本美術大展覧会がルネ・ジヴィー画廊で開かれる(8日〜28日)。九鬼周造が再びパリに。小山敬三がパリから帰国する。七月、蕗谷虹児とりん夫妻に次男青瓊(セイヌ)が、パリ市一四区で誕生(23日)。大阪ガス株式会社社長の片岡直方がガス事業視察のためパリ入りし、パリで開催された英仏デヴィス・カップを観戦(27日)。八月、大阪毎日新聞社・東京日日新聞社主催の世界一周団体旅行三七名の一名として、谷汲山の僧侶・市川円常がパリに到着する(10日)。佐伯祐三、肺結核とともに神経衰弱も進み、セーヌ・エ・マルヌ県で三〇歳で死亡(16日)。長女弥智子も結核のため後を追うようにパリ市の五区で死亡(30日)。いずれも佐伯米子が死亡届を提出。出島啓太郎がパリ生活を始める。九月、竹内勝太郎がパリに到着(14日)。佐伯米子が祐三と弥智子の遺骨と共に、マルセイユから日本に旅立ち、荻須高徳らが見送る。武林文子がオランピア座で公演。一〇月、吉屋信子が門馬千代子と共にシベリヤ経由でパリに到着。池内友次郎がコンセルヴァトワールに入学し、ポール・フォーシュの和声のクラスに正規の学生として入学する。白井鐵造がパリに向けて発つ。一一月、第四回在巴里日本人美術家展が日本人会館で開かれる(9日)。伊原宇三郎と志げの長男通夫が、パリ市の一三区で誕生(17日)。芹沢光治良夫妻が帰国。福沢一郎の「人物像」がサロン・ドートンヌに入選。一二月、小山敬三個展がコンタンポラン画廊で開かれる。この年、高畠達四郎・中村研一・中山巍、深尾須磨子が帰国する。益田義信がパリに着き、四年間を過す。福沢一郎がパリで個展を開催。九鬼周造がパリのアンリ・ベルグソン宅を訪れる。松尾邦之助は秋に帰国。竹中郁はマン・レイの映画「ひとで」に感動し、マン・レイを訪問する。パリでの映画体験は、竹中のシネポエムの原動力の一つになる。

二月、滝本二郎、マダム・ド・ブレスト『欧米漫遊留学案内　欧州の部』(欧米旅行案内社)、竹中郁『枝の祝日』(海港詩人倶楽部)。六月、西條八十『紫の罌粟』(交蘭社)。八月、竹中郁「巴里たより」(『ドノゴトンカ』、このあと一一月および一九二九年一月の三回にわたって連載)。九月、鳥居素川『松籟』(鳥居とも子)。一一月、三宅克己『世界めぐり』(誠文堂)。一二月、深尾須磨子『紫の恋』(世界社)、近藤浩一路『異国膝栗毛』(現代ユウモア全集刊行会）。この年、キク・ヤマタ訳 *Le Roman de Genji*（Plon）。

一九二九（昭和4）年

一月、久米正雄夫妻がパリに到着（1日）。九鬼周造が帰国（29日）。辻潤が長男の一、村松正俊と三人で、シベリヤ経由で帰国。二月、竹内勝太郎が帰国に向けてパリを出発（20日）。有島生馬が帰国に向けてマルセイユを出発。四月、仏蘭西日本美術家協会展がルネサンス画廊で開かれ（8日〜20日）、福沢一郎が出品。妊娠中のイヴォンヌをパリに残して、林倭衛は帰国する。ジュネーヴで五月に開かれた第一二回国際労働会議に、帝国使用者代表として出席する直前の岩崎清七が、パリを訪れる（30日）。武林文子がイヴォンヌと共にベルリンのヴィンテル・ガルテンに招待される。久米正雄夫妻がロンドンに向けてパリを出発。五月、蕗谷虹児の個展がルネ・ジヴィー画廊で開かれる（3〜18日）。松尾邦之助が読売新聞パリ文芸特置員としてパリに戻ってくる（8日）。パリ国際大学都市日本館開館式（10日）。黒田鵬心がパリに到着（27日）。武林無想庵が帰国のためパリ出発。キク・ヤマタが帰国のためパリを発つ。矢沢弦月が文部省在外研修員としてパリ着。六月、日本美術展がジュ・ド・ポーム美術館で開かれる（1日〜7月25日）。日本人画家グループ展がアール・モデルヌ画廊で開かれる（9日〜26日）。第二回巴里日本美術協会展がオッドベール画廊で開かれる（10日〜22日）。岡本綺堂の「修禅寺物語」「鳥辺山心中」「切支丹屋敷」を、松尾邦之助とスタイニルベル・オーベルランが翻訳して、*DRAMES D'AMOUR*（ストック書店）として刊行したところ、倉田百三『出家とその弟子』を翻訳してほしいというロマン・ロランからの依頼の手紙が、七月末に松尾に届く。七月、蕗谷虹児、日本の留守宅が経済的に破綻したとの知らせに急遽帰国。八月、武林無想庵がパリ到着。九月、熊岡美彦が帰国（6日）。吉屋信子と門馬千代子がアメリカ経由で帰国する（13日）。黒田鵬心がパリからベルリンへ出発（14日）。新聞記者の鈴木秀三郎もベルリンに向かう。藤田嗣治はユキと共に一七年ぶりに日本に帰国。一〇月、この年の春にアメリカ経由でパリに到着した正宗白鳥が帰国する（21日）。池内友次郎がコンセルヴァトワール近くに引っ越し、この頃佐藤美子に捧げる「アマリリス」という処女作品を書く。武林無想庵がエミール・ゾラを日本に紹介した代表者としてメダンで開催されるゾラの会で挨拶する。福沢一郎が仏蘭西日本美術家協会展［パリ二回展］（ジャヴァル・エ・ブルドゥー画廊）に出品。一一月、久米正雄夫妻がアメリカを経て帰国（21日）。海老原喜之助が、ロトンドで旧友吉井淳二と再会。山口長男も居合せた。この年、雨田禎之が帰国。伴野文三郎も一時帰国。井汲清治がパリ着。坂倉準三が渡仏し、翌々年までパリ大学エコール・スペシアール・デ・トラヴォ・ピュブリックで建築を学ぶ。伊吹武彦も渡仏、パリ大学で学んでいる。硲伊之助が帰国する。川路柳虹が帰国する。坂本直道が満鉄欧州事務所長としてパリ駐在。川口軌外が帰国した。

一月、岡本一平『増補世界一周の絵手紙』（龍文舎）、「久米正雄氏来巴夫人同伴」（『巴里新報』13日）。二月、稲畑勝太郎『欧亜に使して』（日本評論社）、仲摩照久編『世界地理風俗大系　第一一巻』（新光社）、川路柳虹「夜の舞踏場」（『文章倶楽部』）。四月、木下杢太郎「巴里の点心舗」（『スキート』）。五月、松尾邦之助『巴里』（新時代社）、片岡直方『欧米漫談』（伊藤淳一郎）、滝本二郎『千五百円三ケ月間欧米見物案内』（欧米旅行案内社）。七月、市川円常『欧米管見』（谷汲山華厳寺）、滝本二郎『夜の倫敦巴里紐育』（欧米旅行案内社）。八月、西條八十『美しき喪失』（神谷書店）、石川三四

郎『一自由人の放浪記』（平凡社）。一〇月、『藤田嗣治画集』（東京朝日新聞社）、柳沢健『巴里を語る』（中央公論社）、久米正雄「モン・アミ」（『改造』）。一一月、熊岡美彦「百鬼夜行の巴里（三）」（『美術新論』）、伊原宇三郎・熊岡美彦・服部亮英・香田勝太・中山巍・鈴木千久馬「新帰朝者座談会」（『美術新論』）。一二月、藤田嗣治『巴里の横顔』（実業之日本社）、蕗谷虹児「私の巴里四年間」（『アトリヱ』）。この年、キク・ヤマタ *Shizouka: princesse tranquille* (M.-P. Trémois)、*Saisons suisses* (L'Atelier rouge)。

一九三〇（昭和5）年

一月、金子光晴がパリに到着し、森三千代と合流する（2日）。約一年間の滞在中に金子は、博士論文の下書き、額縁造りや行商、日本人名簿作成の手伝いなど、さまざまな仕事を引き受ける。向井潤吉、帰国のためパリを発つ（9日）。岡本一平・かの子・太郎の一家が箱根丸でマルセイユに到着（12日）。太郎はそのままパリにとどまり、一平は本来の目的であるロンドン軍縮会議取材のためロンドンへ向かう。かの子も一平に同行。第三回巴里日本美術協会展がザック画廊で開かれる（18日〜31日）。巴里日本人会総会で定款を採択。藤田嗣治はアメリカ経由でパリに戻る。二月、海老原喜之助とアリスの長男盛樹が、パリ市の一三区ランジス街二八番地で誕生する（14日）。荻須高徳がコルベール画廊で初の個展を開催、竹中郁と小磯良平が帰国した。三月、武林無想庵が春秋社にゾラ全集の刊行を催促するため帰国。四月、池内友次郎が帰国。白井鐵造がパリを発つ。五月、矢沢弦月、アメリカを経由してパリから帰国する。八月、京都市立堀川高等女学校長の野田一郎が、半年余りの欧米巡遊の途上でパリに到着した（9日）。河盛好蔵が帰国に向けてパリを出発。九月、池内友次郎がパリ到着。一〇月、池内友次郎がアンリ・ビュッセルについて作曲の勉強をし、「月見草」を作曲する。一〇月頃、堀口大学がマルセイユに上陸しパリに向かう。一一月、岡本一平とかの子がロンドンからパリに移った（30日）。武林無想庵が山本夏彦を連れてパリ到着。夏彦は日本人倶楽部の秘書のアシスタントとして採用される。原智恵子がコンセルヴァトワールのピアノ科に入学。井口基成が日本を発つ。一二月、井口基成がパリに着くと、高木東六や鈴木聡が出迎えてくれた。荻須高徳が横手貞美をスイスに近い療養所に椎名其二と共に送る。キク・ヤマタがパリに戻る。晩秋か初冬に小松清が、初めてイリヤ・エレンブルグと会う。岩田豊雄は、発病した妻のマリーを実家で療養させるため、パリに赴いた。パリ歯科医専を卒業した山崎清が、この年に帰国。一九二〇年代の日本で、単位三科の前衛美術運動に関わった山崎は、ルーヴル美術館やリュクサンブール美術館の絵画を見て、絵をやめたという。高野三三男は、ジョルジュ・ベルネーム画廊で第一回個展を開く。高野はこの年帰国した。松尾邦之助がカフェ・ロトンドで、アンドレ・ジッドにインタヴュー。深尾須磨子、二度目のパリ訪問。

三月、熊岡美彦『熊岡美彦滞欧画集』（美術新論社）。六月、吉屋信子『異国点景』（民友社）、『現代作家滞欧作品選集』（アトリヱ社）、有馬郡健次郎『ジヤヅの欧羅巴』（万里閣書房）。七月、正宗白鳥「散文的に見て」（『文芸春秋』臨時増刊オール読物号）、「踊場タバランのバー」（『アトリヱ』）、杉浦非水「平民的な巴里の味覚」（『アトリヱ』）、宮坂勝「リユー・カンパーギユ・プルミエールと浮浪人」（『アトリヱ』）、伊原宇三郎「巴里の美術案内」（『アトリヱ』）、浅野孟府「向井潤吉氏の西欧名作品模写紹介について」（『アトリヱ』）。

九月、鈴木秀三郎『エロ・グロ・巴里』（平凡社）。一〇月、吉江喬松『吉江喬松詩集』（梓書房）。一一月、竹内勝太郎『現代仏蘭西の四つの顔』（アトリヱ社）、小牧近江『異国の戦争』（日本評論社）、辻潤『絶望の書』（万里閣書房）、八木熊次郎『彩筆を揮て欧亜を縦横に』（文化書房）、高村光太郎「ロダンについて」（『中央公論』）。この年、キク・ヤマタ *Japon : dernière heure* (Stock)、*La trame au milan d'or* (Stock)。酒井潔『巴里上海歓楽郷案内』（竹酔書房）。刊行月不記載、『昭和五年度用日本人名録』（THE EASTERN PRESS, LTD.）。

一九三一（昭和6）年

一月、中野秀人とフェリーサ・マリヤ・マグダレーナ・ジャックが日本大使館に婚姻届を提出（5日）。二月、小松清がガリマール書店で、アンドレ・マルローに初めて会う。近藤浩一路が神戸港からパリに出発し（13日）、春にパリの自宅で個展を開く。三月、第四回巴里日本美術協会展がザック画廊で開かれる（13日〜27日）。戸田海笛がパリで死去し、ペール・ラシェーズ墓地の納骨堂に葬られる。横手貞美が結核のため療養所で死去。四月、考古学者の森本六爾パリ着（27日）。岩田豊雄がパリからシベリヤ鉄道で日本に向かった（30日）。池内友次郎が「月見草」を交響楽伴奏にする。福沢一郎がパリを発つ。荻須高徳がカティア・グラノフ画廊で個展を開く。五月、池内友次郎が和声の卒業コンクールに失敗し、もう一年和声法に籍をおいて勉強し直すことにする。初夏に、第一回国際文芸家協会（6月23日）に出席するため、平林初之輔が児島八重子とパリを訪れた。高橋邦太郎も同じ目的でパリに来た。六月、近藤浩一路が帰国（3日）、アルベール・カーン海外旅行財団の資金でヨーロッパに向かった市川三喜が妻の晴子と共にパリに到着（13日）、コレージュ・ド・フランス創立四〇〇年祭に東京帝国大学代表者として出席し、大統領レセプション・植民地博覧会・観劇・フォンテンブロー遊覧などに招待される。平林初之輔がセーヌ県のオトゥイユで死去し（15日）、椎名其二が死亡届を提出する。七月、岡本一平とかの子がパリを去ってベルリンへ向かう（27日）。八月、小松清は『NRF』日本特派員の肩書で、マルセイユから日本に向けて出発する。武林文子が帰国。九月、海老原喜之助とアリスの次男義が、パリ市の一四区で誕生した（11日）。一〇月、高野三三男とりうの長女耀子が、パリ市の一四区で誕生（20日）。金子光晴と森三千代がマルセイユから帰国。藤原義江がオペラ・コミック座で「ラ・ボエーム」に出演。一一月、林芙美子がシベリヤ経由でパリに到着（23日）。藤田嗣治はユキと別れ、マドレーヌと共に南米に旅行。この年から坂倉準三は、ル・コルビュジエ建築事務所で、一九三六年まで設計監理の研究に従事する。この年、伊吹武彦、福沢一郎が帰国。グラン・パレで万国歯科学大会が開かれ、山崎清が正会員兼通訳として出席する。井汲清治がパリ発。松野一夫、パリを中心にヨーロッパ各地を一年間かけてまわった。

二月、浅野研真『ヨーロッパ新風景』（正和堂書房）。六月、辰野隆『さ・え・ら』（白水社）。七月、岩田豊雄『脚のある巴里風景』（白水社）。八月、正宗白鳥「髑髏と酒場」（『改造』）。この年、キク・ヤマタ *La vie du général Nogi* (Gallimard)。

一九三二（昭和7）年

一月、森本六爾、パリを発ち（25日）ロンドンより靖国丸で帰国（29日）。林芙美子がロンドンへの旅に向けてパリを出発（23日）、二月にパリに戻る（22日）。三月、林芙美子、日本人倶楽部で藤原義江を見かける（14日）。ガボー音楽堂でのコンセルヴァトワールの定期演奏会で池内友次郎の「月見草」「アマリリス」が佐藤美子により取り上げられる。四月、林芙美子がフランシス・カルコを訪問（1日）、またアンリ・プーライユを訪問（21日）。岩田豊雄の妻のマリーが死去。五月、林芙美子が帰国に向けてパリを出発した（12日）。第五回巴里日本美術協会展がザック画廊で開かれる（13日～27日）。武林イヴォンヌが小学校を卒業し、同時に第一聖体拝受式をすませた。初夏には近藤浩一路の第二回個展が、NRFの画廊で開かれた。荻須高徳はドルーアン画廊で個展。六月、キク・ヤマタがコンラッド・メイリと結婚（4日）。パリのコンセルヴァトワールのピアノ科卒業コンクールで原智恵子が一等賞を獲得（29日）。池内友次郎が第二回目の和声の卒業コンクールにて二等賞を獲得。一〇月、竹久夢二、パリ着（7日）、翌月まで滞在。武林イヴォンヌがリセ・ジャンソンと祖川夏子の日本語学校へ通い始めた。一一月、井口基成がパリを発つ。一二月、池内友次郎が帰国。この年、原智恵子、深尾須磨子が帰国。松尾邦之助とスタイニルベル・オーベルランが協力して、ロマン・ロランの序文を付し、倉田百三『出家とその弟子』のフランス語訳をリエデル書店から刊行し、その出版記念会が、ときわで開かれた。蘆原英了がパリに滞在。

一月、児島喜久雄「太田正雄君と私」（『科学思潮』）。四月、野田一郎『随見随録欧米巡遊』（金港堂書店）。六月、岡本一平『漫画漫遊世界一周』（文武書院）、馬郡沙河子『欧羅巴女一人旅』（朝日書房）。九月、芳澤謙吉『日本国民の参考になる諸点』（使命会講演部）。一二月、竹中郁『象牙海岸』（第一書房）。

一九三三（昭和8）年

六月、武林無想庵の右目の緑内障が悪化してオテル・デュー国立病院で手術を受けるが成功しなかった。七月、マルセイユで武林無想庵・文子・イヴォンヌ再会。八月、諏訪秀三郎がベルギーのアンヴェル市エスゴー河岸で、頭部を短銃で打ち抜いて死去（3日）、他殺とのうわさもあったが、検視の結果、自殺と認定され、椎名其二が死亡届を提出した。武林文子がパリ到着。一一月、武林無想庵がパリ出発。藤田嗣治はマドレーヌを伴って帰国する。一二月、陸軍大学校兵学教官で陸軍航空兵中佐の宝蔵寺久雄がパリに到着した（28日）。この年、原智恵子が日本でデビュー・リサイタルを開き、再びパリへ向かう。草間（安川）加壽子がコンセルヴァトワールの予備科に入学。

二月、名賀京助『さ・せ・巴里！』（一元社）。三月、三宅克己『写真機さげて欧米へ』（アルス）。四月、辰野隆『エ・ビヤン』（白水社）。五月、岩崎清七『欧米遊蹤』（アトリヱ社）、林芙美子『三等旅行記』（改造社）、木村毅『西園寺公望』（書物展望社）。七月、芹沢光治良『明日を逐うて』（改造社）、市川三喜・晴子『欧米の隅々』（研究社）。

一九三四（昭和9）年

一月、武林無想庵が帰国（4日）。海老原喜之助、盛樹・義の二児を連れて帰国。二月、宝蔵寺久雄、パリを出発（9日）。三月、林武がフランスに向かう（10日）。池内友次郎がパリに向けて日本を発つ。一〇月、満鉄パリ支社の文化宣伝雑誌『フランス・ジャポン』が創刊される。丸山熊雄、フランス政府招聘給費留学生としてパリに着き、二年間はパリ大学都市の学生会館（日本館）に住む。この年、春に満鉄の支社長の坂本直道がパリに戻る。松尾邦之助によれば、「日本軍部の横暴に憤怒」していた坂本は、満鉄の対欧ＰＲのため巨額の予算を獲得してきた。坂本の親友の松尾邦之助は、満鉄パリ支社の嘱託になり、フランス語の文化宣伝雑誌を出すことを提案する。これが実現したものが『フランス・ジャポン』である。また坂本と松尾は、日仏文化同盟を結ぼうと考え、日仏同志会を作って、パリと東京に事務所をおく。この年に巴里邦人画展がジェルボ画廊で開かれる。この年から一九三八年まで、姉崎正治は国際連盟学術協力委員会日本代表として、毎年ジュネーヴやパリに赴く。

二月、小宮豊隆『巴里滞在記』（岩波書店）、小宮豊隆『黄金虫』（小山書店）。四月、北原俊子『子供の見た欧羅巴』（新趣味社）、太宰施門『LE PARIS』（政経書院）、竹中郁「季節を知らぬ随筆」（『文芸汎論』）。五月、辰野隆『ドンク』（中央公論社）。九月、松尾邦之助『巴里素描』（岡倉書房）、『白人集』（白人会）。一二月、中村恒夫『巴里画壇の全貌』（崇文堂出版部）、柳沢健『三鞭酒の泡』（日本評論社）。

一九三五（昭和10）年

三月、骨董商の川村勇太郎が、肺結核のためパリで死去。四月、林武が帰国する（1日）。一〇月、武林文子がベルギーで知合った宮田耕三と結婚するため無想庵と離縁する。この年、草間加壽子がコンセルヴァトワール本科に進む。

一月、宝蔵寺久雄『欧州旅行記』（千城堂）。二月、石黒敬七『蚤の市』（岡倉書房）。四月、内藤濯『思はざる収穫』（白水社）。七月、辰野隆『りやん』（白水社）。八月、堀口大学『季節と詩心』（第一書房）。九月、竹内勝太郎『西欧芸術風物記』（芸艸堂）、小松清「民衆的美術館を設立せよ」（『世界知識』）。一一月、小松清編『文化の擁護』（第一書房）。

一九三六（昭和11）年

二月、高浜虚子と娘章子がパリに向けて横浜を出帆（16日）。三月、パリの日本大使館で池内友次郎の曲を原智恵子がピアノ演奏する音楽会を催す（19日）。横光利一がベルリン・オリンピック視察のため『東京日日新聞』『大阪毎日新聞』の特派員となり、ベルリン行きの前にパリに立ち寄る（28日）。高浜虚子と娘章子がパリ到着（28日）。ビュッセル教授のクラスの作品演奏会がコンセルヴァトワールで開かれ、池内友次郎の曲を原智恵子がピアノ演奏し、高浜虚子が聴いた（31日）。四月、ムードンで高浜虚子、池内友次郎、高浜章子、佐藤醇造夫妻、柴虚風、宅孝二が吟行会を催す（12日）。巴里日本人会で高浜虚子による俳句講演会が行われた（17日）。五月、高浜虚子がジュリアン・ヴォカンス宅を訪問（6日）。高浜虚子の歓迎茶会が牡丹屋で開催される。キク・ヤマタが司会をし、ポール＝ルイ・クーシューやロベル・ド・スーザ、ジュール・シュペルヴィエルらが出席した。この日虚子はパリを発つ（7日）。武者小路実篤が、兄でドイツ大使の武者小路公共の勧めでヨーロッパに旅立ち、パリにも二〇日ほど滞在、アンリ・マティス、ジョルジュ・ルオー、アンドレ・ドラン、パブロ・ピカソを訪問する。六月、横光利一、岡本太郎に伴われてモンマルトルのトリスタン・ツァラの家を訪問。七月、横光利一、パリを去ってベルリンへ向かう（23日）。八月、池内友次郎が帰国。一〇月、一九三七年パリ万博協会常務理事の団伊能と、嘱託の坂倉準三が、シベリヤ経由でパリに到着した（14日）。一二月、武林イヴォンヌが自殺未遂。武者小路実篤が帰国。この年、矢野健太郎がフランス政府招聘留学生としてパリのアンリ・ポアン・カレ研究所で微分幾何学を研究。岡本太郎とも時々会った。

一月、小出楢重『大切な雰囲気』（昭森社）、小松清「近藤浩一路小論――同氏個展開催に際して」（『美之国』）。三月、藤田嗣治「現代壁画論」（『改造』）、岡本かの子『世界に摘む花』（実業之日本社）、柳沢健（文）・藤田嗣治（絵）『紀行世界図絵』（岡倉書房）。五月、川島理一郎『旅人の眼』（龍星閣）。六月、石黒敬七『巴里雀』（雄風館書房）、辰野隆『あ・ら・かると』（白水社）。七月、有島生馬『東方への港』（岡倉書房）、柳亮『巴里すうぶにいる』（昭森社）。八月、高浜虚子『渡仏日記』（改造社）。九月、里見勝蔵『異端者の奇蹟』（竜星閣）。一一月、岸田國士『時・処・人』（人文書院）。一二月、藤田嗣治『腕一本』（東邦美術協会）、田辺孝次『巴里から葛飾へ』（東邦美術協会）。

一九三七（昭和12）年

二月、武林イヴォンヌが二度目の自殺未遂。五月、武林無想庵がパリに向けて神戸を出発（20日）。「近代生活に於ける芸術と技術」のテーマで、パリ万博が開催される（24日〜11月25日）。大阪毎日新聞社・東京日日新聞社主催の欧州一周旅行の一員として、吉田辰秋がパリを訪れ、パリ万博などを見物する。六月、トロカデロ公園に日本館が完成し開館式が行われた（18日）。パリ万博協会専門委員の和田三造が、パリに向けて出発する（10月15日帰国）。七月、サル・オッシュで二八〇名が出席して、「芸術日本の夕」を開催、早川雪洲が司会役を務め、諏訪根自子のヴァイオリン独奏、田沢千代子の舞踊、原智恵子のピアノ独奏、牧嗣人の独唱などが披露された（12日）。九月、小松清は『報知新聞』欧州特派員として、妻の妙子と共に、マルセイユに到着する。一〇月、フランス文学者の高橋広江がパリに到着する（10日）。高橋はフランス語の個人レッスンを受けながら、パリ大学でフーシェ教授の発音学の講義を聴いたり、コレージュ・ド・フランスでポール・ヴァレリーの詩の講義を聴講したりする生活を始めた。小松清が初めてアンドレ・ジッドに会う。武林無想庵がイヴォンヌを連れて帰国。一一月、巴里万博褒賞授与式がテアトロ・ド・トロカデロで行われ、日本部出品物は、日本館など二四件が大賞を受賞した（25日）。この年の春、桑原武夫がパリに到着。前年の国際ペン大会（アルゼンチン）出席後アメリカを経てこの年に渡欧した有島生馬がパリ大学で「書・画の関係」を連続講演、年内に帰国した。この年、東京美術学校教授の田辺孝次がパリを訪れる。リュクサンブール美術館閉館。早川雪洲が映画「吉原」製作のためパリを訪れ、田中路子とケ・ド・パッシーのアパルトマンで同棲する。草間加壽子がコンセルヴァトワールを首席で卒業。パリ国際婦人ピアノコンクールで一位を取り、ガボー音楽堂でオーケストラと弾く機会を与えられる。

一月〜九月、岸田國士「芝居と僕」（『劇作』）。三月、獅子文六『舶来雑貨店』（白水社）、武林無想庵『欧州の日常生活』（京都経済会）。四月、横光利一『欧州紀行』（創元社）。五月、滝沢敬一『フランス通信』（岩波書店）。六月、獅子文六『達磨町七番地』（白水社）、辰野隆『南の窓』（創元社）。七月、安藤徳器『陶庵公影譜』（審美書院）。一二月、林芙美子『滞欧記』（改造社）。

一九三八（昭和13）年

一月、日本大使館の拝賀式に高橋広江が出席（1日）。ベルギーでヴァイオリンの勉強をしていた諏訪根自子が、原智恵子に勧められてパリに移る。三月、高橋広江がギメ美術館館長のアッカンを訪ね、ピエール・

ミルへの会見依頼の手紙をもらい（12日）、ミルを訪問（19日）。一二月、第一回巴里日本美術家展がベルネーム・ジューヌ画廊で開かれる（17日～30日）。この年の秋、中村光夫がパリに到着。この年、キク・ヤマタがサロン・ドートンヌで生花を展示。矢野健太郎がパリより帰国。

一月、滝本二郎『欧米漫遊留学案内　欧州篇』（欧米旅行案内社）。七月、滝沢敬一『続フランス通信』（岩波書店）。一一月、岡本かの子『巴里祭』（青木書店）。

一九三九（昭和14）年

一月、小松清と妙子の長男晃が、パリ市一四区のピナール産科病院で誕生（10日）。桑原武夫が高田博厚と共にアランを訪問（19日）、桑原はこの月にパリを出発しアメリカ経由で帰国。丸山熊雄、帰国。四月、アンドレ・ジッド原作の東宝映画「田園交響楽」の公開試写会が、エドワード七世劇場で行われ、ジッド、小松清、松尾邦之助らが出席する（18日）。高橋美吉がリール県の精神病院で死去。五月、諏訪根自子がショパン音楽堂でデビュー（19日）。藤田嗣治は君代と共にパリへ。六月、ドイツ軍がパリを空襲する（3日）。第二回巴里日本美術家展がシャルパンティエ画廊で開かれる（27日～7月13日）。八月、キク・ヤマタが国際文化振興会の招待で夫メイリと共に日本へ向けて発つ。九月、第二次世界大戦が勃発し、岡鹿之助・坂倉準三が帰国する。小松清の妻の妙子は、赤ん坊の晃を連れて帰国の途につく。中村光夫もパリを出発、アメリカ経由で一二月に帰国。第二次世界大戦中に、坂本直道の要望で、小松清は『フランス・ジャポン』の編集責任者になる。一二月、草間加壽子が帰国。この年、パリ在留日本人数は、前年の四二九人から二四七人へと、〇・六倍に落ち込む。深尾須磨子、三度目のヨーロッパ訪問。

二月、吉田辰秋『外遊漫筆』（明治図書）、『一九三七年巴里万国博覧会協会事務報告』（巴里万国博覧会協会）。三月、佐藤尚武『フランスの印象』（関西日仏会館）、木下杢太郎『其国其俗記』（岩波書店）。九月、高橋広江『パリの生活』（第一書房）。

一九四〇（昭和15）年

一月、湯浅年子がフランスに向けて日本を出発、以後パリの原子核化学研究所で研究生活。二月、出島啓太郎がパリ市の一四区で結核のため死去（9日）、日本美術家協会と日本人会がペール・ラシェーズ墓地の納骨堂に収める。高田博厚が死亡届を提出。三月、山本実彦がパリを訪れ（29日～4月9日、4月29日～5月7日）、アンドレ・マルローやロマン・ロランと会見する。五月、藤田嗣治と高野三三男が空襲下のパリを脱出し（23日）、伏見丸で帰国の途につく。六月、曲芸人の安藤源次郎がパリ市の一〇区で死去（2日）。三井・三菱・満鉄・大倉組・正金など日本関係商社は、一〇日までにパリを引き揚げる。小松清と画家や音楽家一〇名は、日本大使館が用意したトラックでパリを脱出する（12日）。荻須高徳もまたパリを脱出した（13日）。岡本太郎、荻須高徳が日本人最後の引き上げ船、白山丸でマルセイユを発って帰国（13日）。ドイツ軍がパリを占領（14日）。松尾邦之助はパリ占領後ボルドーまで行くが、独仏休戦協定調印（22日）後に再びパリに戻る。岡田穀も妻子を伴って帰国。この年、日本大使館の主力はヴィシーに移転し、パリには総領事館が置かれた。総領事は前田陽一。

一月、獅子文六『牡丹亭雑記』（白水社）。二月、島崎藤村『巡礼』（岩波書店）。四月、滝沢敬一『第三フランス通信』（岩波書店）。六月、横光利一『旅愁第一篇』（改造社）、武者小路実篤『湖畔の画商』（甲鳥書林）。七月、横光利一『旅愁第二篇』（改造社）。一〇月、山本実彦『新欧羅巴の誕生』（改造社）。一二月、小松清『沈黙の戦士』（改造社）、山崎清『歯科医史』（金原商店）。

一九四一（昭和16）年

五月、読売新聞社からの訓電で、松尾邦之助はパリ支局を閉鎖して日本に向かうが、ベルリン滞在中にソ連とポーランドの国境が閉鎖され、帰国できなくなる。

一月、小松清『フランスより還る』（育生社）。三月、牧嗣人『エッフェル塔の下にて』（愛亜書房）。六月、桑原武夫『フランス印象記』（弘文堂書房）。七月、正宗白鳥『旅行の印象』（竹村書房）。八月、井上勇『フランス・その後』（鱒書房）。九月、森三千代『をんな旅』（富士出版社）、辰野隆『ふらんす人』（青木書店）。一〇月、林芙美子『日記第一巻』（東峰書房）。一一月、河盛好蔵『仏蘭西文学随想』（青木書店）、滝沢敬一『第四フランス通信』（岩波書店）。

一九四二（昭和17）年

二月、加藤外松フランス大使が、オッシュ通りの公邸の二階から落ちて死去（12日）。一二月、諏訪根自子が生活の拠点をパリに置きながら、当時ベルリンにいた田中路子のもとに身を寄せては、ドイツでも演奏を重ねる。

二月、藤田嗣治『地を泳ぐ』（書物展望社）。六月、岩田豊雄『劇場と書斎』（モダン日本社）。七月、中村光夫『戦争まで』（実業之日本社）。九月、河盛好蔵「ノルマリヤン」（『文学界』）。一一月、九鬼周造『巴里心景』（甲鳥書林）。この年、キク・ヤマタ *Au Pays de la reine : étude sur la civilisation japonaise et les femmes*（Impr. d'Extrême-Orient）。

一九四三（昭和18）年

二月、諏訪根自子がナチス・ドイツ宣伝相ヨーゼフ・パウル・ゲッペルスによってストラディヴァリウスを贈呈され、フランスとドイツを行き来するようになる。

一月、河盛好蔵『ふらんす手帖』（生活社）、山崎清『歯と民族文化』（天佑書房）。二月、岩田豊雄『フランスの芝居』（生活社）、横光利一『旅愁第三篇』（改造社）。三月、芹沢光治良『巴里に死す』（中央公論社）、堀辰雄「古墳」（『婦人公論』）。四月、芹沢光治良『文芸手帖』（同文社）。八月、小堀杏奴『橡の蔭』（那珂書店）。九月、矢本正二『巴里通信』（築地書店）。一〇月、芹沢光治良『孤絶』（創元社）。一一月、獅子文六『牡丹亭新記』（白水社）。

一九四四（昭和19）年

六月、連合軍がノルマンディに上陸し、日本大使館員たちはドイツに避難する。八月、湯浅年子がベルリンに向けてパリを出発（15日）。

一九四五（昭和20）年

七月、湯浅年子がパリおよびベルリンでの研究生活を切り上げ帰国する。

一二月、芹沢光治良『離愁』（全国書房）。

〈資料〉『巴里週報』オリンピック水泳号（一九三二年八月一〇日）

昭和七年八月十日発行
オリンピック水泳号
日本情報
横山博士逝去
満洲上海情報
消息

Les Xme Jeux Olympiques
世界スポーツの豪華版
六種目中、五つの世界新記録を得て
堂々日本、水上に優勝

[illegible]若ザハと日の丸旗の掲揚とアメリカ日本人の熱血と選手の汗と努力の跡、実に国際的なる国際競技のオリンピックに、5種目中[illegible]を挙げて我国新記録を獲得す。
日米[illegible]の文字通り百米自由形はVeri[illegible]に三人の日本選手と三人の米人選手に依って決勝は開始された。

百米第一予選
第一組 1. Kalili (布哇) 59 [illegible]
二 3. 河石達吾(日) 59 9/10
三 1. 高橋成夫(日) 59秒
(当地新聞に高石とあるも高橋の誤)
四組 1. 宮崎康二(日) 58 [illegible]
百米準決勝
第一組 1. 宮崎康二(日) 58秒 [illegible] ワイズミュラーの 58秒 [illegible] を破る。
第二組 1. 河石達吾(日) 5[illegible]
3. 高橋成夫(日) [illegible]
百米決勝
1. 宮崎康二(日) 58秒 [illegible]
2. 河石達吾(日) 58秒 [illegible]
3. Schwartz [illegible] 8/10
5. 高橋成夫(日) 59秒 [illegible]
四百米予選
第一組 1. 横山隆志 4分53 [illegible] [illegible] Zorilla の 5分01 [illegible] を破る。
二組 1. Crabbe (米) 4分57 [illegible]
3. 杉本傅(日) 5[illegible]
三組 1. Charlton (豪)
四 4. Taris (仏) 4'55" 3/10
五 1. Ryan (米) 5'01 [illegible]
2. 大横田勉 5'06" [illegible]
四百米準決勝
第一組 1. 横山隆志 4分51秒 4/10 自己の記録を破る
3. 大横田勉 4'5[illegible]
二組 1. Crabbe (米) [illegible]
2. 杉本傅 [illegible]
四百米決勝
1. Crabbe (米) 4分48秒 4/10 横山の4分51秒 4/10 を破る
2. Taris (仏) 4'48" 5/10
3. 大横田勉 4'52" 3/10
4. 横山隆志 4'52" 5/10
5. 杉本傅 4'56" 1/10
千五百米予選
一組 北村久寿雄 19'55" 3/10
二 1. Cristy (米) 19'58" 4/10
2. 石原田愿 20'07" 5/10
三 1. Flanagan (米) 20'06"
四 1. 牧野正蔵(日) 19'53" 3/10
千五百米準決勝
一組 1. 北村久寿雄 19'51" 4/10 新記録 アルネ・ボルグの 19分 51秒 8/10 を破る
4. 石原田愿 20'31" 2/10
二 1. 牧野正蔵 19'38" 7/10 北村の 19分51秒 5/10 を破る
3. 新記録

千五百米決勝
1. 北村久寿雄 19分12秒 4/10 新記録 牧野の [illegible] を破る。
2. 牧野正蔵 19'14" 1/10
3. Cristy (米) 19'39" 5/10
百米背泳予選
一組 1. 清川正二 1'08" 9/10
二 1. Van Zeb [illegible] 1'09"
3. 河津憲太郎 1'10" 9/10
三 1. 入江稔夫 1'11" 9/10
四 1. Karlsenne (N) 1'13" [illegible]
百米背泳準決勝
一組 1. 清川正二 [illegible]
3. 河津憲太郎 1'10" 2/10
二 1. 入江稔夫 1'10" 9/10
百米背泳決勝
1. 清川正二 1'08" 6/10
2. 入江稔夫 1'09" [illegible]
3. 河津 [illegible]
二百米平泳予選
一組 1. 鶴田義行 2分[illegible] 2/10 自己の 2'48" 8/10 を破る
二 1. 小池礼三 2'46" [illegible]
三 1. Ildefonso (比) [illegible]
四 1. Reingold [illegible]
2. 中川[illegible] [illegible]
二百米平泳準決勝
一組 1. 小池礼三 2分44秒 [illegible] 鶴田の 2'45" [illegible] を破る
2. 鶴田義行 2'45" [illegible]
二 1. [illegible]
[illegible]
[illegible]
[illegible]
[illegible]
八百米リレー決勝
1. 日本(宮崎、遊佐、横山、豊田) 8分58秒 [illegible] 新記録
2. 米国チーム
3. ハンガリーチーム
女子百米予選
四組 3. 前畑秀子 1'16" 4/10
女子百米決勝
1. Madison (米) 1'06" 8/10
4. Ilen Onden (和)
3. Saville (米)

女子四百米予選
四組 3. 前畑秀子 6'07" 4/10
女子四百米決勝
1. Madison (米) 5'28" 5/10
2. Knight (米) 5'28" 6/10
3. Maakan (南) 5'47" 3/10
百米背泳(女子)決勝
1. Holm (米) 1'19" 4/10
2. Mealing (豪) 1'21" 3/10
3. Davies (英) 1'22" 1/10
二百米平泳予選
三組 1. 前畑秀子 3'10" 4/10
二百米決勝
1. Dennis (豪) 3'06" 3/10 自己の 3'08" 4/10 を破る
2. 前畑秀子 3分06秒 4/10
3. Jacobsen (デ)
女子四百米リレー決勝
1. 米国 4分38秒
2. Hollande
3. Angleterre
5. 日本(松沢、前田、宮田、[illegible]、[illegible])
飛込決勝
1. Galitzen (米) 161 [illegible]
2. Smith (米)
3. Kesener (米)
6. 小林一男 133.70P
女子飛込
1. Coleman (米) 87.[illegible]
2. Rawls (米) 82.56P
3. Fauntz (米)
7. 鎌倉[illegible]子 60.[illegible]P
高飛込
1. Smith (米) 124.80P
2. Galitzen (米)
3. Kurtz (米)
女子高飛込
1. Poynton (米) 40.26
2. Coleman (米)
3. Roper (米)
6. 鎌倉[illegible]子 31.36点
水球
米国 10—0 日本
ハンガリー 18—0 日本
独逸 7—0 日本
1. ハンガリー
2. 独逸
3. 米国
4. 日本(大村、[illegible]、[illegible]、[illegible]、[illegible]、[illegible])
合計[illegible]
1. 日本 5点
2. 米国 1点
[illegible]
1. 日本 13.5点
2. 米国 [illegible]
3. ハンガリー [illegible]
女子[illegible]
1. 米国 139点
2. 英国 [illegible]点
3. ホーランド 24点
5. 日本 13点
BRAVO! JAPON

ローザンゼルス特信
保冠奪取に新記録の舞台。邦人選手活躍
陸上競技百米予選
南部忠平三着、佐々木吉蔵 第五ヒートで落伍、吉岡 第七ヒート一着 10秒9
百米第二予選
吉岡一着 10秒7 [illegible]で落選
一万米決勝
竹中正一郎[illegible]も[illegible]、十着へ[illegible]
走高跳決勝
木村一夫 六等 (1点)
女子[illegible]決勝
眞保正子嬢 四等 (3点)
百米準決勝
吉岡 三等 [illegible]
四等
百米決勝
吉岡隆徳 六等 (一点)
鉄[illegible]決勝
長尾[illegible] [illegible]
女子百米予選
[illegible] 三着 [illegible] 五着 [illegible]
女子百米準決勝
[illegible]
吉岡選手が[illegible]、[illegible]、スタートを切り[illegible]、世界一の[illegible]
四部[illegible]
1. 米国 11点 2. ポーランド
3点 8. 英国 1点 4. オーストラリア 2点
5. 日本 1点 (南部)
国際計算法によるヒー等 10点、5等 5点の順にて[illegible] 日本は [illegible]点で5等
レスリング
小田一郎 五段 (134P級) ハンガリーの[illegible]に敗れて三点
鈴木[illegible]郎 四段 (145P級) ハンガリーの[illegible]に[illegible]で三点
阿部[illegible] 四段 (158P級) カナダのマクドナルドに[illegible]で三点
[illegible]太郎 (174P級) カナダの[illegible]を[illegible]
勝 Hajmuldes (フィンランド) — 古田 (日本)
Ellegate — 古田 (日本)
Goggi (伊) — 加藤隆 (日)
Malmberg (スエーデン) — 宮崎[illegible] (日本)
ホッケー
日本 9 — 2 米国
1. 印度チーム
2. 日本 〃
3. 米国 〃

THE YOKOHAMA SPECIE BANK
橫濱正金銀行
本店　横濱市
資本金壹億圓
積立金壹億壹千六百貮拾萬圓
支店
東京、大阪、神戸、長崎、下關、名古屋、紐育、桑港、ロス・アンゼルス、シャトル、布哇、リヨ・デ・ジャネーロ、シドニー、新嘉坡、スウラバヤ、バタビヤ、馬尼拉、買孟、カルカッタ、カラチ、蘭貢、香港、上海、青島、漢口、天津、北京、大連、牛荘、奉天、長春、開原、哈爾賓、倫敦、巴里、伯林、濹堡、アレキサンドリア
巴里支店
39, BOUL. HAUSSMANN (9e)
GUTENBERG 83-78
83-79
PARIS-SHUHO
巴里週報
JOURNAL
Hebdomadaire
PARIS-SHUHO-SHA
ISHIGOURO
5, Rue Auguste-Vitu
PARIS (15e)
MÉTRO : JAVEL
巴里週報社
主宰　石黒敬七
編輯　上田保治
毎日曜発行
BANQUE
FRANCO-JAPONAISE
日佛銀行
33, Rue Cambon, 33
PARIS (1er)
LOUVRE 04-64
GUT. 37-33
執務午前九時より午後四時迄
土曜正午迄
古美術
錦絵
S. AOYAMA
青山美術店
TÉL. : DAN. 82-98
11, Quai St-Michel (5e)
佛國パリ
諏訪旅館
(兼フランス製産品輸出一切取扱)
H. Souwa et Cie
6, Boulevard de Clichy, 6
Marcadet 13-12
SOCIÉTÉ
ANONYME
FRANÇAISE
FOUKKOKOU
株式会社
佛国通商
33, RUE CAMBON
LOUVRE 04-64
GUT. 37-34
大倉組
FOUJI
御料理
ふじ
鮨の蒲焼　おいしい鶏焼
可哔　鮪使　毒夜大勉强
20, Rue de Sommérard
Paris (5e)
絵具材料
宝の山
日本食料品
高等美術品
弊店は實質誠意迅速主義の基に御土産物一式御廉価値段で販賣致します多少に拘はらず御用命仰付下さいませ
12, RUE BONAPARTE (6e)
TÉL. : LITTRÉ 69-27
マルセイユ
日本御料理
冨士屋
FUJIYA
TÉLÉ. C. 39-77
21, Rue Fauchier - MARSEILLE

S. WADA
34, rue Drouot (9e)
Tél PRO 79-30

御木本眞珠店
巴里支店

巴里日本人會
料理部

会席

巴里に於てうちくつろいで日本料理が食べられるやう用意してございますから御来巴の節は何卒御出で下さい

CERCLE JAPONAIS
7, RUE DU DÉBARCADÈRE, PARIS
TÉL.: GAL. 14-96

ときわ

會席料理店
RESTAURANT
No. 8, Denmark Street, Charing Cross Rd London, W.C. 2.
Telephone: Temple Bar 5024

旅館
HOTEL
No. 22, Denmark Street, Charing Cross Rd London W.C. 2.
Telephone: Gerrard 8668.

シティーときわ
LUNCHES
No. 16, Mark Lane, London, E.C. 3.
Royal 1747.

日本食料品販賣

Telegraphic Address: "Tokiwaten, Westcent, London."
海外よりは Westcent は不要で御座います。

倫敦 TOKIWA

パリ
ときわ
會席御料理
9, rue Chalgrin (16e)
Passy 19-77
TOKIWA

MAISON BANNO

ダイヤ、各寶石、時計類
を初め各種裝身具、各香水類、手提げ、ネクタイ
其の他巴里獨特の優美品常に持荷有之
多時間にて全部御間に合ひの便有之尚凡て
市中より割安にて小賣仕候
パテーベビー日本發賣元
伴野商店
小賣部
(巴里最中心のオペラ通りイタリアン大街から左に約三十米右側三ッ目の路、アメリカ領事館の筋向ひ)
Cable Address: ONNAB-PARIS
Teleph. TAITBOUT 62-58
2, Rue des Italiens - PARIS

BOTANYA

ぼたんや
高等御旅館
御料理
經費低廉 設備整然
30, Rue Vineuse · PARIS (16e)
TÉL.: PASSY 48-82
電略 Shakuyaku. Paris.

旅行者便覧

在佛帝國大使館 24, rue Greuze (16e). — Passy 44-23, 55-77, 65-15.
同上 附陸軍武官事務所 34 *ter*, rue Molitor (16e). — Aut. 51-83.
海軍武官事務所 86, avenue de la Muette. — Aut. 80-11.
聯盟帝國事務局 24, rue Théophile-Gautier (16e). — Aut. 19-00, 19-01
國際聯盟陸軍代表部事務所 9, rue Théophile-Gautier (16e).
帝國海軍代表部 9, rue Théophile-Gautier (16e). — Aut. 19-00, 19-01.
在里昂帝國領事館 18, place Tolozan, Lyon.
在馬耳塞帝國領事館 79, rue Paradis, Marseille.
巴里大學都市内日本學生館 Maison Japonaise, 3, boulevard Jourdan (14e).
巴里日本人會 7, rue du Débarcadère (17e). — Galvani 14-96.
巴里週報(週刊) 5, rue Auguste-Vitu (15e). — Métro Javel.
日佛銀行 33, rue Cambon (1er). — Lou. 04-64, Gut. 37-33.
佛蘭西物産株式會社巴里支店 44, rue de Lisbonne (8e). — Lou. 05-59, 29-53.
佛國通商株式會社(大倉組代理店) 33, rue Cambon.
横濱正金銀行巴里支店 39, boulevard Haussmann (9e). — Gut. 53-78, 53-79.
佛國三菱株式會社 144, avenue des Champs-Elysées. — Ely. 44-32, 44-37.
美術骨董商 青山三郎 11, quai Saint-Michel. — Dan. 82-98.
伴野商店(輸出入並ニ代理業) 2, rue des Italiens. — Tait. 62-50.
御木本眞珠店支店 34, rue Drouot. — Pro. 79-30.
日本郵船株式會社巴里代理店 Cie Nord Atlantique (Passenger Agents), 6, Rue Scribe
大阪商船會社巴里代理店 43, boulevard de Strasbourg. — Pro. 25-50.
ぼたんや 旅館兼料理 下平 歡 30, rue Vineuse.
諏訪旅館 諏訪秀三郎 6, boulevard de Clichy — Marc. 13-12.
佛蘭西物産株式會社 1, rue de la République, Lyon.
佛國三菱株式會社里昂出張員 6, rue Lafont, Lyon.
原合名會社里昂支店 8, quai de Retz, Lyon.
日本綿花株式會社出張所 3, rue Pizay Lyon.
富士屋 21, rue Fauchier, Marseille. — Colbert 39-77.
笠戸商店笠戸喜八郎 81, rue Saint-Jacques, Marseille. — D. 34-29.
日本郵船株式會社馬耳塞代理店 1, rue Beauvan, Marseille.
大阪商船會社馬耳塞代理店 3, place Sadi-Carnot, Marseille.
日本郵船株式會社ダンカーク代理店 7 *bis*, place d'Armes, Dankirk.
大阪商船會社ダンカーク代理店 7 *bis*, place d'Armes, Dankirk.

廣告は PARIS-SHUHO へ

LE PORTIQUE

巴里にて唯一の美術専門書店
讀書室の設備ある図書館
美術書の貸出

99, Boulevard Raspail (6e)
FLEURUS 51-10

御案内

確実な方を
▲通譯▽調査▽交渉△案内▽買物
招介致します

柔道倶楽部
JIU-JITSU

ISHIGOURO
7, Rue Belloni
Paris (15e)

PARIS-SHUHO
5, Rue Auguste-Vitu
Paris (15e)

あとがき

個人的な旅を別にすれば、前著の『言語都市・パリ』（二〇〇二年、藤原書店）をまとめるため、私たち五人は一緒に、パリを二回訪れている。一回目は一九九九年八月で、次は二〇〇一年八月だった。講師役は交代で務めることにして、暑い石畳の街で、文学散歩を積み重ねたのである。パリの地図にはまず、フランスの歴史上の人物や、一九世紀〜二〇世紀の欧米の文化人の、足跡が記されていった。

今でも見るたびに、笑いがこみあげてくる写真がある。一九九九年八月九日に訪れたカンパーニュ・プルミエール街一七番地の前で、講師役の和田桂子が、ライナー・マリーア・リルケのアパートだと説明している。真銅正宏は熱心に耳を傾けているようだ。宮内淳子は別の同行者と、建物の壁を見上げている。写真家のユジェーヌ・アジェが住んでいたと書かれた、プレートを発見したからである。つまらなそうに路上にしゃがむ子供たちに、竹松良明が何か話しかけている。そして撮影者の和田博文を含めて、このときはまだ誰一人として、高村光太郎がここで暮していたことに気づいていなかった。

私たちの文学散歩はその後、欧米の文化人の足跡を記した地図に、日本人の足跡を重ねる作業に移っていく。長期滞在者（官公吏、美術家、留学生、文学者、その他）の住所や、短期滞在者も含めて日本人がよく立ち寄ったスポットが、地図に書き込まれていった。やがて私たちの意識のなかで、欧米の文化人は後景に退き、日本人の群像が前景化されてくる。そしてデータの集積が、心象地図という概念にリンクしたとき、平面的なパリの地図から、日本人の姿や社会やネットワークが、立体的に立ち上がってくるような気がした。そのときに初めて私たちは、本書の書物としての空間を、確信できたのだと思う。

最後に共に旅をしてきた、一人一人の声を届けて、本書を船出させることにしたい。

『ふらんす物語』の著者永井荷風のフランスおよびパリの像については、日本にいた頃から形成し始められ、アメリカ合衆国滞在中に醸成され、既に確固たるものとしてできあがっていたために、夢かなっていよいよフランスに着いた時には、その現実の風景にむしろ違和感を抱いたとも考えられている。あるいはそうかもしれない。風景よりイメージの方が過剰なのである。我々にしたところで、土地についてのイメージなるものは、そもそも現実の風景とはかけ離れた、個々の過去の記憶と想像力によって脚色された独自のものなのであろう。パリに何度もでかけるうちに、その思いは次第に強くなっていった。冬のパリで食べる牡蠣の味は、牡蠣そのものの味というより、パリという街の味がする。ペール・ラシェーズ墓地の散歩は、否応なく物思いに耽るようにし向ける。すべては私の心象のパリなのである。

私事を一つ付け加えておきたい。五人の著者で出かけた二度のパリ旅行には、私の妻、息子、娘の三人も同行した。華やかな繁華街を避けての墓参三昧や、番地ばかりを探す執拗な文学散歩、ふだん食べつけないものばかりの食事など、いわゆる観光旅行とは全く違う行程につきあってくれた三人に、先ず一番に感謝しておかねばなるまい。（真銅正宏）

パリに対する憧れについて、ある映画の一シーンが長く脳裏に残存している。どこの国の映画か、どんなタイトルだったかも忘れてしまったが、場所は東欧の一都市、平凡な会社員の夫が、仕事でパリに出掛けることになったと妻に告げる一場面である。つましい暮しぶりがその表情からも読み取れるような糟糠の妻が、ふと台所仕事の手を休め一瞬遠い所を見つめる眼差しで呟く、「パリだなんて！」。東側と西側の隔てが明確な時代のことではあるが、同じ地続きのヨーロッパ内部にあって、なおこのような可憐なパリ憧憬が人々の間に確かに存在していた事実を目の当りにするようで、とても新鮮な印象があった。肝心なことは、この妻のようにパリの特別な美しさを信じる素朴さにある。

しかし一方では、パリの魅力への盲信に対する抵抗感も存在するだろう。西欧の都市はどこでもそれなりの美を備えているのが一般だからである。それを十分に認識した上で、なおパリに対する特別な思いを否定できないとすれば、それは歴史上の一偉観という他はない。かつてパリを訪れた日本人の心に刻印されたその特別な感慨の、より具体的な検証に本書が役立てばと思うことしきりである。（竹松良明）

宝塚といえばベルばらが有名だけれど、最近見たのもパリを舞台にしていて、架空のフランス人たちがヒラヒラの衣装を着て日本語で愛を語っていた。この、どこにもないパリではどんな展開も許されていて、観客はひととき現世を忘れて楽しむことができる。こうした雰囲気は、なかなか他の都市名では生れてこないものだろう。たとえば、どこにもないニューヨーク、どこにもないベルリン、どこにもない東京など、想像もつかない。いま私の部屋は『巴里週報』『アミ・ド・パリ』のコピーや昔のパリ関係の本などがいっぱい散乱しているが、ここには、そう楽しいパリばかりがある訳ではなかった。現地で暮せば、日本にいるとき以上に生活上の面倒は多かった。ときには戦争もあった。野心満々の人、貧窮に沈む人、と人間模様もなかなか生臭い。しかしまた帰国してからもうわごとのようにパリは素晴らしいと言い続けた人もいて、今回の仕事ではその双方の心象を行き来することとなった。夢見続けるには相応の努力が必要だし、一方、現実に対応しているように見えて生活に流されているだけの場合もあるとすれば、パリ・イメージの華やかさを一概に悪くは言えない気がしてきた。パリもよくやっている、と思った。（宮内淳子）

前著『言語都市・パリ』で語り尽せなかったあれこれを、本書では隈無く描いてすっきりするはずだった。それなのにパリはまだまだ謎に満ちている。ひとつの謎が解けると、それは新たな百の謎を連れてくる。美白液で頬のシミがようやく薄くなってきたと思っていたら、今まで気づかなかった顔中のシミがかえって浮びあがってきた、というような（こんな比喩は使いたくもないが）経験を何度もさせられた。初歩的なところでは、カタカナや当字で表された地名や人名が、正確にどのフランス語に匹敵するかわからない。それからやっと探しだした数種類の文献が、それぞれ異なった記録を残している。さらに最も信頼できるはずの日記や忘備録に相当量のフィクションが盛り込まれている。そんな中で、どうにか日本人の心象地図が形をなしてきた。不備なところは、どうか読者の皆様が補ってください。私は疲れたのでちょっとベルリンに行ってきます。ではまた。（和田桂子）

日本人のパリの住所を調査する過程で、最後まで分らなかった十数名について、著作権継承者の方々に問い合せをさせていただいた。パリの日本人数が増加する一九二〇年代～三〇年代から、七〇年～八〇年が経過している。継承者の多くは息子さんや娘さんで、すでにお年を召していらっしゃったが、ダンボール箱の古い資料を探したり、遠い記憶を一生懸命に手繰り寄せてくださった。この場を借りて、改めてお礼申し上げたい。住所が判明せずに、結局立項できなかったケースも少なくない。それでも思い出話の中には、心ひかれるものが少なくなかった。継承者の一人、阿部幸子さんは、問い合せの三ヵ月前に亡くなっていた。その連絡を下さった竹内弘さんは、小学生の頃に、お酒が入った久生十蘭から、フランス滞在中の面白い話をたくさん聞かされたという。内容はもう覚えておられなかったが、そのメールを読みながら、私もひととき、幻影の久生十蘭との対話を楽しむことができた。
幻影のパリと日本人を追いかける旅も、ここで一区切りとなる。私たちの旅を、八〇〇枚の書物の空間に変換してくださった、藤原良雄さんと刈屋琢さんに多謝。

（和田博文）

二〇〇四年一月

〈調査でお世話になった方々・研究機関〉（敬称略）
阿部良雄・五十嵐玉治・石黒敬章・伊藤佳之・岩田敦夫・大阪学院大学図書館・大阪市立中央図書館・大阪府立中央図書館・大阪府立中之島図書館・岡本敏子・大仏次郎記念館・外務省外交史料館・神奈川近代文学館・川路美鈴・河盛良夫・楠本亜紀・慶応義塾大学三田メディアセンター・神戸市立図書館・国立国会図書館・嶋田紅良・竹内弘・田辺徹・同志社大学総合情報センター・東洋大学図書館・富岡市立美術博物館・外山順子・日本近代文学館・パリ国立図書館・伴野龍弥・平野晶子・蕗谷虹児記念館・福沢一郎記念美術館・山口晃・横浜そごう美術館

〈付記〉
スポットの呼称には、フランス語読み、英語読み、日本語読みが存在する。また日本人のパリ紀行に記された、前二者のカタカナ表記にも幅がある。本書では原則として、今日の一般的表記と思われるものを採用した。

ら　行

わ　行

や　行

ま　行

な　行

は　行

た　行

さ　行

か行

人名索引

人名は姓→名の順に表記した。本文，および脚注，写真キャプション中の人名のうち，文学作品に登場する人物以外の人名は，すべて挙げてある。漢字の読みが確定できなかった人名は，原則として音読みで配列した。カタカナの人名は可能な限り現代の標準的な表記に合わせたため、本文での表記とは一致しない場合がある。

あ行

著者紹介

和田博文(わだ・ひろふみ)
1954年神奈川県生。神戸大学大学院文化学研究科博士課程中退。文化学・日本近代文学専攻。東洋大学教授。著書に『テクストのモダン都市』(風媒社，1999年)『言語都市・上海』(1999年)『言語都市・パリ』(2002年，以上共著，藤原書店)『コレクション・日本シュールレアリスム』全15巻(監修，本の友社，1999〜2001年)他。

真銅正宏(しんどう・まさひろ)
1962年大阪府生。神戸大学大学院文化学研究科博士課程単位取得退学。日本近代文学専攻。同志社大学教授。著書に『永井荷風・音楽の流れる空間』(世界思想社，1997年)『言語都市・上海』(1999年)『言語都市・パリ』(2002年，以上共著，藤原書店)『ベストセラーのゆくえ』(翰林書房，2000年)他。

竹松良明(たけまつ・よしあき)
1949年栃木県生。青山学院大学大学院文学研究科博士課程単位取得退学。日本近代文学専攻。大阪学院短期大学助教授。著書に『阿部知二——道は晴れてあり』(神戸新聞総合出版センター，1993年)『阿部知二』(編著，白地社，1996年)『言語都市・上海』(1999年)『言語都市・パリ』(2002年，以上共著，藤原書店)他。

宮内淳子(みやうち・じゅんこ)
1955年東京都生。お茶の水女子大学大学院人間文化研究科博士課程修了。日本近代文学専攻。帝塚山学院大学教授。著書に『谷崎潤一郎異郷往還』(国書刊行会，1991年)『藤枝静男論』(1999年)『岡本かの子論』(2001年，以上ＥＤＩ)『言語都市・パリ』(共著，2002年，藤原書店)他。

和田桂子(わだ・けいこ)
1954年兵庫県生。神戸大学大学院文化学研究科博士課程単位取得退学。比較文学専攻。大阪学院短期大学教授。著書に『二〇世紀のイリュージョン』(白地社，1992年)『西脇順三郎・パイオニアの仕事』(編著，本の友社，1999年)『言語都市・上海』(1999年)『言語都市・パリ』(2002年，以上共著，藤原書店)他。

パリ・日本人の心象地図(にほんじんのしんしょうちず) 1867-1945

2004年2月25日　初版第１刷発行©

著　者　和田博文 他
発行者　藤原良雄
発行所　株式会社 藤原書店

〒162-0041　東京都新宿区早稲田鶴巻町523
電　話　03 (5272) 0301
ＦＡＸ　03 (5272) 0450
振　替　00160-4-17013

印刷・美研プリンティング　製本・河上製本

落丁本・乱丁本はお取替えいたします
定価はカバーに表示してあります
Printed in Japan
ISBN4-89434-374-6

全く新しいバルザック像

バルザックがおもしろい

鹿島茂・山田登世子

百篇にのぼるバルザックの「人間喜劇」から、高度に都市化し、資本主義化した今の日本でこそ理解できる十篇をセレクトした二人が、今日の日本が直面している問題を、既に一六〇年も前に語り尽していたバルザックの知られざる魅力をめぐって熱論。

四六並製　二四〇頁　**一五〇〇円**
（一九九九年四月刊）
◇4-89434-128-X

写真誕生前の日常百景

タブロー・ド・パリ

画・マルレ／文・ソヴィニー
鹿島茂訳＝解題

パリの国立図書館に一五〇年間眠っていた石版画を、一九世紀史の泰斗が発掘出版。人物・風景・建物ともに微細に描きだした、第一級資料。

厚手中性紙・布表紙・箔押・函入
B4上製　一八四頁　**一一六五〇円**
（一九九三年二月刊）　◇4-938661-65-9

TABLEAUX DE PARIS　Jean-Henri MARLET

書簡で綴るサンド—ショパンの真実

ジョルジュ・サンドからの手紙

（スペイン・マヨルカ島、ショパンとの旅と生活）

G・サンド　持田明子編＝構成

一九九五年、フランスで二万通余りを収めた『サンド書簡集』が完結。これを機にサンド・ルネサンスの気運が高まるなか、この新資料を駆使して、ショパンと過した数か月の生活と時代背景を世界に先駆け浮き彫りにする。

A5上製　二六四頁　**二九〇〇円**
（一九九六年三月刊）
◇4-89434-035-6

文学史上最も美しい往復書簡

往復書簡　サンド＝フロベール

持田明子編訳

晩年に至って創作の筆益々盛んなサンド。『感情教育』執筆から『ブヴァールとペキュシェ』構想の時期のフロベール。二人の書簡は、各々の生活と作品創造の秘密を垣間見させるとともに、時代の政治的社会的状況や、思想・芸術の動向をありありと映し出す。

A5上製　四〇〇頁　**四八〇〇円**
（一九九八年三月刊）
◇4-89434-096-8

ボーヴォワールの真実

晩年のボーヴォワール

C・セール
門田眞知子訳

ボーヴォワールと共に活動した最年少の世代の著者が、一九七〇年の出会いから八六年の死までの烈しくも繊細な交流を初めて綴る。サルトルを巡る女性たちの確執、弔いに立ち会ったC・ランズマンの姿など、著者ならでは挿話を重ね仏女性運動の核心を描く。

四六上製　二五六頁　**二四〇〇円**
（一九九九年一二月刊）
◇4-89434-157-3

SIMONE DE BEAUVOIR, LE MOUVEMENT DES FEMMES　Claudeine SERRE-MONTEIL

類稀な反骨の大学人

敗戦直後の祝祭日

〔回想の松尾隆〕

蜷川　譲

戦時下には、脱走した学徒兵を支え、日本のレジスタンスたちに慕われ、戦後は大山郁夫らと反戦平和を守るために闘った、類稀な反骨のワセダ人・松尾隆。その一貫して言論の自由と大学の自治を守るために闘い抜いた生涯を初めて公開する意欲作。

四六上製　二八〇頁　**二八〇〇円**
（一九九八年五月刊）
◇4-89434-103-4

最後の自由人、初の伝記

パリに死す

〔評伝・椎名其二〕

蜷川　譲

明治から大正にかけてアメリカ、フランスに渡り、第二次大戦占領下のパリで、レジスタンスに協力。信念を貫いてパリに生きた最後の自由人、初の伝記。ファーブル『昆虫記』を日本に初紹介し、佐伯祐三や森有正とも交遊のあった椎名其二、待望の本格評伝。

四六上製　三二〇頁　**二八〇〇円**
（一九九六年九月刊）
◇4-89434-046-1

回帰する〝三島の問い〟

三島由紀夫vs東大全共闘 1969–2000

三島由紀夫
芥正彦・木村修・小阪修平・橋爪大三郎・浅利誠・小松美彦

伝説の激論会〝三島vs東大全共闘〟（1969）三島の自決（1970）から三十年を経て、当時三島と激論を戦わせたメンバーが再会し、三島が突きつけてきた問いを徹底討論。「左右対立」の図式を超えて共有された問いとは？

菊変並製　二八〇頁　**二八〇〇円**
（二〇〇〇年九月刊）
◇4-89434-195-6